왜 유토피아인가

Why Utopia by Yim Chol Kyu

Published by Hangilsa Publishing Co., Ltd., Korea, 2009

왜 유토피아인가

임철규 지음

한길사

왜 유토피아인가

지은이 · 임철규
펴낸이 · 김언호
펴낸곳 · (주)도서출판 한길사

등록 · 1976년 12월 24일 제74호
주소 · 413-756 경기도 파주시 교하읍 문발리 520-11
　　　www.hangilsa.co.kr
　　　E-mail: hangilsa@hangilsa.co.kr
전화 · 031-955-2000~3　팩스 · 031-955-2005

상무이사 · 박관순 | 영업이사 · 곽명호
편집 · 배경진 서상미 신민희 홍혜빈 장혜령 | 전산 · 한향림
마케팅 및 제작 · 이경호 이연실 | 관리 · 이중환 문주상 장비연 김선희

출력 · 지에스테크 | 인쇄 · 현문인쇄 | 제본 · 일광문화사

제1판 제1쇄 2009년 8월 30일

값 25,000원
ISBN 978-89-356-6136-7　03800

• 잘못 만들어진 책은 구입하신 서점에서 바꿔드립니다.

이 도서의 국립중앙도서관 출판시도서목록(CIP)은
e-CIP홈페이지(http://www.nl.go.kr/cip.php)에서 이용하실 수 있습니다.
(CIP제어번호: CIP2009002262)

역사의 배반은 고통의 원천이지만,
역사의 본질은 변화이기에
이는 바로 희망의 원천이다.
● 임철규

왜 유토피아인가

	책머리에	9
	개정판을 내면서	13
1	왜 유토피아인가	17
2	역사의 바보들—마르크스의 공산주의 사회	37
3	평등한 푸르른 대지—박노해의 시 세계	75
4	해방신학에 대하여	107
5	루카치와 황금시대	151
6	황금시대와 로마제국의 이데올로기	239
7	토머스 모어의 『유토피아』	273
8	낭만주의와 유토피아	313
9	역사의 천사—발터 벤야민과 그의 묵시록적 역사관	369
10	민중의 나라—황석영의 『장길산』	403
	찾아보기	427

책머리에

나의 첫 평론집 『우리시대의 리얼리즘』(1983)이 출간된 후 11년 만인 지금, 두 번째 평론집을 내놓는다. 이 글의 대부분은 이미 여러 계간지에 발표됐던 것이다. 나는 『창작과 비평』『세계의 문학』『문학과 사회』『외국문학』『이론』『오늘의 책』 등에 실렸던 여러 글을 아주 부분적으로 손질했을 뿐, 되도록 당시의 내용이 그대로 이 책에 남아 있도록 했다. 1985년 봄호부터 가을호까지 『오늘의 책』에 연재했던 글 가운데 「역사의 바보들」과 「낭만주의와 유토피아」는 대폭 손질해서 같은 제명으로 이후 다른 계간지에 선보이기도 했고, 「왜 유토피아인가」는 이 책을 위해 다시 손질했다.

이 글 가운데 일부를 처음 발표했을 당시는 제5공화국의 폭압정치가 미친 듯 날개를 휘젓던 참으로 어두운 시절이었다. 그때 나는 『오늘의 책』 봄호 맨 처음에 실린 글 「왜 유토피아인가」에서 이렇게 시작했다.

이 글을 쓰기 시작하고 있는 지금은 1985년 2월 12일의 12대 총선거가 며칠 남지 않은, 올해 들어 가장 추운 날로 꼽히는 1월 30일. 억압하는 힘이 크면 클수록 그 반응으로 저항의 목소리는 그만큼 강렬한 때문인지 '민주주의와 정의의 파수꾼' '민주주의와 문민정치를 위한 민주투사'가 되기를 요구하는 절규가 겨울의 동토(冬土)를 닮아가던 우리의 마음에 불을 지피고 있다. 보다 나은 삶과 보다 나은 세계를 갈망하는 것은 인간이면 누구나 가지는 속성이지만, 우리처럼 고통과 수난의 비극적 역사를 지닌 민족에게 보다 나은 '내일'은, 추상적인 이름으로서가 아닌, 언젠가는 실현될 수 있는 미래의 역사적인 현실의 공간으로서 우리 의식의 중심부를 끊임없이 맹타하는 것이다. 도처에서 자유·민주·정의를 울부짖는 그 강렬한 언어들의 불꽃 튀는 춤, 표출되는 그 언어들의 울부짖는 몸짓을 온 가슴으로 느끼면서 이 글을 쓰기 시작하고 있다.

여름호에 실린 두 번째 글 「역사의 바보들」은 또 이렇게 시작했다.

    어린이의 날로 시작해 어머니의 날, 그리하여 마침내 스승의 날로 절정을 이루던 그 찬란하고 거룩한 5월이 가장 잔인한 달, 아니 악몽의 날로 탈바꿈한 계절의 숨막히는 열기 속에서 나는 이 글을 쓴다. 역사는 늘 개인의 길을 방해하는 것인가? 정죄와 처형이 그 본질인가? 그렇다면 카프카는 옳다. 이리하여 제임스 조이스의 『젊은 예술가의 초상』의 주인공이 내뱉었듯이, 역사는 우리가 그 속에서 깨어날 하나의 악몽이란 말인가? 이념 서적의 압수라는 강한 회오리바람이 다시 불기 시작하는 1985년 5월 초, 이런 생각과 더불어 긴장과 불안을 예고하는 듯한 젊은 학생들의 함성을 들으면서 나는 이 글을 쓴다.

이후 가을호에 실린 세 번째 글 「낭만주의와 유토피아」에는 다음과 같은 구절도 있었다.

    청년기의 루카치에게 낭만주의자들의 황금시대는 과거에 속하는 것만이 아니라 미래의 목표이며, 따라서 누구나 찾아 가져야 할 '파란 꽃'이었다. 수십 년 만에 찾아왔다는 1985년 8월 초의 이 엄청난 폭염의 여름, 이에 못지않게 질식할 것 같은 정치의 강압적인 분위기 속에서 나 또한 그 이름 모를 파란 꽃을 찾으려는 듯이 처절한 심정 가운데서 이 글을 시작한다.

세 번째 연재를 마친 이후 나는 급속도로 악화된 육체적·정신적 건강 때문에 그다음 글을 잇지 못한 채, 6년간 내리 고독한 싸움을 했다. 이 때문에 이 책을 좀더 일찍 선보이지 못한 점을 아쉽게 생각하지만, 늦게나마 주위의 도움으로 세상에 내놓게 되어 반가울 뿐이다.

이 책에 등장하는 역사적 인물들은 한결같이 파란만장한 삶을 살았던, 그리고 지금도 감옥에서 살고 있는 분들이다. 그러나 그들 못지않게 이 땅에서 파란만장한 삶을 살다 간 어떤 분에게 나는 이 책을 바치고 싶다. 이 땅에 살아 있을 동안 '나를 가장 사랑했던' 그분이 없었더라면 나는 이런 종류의 무거운 주제를 다룬 글을 결코 쓸 수 없었을 것이기 때문이다.

이 책과 더불어 나는 이런 종류의 무거운 주제에서 이제 떠나기로 작정했다. 그렇기 때문에 이 책은, 그리운 어린 시절을 나의 잊지 못할 '황금 시절'로 마음속 깊이 간직한 채, 그때 이후 많은 아픔의 나날을 보내다가 다행히 현재까지 이른 '지금'의 '나'로부터 나 스스로 떠나고 싶어하는 고별 형식의 글이 될 것이다.

이 책의 준비를 위해 원고 하나 하나를 정성껏 읽고 다듬어준 영문학도 오승아 양을 비롯하여 주위의 여러 제자에게 감사를 드린다.

1994년 5월 초
임철규

개정판을 내면서

　1994년에 출간되었던 『왜 유토피아인가』를 재출간하면서, 나는 분명치 않은 몇몇 문장을 비롯해 잘못 표기된 글자들, 각주에 드러난 몇 가지 오류를 고치고, 인용문의 표기 등 문장의 형식을 변경시키는 것을 제외하고는 그때의 내용을 그대로 두었다.
　그 당시 시대상 '유토피아'에 대한 전망이 아주 비관적이었고, 유토피아를 향한 열망 또한 점점 희미해져가고 있었을 때, 나는 유토피아를 향한 열망이 왜 절실한가를 느끼면서 『왜 유토피아인가』를 세상에 내놓았다.
　16년이 흐른 지금, 다시 출간되는 이 책을 대하면서 나는 '희망의 원리'로서의 '유토피아'를 향한 열망이, 이즈음 왜 한층 더 절실한가를 다시 한 번 느끼고 있다.

2009년 6월
임철규

1
왜 유토피아인가

유토피아 · 낙원 · 천년왕국

16세기 초에 토머스 모어가 처음 '유토피아'라는 말을 만들어낸 이래, 널리 알려진 바와 같이 이 말은 그 어원 자체가 가지고 있는 두 가지 뜻 때문인지 부정적인 동시에 긍정적인 의미를 지닌 것으로 받아들여져왔다. 부정적이라고 할 때 이는 곧 '그 어디에도 없는 곳'을 가리키며 따라서 비현실적이고 실현 불가능하다는 의미를 함축하고 있다고 본다면, 긍정적이라고 할 때 이는 인간의 가장 고귀한 꿈이 실현되는, 그리고 인간의 행복을 방해하는 모든 것이 제거되어 욕망과 그 성취 사이에 어떤 긴장과 대립도 존재하지 않는 '이상적인 곳'을 가리킨다.

『옥스퍼드 영어사전』을 빌려 유토피아에 대한 정의를 살펴보면, 첫째 그것은 토머스 모어에 의해 묘사된 상상의 섬으로서, 이곳에서 주민들은 완전한 사회·정치·법률 제도를 누리는 것으로 그려지고 있는데, 여기서 전위된 뜻으로 유토피아는 현실세계에서 멀리 떨어진, 상상 속에 존재하는 미지의 국가 또는 지방을 지칭하게 되었다. 둘째 유토피아는 정치·법률·관습 등 여러 가지 사회적 조건에서 완벽한 이상적인 상태를 가리키는데, 이는 한편으로는 거의 실현 불가능한 것으로 보이기도 하지만,

분명 사회를 개선하기 위한 이상적인 정치기획을 뜻하고 있다.

이상의 정의를 종합해본다면 유토피아는 현실의 경험적인 환경에서 떠나 있는 '상상적'인 곳이며, 정치적·사회적으로 완전한 곳임이 확연하다. 앞의 '묘사'라는 말이 함축하고 있듯이, 정치적·사회적으로 완벽한 이상적인 사회를 묘사하고 있는 일체의 문학작품을 유토피아라고 할 때 우리는 유토피아라는 개념을 하나의 문학 장르로 받아들이게 된다.

또한 "지배 이데올로기에 대한 이데올로기적 비판",[1] 즉 현상을 유지하는 방향으로 일체의 행동을 유도하는 사상의 복합체인 지배 이데올로기에 맞서 혁명적인 방향으로 행동을 이끄는 대립적인 사상의 복합체를 유토피아라고 할 때,[2] 우리는 주어진 어떤 역사의 시점에서 또 하나의 경쟁적인 이데올로기로서의 유토피아라는 개념을 가지게 된다.[3]

그리고 상상 속에 존재하는 유토피아를 현실 속의 유토피아로 실현하기 위해 모두가 개인의 이해(利害)를 집단의 이해에 일치시키고, 불완전한 사회에서 일어나는 갈등·경쟁·착취를 조화·협동·사랑으로 대체하고, 강제가 아니라 참여에 의해서, 또 외부에서 부과된 것이 아니라 그 자체로서 창조되고 선택된 사회질서 속에 함께 모여 생활하던, 또는 하고 있는 여러 형식의 공동체를 유토피아라고 할 때, 우리는 하나의 구체적인

---

1) Louis Marin, "Theses on Ideology and Utopia", Fredric Jameson 옮김, *Minnesota Review 6* (1976, 봄호), 71쪽.
2) Karl Mannheim, *Ideology and Utopia: An Introduction to the Sociology of Knowledge*, Louis Wirth와 Edward Shils 공역 (New York: Harvest Book, 1936), 40쪽을 비롯해 여러 군데. 그리고 Paul Ricoeur, *Lectures on Ideology and Utopia*, George H. Taylor 엮음 (New York: Columbia UP, 1986), 309~310쪽도 참조할 것.
3) 이 경우 알튀세르가 규정한 이데올로기 개념, 즉 "이데올로기는 개인들이 자신들의 실제 존재조건에 대해 가지고 있는 '상상적'인 관계를 표상한다"는 정의는 유토피아 개념과 사실상 흡사하다. Louis Althusser, "Ideology and Ideological State Apparatuses", *Lenin and Philosophy and Other Essays*, B. Brewster 옮김 (New York: Monthly Review Press, 1971), 162쪽.

공간으로서 유토피아라는 개념을 갖게 된다.

어떤 개념에 기대든 간에 유토피아는 이상사회를 표상하는 까닭에 당위의 세계이며, 현실에 대한 제도적인 비판과 개혁을 위한 제안을 하므로 또한 규범의 세계다. 핀리가 지적하고 있듯이, "유토피아는 주어진 사회 현실을 초월한다. 그러나 그것은 형이상학적인 뜻에서 말하는 초월이 아니다."[4] 곧 유토피아는 도피가 아니며, 더 나은 세계에 대한 비전은 희망으로 제시되고 있음을 말하는 것이다. 따라서 우리는 로빈슨 크루소처럼 개인적인 모험뿐만 아니라 잃어버린 낙원이나 황금시대를 향한 종교적 동경도 엄격한 의미에서 유토피아적 비전과 구별하지 않으면 안 된다. 왜냐하면 근원적으로는 다같이 현재보다 나은 이상적인 세계를 꿈꾸는 공통의 충동, 낙원을 다시 찾으려는 공통의 염원을 가지고 있다. 하지만 유토피아적 비전은 집단적인 문제를 집단적으로 해결하려 하는 동시에 미래지향적인 반면, 종교적인 비전은 비록 그것이 인간의 현재 조건에 대한 비판을 포함한다 할지라도 유토피아의 미래지향적인 차원을 결여하고 있기 때문이다.

따라서 이상적인 사회의 모든 표상, 이를테면 낙원·황금시대·천년왕국 등을 통틀어 '유토피아적'이라고 부르지 않는 것이야말로 일차적인 중요성을 띤다. 이상적인 사회의 표상에서 낙원이나 황금시대는, 순전히 인간적인 수단에 의해서 접근될 수 있는 것으로 제시되는 유토피아와는 달리 세속적인 시간이나 공간에 자리하고 있지 않다. 낙원이나 황금시대의 특징은 그것들이 역사 밖에, 역사가 시작되기 전, 즉 엘리아데의 용어를 빌리면 '태고에' 역사 밖에 존재한다는 점에 있다. 유토피아는 과학과 기술, 사회관계의 합리화를 통해서 미래에 이 세상에서 성취될 수 있다. 하지만 낙원이나 황금시대는 미래에 놓인 것이 아니라 현재와 함께 자리하

---

4) M.I. Finley, *The Use and Abuse of History* (New York: Viking, 1975), 181쪽.

는 태고의 역설적인 과거, 즉 '영원한 현재' 속에 놓여 있다.

또 한편 낙원은 결코 인간의 작업이 아닌 신의 작업이기에, 거의 언제나 초월적인 것으로 남아 있다. 이와는 반대로 유토피아는 인간에 의한 일종의 신의 능력의 찬탈이라고 할 수 있는, 지상에서 인간이 창조하는 낙원이다. 사실 종교와 유토피아 사이에는 원칙적으로 근본적인 모순이 있다. 유토피아는 인간의 창조적 능력과 이성을 숙명적으로 온전치 못한 것으로 돌리는 "'원죄'의 개념을 거부하는 방법이었다."[5] 모든 원죄의 근원적인 이론에 대한 공격은 공식적으로 기독교적이든 아니든 간에, 16세기와 17세기의 모든 고전적인 유토피아의 뚜렷한 특징이었다.[6] 말하자면 유토피아는 인간의 '원죄'를 거부하고 이 세계의 기존질서에 도전하는 프로메테우스적인 행위이자 '인간'의 작업인 것이다.

한편 천년왕국 신앙의 중요한 형식은 이 두 극단 사이의 혼합을 표상한다. 엘리아데에 따르면 천년왕국 신앙은 인간에게 고유한 종말론적 욕망을 실현하는 것이다. 말하자면 그는 세속적인 시간, 인간의 시간인 역사를 폐기하여 신들의 시간인 거룩하고 원초적인 시간으로 복귀하려는 인간의 근원적인 욕망의 유일한 성취로 보고 있다.[7] 그러나 천년왕국 신앙에서는 이처럼 신화적인 세계로 다시 돌아가려는 경향에 강력하게 맞서 미래의 역사적인 시간 속에서 황금시대를 다시 창조하려는 경향도 함께 자리하고 있다.

지상에서 이상사회의 도래가 가까워졌다고 예언하는 종교 교리를 우리

---

5) Judith Shklar, "The Political Theory of Utopia: From Melancholy to Nostalgia", Frank E. Manuel 엮음, *Utopias and Utopian Thought* (London: Souvenir Press, 1973), 104쪽.

6) Krishan Kumar, *Utopia and Anti-Utopia in Modern Times* (Oxford: Basil Blackwell, 1987), 32쪽을 볼 것.

7) Mircea Eliade, "Cosmic and Eschatological Renewal", *The Two and One*, J.M. Cohen 옮김 (New York: Harper and Row, 1969), 125~159쪽을 볼 것.

는 '천년왕국적'이라고 일컬으며, 그들이 예언하는 이상적인 세계의 도래가 '신의 아들', 신의 사자(使者) 또는 신화적 주인공에 의해 좌우될 때 '메시아적'이라고 일컫는다. 새로운 사회에 대한 갈망에 부응하는 신앙 형태인 천년왕국운동은 사회가 불안하고 고통스러운 시기 또는 '전환기적 시대'[8)]에 일반적으로 나타나는 종교 형태의 운동이다.

부정적인 측면에서 이 운동은 영적인 병의 한 형태로, 그리고 그들의 지도자들은 미친 자, 또는 프로이트적인 환상을 실행에 옮기려는 광신자들로 일컬어지고 있지만,[9)] 긍정적인 측면에서 볼 때 천년왕국운동은 정의롭지 못하고 억압적인 것으로 보이는 현존 사회에 반대하는, 말하자면 경제·정치 억압에 맞서 기존 질서의 전복을 시도하는 피억압자의 저항으로 해석될 수 있다.

홉스봄에 따르면, 천년왕국 신앙의 '본질'은 '완전하고 급진적인 세계의 변혁에 대한 희망'이며, 그렇기 때문에 이 운동의 주요 특징은 "현재의, 악한 세계에 대한 총체적인 거부"다.[10)] 갈등과 증오로부터 해방된 세계, 새로운 도덕적 질서에 대한 비전은 천년왕국 신봉자들뿐만 아니라 세속적인 혁명주의자들에게도 본질적인 것이다. 따라서 홉스봄을 비롯한 일부 마르크스주의자들은 천년왕국 사상과 기독교적 공산주의의 종교적인 배경 속에서 마르크스주의적인 혁명주의를 발견할 수 있다고 본다.[11)]

---

8) Yonina Talmon, "Millenarian Movements", A*rchives Européennes de Sociologie*, 7: 2 (1966), 184쪽.
9) Norman Cohn, *The Pursuit of the Millennium: Revolutionary Millenarians and Mystical Anarchists of the Middle Ages* (New York: Oxford UP, 1970), 285쪽; 노만 콘, 『천년왕국운동사』, 김승환 옮김 (서울: 한국신학연구사, 1993), 386~387쪽.
10) Eric Hobsbawm, *Primitive Rebels: Studies in Archaic Forms of Social Movement in the 19th and 20th Centuries* (New York: Norton, 1965), 57~58쪽.

그러나 홉스봄도 지적했듯이, 천년왕국운동이 그 혁명적인 변화에서 특유의 소극성을 지니고 있다는 것 또한 사실이다. 그러나 다수의 천년왕국운동가들이 적극적인 혁명의 창조자가 아니라, 혁명이 혁명 그 자체를 가져오기를 기대하고 기다리는 소극적인 자세를 취하는 사람들이라는 것만은 사실이지만, 반드시 그렇지는 않다.

가령 서아프리카 이슬람교의 천년왕국운동은, 혁명이란 역사적으로 필연일 뿐만 아니라 동시에 혁명가들의 신념과 행동에 의해 좌우되는 것이라는 고전 마르크스주의 입장에 더 가깝다고 할 수 있다. 우리는 급진주의적 무정부주의가 카를 만하임에 의해 천년왕국 신앙의 현대적인 모습으로 이해되고 있음을 볼 수 있다.[12]

유토피아의 비전과 마찬가지로 천년왕국의 비전도 특히 가난한 자들, 피억압자들에게 호소력을 가지고 있다. 이상사회와 현실사회의 모순을 가장 첨예하게 경험하는 자들은 '주변화'된 이런 '타자'들이기 때문에 잠재적으로 가장 급진적인 것은 바로 그들의 비전이다. 프레드릭 제임슨의 표현을 빌리자면, "역사적으로 볼 때 존재론적으로 보다 근원적인 것은 이 억압받는 자의 시선이다."[13] 이 억압받는 '타자'의 시선은 역시 잠재적으로 가장 유토피아적이다.[14] 제임슨이 파악하고 있듯이, 유토피아적 사유는 사회·경제 변혁의 필요성을 제일 먼저 지각하는 '타자'의 전형, 노동자계급의 의식 속에 가장 공고히 자리 잡고 있다.

---

11) Henry Desroches, *The American Shakers: From Neo-Christianity to Presocialism*, John K. Savacool 편역 (Amherst: U of Massachusetts Press, 1971), 61쪽.
12) Karl Mannheim, 앞의 책, 225쪽 이하.
13) Fredric Jameson, *Marxism and Form* (Princeton: Princeton UP, 1971), 302쪽; 프레드릭 제임슨, 『변증법적 문학이론의 전개』, 여홍상·김영희 공역 (서울: 창작과비평사, 1984), 298쪽.
14) Angelika Bammer, *Partial Visions: Feminism and Utopianism in the 1970s* (New York: Routledge, 1991), 1~9쪽을 볼 것.

이처럼 천년왕국의 비전과 유토피아의 비전이 공유하는 것은 바로 현실세계에 대한 총체적인 거부라는 그들의 근원적인 급진적 자세다.

그러나 천년왕국 신앙은 이상사회가 이 세상에서 실현될 수 있다고 생각한다는 점에서는 유토피아의 비전과 같지만, 그 실현에 이용되는 수단이 궁극적으로는 메시아라는 점에서 유토피아와는 본질적으로 구분된다. 특히 유대-기독교적 신앙에서 황금시대의 복귀라든가, 최후의 심판 또는 부활의 기대 등은 은총으로 다가오는 것이지 결코 사회적 행위에 의해 초래되는 것은 아니다. 또한 이 황금시대에 대한 기대는 오로지 선택받은 이들만의 몫이기도 하다. 따라서 대체로 천년왕국운동은 혁명의식이 결여된, 즉 민중의 저항의식이 근대적·세속적·혁명적으로 발전하기 이전의 전(前) 정치적 단계의 저항이라고 규정될 수 있다.[15]

그러나 낙원과 유토피아, 천년왕국 사이의 가장 근본적인 차이는 무엇보다도 시간의 개념에 있다. 낙원의 시간은 '영원한 현재'로서 순환적·반복적이다. 따라서 시간의 흐름 자체가 파괴적이라며 시간에 대한 부정적인 가치가 함축되어 있다면, 유토피아의 시간은 인간 해방의 유일한 장으로 여겨지는 미래를 향해 나아간다는 긍정적인 가치를 함축하고 있다. 한편 천년왕국 신앙은 이상사회가 비교적 가까운 미래에 실현될 수 있다는 전제에서 출발하므로 유토피아적 비전과 다소 흡사하다. 하지만 역사의 시간을 순환론적으로 본다는 점에서, 또 실제의 세계로부터 이상적인 세계로 돌입하는 데 과학과 이성에 결정적인 역할을 맡기지 않는다는 점에서 유토피아와는 다르며 오히려 낙원사상에 더 가깝다. 그러나 천년왕

---

15) Peter Worsley, *The Trumpet Shall Sound* (London: Paladin Press, 1970); Vittori Lanternari, *Religions of the Oppressed*, L. Sergio 옮김 (New York: Mentor Books, 1965); Eric Hobsbawm, 앞의 책; Keith Thomas, *Relgion and the Decline of Magic* (New York: Charles Scribner's Sons, 1972), 128~150쪽을 볼 것. 그리고 Yonina Talmon, 앞의 글, 197쪽도 볼 것.

국 신앙에서 그 시간 개념이 비록 순환적이기는 하지만 황금시대의 복귀에 대한 희망 자체가 메시아 신앙과 종말론에 수반되기 때문에 그것은 낙원사상의 순환적인 시간 개념과는 다른 직선적인 개념을 가진다.

지금까지 살펴본 낙원 · 천년왕국 · 유토피아의 차이점은 다음 도표로 요약될 수 있다.[16]

	시간		공간	현실세계와 이상세계 사이의 연결 매체
	위치	방향		
낙원	태고 '영원한 현재'	순환적 · 반복적	이 세상에서 '순간적'으로 실현가능	상징적 · 제의적인 수단
천년왕국	미래	순환적 · 직선적	이 세상에서 실현가능	메시아
유토피아	미래	직선적	이 세상에서 실현 가능	기술 · 과학 등 합리적인 수단, 또 다른 하나의 '메시아'로서의 프롤레타리아트 혁명행위

이와 같이 각각의 차이점을 도식화한다는 것은 극단적인 방법이기는 하지만(왜냐하면 이들 각각은 서로 엇물리는 경향이 허다하기 때문에), 그로 인해 우리는 유토피아의 특수성을 어느 정도 판별할 수가 있다. 즉 유토피아는 진보를 향해 직선 방향으로 나아가는 미래지향적인 움직임이며, 합의적인 수단을 통해 인간에 의해서 이 세상에서 구축될 수 있는 인간의 작품이라는 것이다. 바티모가 지적하듯이, "정확하게 말해 유토피아라는 용어는 그것이 형이상학적인 것으로 향하든(캄파넬라의 경우처럼) 또는 기술적인 것으로 향하든(베이컨의 경우처럼) 간에 합리적인 기

---

16) Luc Racine, "Paradise, the Golden Age, the Millennium and Utopia", *Diogenes*, 122 (1983, 여름호), 122~123쪽을 참조할 것.

획에 의한 최상의 현실 실현에 관심을 두고 있다."[17] 여기서 우리는 유토피아의 기본 정신이 휴머니즘에 입각하고 있음을 주목하게 된다.

그러므로 문학 장르로서의 유토피아가 르네상스 시대, 역사가들에 의해 인간의 재발견으로 특징 지어지는 바로 그 르네상스 시대에 활기를 맞게 된 것은 피할 수 없는 것이었다고 말할 수 있다.

유토피아의 절정으로서의 마르크스주의

우리가 문화를 발전 순서에 따라 수렵·채취문화, 농경문화, 도시문화로 나눌 수 있다면, 수렵·채취문화는 인간의 삶이 주술적·신화적 세계관에 의해서 설명될 수 있는 시기의 문화라고 할 수 있다. 이 시기에 우주의 주인은 인간이 아닌 초자연적인 힘이고, 시간은 '영원한 현재'인 순환적·반복적인 것으로 여겨졌으며, 사람들은 잃어버린 낙원의 기억을 재생하기 위한 주기적인 제의와 의식에 사로잡혀 있었던 그러한 시기이기에, 인간에 의해 창조되는 이상적인 사회란 불가능했다.

뒤이은 농경문화는, 바로 그 안에서 우주의 주인이 인간은 아니었지만, 인간이 어느 정도 자연을 지배하기 시작하면서 역사적 존재로서의 위치를 어렴풋이나마 자각하던 시기의 문화라고 할 수 있다.

그러나 농경문화 역시 그 전(前) 시대와 마찬가지로 삶을 창조와 카오스로의 복귀 사이를 번갈아 교차하는 것으로 바라보는 신화적·주술적인 세계에 젖어 있었던 것이 사실이다. 그리하여 눈앞에 닥친 천지개벽의 징후는 황금시대의 복귀가 뒤따르는 우주의 파멸로 이해될 수 있었다. 그러나 이 복귀가 주기적인 제의 속에서 반복되는 순환적인 것이 아니라,

---

[17] Gianni Vattimo, *The Transparent Society*, David Webb 옮김 (Baltimore: Johns Hopkins UP, 1992), 79쪽.

영웅적인 인물 또는 메시아의 출현으로 실현될 것이라는 미래지향적인 의식이 자리 잡고 있었다는 점이 농경문화의 특징 가운데 하나가 될 수 있다. 역사상 다양한 형식의 천년왕국 신앙과, 이에 연관되는 운동은 주로 농경문화 사회 또는 봉건제 사회에서 일어난 것이다.[18] 그러나 인간의 힘에 의해서가 아니라 초월적인 존재 또는 메시아에 의해서 성취되는 이상사회란, 결국 수렵·채취문화의 시기와 마찬가지로 결코 인간의 작품은 아니었다.

다음으로 찾아온 도시문화는 우주의 주인은 인간이며 역사의 주체는 인간이라는 의식이 뚜렷하게 부각되는 시기의 문화다. 이상적인 도시는 아우구스티누스의 신의 도시가 아니라 인간의 도시라는, 지극히 인간 중심적인 비전에서 나온 것이 바로 유토피아다. "최초의 유토피아는 도시 그 자체였다"[19]는 주장까지 나왔을 만큼, 사실 유토피아는 도시와 떼려야 뗄 수 없는 관계를 가지고 있다. 노스럽 프라이가 지적했듯이 유토피아는 "원래 질서정연한 도시, 도시가 지배하는 사회에 대한 비전"[20]이기 때문이다.

플라톤의 국가는 아테네적인 문화, 스파르타적인 기강을 가진 도시국가 폴리스다. 앞에서도 잠깐 언급했지만, 문학 장르로서 유토피아가 르네상스 시대에, 말하자면 중세의 사회질서가 와해되어 다시 도시국가 단위 또는 수도의 통치를 받는 국가가 나타나게 된 시대에 부활하여 활기를 띠게 되었던 것은 불가피한 일이었다.[21] 작가가 자신이 현재 살고 있는 도시에 절망하고 작품 속에 이상적인 도시를 그리고 있는 것은 도시문화가 초래한 부산물이다. 도시문화가 안고 있는 여러 가지 부정과 모순을 분

---

18) Peter Worsley, 앞의 책, 235쪽 이하.
19) Lewis Mumford, "Utopia, the City and the Machine", Frank E. Manuel 엮음, 앞의 책, 3쪽.
20) Northrop Frye, "Varieties of Literary Utopias", Frank E. Manuel 엮음, 앞의 책, 27쪽.
21) Northrop Frye, 앞의 글, 111쪽.

석·비판하고, 미래의 역사적 현실 속에서 규범 세계로서의 이상적인 곳을 추구하는 것이 유토피아 문학과 사상의 기본원리다. 그렇다면, 그 이상적인 곳이 과연 무엇이든 간에 오로지 인간에 의해 미래의 역사적인 현실 속에서 실현될 수 있다는 유토피아의 비전은 본질적으로 휴머니즘이 낳은 산물이다.

따라서 도시문화에서 나온 유토피아의 비전은 이상사회란 오직 과학기술의 발달에 의해서 실현될 수 있다는 점을 강조하고 있다. 엄격한 의미에서 르네상스와 더불어 시작되는 이와 같은 비전은 토머스 모어에서 시작해 캄파넬라와 라이프니츠에 이르기까지 똑같은 방향으로 흘러내려왔다. 또한 이성·과학·기술에 본질적인 가치를 부여하지 않고 이상사회를 그려내는 일은 거의 불가능하다는 것이 계몽주의 시대 이래 지속되어 온 흐름이었다.[22] 루소·콩도르세·칸트와 더불어, 완전한 사회는 이성·경제적 평등·정의에 달려 있으며, 현실사회에 대한 '과학적인' 이해는 이상적인 사회질서의 확립을 위해 불가피한 것이라 널리 인식되기 시작했다. 보다 나은 세계로 개선하는 과정에서 현실에 대한 '과학적인' 이해가 얼마만큼 중요한 역할을 하는가는 푸리에, 오웬에서 시작해 마르크스·프루동·생-시몽을 거쳐 소렐에 이르기까지 사회주의와 무정부주의자들에 의해 한층 강조되었다.[23]

19세기, 완벽한 사회사상에 대해서 생각했던 여러 사상가들은 자연의 지배를 도와주는 과학을 진흥시키는 동시에 여러 형식의 정치적·경제적 평등주의를 실행함으로써 사회관계의 합리화를 통해 미래의 이상사회가 실현될 수 있다는 데 의견 일치를 보았다. 생-시몽이 선언했듯이, 황금시대가 우리 뒤에 있지 않고 우리 앞에 있다면,[24] 그리고 새로운 종교가 과

---

22) Krishan Kumar, 앞의 책, 36쪽을 볼 것.
23) Luc Racine, 앞의 글, 130~131쪽.
24) Henri de Saint-Simon, "De la reorganisation de la société européenne,"

학이고 기술이라면, 미래의 황금시대와 연관하여, 당시 세계의 주요 경향, 즉 '유토피아적 사회주의자들', 생-시몽의 국가사회주의자들, 무정부주의자들과 마르크스주의자들이 공유했던 공통적인 문제틀——완전한 이상사회에 관련되는 한——이 무엇인가를 지적하는 일이 중요하다.

이 공통적인 문제틀의 몇 가지 요소는 천년왕국 신앙의 세속화를 표상하고 있다. 말하자면 과학이 종교의 역할을 하고, 노동자들이나 생산업자들이 메시아의 역할을 하며, 정치적인 폭력은 사회적인 재생 이전의 카오스로 복귀하려는 제의를 상기시키고 있는 것이다.[25] 마르크스주의가 하나의 이데올로기로서 성공을 거두고 지금까지도 지대한 관심의 대상이 되고 있는 것은, 어느 면으로는 그것이 천년왕국 신앙과 유토피아가 가진 근본적인 원리를 독특하게 통합하고 있다는 사실에 기인한다고 볼 수 있다.

유토피아는 역사의 주체로 등장한 인간에 의해 미래의 역사적 현실 속에서 실현될 수 있다는 점에서, 인간 중심적인 비전에 터하고 있으며, 이런 각도에서 볼 때 마르크스주의는 유토피아에서 그 절정의 하나로 표상되고 있다. 사실 "유토피아의 가장 명시적이고 급진적인 형식은 분명히 마르크스주의에서 발견된다."[26] 사실상 플라톤에서 토머스 모어와 그의 모방가들에 이르기까지 유토피아는 초역사적인 모델이었다. 그것은 현재의 도덕적인 판단의 표준이었지, 미래를 위한 처방은 아니었다. 에른스트 블로흐의 용어를 빌리면 '구체적인 유토피아'인 마르크스주의와는 달리 그것은 '추상적인 유토피아'다. 물론 고전적 유토피아 사상가들은 그들이

Oeuvres choises (Brussels: F. Van Meenen, 1859), 2: 328쪽; Renato Poggioli, *The Oaten Flute: Essays on Pastoral Poetry and the Pastoral Ideal* (Cambridge, M.A.: Harvard UP, 1975), 29쪽에서 재인용.
25) Luc Racine, 앞의 글, 33쪽.
26) Gianni Vattimo, 앞의 책, 62쪽.

생산자의 역사적인 조건을 성찰하고 또 적어도 현존하는 사회질서의 악을 근원적으로 비판했다는 점에서 역사적이다. 가령 카를 카우츠키가 자신이 '유토피아적 사회주의'의 시조로 보았던 토머스 모어가 봉건제도가 무너지고 자본주의가 출현한 16세기 영국 신흥 자본주의의 사회적인 병폐를 꿰뚫어보고 그 정반대인 이상사회를 묘사함으로써 그 모순을 신랄하게 비판했다고 설명하는 것은 옳다.

그러나 그 설명이 옳다고 하더라도 모어의 유토피아는 실천적인 행동으로 이끄는 미래지향적인 비전이 없기 때문에 비역사적이다. 플라톤은 급진주의자였는데도 고전주의 시대의 유토피아 사상가와 마찬가지로 계급적인 불평등을 불변적인 자연의 질서로 생각하고 노예제와 신분제의 유지를 주장했기 때문에, 인간의 자연적인 불평등 개념에서 결코 떠날 수 없었다. 그러므로 이런 의미에서 본다면 토머스 모어는 최초로 경제적인 평등을 주장했다는 점에서 평가를 받을 수 있겠지만, 그의 유토피아에도 정치적인 평등이나 남녀 사이의 평등은 결코 존재하지 않는다.

다소 놀라운 일인지 모르지만, 평등은 이상적인 사회의 보편적인 특성으로 자리 잡지 못하고 있다. 모든 유토피아가 평등주의에 입각하고 있는 것도 아니며, 천년왕국 신앙이나 황금시대 또는 낙원에 연관되는 모든 신화 또한 마찬가지다. 메시아 신앙과 천년왕국 신앙에서는 지도자와 신자 사이에 결코 정치적인 평등이 불가능하며, 남녀 사이의 평등도 좀처럼 나타나지 않는다. 앞에서도 말한 것처럼 플라톤의 국가는 평등주의에 입각한 것이라고 부르기 어려우며, 모어의 평등주의는 엄격히 말해서 경제적인 것에 지나지 않는다.

마르크스주의의 강점은 그것이 전통적인 유토피아가 결여하고 있는 여러 가지 측면에서의 평등주의를 근본적인 원리로 삼고 있다는 데 있다. 인류의 역사는 본질적으로 계급투쟁의 역사가 아니라는 것, 지배당한 계급이 지배하는 계급을 대체하지 않았다는 것, 마르크스주의의 이름으로 이루어지는 혁명적인 변화는 새로운 독재 외에 아무것도 낳지 않았다는 것, 낙원은 마르크스주의를 제창하는 그 어느 나라에서도 실현되지 않았다는 것, 마침내 사회주의 국가들은 무참히 무너지고 말았다는 것 등, 이 모든 것이 그렇게 중요한 사실은 아니다. 중요한 것은 계급의 불평등과 현실의 모순이 사라지지 않는 한, 마르크스의 이념과 원칙이 유토피아로 향하게 하는 역동적인 힘으로 계속 작용하는 한, 헤겔이 말한 미네르바의 '올빼미'는 언제라도 새로운 여명을 알리는 '닭'이 될 수 있다는 것이다. '역사'는 필연에 대한 우리의 인식과 관계없이 그 자체를 강요하는 '필연'의 압력인 것이다.[27] 그것은 다만 억압되어 있으며, 블레이크의 앨비온처럼 깨어나기를 기다리면서 무의식 속에 잠자고 있을 뿐이다.

'희망의 원리'로서의 유토피아

금세기에 와서 유토피아를 힘·폭력·전체주의와 동일시하는 경향이 다소 지배적이었던 것이 사실이다. 이 사실을 강조하기 위해 유토피아를 하나의 악몽으로 널리 알리고 만 오웰의 『1984』, 헉슬리의 『멋진 신세계』, 자미아틴의 『우리』 등을 거론하지 않아도 좋다. 포괄적인 청사진에 의해 이상적인 상태를 이루려는 유토피아적인 기획은 소수의 권력이 중앙집권화된 정부—독재가 될 가능성이 있는—없이 불가능하다는 비판적인 태도를 취하게 했고,[28] 또 유토피아적 사유는 문명의 긴장에 대한 반응—프로이트에게 부분적으로 돌릴 수 있는 개념—이라고 단순화시켰던 칼 포퍼[29]와 그를 따르는 비판적 합리주의자들을 거론하지 않

---

27) Fredric Jameson, *The Political Unconscious* (Ithaca: Cornell UP, 1981), 102쪽.
28) Karl Popper, *The Open Society and Its Enemy* (Princeton: Princeton UP, 1962), 1: 159쪽.
29) 같은 책, 176~177쪽, 그리고 주8), 295쪽.

아도 좋다.

사실 유토피아적인 사유나 비전은 다소 위험스럽기는 하다. 그 사유나 비전이 역사의 과정 속에 편입될 때, 그것은 그 자체의 구속과 독재를 행사하며, 세계를 변화시킬 때 이념의 힘을 고집하는 혁명가들은 역사의 필연성이라는 이름 아래 이따금 이념의 노예가 되는 경우도 있는 것이다. 프레드릭 제임슨에 따르면, 모든 계급의식, 말하자면 피억압계급의식뿐만 아니라 지배계급의식의 가장 배타적인 의식까지도 포함하여 "모든 이데올로기는 그 본질상 '유토피아적'"[30]일 수 있지만, 유토피아는 반드시 정치적으로 진보적인 목적이나 대의를 향해 작동하는 것만은 아니다. 나치 파시스트적 유토피아들이 사회주의 상표——문자 그대로 '국민사회주의'——를 가장한 채 다른 한편으로 얼마나 엄청난 퇴행적·반동적 정치를 도모했는가를 제임슨은 지적하는데, 블로흐와 마찬가지로 그에게도 사회주의로의 변화를 촉진시키는 유토피아만이 '진정한' 유토피아이며, 나치의 파시스트적 유토피아는 '거짓' 유토피아에 지나지 않는다.

또 한편 레비-스트로스는 그의 『슬픈 열대』에서 과거의 이상적이고 어느 정도까지는 비현실적인 세계를 재연·재구성함으로써, 현재의 문제를 해결하려는 시도 속에 잠재된 위험성을 지적한 적이 있다. 오늘날 일부 이슬람교 국가들의 문제가 바로 이러한 사례가 되며, 이슬람적인 논리는 모든 문제를 인위적이고 부적절한 것으로 만들고 있다고 주장하는 레비-스트로스는 이슬람교 국가들이 과거의 이상적인 세계에 대한 동경에 젖어 있기 때문에 현실문제를 현명하게 해결치 못하고 있으며, 프랑스 역시 프랑스 혁명의 정신적인 덫에 걸려 앓고 있다고 비판한 적이 있다.[31]

이와 같이 유토피아적 사유나 비전은 파시스트적 유토피아들처럼 다소

---

30) Fredric Jameson, 앞의 책, *The Political Unconscious*, 289쪽.
31) Claude Levi-Strauss, *Tristes Tropiques* (Paris: Plon, 1955).

위험스럽기는 하다. 그러나 그 위험은 비전을 정치운동으로 변형시키는 과정 속에 있는 것이지 결코 유토피아 그 자체에 있는 것은 아니다. 비록 그 비전 속에 자생적인 위험이 포함될 수는 있다 하더라도 막스 베버가 갈파했듯이, 만약 인간이 불가능한 것을 향해 몇 번이나마 손을 뻗지 않았더라면, 가능한 것을 얻을 수는 없었을 것이다.[32]

따라서 "유토피아의 포기와 더불어 인간은 역사를 형성하려는 그의 의지를 잃고 이와 함께 역사를 이해하려는 그의 능력을 잃어버리게 될 것이라"[33]는 만하임의 오랜 경고는 오늘을 살아가는 우리에게 더욱 뜻깊게 들릴지도 모른다.

유토피아는 '내일의 진실'[34]이 아닐지도 모르지만, 보다 나은 내일을 상상할 수 있다는 것은 우리 인간만이 가지는 독특한 능력이며, 블로흐는 미래를 파악하고 '선취'하는 독특한 인간의 능력을 '희망'이라고 일컫기도 했지만, 분명 이러한 능력은 역사의 진보를 위해서는 본질적인 것이다.

그러나 역사와 유토피아는 서로 일치하지 않는다. 우리가 바라는 완전한 미래인 유토피아가 역사의 완성, 곧 역사의 종언을 뜻하는 것이라면, 우리가 창조하는 과정 속에 있는 불완전한 미래인 역사는 그 완성, 곧 종언을 거부하는, 과정과 변화 그 자체를 뜻하기 때문이다. 어쩌면 역사와 유토피아 사이의 이 역설적인 긴장의 논리 때문에 희망은 언제나 좌절되며, 역사는 우리에게 언제나 아픈 상처만 남기는 것인지도 모른다. 그렇기에 블로흐는 "미래란 우리가 거기서 찾아내려고 했던 것과는 언제나 다른 것이다"[35]라고 부르짖었던가.

---

32) Max Weber, *From Max Weber: Essays in Sociology*, Hans Gerth와 C. Wright Mills 공편 (New York: Oxford UP, 1958), 128쪽을 볼 것.
33) Karl Mannheim, 앞의 책, 263쪽.
34) 빅토르 위고가 낙관적으로 선언했던 말.

우리의 노력이 거둬내는 하나하나의 승리에는 현재의 희망 대신 그 승리의 순간을 현재의 순간으로 남아 있게 하지 않고 다음 승리의 순간을 예기하면서, 그 하나하나의 승리의 순간 자체를 미래로 실어다 주는 특별한 유형의 희망이 남아 있는 것이다. 프레드릭 제임슨이 말하듯이, "바로 이 희망의 핵심에 자리한 근본적인 불만족이야말로, 시간을 앞으로 추진시키며 각 우연적인 소망을 유토피아 소망 자체의 형상으로, 또한 각 우연적인 현재를 유토피아의 그 궁극적인 현존의 형상으로 변형시키는 것이다."[36)]

유토피아적 의식은 바로 블로흐가 규정하듯이 이 '희망의 원리'에 터하고 있다. 사회주의체제들의 해체와 더불어 전 지구의 자본주의화를 공공연히 공식화하려는 절박한 상황에서 오늘날 우리에게 절실히 요구되는 것이 있다면, 그것은 문자 그대로 한층 더 '정치적 무의식'으로 남아 있을 수밖에 없는 운명처럼 보이는 유토피아적인 충동이 현실비판이라는 부정의 원리와 이상세계의 창조라는 긍정의 원리, 말하자면 '희망의 원리'로서 다시 일깨워져야 한다는 것이다.

우리의 "욕망을 거부하고 집단의 실천뿐만 아니라 개인의 실천에도 냉혹한 한계를 부과"하기 때문에 역사는 우리에게 언제나 아픈 '상처를 주지만',[37)] 아니 "역사는 그 속에서 우리가 난파당하고 마는 바다"[38)]와도 같은 것이기 때문에 언제나 우리에게 아픈 상처를 주지만, 역사의 상처는 다른 한편 유토피아적인 약속, 말하자면 전사(前史)적 행복의 본질적인 가치들을 회복시키게 할 뿐만 아니라 '역사'와 역사의 고통이 종결될 미

---

35) Fredric Jameson, 앞의 책, *Marxism and Form*, 137쪽; 프레드릭 제임슨, 『변증법적 문학이론의 전개』, 144쪽.
36) 같은 책, 138쪽; 프레드릭 제임슨, 같은 책, 145쪽.
37) Fredric Jameson, 앞의 책, *The Political Unconscious*, 102쪽.
38) Norman O. Brown, *Apocalypse and/or Metamorphosis* (Berkeley: U of California Press, 1991), 161쪽.

래까지도 만날 수 있도록 해주는 약속을 간직하고 있다. "마르크스가 전사(前史)라고 일컫고 있는 것의 종언"[39)]을 위해, 그 목표가 착취와 소외를 지양하는 '자유의 왕국', 말하자면 '인간의 자연화, 자연의 인간화"[40)]가 실현되는 블로흐의 "동일성의 고향"[41)]을 위해, 지금 현재 우리에게 무엇보다도 절실히 요구되는 것은 유토피아로 향하는 노력이지 그 성취는 아니다.

---

39) Fredric Jameson, 앞의 책, *The Political Unconscious*, 293쪽.
40) Ernst Bloch, *The Principle of Hope*, N. Plaice와 S.P. Knight 공역 (Oxford: Blackwell, 1986), 203쪽.
41) 같은 책, 209쪽; 김진, 「블로흐의 희망철학과 유토피아론」, 차인석 외 지음, 『사회철학대계-제2권 사회주의와 자유주의』 (서울: 민음사, 1993), 189~191쪽을 참조할 것.

2
역사의 바보들
―마르크스의 공산주의사회

'유토피아적 사회주의자들'

오늘날 마르크스는 "최후의 유토피아적 사회주의자",[1] "철학사에서 가장 유토피아적인 사상가"[2]로 일컬어지고 있지만, 정작 마르크스주의의 창시자인 마르크스와 엥겔스가 당시의 이른바 '유토피아적 사회주의자들', 가령 생-시몽 · 푸리에 · 오웬 등에게 가했던 그 고전적인 논박에 익숙해 있는 사람이라면, 당시 마르크스주의 전통에서 '유토피아적'이라는 말이 얼마나 경멸적인 뜻을 내포하고 있었는가를 알 수 있을 것이다.

물론 마르크스와 엥겔스가 당시의 '유토피아적 사회주의자들'이 표방하던 미래의 이상적인 사회상에 전적으로 반대했던 것만은 아니다. 엥겔스는 「사회주의-유토피아적 사회주의와 과학적 사회주의」(1882)의 서문을 통해 "우리 독일 사회주의자들은 우리들이 생-시몽 · 푸리에 · 오웬의…… 후예들이라는 사실을 자랑스럽게 생각한다"[3]고 선언했으며, 마

---

1) S. 아비네리, 『칼 마르크스의 사회사상과 정치사상』(서울: 까치, 1983), 18쪽을 볼 것.
2) Alfred Schmidt, *The Concept of Nature in Marx*, Ben Fowkes 옮김 (London: New Left Books, 1971), 191쪽.

르크스 또한 '유토피아적 사회주의자들'에게 긍정적인 평가를 내렸던 것이 사실이다. 토머스 모어와 캄파넬라의 유토피아는 태동기에 있는 초기 프롤레타리아트의 혁명적인 노력에 대한 최초의 이론적 선언으로 여겨졌으며, 생-시몽·푸리에·오웬 등의 글 역시 "현 사회의 모든 원칙을 공격했던 까닭에 노동자계급의 계몽을 위한 가장 값진 자료들로 가득 차 있다"[4]는 찬사를 받았다.

그럼에도 마르크스가 '유토피아적 사회주의들'에게 질타를 가하지 않을 수 없었던 것은 그들이 근대 역사의 움직임을 간파하지 못하고 있었기 때문이다. 마르크스의 주장에 따르면, 푸리에·생-시몽·오웬 등이 문제를 삼았던 1800년경의 자본주의는 아직 충분한 발전단계에 이르지 못한 것이기 때문에 그들은 자본주의사회의 '운동의 법칙'을 제대로 이해하지 못했을뿐더러 계급투쟁의 개념 또한 결코 이해할 수가 없었다.[5] 바로 그 맥락에서 그들이 경멸을 담아 이름 붙였던 '유토피아적 사회주의자들'과

---

3) Vincent Geoghegan, *Utopianism and Marxism* (London: Methuen, 1987), 30쪽에서 재인용.

4) Karl Marx, 'Manifesto of the Communist Party', Karl Marx · Friedrich Engels, *Collected Works 1975~* (New York: International Publishers, 1976), 6: 516쪽. 이후 *MECW*로 줄여 씀. 또한 마르크스는 '유토피아적 사회주의자들'이 표방한 조치들, 가령 도시와 지방의 차별화·가족제도·개인적 이윤추구·임금제도 등의 철폐·생산의 단순한 감독으로서 국가기능의 전환 등을 평가했다. 뿐만 아니라 ['Manifesto of the Communist Party', *MECW*, 6: 516쪽] 여성의 특권 확대가 모든 사회 진보의 근본 원인이라고 여길 만큼 여성의 해방이 일반적인 해방의 자연적인 측도로 간주한 그들의 진보적인 사고 등을 인정했다.

5) 마르크스, 엥겔스와 유토피아 사회주의자들의 관계에 대해서는 John Joseph Marsden, *Marxism and Christian Utopianism: Toward a Socialist Political Theology* (New York: Monthly Review Press, 1991), 제1장 "Utopian Beginnings: The Early Marx", 19~29쪽을 볼 것. 유토피아적 사회주의자들의 인식의 한계에 관해서는 Vincent Geoghegan, 앞의 책, 제2장 "Marx, Engels and Utopianism", 22~34쪽을 볼 것. 또 Ruth Levitas, *The Concept of Utopia* (New York: Syracuse UP, 1990), 35~57쪽도 볼 것.

는 달리, 마르크스와 엥겔스는 미래는 본래 현재 속에 '구조적으로' 내포되어 있는 것이라 파악했다. 그들은 근대 산업자본주의가 앞으로의 사회주의를 위한 물적 토대를 제공하고 있을 뿐만 아니라, 동시에 혁명적인 수단을 통해 미래의 사회주의사회를 구축해낼 혁명계급——보편적인 인간 해방의 주체가 되도록 운명 지어진 근대 프롤레타리아트——을 창조하고 있다고 보았다.

그러나 이러한 전망은 '유토피아적 사회주의자들'에게서는 찾아볼 수 없는 것이다. '유토피아적 사회주의자들'은 사회변화의 과정을 '과학적'으로 이해할 수 없었으므로 그들은 혁명의 불가피성을 인식할 수 없었을 뿐만 아니라, 그 혁명은 프롤레타리아트의 혁명의식, 노동자계급의 각성된 의식과 투쟁에 의해서만 이룩될 수 있다는 사실은 더더구나 파악할 수 없었다. 말하자면 그들은 자본주의의 역사적인 의의도, 사회변화의 행위주체인 프롤레타리아트의 혁명적인 역할도 깨닫지 못했던 것이다. '유토피아적 사회주의자들'은 프롤레타리아트에게서 가장 착취당하는 사회계급으로서의 그늘만 보았지 사회주의의 미래를 짊어지고 나아갈 잠재적인 혁명가 계급으로서의 희망을 보지는 못했던 것이다.

마르크스는 '그들' '유토피아적 사회주의자들'에게 프롤레타리아트는 "단지 가장 고통받는 계급으로만 존재한다"[6]고 말했다. 이처럼 그들에게는 혁명적 프롤레타리아트의 깨어난 의식에 대한 어떠한 개념도 존재하지 않았다는 사실이, 마르크스로부터 그들을 향한 가장 적대적인 반론을 불러일으켰던 것이다. 『철학의 빈곤』에서 마르크스는 "프롤레타리아트가 아직 하나의 계급을 구성할 만큼 충분히 발전되지 못하고' 또 '따라서⋯⋯ 프롤레타리아트와 부르주아지 사이의 투쟁 자체가 아직 정치적인 성격을 띠지 않을 때"[7] '유토피아적 사회주의'가 등장하는 것이라고 언

---

6) 'Manifesto of the Conmmunist Party', *MECW*, 6: 515쪽.

급했는데, 결국 그들이 가진 역사인식의 한계가 마르크스와 엥겔스로 하여금 그들의 사고를 '비과학적'인 것으로 규정하게 했던 것이다.

한편 마르크스와 엥겔스에게서 비판받았던 '유토피아적 사회주의자들'의 사고방식은 역사에 대한 신념이 아니라 이성에 대한 신념에 기초를 둔 것이었다. 그들은 인간의 본성을 근본적으로 선한 것이라 가정하고 인간의 일반 이성에 호소함으로써 자본주의사회의 모순과 부정은 극복될 수 있으며 새로운 사회질서 또한 구축될 수 있다고 생각했다. 또한 계몽 과정의 결과로 이성은 마침내 승리를 거둘 것이며, 그들이 가졌던 사회주의사상의 점진적인 전파는 세계를 변화시킬 것이라고 믿었다. 또한 그들은 역사의 변화는 사상투쟁의 결과라고 생각했고, 사회주의의 달성은 민중들의 계몽 여하에 달려 있다고 확신했다.

이러한 확신의 결과 그들은 자연히 엘리트주의로 나아갔고, 자신들과 같은 소수의 엘리트 사회 계획자들에 의해 새로운 사회질서가 현실화될 수 있으리라 믿었다. 다시 말하자면 '유토피아적 사회주의자들'에게 사회적·역사적 현실을 개혁해낼 수 있게 하는 결정적인 열쇠는 이성과 진실을 소유하고 있는 천재들의 두뇌와 의지였던 것이다. 그러나 마르크스에게 '유토피아적 사회주의자들'은 "비록 그들의 사회분석 방법에서는 아니라 할지라도, 개념 설정의 문제에서는 분명 부르주아지 이데올로기의 희생물"[8]인 것으로 비쳤다. 왜냐하면 마르크스는 해방을 "정신적 행위가 아니라 역사적 행위"[9]로 파악했기 때문이다.

사회주의는 역사의 산물이 아니며, 유토피아의 도래는 인간의 자유의

---

7) 'The Poverty of Philosophy', *MECW* (1976) 6: 177쪽. 또 'Manifesto of the Communist Party', *MECW*, 6: 517쪽을 볼 것.
8) Barbara Goodwin와 Keith Taylor 공저, *The Politics of Utopia: A Study in Theory and Practice* (New York: St. Martin's Press, 1982), 75쪽.
9) 'The German Ideology', *MECW* (1976), 5: 38쪽.

지에 따르는 것이지 객관적인 역사의 조건에 의해 제약을 받는 것은 아니라고 생각했던 '유토피아적 사회주의자들'과는 달리, 마르크스에게 인간의 의지와 이념을 규정짓고 한계를 정하는 것은 바로 역사적인 조건이었다. 따라서 사회주의의 성취는 인간이 창조하는 사회적·역사적 발전의 단계 위에서 그 여부가 결정되는 것이다.

마르크스의 고전적 공식에 따르면, "인간들은 그들 자신의 역사를 창조하지만 그들 자신의 뜻대로 창조하는 것은 아니다. 그들은 자신이 선택한 환경 아래서가 아니라 그들이 직접 대면하고 있는 과거로부터 주어져 내려온 환경 아래서 역사를 창조한다."[10]

역사의 힘보다는 이념의 힘을 신뢰했던 '유토피아적 사회주의자들'은 프롤레타리아 계급에게 이해의 대변자가 되는 대신에, 이른바 비역사적이고 추상적인 절대 진리나 이성의 대변자가 되었고, 이를 이유로 마르크스와 엥겔스는 그들을 맹렬히 비판했지만, 이는 결코 마르크스와 엥겔스가 역사의 형성에서 이념이나 이상이 행하는 역할을 전적으로 부정하고 있었다는 뜻은 아니다. 마르크스주의의 창시자들이 유토피아적 비전을 그토록 장황하게 비판했다는 사실 그 자체가 오히려 그들 자신이 사회주의 실현에서 이념이나 이상이 얼마나 중요한 것인지를 스스로 인정하고 있었음을 입증해주는 것이다.

공산주의사회와 소외

일찍이 마르크스 연구의 한 전문가는 "마르크스는 '예언자'가 아니었으며, 사실 그는 자신이 장담했던 공산주의사회가 구체적으로 어떤 사회

---

10) Karl Marx, 'Eighteenth Brumaire of Louis Bonaparte(1869)', Karl Marx · Friedrich Engels, *Selected Works in One Volume* (London: Lawrence and Wishart, 1970), 35쪽. 이후 *MESW*로 줄여 씀.

인가에 대해서는 전혀 언급하지 않았다고 해도 무방하다. 이는 놀랄 만한 일이 아니다. 그의 스승인 헤겔과 마찬가지로 그는 미래를 예언하는 데 있어서는 극히 신중했다"[11]고 지적한 바 있다. 관점에 따라서는 이 주장이 부분적으로 옳다고 볼 수도 있다. 실제로 후반기에 이르러 마르크스는 미래 사회의 '청사진'을 그리는 데 상당히 조심스러웠기 때문이다. 이는 그의 사상이 점차 막대한 영향력을 갖게 되고 그의 이념을 구현하려는 정당과 정치운동 또한 유럽 전체로 확산됨에 따라 그 같은 주변의 여러 상황에 의해 그가 암암리에, 또는 노골적으로 사회주의와 공산주의의 여러 측면, 가령 노동의 분업, 경제 분배의 원칙들 또는 사회주의 국가형태 등에 대한 뚜렷한 청사진을 펼쳐 보이기를 요구하는 압력을 느낄 수밖에 없었던 사실과 관계가 있는 것이다.[12] 그러나 마르크스는 '그의 스승 헤겔과 같지'는 않았다. 헤겔과 달리 그는 미래 공산주의사회의 성격에 대한 광범위한 비전과 지침을 제공했기 때문이다.

마르크스는 1844년의 저작 『경제학-철학 수고(手稿)』를 통해 처음으로 공산주의사회의 근본 원칙에 대해 다음과 같이 말하고 있다. "공산주의는 사유재산과 인간의 자기소외에 대한 적극적인 지양이며, 따라서 인간을 통한, 인간을 위한 진정한 인간 본질의 확보다. 그것은 인간이 '사회적 존재', 즉 진정한 인간 존재로서 자신으로의 복귀, 지금껏 이루어진 풍부한 발전의 모든 것을 종합해내는 완전하고도 의식적인 복귀"다. 그리고 "충분히 발전한 자연주의로서의 공산주의는 인간주의이며, 충분히 발전한 인간주의로서의 공산주의는 자연주의다. 그것은 인간과 자연, 인간과 인간 사이의 적대관계의 '명확한' 해결이다."[13] 같은 글에서 마르크

---

11) David Mclellan, *The Thoght of Karl Marx* (London: Macmillan, 1980), 240쪽.
12) Garvin Kitching, *Karl Marx and the Philosophy of Praxis* (London: Routledge, 1988), 130~131쪽.
13) 'Economic and Philosophical Manuscripts of 1844', *MECW* (1975), 3: 296쪽.

스는 이렇게도 말하고 있다.

> 사유재산의 지양은 인간의 모든 감각과 속성의 완전한 '해방'이다. 그것은 이러한 속성과 감각들이 객관적으로뿐만 아니라 주관적으로도 '인간적'인 것이 되기 때문에 완전한 해방이다.[14]

1844년의 『경제학–철학 수고』에 나타나고 있는 마르크스의 공산주의에 대한 최초의 비전에 따르면, 공산주의는 사유재산을 철폐하여 인간의 속성과 감각 모두를 '인간적'으로 해방시키고 인간의 자기소외를 지양시켜 참으로 인간적인 자기로의 복귀를 가능하게 할 뿐만 아니라, 인간과 인간 사이는 물론 인간과 자연 사이의 갈등을 해결하는, 말하자면 "총체적·최종적인 탈(脫)소외의 유토피아"[15]인 것으로 등장하고 있다.

마르크스는 인간이 진정한 자신으로 존재할 수 있고 더 이상 경제적인 조건 때문에 소외되지 않으며 다른 사람들과도 자유롭게 협동할 수 있는 '사회적인 존재'로 설 수 있는 것은 오직 공산주의사회에서뿐이라고 확신했다. 자본주의사회에서 자기실현의 도구로는 작용하지 못한 채 오히려 자기를 구속하는 도구로 사용될 뿐인 노동의 완전하고도 참다운 해방 없이 인간은 결코 인간다워질 수 없고, 사회 또한 결코 인간적인 사회일 수 없다고 역설할 정도로 마르크스는 소외를 문제시했다. 사유재산과 노동의 분업이 초래하는 모든 악——인간의 상품화, 기계 부속품으로의 전락 등——의 철폐는 문제의 해결을 향해 나아가는 첫 단계이자, 노동의 인간

---

14) 같은 책, 30쪽을 볼 것.
15) Laslo Sekelj, "Marx on the State and Communism", *Praxis International*, 3: 4 (1984), 360쪽. '공산주의'를 소외의 지양과 동일시하는 것에 대해서는 Stanley Moore, *Marx on the Choice between Socialism and Communism* (Cambridge/M.A.: Harvard UP, 1980), 제2장 "Arguments from Principles of Philosophical Communism, 1843~1844", 8~18쪽을 볼 것.

화는 공산주의사회의 실현을 위한 일차적인 과제라고 굳게 믿었다.

마르크스에 따르면, 헤겔은 정신을 현실적인 것으로 잘못 이해하고 있었으며, 그렇기 때문에 인간을 그 인간의 자기의식과 동일한 것으로 잘못 이해하고 있었다.[16] 헤겔은 노동이 역사에서 인간의 자기창조 과정임을 확인했지만, 오직 추상적·정신적 노동만을 생각하여 노동을 단지 인간의 자기실현의 본질로 인식했기 때문에 노동의 본질에서 창조적인 면만 보았지 그 부정적인 측면, 즉 노동에 뒤따르는 소외의 조건들을 보지 못했다는 것이다. 또한 헤겔은 노동을 추상적·정신적인 것으로 간주했기 때문에 소외 역시 자기의식의 소외에 지나지 않는 것으로 보아,[17] 의식의 변화로 극복될 수 있다고 잘못 생각했다는 것이다.

반대로 마르크스는 인간을 자연적·"육체적·현실적·감각적·객관적 존재"[18]로 파악하여 인간의 의식은 순수의식이 아니라 그의 특별한 물질적·사회적 관계에서 발전하는 것이라고 보았기 때문에 인간의 소외는 그것이 헤겔의 절대정신이든, 포이어바흐의 유적(類的) 존재 의식이든 간에, 단지 의식의 변화에 의해 극복될 수 있는 것은 아니라고 주장했다. 따라서 그의 『경제학-철학 수고』에서 중심적인 주제로 등장하는 것은 노동이며, 특히 자본주의 아래서의 노동과 소외의 문제다.

마르크스는 자본주의의 병폐를 확연히 표상해주는 소외의 원인으로 때로는 사유재산을 들고 있는데, 이는 그가 사유재산의 소멸이 곧 소외의 소멸이라고 믿었기 때문이다. 그러나 『경제학-철학 수고』의 「소외된 노동」이라는 글에서 마르크스는 비록 사유재산이 노동으로부터 인간이 소외되는 현상의 근본 원인으로 보일지는 모르지만, 실상은 "사유재산이야말로 소외된 노동의 필연적인 결과"[19]라고 말하고 있다.

---

16) 'Economic and Philosophical Manuscripts of 1844', *MECW*, 3: 334쪽.
17) 같은 책, 332~333쪽.
18) 같은 책, 336쪽을 볼 것.

때로 마르크스는 소외현상이 일어나는 것을 화폐제도나 분업화된 노동의 탓으로 돌리며, 그러므로 노동은 노동자의 창조적인 행위와 적대되는 힘이라고 말한다.

한편 다른 글에서는 국가의 존재 자체가 인간 소외의 제도적인 표현이므로 사회악에 대해 전적인 책임을 질 수 있는 것은 국가 그 자체뿐이라고 말하고 있다. 『경제학-철학 수고』는 사유재산은 노동의 소외를 발생시키는 원인이 아니라 오히려 그 결과라는 주장 외에는 더 이상 깊이 그 기원을 검토하고 있지 않지만, 여하튼 다른 글과 마찬가지로 이 글에서도 마르크스의 일차적 고심의 대상이 되고 있는 것은 '사유재산' 사회 아래서의 비인간화 · 상품화되고 있는 노동자들과 그들의 노동이다. 마르크스에게 소외가 가장 뚜렷한 현상으로 극명히 드러나는 것은 자신의 노동 결과인 생산물을 자신의 것으로 소유하지 못하는 것은 물론, 자신의 노동과 노동력이 교환가치와 노동의 분업에 따라 상품으로 변하고, 또 그렇게 변하지 않으면 안 되는 비인간적인 현실 속의 '사유재산' 사회의 노동자들이다.

마르크스가 그의 『경제학-철학 수고』를 통해 인간의 소외를 노동의 소외와 동일시하고, 소외된 노동의 형태를 자신이 창조한 노동 생산물로부터의 노동자의 소외, 노동 그 자체로부터의 노동자의 소외, 유적(類的) 존재로부터의 노동자의 소외, 마지막으로 같은 동료 인간으로부터의 노동자의 소외로 구분했던 설명[20]은, '사유재산' 사회의 구조적인 성격에 대한 그의 예리한 통찰에서 비롯된 것이다.

물론 마르크스의 후기 사상, 특히 『자본론』(1867)에서 그려지는 소외된 노동의 사회는 단순한 '사유재산'의 사회가 아니라 자본주의사회이며, 소

---

19) 같은 책, 279쪽을 볼 것.
20) 같은 책, 247쪽 이하를 볼 것.

외된 노동자들도 이 경우에는 이른바 '노동자계급', 즉 프롤레타리아트다. 1844년의 『경제학-철학 수고』 이래 마르크스의 공산주의 이상은 자본주의에 대한 변증법적 반대상으로서, 또 그의 "자본주의의 고발"의 근거로 작용하는 궁극적인 기초로서 "변함없이 배경에 나타나고 있으며",[21] 그에게 자본주의의 최대 악은 소외 그 자체였다.[22] 루카치가 그의 『역사와 계급의식』에서 주요 테마로 생산수단의 사적 소유의 폐기가 아닌 소외의 종식을 설정했던 것도, 어쩌면 마르크스의 궁극적인 관심이 소외의 지양에 있었음을 간파했던 까닭인지도 모른다.[23]

마르크스는 그의 『자본론』에서 '물화'라는 용어를 사용함으로써 소외의 극단적인 양상을 부각시키고 있다. 말하자면 그는 자본주의사회는 인간들 사이의 관계를 상품이라는 물건들 사이의 관계로 현혹시킴으로써 인간 의식까지도 물화시킨다고 주장한다. 즉 그 사회는 "인간들 사이의 특정한 사회적 관계가…… 물건들 사이의 관계라는 현혹적이고 환각적인 의식상태"[24]를 취하게 한다고 주장한다. 이렇게 볼 때 마르크스에게 공산주의사회는 이러한 소외가 완전히 사라지는, "모든 개인의 충분하고 자유로운 발전"[25]을 가능케하는 사회가 될 것이다. 마르크스는 『독일 이데올로기』(1847)에서 이렇게 말하고 있다.

공산주의사회에서는 누구에게도 배타적인 활동의 영역이 없으며,

---

21) Jon Elster, *Making Sense of Marx* (Cambridge: Cambridge UP, 1985), 51쪽.
22) Allen E. Buchanan, *Marx and Justice: the Radical Critique of Liberalism* (Totowa: Rowman and Littlefield, 1982), 36~49쪽을 볼 것. 또 Reiner Grundmann, *Marxism and Ecology* (Oxford: Clarendon Press, 1991), 72~73쪽을 볼 것.
23) 이 책에 수록되어 있는 졸고 「루카치와 황금시대」, 223~228쪽을 볼 것.
24) Karl Marx, *Capital*, Ernest Mandel 엮음, Ben Fowkes 옮김 (Harmondsworth: Penguin, 1990), 1: 165쪽.
25) 'Manifesto of the Communist Party', *MECW*, 6: 506쪽을 볼 것.

각자가 자신이 원하는 모든 분야에서 자신의 욕구를 성취할 수 있을뿐더러 사회가 생산 자체를 규제하므로 하루는 이 일, 또 하루는 저 일을 할 수가 있다. 사냥꾼이나 어부로, 목동이나 비평가로 그 위치가 고정됨 없이 아침에는 사냥을 하고, 오후에는 고기를 낚고, 저녁에는 소떼를 몰고, 저녁식사 후에는 비평을 하는 등 마음 내키는 대로 일할 수 있는 것이다.[26]

여기서 마르크스의 공산주의사회는 그에게 영향을 미쳤던 실러의 이상적인 국가, 즉 미적 국가와 부분적으로 유사하다. 말하자면 실러의 자연적·동적 국가와 윤리적 국가가 각각 마르크스의 자본주의국가와 공산주의 첫 단계인 사회주의국가와 유사하다고 본다면, 비록 공산주의적인 생산방식을 제창하고 있지는 않다 하더라도 실러의 미적 국가는 마르크스의 공산주의사회와 비슷하다고 볼 수 있게 되는 것이다.[27]

우리는 웅대한 주제, 가령 투쟁·갈등·영웅주의를 강조하는 마르크스의 혁명에 대한 열정 때문에 자주 공산주의를 '남성적'인 이미지와 연관시키지만, 사실 공산주의는 사랑·평화·협동을 강조하는 '여성적'인 이미지로 특징 지어져야 할 목가적인 세계다. 또한 이 여성적인 이미지는 모든 시대의 유토피아니즘이 공유하는 공통적인 이미지이기도 하다. 이러한 까닭에 에른스트 블로흐도 마르크스의 공산주의를 "황금시대, 젖과 꿀이 흐르는 땅, 영원히 여성적인 것"[28]으로 이름하지 않았던가. M.H. 에이브럼스가 지적하듯이, 『경제학-철학 수고』에 나타나 있는 마르크스

---

26) 'The German Ideology', *MECW* (1976), 5: 47쪽.
27) Philip J. Kain, Schiller, *Hegel, and Marx* (Montreal: McGill-Queen's UP, 1982), 25쪽 이하. 같은 저자, Marx and Ethics (Oxford: Clarendon Press, 1988), 185쪽을 볼 것.
28) Ernst Bloch, *On Karl Marx* (New York: Herder and Herder, 1971), 36쪽.

의 인간관과 세계관은 경제적인 것이 아니라, 근본적으로 도덕적인 것이며, 인류를 향하는 그의 이상은 "낭만주의적 휴머니즘"[29]의 본질적인 가치를 구현하고 있다.

마르크스는 역사가 개개의 인간이 최상의 선(善)을 실현시키는 방향으로 움직이며, 이에 그는 그 선을 실러가 규정했던 것과 거의 마찬가지로 '모든 인간적인 감각과 속성을 완전히 해방'시킴으로서 '자신의 존재를 전적으로 온전케 하고' 탐욕적인 '이기주의'와 인간들 사이의 순전한 금전상의 유대 대신 사랑이 자연스러운 본래의 인간관계 형식으로 존재하는 공동체의 통합적인 한 부분으로 살아가는, 그런 '전인'(全人)의 창조적 자기실현으로 규정짓는다.[30]

마르크스는 그의 일생을 통해 '인간적'인 존재가 공산주의사회의 약속과 목표라는 신념을 반복하기를 잊지 않았다. 이러한 점에서 볼 때 그는 피히테·칸트와 더불어, 인간은 보다 위대한 자기실현을 위해 이상적인 사회를 이룩하고자 끊임없이 노력할 것이라는 신념을 공유했던 것이다.

마르크스의 공산주의사회

그러나 마르크스는 그와 같은 공산주의세계가 어떻게 이루어지는가에 대한 묘사를 구체적으로 보여주지는 않았다. 홉스봄이 "자본주의에 이어

---

29) M.H. Abrams, *Natural Supernaturalism: Tradition and Revolution in Romantic Literature* (New York: Norton, 1973), 314쪽. 또 마르크스를 '낭만주의운동의 계승자'로 보는 Leszek Kolakowski, *Main Currents of Marxism* (Oxford: Oxford UP, 1981), 1: 409쪽을 볼 것. 그리고 Terry Eagleton, *The Ideology of the Aesthetic* (Oxford: Blackwell, 1990), 221쪽 이하를 참조할 것.
30) M.H. Abrams, 같은 책, 31쪽.

어떤 종류의 사회가 올 것인가를, 아주 일반적인 윤곽밖에는 고려하지 못했다는 점에 대해 마르크스 자신도 비난을 면할 수 없을 것이다[31]"라고 불평하는 것도 이해할 만하다. 마르크스가 '역사의 법칙', 즉 인간의 역사에는 그 본유의 발전적 진보 패턴이 내재하고 있으므로 한 경제단계에서 다른 경제단계로 나아가는 발전이란 불가피하며, 봉건주의가 자본주의로 발전한 것과 마찬가지로 자본주의는 그 경제 모순의 필연적인 결과, 공산주의로 발전하고야 말리라는 그 '역사의 법칙'에만 지나치게 집착한 나머지, 구체적인 청사진을 제시하지 못했던 것은 사실이다.

역사 발전의 한 단계로서 마르크스가 말하는 공산주의사회란 자본주의의 다음 단계로 나타나는 사회를 말한다. 마르크스는 공산주의사회로 완전히 넘어가기 전 과도기라고 여겨지는 어떤 중간 시기가 있을 것이며, 이 시기에는 공산주의사회를 완성하기 위한 '프롤레타리아트의 독재'가 요구된다고 말했다. 역사상 처음으로 직접적인 생산자들, 말하자면 노동자들이 국가를 통치하게 됨에 따라 소수의 착취계급이 다수의 피착취계급을 다스리는 수단으로서의 국가 기능은 완전히 사라지고, 다수가 소수를 독재하는, 말하자면 노동자들이 '국가'[32]가 되는 중간 시기가 필요하다는 것이다.

사회주의라 이름할 수 있는 이 과도기적인 중간 단계는 정치적으로는 '프롤레타리아트의 독재'[33], 경제적으로는 공산주의의 첫 단계라 할 '국가자본주의'의 형태,[34] 또는 생산수단의 사적 소유가 존재하지 않는 후기 자본주의의 형태[35]를 취한다. 그러므로 공산주의의 첫 단계인 교환에 토

---

31) Eric Hobsbaum, *Marxism Today* (1983, 3월호), 1쪽.
32) Alex Callinicos, *The Revolutionary Ideas of Marx* (London: Bookmarks, 1983), 15쪽.
33) 'The Class Struggles in France', *MECW* (1978), 10: 127쪽.
34) Jon Elster, 앞의 책, 449~453쪽을 볼 것.
35) Andrew Levine, *Arguing for Socialism: Theoretical Considerations* (Boston:

대를 둔 사회주의 경제체제 아래서 생산수단은 집단 소유의 형식을 취하되 생산자에게는 임금이 지급되며,[36] 계급 사이의 갈등이나 착취는 존재하지 않지만 소외는 여전히 남아 있다.

이 사회에서 사회적·경제적 행위의 주체들은 이전의 사회에서처럼 개인적 주체로 존재하는 것이 아니라, 그들은 전형적인 사회계급으로서 존재한다. 그러나 이 계급은 프롤레타리아트의 이해(利害)에 종속되어 있으므로 결국 프롤레타리아트의 특별한 이해는 사유재산, 노동 분업에서의 전문화, 계급 등이 완전히 사라지는 공산주의사회에서 극복에 이른다.

따라서 공산주의로 이행되기까지 이 과도기적인 단계에서 프롤레타리아트의 역할은 막중할 수밖에 없다. 마르크스에 따르면, 이 역사적 혁명은 자본주의의 "무덤을 파는 자"[37], 즉 프롤레타리아트의 실천적인 행동을 통해 실현된다. 구체적으로 혁명의 개념은 지배계급으로서의 노동자계급의 등장, 그에 따른 자본주의사회에서 노동자계급의 생산수단 확보, 그로 인한 임금노동과 자본 등의 폐기,[38] 자본주의 계급과 자본주의 생산관계와 국가의 전복, 보다 훌륭한 사회관계와 인간 발전을 위한 경제정책, 생산자원의 획득과 변형 등으로 파악되고 있는데, 이 같은 과정을 통해 도달하게 되는 그 궁극적인 목표는 "하나의 계급으로서의 프롤레타리아트의 형성, 부르주아지 패권의 타도, 프롤레타리아트의 정치권력 획득" 등[39]으로 요약되고 있다. 마르크스에게 계급투쟁은 사회변혁을 위한 본질적인 개념이며, 노동자계급에 의한 혁명은 공산주의사회에서 필연적인 과정이라 규정되고 있으며, 나아가 그는 『자본론』을 통해 "피할 수 없는

Routledge and Kegan Paul, 1984), 7쪽.
36) 'Critique of the Gotha Programme', *MECW* (1989), 24: 92~93쪽.
37) 'Manifesto of the Communist Party', *MECW*, 4: 496쪽.
38) 'The Class Struggles in France', *MECW*, 10: 78쪽.
39) 'Manifesto of the Communist Party', *MECW*, 4: 498쪽.

노동자계급의 정치권력 장악"⁴⁰⁾을 예언하기도 했다.

마르크스는 역사상 인간이 가장 소외된 시대는 근대 자본주의사회이며, 그 가운데에서 가장 소외된 계급은 프롤레타리아트라고 규정하고 있다. 그에게 프롤레타리아트는 근대사회를 통해 비인간화된 자기소외의 전형으로 인식되었다. 따라서 마르크스에게는 프롤레타리아트의 해방이야말로 바로 인간 자체의 해방이었다. 그리하여 그는 이 프롤레타리아트에서 자신들을 해방시킴으로써 모든 사회계급을 해방시킬 수 있는, 새로운 '보편적' 계급을 발견했다.⁴¹⁾

마르크스는 "노동자계급의 해방을 위한 조건은…… 모든 계급의 철폐다"⁴²⁾라고 말한다. 모든 사회계급을 철폐하지 않고는 프롤레타리아트가 그들 자신의 착취와 소외를 종결시킬 수 없기 때문에, 그들의 해방은 필연적으로 모든 인류의 해방을 의미한다. 말하자면 프롤레타리아트는 그들 자신을 하나의 계급으로 유지하려는 부르주아지와 달리 모든 계급의 차별을 철폐함으로써 계급통치 자체를 철폐하고자 한다. 마르크스에 따르면, 프롤레타리아트는 진정한 '보편적 계급'이다.

왜냐하면 그들은 자신들의 이해를 도모하는 가운데 모든 휴머니티의 이해(利害)를 도모하며, 이와 같은 그들의 혁명적인 행위는 도덕의 보편적인 원칙과도 일치하고 있기 때문이다.

비록 마르크스가 그 과도기적인 시기가 얼마나 계속될 것인가를 밝히지는 않았지만⁴³⁾, 공산주의에 이르기까지의 과도기 단계에 해당하는 사

---

40) Karl Marx, *Capital*, 1: 619쪽.
41) 'Contribution to the Critique of Hegel's Philosophy of Law', *MECW* (1975), 3: 186쪽.
42) 'The Poverty of Philosophy', *MECW*, 6: 212쪽.
43) 이에 관해서는 Anthony Giddens, *Capitalism and Modern Social Theory* (Cambridge: Cambridge UP, 1971), 60~64쪽; Melvin Rader, *Marx's Interpretation of History* (New York: Oxford UP, 1979), 127~129쪽을 볼 것.

회주의에서 최종 단계인 공산주의로 탈바꿈하게 되면, 마침내 국가도 프롤레타리아트의 독재도, 그리하여 계급 · 노동의 분업 · 교환 · 소외도 존재하지 않는, "각 개인의 자유로운 발전이 모든 사람의 자유로운 발전 조건이 되는",[44] "각자가 능력에 따라 일하고 필요에 따라 소비하는"[45] 원리에 의해 주도되는 협동공동체가 탄생하게 된다.

좀더 구체적으로 말하면, 이 사회에서 각 개인들은 각자의 필수품을 마련하기 위해 직접 생산하며, 교환가치가 아닌 사용가치를 위한 생산에 복귀하게 되므로, 상품 생산이라는 개념은 사라지게 될 것이다. 모든 노동은 노동 그 자체를 위해, 즉 노동자를 "노동하는 동물, 가장 철저한 육체적 욕구의 노예인 짐승"[46]으로 전락시키는, 생존을 위한 수단으로 이루어지는 것이 아니라, 노동의 고유한 본질인 인간의 창조행위의 표현으로서, 그 자체에서 느끼는 만족과 즐거움을 위해 이루어질 것이다. 마르크스는 모든 노동을 저주로 간주하는 애덤 스미스의 입장도, 노동을 유희로 변형시키려는 '유토피아적 사회주의자'인 푸리에의 극단적인 입장도 따르지 않는다.[47]

그는 공동체사회를, 자본주의사회에서처럼 각 개인이 생존하기 위해 노동하는 사회가 아니라 자신의 필요를 사회의 필요와 일치시키며, 창조적이고 생산적인 자기능력을 자유롭게 발전시키기 위해 공동체 구성원들과 서로 협조하고, 더불어 노동하는 '인간적'인 협동사회의 형식으로 생각했다. 이 사회에서는 노동의 기술적인 분업이란 존재하지 않을 것이며, 전문화된 노동이 있을 수야 있지만 자신의 노동생활 전체를 통해 오직 한

---

44) 'Manifesto of the Communist Party', *MECW*, 6: 506쪽.
45) 'Critique of the Gotha Programme', *MECW*, 24: 87쪽.
46) 'Economic and Philosophical Manuscripts of 1844', *MECW*, 3: 242쪽을 볼 것.
47) Karl Marx, *Grundrisse: Foundations of the Critique of Political Economy*, Martin Nicolaus 옮김 (Harmondsworth: Penguin, 1973) 노트북 vi, 611쪽, 노트북 vii, 712쪽.

가지 노동에만 집중하는 전문가는 없을 것이다.

후기의 저서 가운데 하나인 『고타 강령비판』에서도 마르크스는 자신의 전기에서의 주조를 그대로 유지하여 "보다 높은 공산주의사회에서는…… 개인이 노예처럼 노동 분업에 종속되는 상태, 또 이로 인한 정신노동과 육체노동 사이의 적대관계는 사라진다"[48]고 주장한다. 이미 우리가 『독일 이데올로기』의 그 유명한 목가적인 구절로도 소개한 적이 있지만, 노동 분업의 폐기는 자기발전, 자기실현을 위해 어느 때나 모든 개인이 창조행위를 자유롭고 다양하게 펼쳐나갈 수 있는 공산주의사회의 본질적인 구성요소로 자리 잡고 있는 것이다.

그런데 우리는 여기서 몇 가지 질문을 던져볼 수 있다. 만약 노동 분업과 마찬가지로 교환을 종결시키지 않는다면 자본주의 착취는 끝날 수 없다는 것이 마르크스의 입장이라면,[49] 복합적인 산업사회 속에서 상품 생산을, 즉 화폐를 매개로 한 시장 교환을 배제하고 생산과 소비를 조직하는 것이 과연 가능할 것인가? 또 예술·지적·과학 탐구 같은 창조 행위를 제외한, 탄광·공장 등에서 이루어지는 육체노동이나 판에 박은 듯 반복적이고 기계적인 정신노동도 '그 자체를 위한 노동' '인간의 창조행위'를 표현한 것이라 할 수 있을지, 또 만일 사회적으로 그 같은 노동이 불가피하다면 과연 누가 그것을 담당할 것인가?

두 번째 물음에 대해 초기의 마르크스는 노동 분업화의 폐기와 더불어 누구나 할 것 없이 자기성취적인 창조행위뿐만 아니라 위험하고 지루하며 힘겨운 노동까지도 번갈아 행하는 방식을 염두에 두었던 것으로 보이며, 후기에 이르러서는 인간의 창조행위나 자기실현을 위해 모든 형식의 잡역과 고역은 고도로 발달된 기계들이 대신하는, 말하자면 자동화된 사

---

48) 'Critique of the Gotha Programme', *MECW*, 24: 87쪽.
49) Stanley Moore, 앞의 책, 23쪽 이하를 볼 것.

회로 지향하는 공산주의사회를 염두에 둔 것처럼 보인다.[50]

한편 이와 관련해 일부 학자들은 후기에 이르러 마르크스는 공산주의 아래서는 노동 분업화가 폐기될 것이라는 자신의 초기 사상을 포기한 것으로 보고 있다.[51] 이는 노동의 기술적인 분업은 남아 있어야 하지만 전문화되는 것은 '사람'이 아니라 '기능'이라는, 말하자면 자동화된 기계들이 노동을 주로 담당하겠지만 그 기계들은 '종합기술교육'을 받은 일반인들에게 관리되고 통제될 것이라는 마르크스의 인식 때문이었을 것이다.[52] 그러므로 조금 전에 우리가 소개한 『고타 강령비판』에서의 "보다 높은 공산주의사회에서는…… 개인이 노예처럼 노동 분업에 종속되는 상태, 또 이로 인한 정신노동과 육체노동 사이의 적대관계는 사라진다"는 마르크스의 주장도, 그가 공산주의사회에서 노동 분업은 반드시 폐기된다는 주장을 내세웠던 것이 아니라 그렇게 '종속되는 상태'는 폐기된다는 의견을 제시했던 것으로 이해되고 있다.[53]

마르크스는 『자본론』에서 "근대산업은 그 파국을 통해 생산의 근본적인 법칙으로서의 노동의 다양성, 그 다양한 노동에 적합한 노동자의 적성, 그에 따라 가능한 한 가장 좋은 방향으로 노동자의 자질을 향상시키는 문제 등을 깨닫지 않을 수 없게 된다"[54]고 지적하고 있다. 여기서 마르크스는 노동의 일정한 사회적 형식의 분업, 그러나 '노예처럼 종속되는 상태'까지는 초래하지 않는 분업을 허용하는 것처럼 보인다. 불행히도 마르크스는 이에 대해 더 이상 관심을 보이지는 않았지만, 엘스터가 정확하게 지적했듯이, "베버와 뒤르켐처럼 마르크스는…… 지금까지의 역사

---

50) 이에 관해서는 Gavin Kitching, 앞의 책, 134~138쪽을 볼 것.
51) Michael Evans, *Karl Marx* (London: Allen and Unwin, 1975), 159~160쪽; Gavin Kitching, 앞의 책, 142쪽.
52) Garvin Kitching, 같은 책, 142쪽.
53) Michael Evans, 앞의 책, 159~165쪽.
54) Karl Marx, *Capital*, 1: 458쪽.

과정을 부단한 분화의 과정으로 보았다. 그러나 그들과 달리 마르크스는 이를 역전할 수 없는 과정으로 보지 않았으며, 최종적인 통합 단계, 또는 분화의 상실 단계가 분명 나타날 것이라고 예언했다."[55]

그러나 여기서 첫 번째 물음으로 되돌아간다면, 그에 대한 마르크스의 뚜렷한 대답은 없다. 우리는 마르크스가 자신의 이상적인 사회의 모델로, 좀더 정확히 말한다면 '공산주의의 첫 단계'인 사회주의의 모델로 제시했던, 1871년 당시 파리 혁명정부 아래서 공동체적인 혁명 자치단체로 부각되었던 파리의 사회상을 통해 어느 정도 실마리를 찾을 수 있을 것이다. 그러나 마르크스는 모든 사람이 서로를 잘 알고 있고, 따라서 그들로부터 선출된 대표에게 정치권력 전체의 대부분이 주어지는, 조그마한 규모의 자치공동체 단위의 연합, 즉 "일종의 근대화된 페리클레스의 아테네, 시민들이 그들의 생활을 위해 노예제에 의존하는 것이 아니라 기계에 의존하게 되는 또 하나의 '아테네'의 모델"[56]을 그의 이상적인 사회의 모델로 갈망했던 것처럼 보인다.

마르크스주의와 기독교

우리는 지금까지 마르크스가 공산주의에 대해 가지고 있었던 비전을 몇 가지 측면에서 논의했다. 공산주의가 없다면 마르크스주의 또한 존재할 수 없듯이, 마르크스는 공산주의에 대한 자신의 비전을 일생을 통해 단 한번도 포기한 적이 없었다. 미래의 공산주의사회에 대한 유토피아적인 비전은 마르크스주의 이론의 본질적인 구성 요소, 그것도 오늘날의 세계를 향한 마르크스주의의 호소에 귀기울이게 하는 가장 본질적인 구성

---

55) Jon Elster, 앞의 책, 113쪽.
56) Garvin Kitching, 앞의 책, 148쪽.

요소가 되고 있다.

마르크스가 유토피아적 비전을 근대 역사 속의 유력한 세력으로 만들 수 있었던 것은 그가 도덕적으로 바람직한 이상과 역사적으로 불가피한 현실을 연관시켰기 때문이다. 마르크스는 "공산주의란 우리에게 이루어져야 할 '사태'가 아니요, 현실이 그에 순응하지 않으면 안 될 '이상' 또한 아니다. 우리는 공산주의를 일컬어 현재의 상태를 지양시키는 '현실적 운동'이라고 부른다. 그리고 이러한 운동의 조건들은 현존하는 전제로부터 연유되는 것이다"[57]라고 말했다. 완전한 미래사회에 대한 유토피아적 비전을 훼손시키기는커녕, 현재 작용하고 있는 "객관적 역사과정의 논리적인 필연적 결과"[58]를 공산주의의 미래로 제시함으로써 마르크스주의는 그 비전을 더욱 강화할 수 있었던 것이다. 유토피아와 혁명이 양립하는 두 개의 역사적 등가물로 존재할 수 있음 또한 공산주의운동의 적극적인 추진 가운데서라는 것이 드러나고 있다.

이러한 맥락에서 마르크스는 역사를 전향적으로 바라본 가장 대표적인 사상가로 꼽힌다. 그는 "지금까지 존재했던 모든 사회의 역사"는 "계급투쟁의 역사"[59]라 규정했으며, 이에 따라 모든 사회의 계급투쟁 역사는 종국적으로 '프롤레타리아트 독재' 이후에 도래하는 계급 없는 사회, 바로 공산주의사회에 의해 종결되고 말 것이라는 낙관적인 역사관을 표명했던 대표적인 사상가다. "이처럼 종말론적으로 역사를 파악하는 마르크스는 아시아·지중해세계의 위대한 종말론 신화 가운데 하나, 즉 그의 수난을 통해 세계의 존재론적 위상이 변화되게끔 운명이 정해진 의인— '선택된 자' '기름부음을 받은 자' '죄 없는 자' 사자(使者), 오늘날의 프

---

57) 'German Ideology', *MECW*, 5: 49쪽.
58) Maurice Meisner, *Marxism, Maoism and Utopianism: Eight Essays* (Madison: U. of Wisconsin Press, 1982), 12쪽을 볼 것.
59) 'Manifesto of the Communist Party', *MECW*, 6: 482쪽.

롤레타리아트——에 의한 세계 구원이라는 신화를 계승하여 이를 지속시키고 있다. 사실 마르크스의 계급 없는 사회와 그로 인한 역사적 긴장의 소멸은, 많은 전통이 역사의 시작과 끝에 설정하고 있는 황금시대의 신화에서 가장 가까운 선례를 발견하고 있다"[60]고 엘리아데는 지적한다. 그는 마르크스가 그 신화에 유대-기독교적인 메시아 사상을 덧붙여 자신의 종말론적 역사관을 채색하고 있다고 주장한다.

엘리아데의 주장에 따르면, 마르크스의 종말론적인 역사관의 핵심을 이루는 것은, 한편으로는 마르크스가 프롤레타리아트에게 부여한 예언자 역할과 구원자의 기능이며, 또 다른 한편으로는 그리스도와 그의 적(敵) 사이에서 빚어지는 무신론적인 투쟁과, 그에 이어지는 그리스도의 완전한 승리에 비유될 수 있을 만한 선과 악(프롤레타리아트와 부르주아지)의 최종적인 싸움에서 거두는 선의 승리다.

사실 "마르크스가 자신의 목적을 위해 '역사의 종언'에 대한 유대-기독교의 종말론적 희망을 이어받았다는 사실은 매우 의미심장하며, 바로 그 점에서 그는 크로체와 오르테가 이 가세트 같은 여타의 역사주의 철학가들과 구별된다. 왜냐하면 그들에게 역사의 갈등은 인간 조건과 동질적인 것이었으므로, 완전히 소멸될 수 없는 것이었기 때문이다."[61]

일반적인 경향은 아니지만, 마르크스주의에서 유토피아적인 요소가 종종 종교적인 성격을 띤 것으로 해석되고 있는 것은 사실이다. 학자들 중에는 공산주의와 나치의 비전이 『성서』에 근거한 중세의 혁명적 천년왕국주의자들의 교리와 비슷하다고 논증하는 자들도 있다.[62] 그러나 과거

---

60) Mircea Eliade, *The Sacred and the Profane*, Willard R. Trask 옮김 (New York: Harper and Row, 1963), 206쪽; 같은 저자, *Myths, Dreams, and Mysteries: the Encounter between Contemporary Faiths and Archaic Realities*, Philip Mairet 옮김 (New York: Harper and Row, 1960), 25~26쪽.
61) 같은 책, 207쪽; Karl Löwith, *Meanings in History* (Chicago: U of Chicago Press, 1964), 44쪽을 볼 것.

의 유토피아 사상이 여타의 종교운동을 통해 유입되었던 것은 분명 사실이지만, 그 사실 자체가 유토피아 사상의 종교적인 성격 그 자체를 입증하는 것은 아니다. 가령 18, 19세기의 유토피아 사상은 매우 세속적이었다. 그런데도 마르크스주의를 가리켜 역사를 상실과 회복으로 바라보며 공산주의사회를 잃어버린 낙원의 회복지로 설정한 역사철학이라고 주장하는 자들의 종교적인 입장은 자못 확고하다. 가령 뢰비트는 다음과 같이 말하고 있다.

> 마르크스가 펼쳐 보인 유물론의 이상주의적 근본을 설명해줄 수 있는 것은 오래도록 전해져 내려온 유대교적 메시아 사상과 예언주의이며…… 절대적 의(義)에 대한 유대교적인 강조이며…… 역사적 유물론은…… 본질적으로 사회경제의 견지에서 보면 성취와 구원의 역사다.[63]

하버마스 같은 이는 뢰비트의 이러한 해석이 마르크스주의의 본질에 얼마나 이질적인 것인가를 계속 지적해오고 있지만,[64] 근본적으로 마르

---

62) Karl Löwith, 같은 책, 44쪽 이하, 65쪽; Norman Cohn, *The Pursuit of Millennium* (London: Secker and Warburg, 1957), 307~308쪽. 또는 Norman Cohn, *The Pursuit of Millenium* (New York: Oxford UP, 1970), 285~286쪽.
63) Karl Löwith, 같은 책, 44~45쪽. 유대교 예언자들의 전통을 계승한 자로 마르크스를 보는 이와 같은 입장과는 다른 각도에서 마르크스의 묵시적인 사상은 기독교의 루터적 형식의 전통을 이어받는다고 주장하는 학자도 있다. 가령 Bruce Mazlish, *The Meaning of Karl Marx* (New York: Oxford UP, 1984), 35~53쪽을 볼 것.
64) 루소·실러·청년 헤겔·마르크스·니체 등 사회 변혁에 대한 그들의 동경을, 종교적인 태도와 열망을 세속화한 것으로 바라보는 견해에 강력하게 도전하고 있는 책으로는 Bernard Yack, *The Longing for Total Revolution: Philosophic Sources of Social Discontent from Rousseau to Marx and Nietzsche* (Berkeley: U of California Press, 1992), 특히 "Introduction", 3~27쪽을 볼 것.

크스주의를 세속적인 구원의 종교로, 역사적 유물론을 사실상 역사적인 메시아 사상으로, 그리고 프롤레타리아트를 구세주로 파악하려는 흐름은 계속되고 있다.[65]

마르크스주의를 종교의 한 형태로 받아들이는 데 한층 폭넓은 수긍과 동의를 이끌어내는 것은 프롤레타리아트의 '역사적인 사명'을 통해서다. 프롤레타리아트의 역할은 마치 고통받는 종의 모습을 기록한 『구약』 「이사야서」의 구절을 환기시키려는 듯 그려져 있다. 마르크스에게 프롤레타리아트는 곧 「이사야서」의 고통받는 종이다. 그는 프롤레타리아트를 모든 역사의 종말론적인 목적을 성취해내는 세계사적인 도구로 보았다. 베르자예프는 이렇게 말하고 있다.

마르크스는 유대인이었다. 그는 일찍이 선조들의 신앙을 포기했으나, 이스라엘의 메시아적 기대는 그의 무의식 속에 여전히 남아 있었다. 무의식은 늘 의식보다 강한 것이다. 그에게 프롤레타리아트는 새로운 이스라엘, 신의 선택된 백성, 해방자이자 앞으로 다가올 지상왕국의 건설자다.[66]

---

[65] Robert C. Tucker, *Philosophy and Myth in Karl Marx* (Cambridge: Cambridge UP, 1961), 25쪽, 12~22쪽; Helmut Fleischer, *Marxismus und Geschichte* (Frankfurt am Main: Suhrkamp Verlag, 1969), 104~105쪽; R.N. Berki, *Insight and Vision: The Problem Communism in Marx's Thought* (London: J.M. Dent, 1983), 43쪽; Neal Riemer, *Karl Marx and Prophetic Politics* (New York: Praeger, 1987) 제1장 "Marx and the Tradition of Prophetic Politics", 1~23쪽; Arthur P. Mardel, *Apocalypse and History* (Ann Arbor: U of Michigan Press, 1992), 153~154쪽 등.
[66] Nicholas Berdyaev, *The Russian Revolution* (Ann Arbor: U of Michigan Press, 1961), 69~70쪽.

마르크스가 1856년의 한 강의에서 역사를 하나의 심판관으로, 그리고 프롤레타리아트를 그 집행자로 일컬었던 적이 있긴 하지만, 과연 그러한 종교적인 이미지를 근거로 마르크스주의 자체를 종교적인 세계관이라고 결론 내릴 수 있을까? 마르크스주의에 내재한 유토피아 요소들의 종교적인 연원을 아주 강력히 강조하는 자들이라 할지라도 그 요소들이 마르크스주의 이론 속에서 본질적으로 변형된 것이라는 점에는 동의한다. 어떤 이들은 베르자예프처럼 마르크스주의를 기독교적 종말론의 세속화된 형식[67]으로 파악하는 반면, 또 다른 이들은 이를 한층 더 보편화시켜 현대 정치이론의 모든 중요한 개념까지도 세속화된 신학 이념[68]이라고 선언하고 있다.

역사를 어떤 특정한 방향으로 움직이고 있는 힘으로 파악한다는 점에서 마르크스와 기독교는 근본적으로 서로 일치하고 있다. 그러나 비단 그 주장을 근거로 마르크스가 헤겔의 '목적론적인' 역사관, 즉 역사는 그 자체의 목적이나 목표를 가진 적극적인 주체라는 개념에 따르고 있다고 말할 수는 없다. 『신성가족』(1845)에서 마르크스는 다음과 같이 역사가 그 자체로서는 어떠한 독립적인 실체·목적·방향도 갖지 못한다는 의미를 전달함으로써, 적어도 부분적으로 헤겔의 '목적론적인' 역사관을 거부하기 때문이다.

---

67) Ernst Bloch, *Religion im Erbe: Eine Auswahl aus seinen religion-philosephischen Schrften* (Mumich/Hamburch: Siebenstern Taschenbuch Verlag, 1967), 66~69쪽, 100~102쪽. 이 논의의 고전적인 견해에 대해서는 Karl Löwith 앞의 책, 33~51쪽을 볼 것. 또 Alasdair Maclintyre, *Marxism and Christianity* (New York: Schocken Books, 1968)를 볼 것.
68) Carl Schmitt, *Political Theology*, George Schwab 옮김 (Cambridge/M.A: MIT Press, 1985), 36쪽; James M. Rhodes, *The Hitler Movement: A Modern Millenarian Revolution* (Stanford: Hoover Institute Press, 1980)을 볼 것.

역사는 아무것도 행하지 않는다. 그것은 엄청난 부를 소유하지도 '않고' 전쟁을 벌이지도 '않는다'. 모든 것을 행하고 소유하고 전쟁을 벌이는 것은, 실제로 살아 있는 '인간들'이다. '역사'는 말하자면 그 '자체'의 목적을 달성하는 수단으로 인간들을 이용하는 독립된 인격체가 아니다. 역사는 자신의 목적을 추구하는 인간들의 행위 외에 '아무 것'도 아니다.[69]

우리는 역사를 어떤 특정한 방향으로 움직이는 힘으로 파악하고 있다는 점에서 마르크스와 기독교가 근본적으로 서로 일치한다고 말했다. 이는 영원을 시간의 끝없는 반복으로 여겨 역사로부터 도피하는 데 삶의 의미를 찾는 동양 전통의 사상체계나 불교·힌두교 등과는 엄연히 구별되는 것이다.

그러나 사실상 기독교는 역사적 운동을 미리 예측할 수 있는 어떤 역사 이론의 체계를 갖추고 있지 않다. 성 아우구스티누스로부터 베르자예프를 거쳐 라인홀트 니부어에 이르기까지 많은 신학자들은 '영원한 현재'가 아닌 '역사적 현재'를 논하고 있으며, 단지 극히 일부의 기독교사상가들만이 다가오는 시간상의 종말에 대한 믿음을 계속 강조하고 있을 뿐, 역사적 유물론의 과학에 비교할 만한, 역사 운동을 미리 밝혀줄 수 있는 체계적인 역사과학이 기독교에는 없다.

마르크스로 하여금 역사를 아시아적·고대적·봉건적·'부르주아적'·자본주의적 단계 등 5단계로 나누고, 각각의 단계는 그 자체로서의

---

69) 'The Holy Family', *MECW* (1975) 4: 93쪽. 그러나 마르크스의 사상이 처음부터 마지막까지 근본적으로 헤겔의 철학에 의해 고취되었다고 보는 몇몇 학자의 책을 소개하면 다음과 같다. Randall Collins, *Three Sociological Traditions* (New York: Oxford UP, 1985), 52쪽; Leszek Kolakowski, 앞의 책, 268쪽; Aexel van den Berg, *The Immanent Utopia: From Marxism on the State to the State of Marxism* (Princeton: Princeton UP, 1988), 68쪽.

조건이 성숙했을 때 불가피하게 그다음 단계로 발전하게 된다고 주장하면서, 자본주의사회의 경제 모순으로부터 공산주의는 필연적으로 도래하고 말리라 예언할 수 있게 하는, 그러한 보편적인 역사법칙을 제시하는 체계적인 역사과학이 기독교에는 없다.

그러나 인간과 역사에 대한 분명한 견해 차이에도 마르크스와 기독교는 종말론적인 사상, '역사 이후'에 대한 믿음을 공유하고 있다. 그들 사이에서 공통점과 차이점은 여러 각도의 측면에서 강조될 수 있겠지만, 우리의 논의를 위해 강조되어야 할 바는 바로 이 종말론적인 사상이다. 마르크스주의란 구원을, 말하자면 "황금시대를 역사의 시작이 아니라 역사의 끝에 설정하는"[70] 기독교적 종말론을 세속화한 것이라고 부를 수 있는 것도 바로 이 종말론 사상 때문이다.

많은 기독교 신학자들이 마르크스는 구약 예언자들의 전통을 계승하고 있으며,[71] 또한 '역사 이후' 천년왕국 신앙의 전통 위에 공산주의를 위한 종말론적인 세계관의 틀을 짜는 과정에서 구약 예언자들의 전통을 다수 수렴, 세속화시키고 있다고 주장하는 것도 무리는 아닌 듯하다. 묵시적 사건은 곧 혁명이며, 사회 전체를 자본주의체제의 노예상태에서 해방시키는 데 프롤레타리아트가 그리스도와 같은 메시아 역할을 수행한다는 주장은 마르크스를 이해하는 가장 핵심 요소일 수도 있는 것이다.

그러나 마르크스와 기독교 사이의 결정적인 차이점이라면, 기독교는 그 종말론적인 사건이 미래에 속하는 것이라 간주하고 있는 반면, 마르크스는 그 사건, 즉 혁명은 역사 속에서 이미 이루어지기 시작한 진행형이라고 여긴다는 점에 있다. 마르크스가 항상 현재시제로 공산주의를 말하

---

70) Mircea Eliade, *The Myth of Eternal Return or, Cosmos and History*, Willard R. Trask 옮김 (Princeton: Princeton UP, 1965), 149쪽.
71) Julius Calebach, *Karl Marx and the Radical Critique of Judaism* (London: Routledge and Kegan Paul, 1978), 324~328쪽을 볼 것.

고 있는 것도 의미 깊은 일이다. 무엇보다도 중요한 점은 마르크스의 유토피아야말로 모든 유토피아를 종결시키는 유토피아라 해도 무방할지 모른다. 종교적 유토피아 사상가들이 오직 신의 은총으로만 가능하다고 여겨왔던 이상적인 사회를, 마르크스는 인간의 실천 행위에 의해 궁극적으로 이루어질 수 있다고 주장하기 때문이다. 역사에 대한 마르크스의 신념은 이렇게도 자신에 가득 차 있는 것이다.

마르크스의 예언

그러나 마르크스가 그토록 자신 있게 예언했던 이상적인 사회, 공산주의사회는 아직껏 실현되지 못하고 있다. 자본주의가 공산주의를 유도해 내리라는 확신은 사람에 따라 '과학'의 문제가 아닌 희망의 문제로 비쳐지기 때문인지도 모른다. 하지만, 어쩌면 그 때문에 콜라코브스키는 "전사(前史)의 종언에 대한 마르크스의 신념은 과학자의 이론이 아니라 예언자의 목소리"[72]라고 말했던 것인가?

마르크스는 프롤레타리아트 혁명이 선진국가에서 시작해 일정한 순서에 따라 진행될 것이라고 예언했다. 혁명의 진행단계는 다음과 같이 요약되고 있다.

> 경제 위기 → 프롤레타리아트의 열악한 생활상태 → 혁명적 계급의식 → 프롤레타리아트의 국가권력 장악 → 프롤레타리아트의 독재 (공산주의의 첫 단계) → 국가의 소멸 → 공산주의

그러나 선진 자본주의국가 가운데 어느 한 곳에서도 프롤레타리아트

---

[72] Leszek Kolakowski, 앞의 책, 375쪽.

혁명은 발생하지 않았을뿐더러, 자본주의경제체제가 최종적인 '붕괴'에 직면해 있다는 뚜렷한 증거는 어디에도 없다. 프롤레타리아트 혁명은 주요 자본주의국가들, 가령 영국 · 프랑스 · 독일 · 미국 · 일본 가운데 그 어느 나라에서도 일어나지 않았으며, 오히려 자본주의 경제체제는 한층 안정된 모습으로 정착하여, 그 결과 다수의 사람들을 위한 생활조건은 마르크스의 시대에 비해 한층 개선되었을뿐더러, 이른바 부르주아지와 프롤레타리아트 사이의 계급적인 구분도 뚜렷해지기보다는 점차 희미해져 가고 있다.

사실상 오늘날의 마르크스주의자들 가운데 사회혁명을 실현시킬 수 있는 도구로서의 노동자에 대한 희망을 포기한 자들이 적지 않다. 그 구체적인 실례는 비판적 마르크스주의자들과 라클라우 등을 중심으로 한 이른바 '포스트 마르크스주의자들'의 입장에서 찾아볼 수 있다.

1930년대, 자본주의국가들이 심한 불황의 늪에 빠진 한편 혁명적인 노동운동이 영국 · 독일 · 프랑스 등에서 대두됨에 따라, 한때 그 불가피한 조건들에 의해 『자본론』에서 예언했던 혁명이 실제로 일어날 듯 보이던 시기도 있었다. 마르크스가 관심을 가졌던 혁명조건으로서의 위기는 자본주의의 두 본질적인 측면의 피할 수 없는 결과, 즉 생산을 확대하려는 의욕과 이윤지향적인 목표에서 야기되는 대량생산에서 비롯되는 일반적인 위기, 이를테면 시장에서의 상품 공급 과잉과 같은 것이었다. 엄청난 상품의 재고, 새로운 생산수단——생산설비 · 부품 · 원료 주문 등——의 폐기와 포기, 노동자들의 대량해고, 소비 쇠퇴 · 높은 실업률 · 산업과 기술의 침체 등으로 이어지는 이러한 위기는 마르크스의 소년시절이었던 1825년 영국에서 처음 일어나 지금까지도 계속되고 있다. 하지만 제2차 세계대전까지만 해도 이 위기들은 마치 마르크스의 '역사운동의 법칙'을 정당화시키는 것처럼 보였다.

1930년대의 대공황기 동안 미국의 실업률을 25%로, 영국의 실업률을

22.5%까지 끌어내린 이 엄청난 위기들은 자본주의가 20세기 후반에 못 미쳐 끝장이 나고야 말리라는 마르크스의 조심스러운 예언을 입증하는 것처럼 보였다. 그러나 제2차 세계대전 이후 자본주의국가들은 미증유의 경제성장(그사이 어느 정도 심상찮은 징후도 있었지만)을 거듭하면서 지금까지도 버텨오고 있다. 공산주의혁명이 일어났던 곳은 1917년의 러시아, 1945년의 유고슬라비아, 1943년의 중국처럼 자본주의 발달이 미약했거나 거의 없었던 국가들이었다. 이러한 사실 역시, 자본주의사회의 경제적인 모순에 의해 필연적으로 이 사회구조 내에서 혁명에 의해 공산주의사회가 도래하리라고 예언했던 마르크스의 역사운동의 법칙을 조롱하는 것처럼 보인다.

그람시에 따르면, 러시아 볼셰비키 혁명은 『자본론』의 모순을 입증한 것이자,[73] 역사적 유물론의 테제를 송두리째 흔들어놓은 것이 된다. 마르크스주의의 한계는 역사가 전적으로 사회적·경제적인 요인에 의해 결정된다는 가정에 있다. 기든스는 마르크스주의적 정치경제학에 대한 불만을 아마도 가장 간결하게 다음과 같이 표현했다. "인간의 사회생활은 생산에서 시작하지도 않고 또 끝나지도 않는다."[74] 혁명의 다른 요인들, 가령 정신적인 요인도 사회적·경제적인 요인만큼 중요하다는 것이 입증된 것은 러시아 혁명에서이다.

콜라코브스키가 밝혔듯이, 유토피아는 사회개혁을 위한 전제 조건이고, 비현실적인 열망은 현실적인 열망을 위한 불가결한 조건이므로,[75] 이

---

73) Antonio Gramsci, *Selections from the Prison Notebooks of Antonio Gramsci*, Quentin Hoare와 G. Nowell Smith 편역 (New York: International Publishers, 1971), xxi쪽; R. Simon, *Gramsci's Political Thought* (London: Lawrence and Wishart, 1982), 12쪽; Dante Germino, *Antonio Gramsci: Architect of a New Politics* (Baton Rouge: Louisiana State UP, 1990), 54~57쪽을 볼 것.

74) Anthony Giddens, *A Contemporary Critique of Historical Materialism* (Berkeley: U of California Press, 1981), 156쪽.

러한 점에서 러시아 혁명의 성공은 유토피아적 비전의 중요성을 보여주는 유례없는 사례다. 그러나 당시 러시아의 부르주아 계급은 전혀 신흥계급으로 발전하지 못하고 있었고, 사회혁명의 전위대인 노동자들은 인구의 2.5%에 지나지 않았다. 그렇다면 우리는 러시아 혁명이 성공할 수 있었던 주된 이유를 어디서 찾을 수 있을까?

여러 가지 이유를 들 수 있겠지만, 아마도 그 주된 이유 가운데 하나는, 사람이란 누구나 할 것 없이 모두 나와 동일한 존재로서 나의 형제와도 같으며, 또한 프롤레타리아트는 바로 세계의 구원을 위해 수난을 겪는 구세주라는 그 마르크스주의적 이념을 전체 인민들에게 보편화시킬 수 있었던, 그리하여 구원은 고통을 통해 성취된다고 믿을 수 있게 했던 바로 그 유토피아적 유산을 러시아가 가지고 있었기 때문이다.[76] 이데올로기적인, 그 가운데에서도 특히 유토피아적인 의식상태는 어떤 상황의 사회적·경제적 사실과는 유리되어 있다 할지라도 혁명에서는 그 나름대로 적극적인 실천의 힘을 발휘한다는 사실을 러시아 혁명이 보여준 것이다.

역사의 바보들

우리는 다른 각도에서 마르크스를 비판할 수 있다. 그에 따르면, 공산주의는 "역사의 수수께끼에 대한 해답"[77]이었다. 우리도 논의했듯이 그것은 소외의 지양과 계급 없는 사회의 출현을 확실케 해주기 때문이다. 그러나 진정 그가 예언했던 공산주의사회가 계급 없는 사회로 변했으며, 또한 그의 유토피아도 점차 현실화될 가능성을 보여주었던가? 혁명 후의

---

75) Leszek Kolakowski, Der Mensch ohne Alternative (München: R Piper, 1960)을 볼 것.
76) Nicholas Berdayaev, 앞의 책, 27~34쪽, 70~71쪽을 볼 것.
77) 'Economic and Philosophical Manuscripts of 1844', *MECW* 3: 296쪽을 볼 것.

러시아 역사는 새로운 지배계급, 즉 레닌이 주창했던 프롤레타리아트 엘리트로 구성된 '계급정당'——그람시가 일컬었던 '집단적 군주들'——을 새로운 지배계층으로 등장시켰다. 그러므로 역사는 계급 없는 사회가 그 '권력의 엘리트'를 용케 은닉할 수 있었음을 보여준 셈이다. 다른 한편 러시아 혁명은 생산수단의 사적 소유 폐기가 반드시 소외, 노동의 분업, 상부구조의 부정적인 종결로 연결되지는 않는다는 것을 보여주었다. 국가가 소멸되기는커녕, 공산주의국가도 점차 권력화되어갔다.

다른 각도에서도 마르크스를 비난할 여지는 충분히 있다. 마르크스는 자본주의체제로는 사회의 경제적인 모순을 극복할 수 없으며, 경제체제의 혁명만이 문제를 해결할 수 있다고 주장했다. 그러나 마르크스 이래 자본주의는 여러 방면에서 계속 발전해왔다. 마르크스의 유물사관의 전제와는 모순되게끔 법률제도와 정치제도 등도 오히려 자본주의경제체제를 발전적인 방향으로 수정해왔다.

노동자에 대한 극도의 착취를 제한했던 19세기의 '공장조령'에서부터 시작하여, 국가보험제도와 실업수당·국가보건사업을 거쳐, 실질임금 상승과 조업시간의 단축이 이루어지는 가운데 노동조합에 의해 점차적인 노동조건이 향상되고 있다. 사실 『공산당 선언』에 제시된 특정 항목 중 많은 것이 이른바 자본주의국가에서 시행되고 있다. 누진소득세, 경제운영권 다수의 국가 귀속에 의한 중앙집권화, 운동시설을 포함한 몇몇 주요 산업의 국유화, 국립학교의 무차별 교육 등이 그것이다…… 이는 단 한번의 혁명에 의해서가 아니라 점진적인 개혁에 의해 이루어진 것이다.[78]

---

78) 레즐리 스티븐슨, 『인간의 본질에 관한 일곱 가지 이론』, 임철규 옮김 (서울: 종로서적, 1981), 88쪽.

우리가 이러한 주장을 소개하는 것은 현존 서방의 자본주의체제가 어느 정도는 완전하다거나 또는 마르크스와 그의 추종자들이 행했던 예측들이 역사에 의해 전적으로 부정되고 있다는 뜻에서는 아니다. 자주 입에 오르내리고 있듯이, 대규모 산업의 등장 · 자본의 국제화 · 기술발달로 인해 점증하는 고용기회의 박탈 · 급증하는 자본의 기계화 · 대규모 자본의 형태로 나타난 노동의 소외현상 등은 그들이 예측했던 대로 뚜렷이 입증된 운동법칙들이다. 마르크스는 일단 자본주의 생산양식이 서구에 등장하자 그것이 경제적 · 군사적 힘을 통해, 사실상 식민지 정복을 통해 그밖의 세계를 지배하고, 궁극적으로는 그 세계의 생산양식의 '발전적' 진행 전체를 붕괴시키고 말 것임을 간파했다. 바로 이 때문에 그는 역사의 일반적인 단계이론이란 것이 과연 가능한지, 또 바람직한지를 상상하지 못했던 것이다. 하지만 중요한 사실은 마르크스가 간파했던 것 이상으로 오늘날 제3세계에 속하는 여러 자본주의국가와 그밖의 자본주의국가에서 자본주의체제의 내적인 모순이 심화되고 있다는 점이다.

소련과 동유럽 사회주의체제의 '붕괴'를 기화로 많은 논자들이 최근 마르크스주의의 종언을 설파하는 분위기 속에서,[79] 일찍이 유토피아 사상

---

79) 가령 다렌도르프는 거침없이 "공산주의는 사라졌다. 결코 되돌아오지 않을 것이다"라고 말하고 있다. Rolf Dahrendorf, *Reflections on the Revolution in Europe* (London: Chatto and Windus, 1990), 103쪽. 그리고 국내에도 번역되어 출간된 문제작 『역사의 종말』(이상훈 옮김, 서울: 한마음사, 1993)(원제: 『역사의 종말과 마지막 인간』)에서 프란시스 후쿠야마는 국가사회주의의 실패, 절대주의와 파시즘 또는 여타 세계체제의 잔재가 실패한 데 주목한다. 그러면서 자유주의의 승리를 선언하고는, 인간에 의한 정부의 최종 형태로 서방의 자유민주주의의 '보편화'를 들먹인다. 그러자 이에 편승해 그의 저서를 서방의 승리를 축하하는 책으로 여기는 자들이 많았다. 하지만 사실 그의 책은 이른바 자유민주주의 그 자체가 과도기 형태이며, 그 체제 자체가 이미 상당할 정도로 해체의 길을 걷고 있다는 것을 우리에게 말해주고자 한다. 후쿠야마의 논지에 대한 정확한 비판과 평가는 Joseph

에 대해 괄목할 만한 이론을 남겼던 한 학자는 얼마전에 「카를 마르크스에게 바치는 장송곡(葬送曲)」[80]이라는 글을 발표했다. 그러나 계급투쟁의 타당성을 입증시켜주는 듯 보이는 세계 도처의 숱한 모순적인 현상들 앞에서 계급의 소멸과 마르크스주의의 종언을 말한다는 것은, 발리바르의 주장 그대로 얼마나 '엄청난 패러독스'[81]인가?

구체적인 청사진의 부재, 예측들의 비현실성 때문에 진정 마르크스는 장송곡의 대상이 되어야 하는가? 앞서 우리는 헤겔의 '목적론적' 역사관을 부분적으로 부정하는, 즉 "역사는 그들의 목적을 추구하는 인간들의 행위 외에 아무것도 아니다"라는 마르크스의 역사관을 소개한 바 있다. 그러나 『신성가족』에서 이 견해를 피력한 지 1년 후에, 마르크스는 『독일이데올로기』에서 다시 한 번 역사는 단순히 개인적인 인간의 행위가 아니라 세대와 세대를 이어나가는 연결고리 속에서 행하는 인간 행위라고 지칭함으로써[82] 이전의 견해를 수정하고 있다. 이는 우리가 일찍이 인용했던 『루이 보나파르트 브뤼메르 18일』(1869)에서도 재차 강조되고 있다.

인간은 그들 자신의 역사를 창조하지만 그들 자신의 뜻대로 창조하는 것은 아니다. 그들은 자신이 선택한 환경 아래서가 아니라 그들이 직접 대면하고 있는 과거에서 내려온 환경 아래서 역사를 창조한다.[83]

McCarney의 글 "Shaping Ends: Reflections on Fukuyama", *New Left Review*, 20: 2 (1993)에 나타나 있다.
80) Frank E. Manuel "A Requiem for Karl Marx", *Daedalus*, 121: 2 (1992).
81) Etienne Balibar, "From Class Struggle to Struggle without Classes?", *Graduate Faculty Philosophy Journal*, 14: 1 (1991), 8쪽. 또 Norberto Bobbio, "The Upturned Utopia", Robin Blackburn 엮음, *After the Fall: The Failure of Communism and the Future of Socialism* (London: Verso, 1991), 5쪽을 볼 것. 국내 학자의 글로는 박영신, 「체제적 사회주의에서 도덕적 사회주의로」, 『현상과 인식』 16: 1~2 (1992, 봄·여름호), 79~101쪽을 참조할 것.
82) 'The German Ideology', *MECW*, 5: 50쪽.

중요한 것은 마르크스의 주장이나 예언이 갖는 이른바 '구체적'이고 '과학적'인 현실성의 유무라기보다는 그가 펼쳤던 원칙과 이념이라 할 것이다. 그 원칙과 이념은 여러 세대에 걸쳐 현실화될 '세대적'인 과업이 며, 비록 이 과업이 언제 마무리될지는 알 수 없다 하더라도, 분명 이는 마르크스가 역사의 가르침을 통해 남긴 하나의 유산인 것이다. 이 유산은 계급의 불평등과 현실의 모순이 사라지지 않는 한, 유토피아로 향하는 역동적 힘 가운데 하나로 계속 작용할 것이다.

마르크스주의의 종언을 이야기하고 마르크스에게 장송곡을 바치는 자들, 그들은 누구인가? 마르크스는 "지금까지 각 시대의 지배사상은 그 지배계급의 사상이다"[84]라고 주장했다. 지배계급의 사상이란 지배계급 체제를 효과적으로 유지하기 위한 기능적인 사상이다. 그렇다면 마르크스의 유토피아적 이상사회의 미래 주민들인 '프롤레타리아트'도 '지배계급의 지배사상'을 옹호하는 자들과 마찬가지로 마르크스주의의 종언을 외치고 있는가? 일부 마르크스주의 이론가들까지도 주장하듯이, 프롤레타리아트는 과연 잠재적인 혁명계급으로서 새로운 지식인계급에게 자리를 물려주고, 자신들의 특별한 이해(利害)를 지양해 다른 사회집단과 동맹을 하지 않으면 안 될, 혁명 계급의식은 아직 미숙한 정치세력으로 남아 있기에[85], 그들 또한 자기소외·자기패배를 인정하고 마르크스에게 장송곡을 바치고 있는가?

---

83) 주10)을 참조할 것.
84) 'Manifesto of the Communist Party', *MECW*, 6: 503쪽.
85) Ernesto Laclau, *Politics and Ideology in Marx Theory: Capitalism−Fascism−Populism* (London: New Left Books, 1976), 12쪽. 그리고 Alvin Gouldner, *The Future of Intellectuals and the Rise of the New Class* (New York: Oxford UP, 1979); Stanley Arnowitz, *Crisis in Historical Materialism: Class, Politics and Culture in Marxist Theory* (New York: Praeger, 1981), 73~111쪽; Félix Guattari, *Molecular Revolution: Psychiatry and Politics*, Rosemary Sheed 옮김 (Harmondsworth: Penguin, 1984), 267~272쪽을 볼 것.

마르크스는 「포이어바흐에 관한 테제」에서 "철학자들은 지금까지 다양한 방식으로 세계를 해석해왔을 뿐이다. 중요한 것은 세계를 변화시키는 것이다"[86]라고 말했다. 마르크스의 이 주장은 "세계에 대한 해석이 더 이상 필요치 않게끔 세계를 변화시키는 것"[87]으로 해석되어야 한다고 코헨은 강조했다. 세계에 대한 변혁과 세계에 대한 해석은 마르크스주의와 부르주아지 철학을 명백히 구분 짓는 경계다. 마르크스주의는 공산주의로 향하는 세계의 변혁에 목적을 둔다. 그 누구나 궁극적으로는 해석과 변혁 가운데 어느 한쪽을 선택할 수밖에 없겠지만, 이에 프롤레타리아트의 선택은 분명하다. 공산주의가 없다면 마르크스주의도 존재할 수 없다는 사실은, 계급투쟁과 그 소산인 계급지양이 없다면 마르크스주의도 존재하지 않을 것과 마찬가지로 분명하다.[88] 그 누구도 이러한 주장을 라클라우가 지칭한 '계급환원주의라는 플라톤적 동굴' 속에 갇혀 있는 편협한 주장으로 폄하할 수는 없다.[89]

변증법은 이론을 포함해 모든 '현실적'인 것은 영원할 수 없다는 사실을 가르친다. 그러므로 마르크스주의, 좀더 정확히 말하면 '역사적'[90] 마르크스주의도 소멸할 수는 있다. 그러나 그 소멸은 이론의 수정·변형·혁명이라는 의미에서 소멸일 뿐, 본질적인 것은 결코 소멸될 수 없다. 이

---

86) 'Theses on Feuerbach', *MECW* (1976), 5: 5쪽.
87) Gerald Allan Cohen, *Karl Marx's Theory of History: A Defence* (Oxford: Oxford UP, 1978), 339쪽.
88) Ellen Meiksins Wood, *The Retreat from Class: A New 'True' Socialism* (London: Verso, 1986), 12~24쪽; 엘린 메익신스 우드, 『계급으로부터의 후퇴― 포스트마르크스주의와 분석적 마르크스주의 비판』, 손호철 편역 (서울: 창작과비평사, 1993), 36~50쪽을 볼 것.
89) Ernesto Laclau, 앞의 책, 12쪽. 라클라우의 입장에 대한 신랄한 비판에 관해서는 Ellen Meiksins Wood, 앞의 책, 제4장 "The Autonomization of Ideology and Politics", 47~75쪽; 엘린 메익신스 우드, 같은 책, 제4장 「이데올로기와 정치자율」, 76~108쪽을 볼 것.
90) Norberto Bobbio, 앞의 글, 5쪽.

를 가르치는 것 또한 '역사의 변증법'이다. 자본주의사회 속에서 그들이 하나의 계급으로 남아 있을 수밖에 없는 한, 그리고 마르크스도 절감했듯이, 그들의 계급투쟁이 단지 재화 획득이나 정치권력을 확보하려는 전략적인 싸움에 그치는 것이 아니라, 오히려 그들의 '자존'(自尊)을 위한 사회적인 조건을 성취하려는 일종의 도덕적인 싸움으로 계속되는 한, 노동자들은 결코 마르크스에게 장송곡을 바칠 수가 없다. 이 사실을 간과하는 자들이야말로 '역사의 바보들'이다.

3
평등한 푸르른 대지
―박노해의 시 세계

'그해 겨울나무'

1991년 3월 10일 체포되어 1심에서 '사형' 구형, '무기' 선고라는 중형을 받았던 노동해방의 시인 박노해는, 1992년 4월 경주 교도소로 이감되기 전 1991년 12월 어느 날, 서울 구치소에서 완성한 옥중시 「그해 겨울나무」를 그 다음해 한겨레신문 송년호의 독자란에 투고했다. 「그해 겨울나무」는 투옥 후 그가 겪었던 급격한 내면 세계의 변화과정을 축약해주는, 다시 말하자면 다른 여러 옥중시들 속에 흩어져 있는 그의 의식의 파편들을 하나로 갈무리하여 통일된 전체의 모습을 드러내는 대표적인 시다.

1

그해 겨울은 창백했다
사람들은 위기의 어깨를 좁이고 혹은 죽음을 앓기도 하고
온몸 흔들며 아니라고도 하고 다시는 이제 다시는
그 푸른 꿈은 돌아오지 않는다고 했다

세계를 뒤흔들며 모스크바에서 몰아친 삭풍은
팔락이던 이파리도 새들도 노래소리도 순식간에 떠나보냈다
잿빛 하늘에서 까마귀떼가 체포조처럼 낙하하고
지친 육신에 가차없는 포승줄이 감기었다
그해 겨울,
나의 시작은 나의 패배였다

2

후회는 없었다 가면 갈수록 부끄러움뿐
다 떨궈주고 모두 발가벗은 채 빚남도 수치도 아닌 몰골 그대로
칼바람 앞에 세워져 있었다
언 땅에 눈이 내렸다
숨막히게 쌓이는 눈송이마저 남은 가지를 따닥따닥 분지르고
악다문 비명이 하얗게 골짜기를 울렸다
아무 말도 아무 말도 필요없었다
절대적이던 남의 것은 무너져내렸고
그것은 정해진 추락이었다
몸뚱이만 깃대로 서서 처절한 눈동자로 자신을 직시하며
낡은 건 떨치고 산 것을 보듬어 살리고 있었다
땅은 그대로 모순투성이 땅
뿌리는 강인한 목숨으로 변함없는 뿌리일 뿐
여전한 것은 춥고 서러운 사람들, 아
산다는 것은 살아 움직이며 빛살 틔우는 투쟁이었다

3

이 겨울이 언제 끝날지는 아무도 말할 수 없었다
죽음 같은 자기비판을 알고 난 수척한 얼굴들은
아무데도 아무데도 의지해서는 안 된다는 것을 잘 알고 있었다
마디를 굵히며 나이테를 늘리며 뿌리는 빨갛게 언 손을 세워 들고
촉촉한 빛을 스스로 맹글며 키우고 있었다
오직 핏속으로 뼛속으로 차오르는 푸르름만이
그 겨울의 신념이었다
한점 욕망의 벌레가 내려와 허리 묶은 동아줄에 기어들고
마침내 겨울나무는 애착의 띠를 뜯어 쿨럭이며 불태웠다
살점 에이는 밤바람이 몰아쳤고 그 겨울 내내
뼈아픈 침묵이 내면의 종울림으로 맥놀이쳐갔다
모두들 말이 없었지만 이 긴 침묵이
새로운 탄생의 첫발임을 굳게 믿고 있었다
그해 겨울,
나의 패배는 참된 시작이었다

정부가 지하혁명단체로 규정한 남한사회주의노동자동맹(사노맹)의 핵심인물로 지목되어 국가보안법 위반 혐의로 집중수배를 받고 있던 박노해 자신이 체포되고, 동지들도 잇달아 체포됨으로써 그들의 조직이 무너져가고 있었을 때, 시인은 그들과 더불어 처절한 절망감으로 인한 무서운 정신적인 불안과 위기 속에서 그들이 꿈꾸었던 이상사회가 다시는 실현될 수 없으리라 생각했다. 믿지 않으려 온몸으로 부정하려고도 했지만, 그들이 이룩하려 했던 사회주의사회에 대한 그들의 '푸른 꿈'은 산산이 부서지는 것처럼 여겨졌다. 이를 입증이라도 하듯 그들이 기대했던 레닌

의 나라, 사회주의 소련도 결국 붕괴되고 말았을 때, 시인의 충격은 너무나 엄청났기에 그는 이 세계사적 파국의 여파를, '팔락이던 이파리도 새들도 노랫소리도 순식간에 떠나' 보내는 '삭풍'에 비유하면서, 이 자연의 파국처럼 지상에서 인간들이 가꾸어나갈 모든 아름다운 가치도 덧없이 떠나버리는 것처럼 느꼈다.

그렇기 때문에 이 시인이 즐겨 사용하는 시적 이미지인 '푸른' 하늘은 '잿빛' 하늘로 변해버리고, 거기서 죽음을 상징하는 불길한 까마귀 떼가 그를 향해 급습해왔으며, 그의 불굴의 용기도 '그의 지친 육신'을 가차 없이 옭아매는, '포승줄'이라는 그 잔혹한 현실 앞에 힘없이 무릎을 꿇는 것처럼 보였다.

살아 있는 모든 것이 죽은 듯 보이는 겨울이 그의 혁명적인 이상주의, 그 '푸른 꿈'을 배반했을 때, 아니 시인 그 자신이 역사의 파국을 예고하는 차디찬 겨울의 삭풍에 압도되어 스스로 그 꿈을 배반하는 듯이 보였을 때, '사회주의 혁명의 전위'로서 우뚝 서려 했던 그의 '시작'은 그의 '패배'에 지나지 않았다.

가난한 집안 출신의 한 노동자에서 80년대 전반 주목받던 노동자 시인으로, 그 후 사회주의 혁명운동에 뛰어들어 '조직적 노동가, 직업적 혁명가로 재탄생'해 사노맹을 결성하면서 계급투쟁을 선언했던 박노해는 일찍이 "사회주의 혁명을 향한 나의 신념과 전진의 발걸음은 그 누구도 꺾지 못할 것이다"[1]라고 다짐했던 적이 있었다. 그러나 그렇게 '강철'같이 흔들리지 않던 박노해는 '칼바람 앞'에 세워진 한 그루의 '겨울나무'가 되어 자신의 패배를 스스로 인정하는 것처럼 보였다. "노동해방의 본령인 사회주위를 자신의 기치"로 치켜들고, 자신을 비롯한 노동자계급의 정

---

[1] 박노해, 「이 땅의 자식으로 태어나서」, 『신동아』 (1990, 12월호), 361쪽, 364쪽을 볼 것.

치지도자들이 정치권력을 장악하는 날, "일체의 억압과 착취를 끝장내고 진정으로 해방된 새 사회를 건설하고 말 것이다. 이 사회를 놀랍도록 인간적으로 변화·발전시키고 말 것이다"[2]라고 장담하던 박노해가 자신의 패배를 스스로 인정하는 것처럼 보였을 때, 그는 우리에게 도덕적 유린, 아니 일종의 도덕적 현기증을 안겨주었다. 그 순간 그에게 남아 있는 것은 부끄러움뿐이었다.

우리는 그의 부끄러움의 내용이 무엇인지 모른다. 비합법기간에 그가 누렸던 이른바 '사치스러운 생활'에 대한 비방에 맞서 법정에서 이를 "이 신식민지 국가독점자본주의가 개발시켜놓은 엄청난 욕구"[3]의 탓으로 돌리던 자신의 변명에 대한 부끄러움인지도 모르며, 혹시 어쩌면 이보다 자신의 '자기과시', "자신의 정파 이익을 전체운동의 대의보다 중시하는" 사노맹의 '집단의 자기과시'에 대한 다른 변혁운동세력의 비난에 맞서 "개량주의적 사민주의 세력의 대두"[4]를 질타하고 혁명투쟁만을 호소했던 그의 현실인식의 한계에 대한 부끄러움인지도 모른다. 아니, 그를 일순간의 오류와 방심으로 법정에 서게 하고 전체 '노동해방운동'에도 타격을 가하고 만 그의 '직업적 혁명가'로서의 자질, "조급성과 자만성"[5]에 대한 부끄러움인지도 모른다.

그러나 그의 부끄러움은 그중 어느 하나도 아닐 수 있다. 그 부끄러움이 무엇이든 간에, 박노해 시인은 '가면 갈수록' 부끄러움만 부둥켜안은 채, 노동운동의 그 '빛남도', 혁명운동의 패배에서 오는 '수치도' 더 이상 없이, 그를 언제 죽음의 나락으로 몰고 갈지도 모르는 파쇼의 칼바람 앞

---

2) 같은 글, 358쪽, 364쪽.
3) 정혜주, 「박노해, 혁명적 시인인가 시적 혁명가인가」, 『사회평론』 (1991, 10월호), 188쪽에서 재인용.
4) 박노해, 「우리는 과연 승리할 수 있는가」, 『노동해방문학』 (1991, 신년호), 362쪽.
5) 박노해, 「우리는 간다! 조국의 품으로!: 박노해의 최후진술」 (박노해 석방대책위원회, 1991), 83쪽.

에 모든 것을 비운 듯한 적나라한 모습으로 황량한 겨울의 겨울나무가 되어 서 있었다.

파쇼의 땅에 눈은 내렸지만, 여느 때와는 달리 '눈송이마저' 숨막히는 속도로 높이 쌓여, '팔락이던 이파리도, 새들도, 노랫소리도' 이미 떠난 겨울나무의 그 마지막 남은 가지마저 잘라, 견딜 수 없는 아픔에 겨울나무는 비명을 질렀다. 사회주의 미래에 대한 마지막 한가닥 남은 강철 같은 신념마저, 그 가지마저 잘려 나가는 듯했을 때, 박노해 시인에게는 '아무 말도 아무 말도 필요없었다.' '절대적이던 남의 것은 무너져내렸고/그것은 정해진 추락이었다.'

그에게 '절대적이던 남의 것'은 무엇이었던가? 그것은 현존 사회주의 국가들이 무너지기 전에 그들이 최고의 이념으로 삼았던 사회주의인가? 아니면, 레닌의 혁명이론을 허술하게 모조한 자들로 매도당했던 박노해를 비롯한 사노맹의 동지들의 '모방' '허세' 혁명이론인가? 그것이 무엇이든 간에 박노해에게 그것은 '정해진 추락'이었다. 그의 부끄러움의 실체는 바로 이 추락을 간파하지 못했던 현실인식의 빈곤일 수도 있다.

그리하여 지금까지 한 오라기의 흔들림도 없이 "진보의 빛을 향해 피투성이로 포복"[6]하면서 마침내 계급전쟁의 '총'을 들었던 박노해는, 이윽고 엄연한 역사의 현실 앞에서 아무것도 얻은 것 없이 패배한 자신을 비로소 처절한 심정으로 깊게 되돌아보기에 이르렀다. 시인은 이러한 스스로의 모습을 '몸뚱이만 깃대로 서서 처절한 눈동자로 자신을 직시'하는 자로, 이처럼 빼어난 시적인 이미지로 아프게 묘사하고 있다.

그러나 자신을 직시하고 돌이켜보아도 결론적으로 '땅은 그대로 모순투성이 땅'이었다. 그로 하여금 "'자본가계급과는 한 하늘 아래 살 수 없다'는 결의로" 계급투쟁에 나서게 했고, 또한 같은 하늘 아래 살고 있는

---

6) 박노해, 「이 땅의 자식으로 태어나서」, 343~344쪽.

남한사회를 '신식민지 국가독점자본주의체제'로 규정하게끔 했던 "이 황폐한 '금단의 땅'"[7]은 '그대로 모순투성이 땅'이었다. 이 땅에서 피억압계급은 강인한 목숨의 '뿌리'를 척박한 땅에 박고 변함없이 살고 있지만, 변함없는 그대로, 가치가 아닌 현상으로 그대로 존재하기에, 그들은 고통과 추위에 떠는 '서러운 사람들'에 지나지 않았다.

어느 순간부터인가 그는 이들을 위해 '해방이론'의 낡은 전술, 낡은 관념의 찌꺼기를 떨쳐버리고 '산 것을 보듬어 살리고 있었다.' 그리하여 그는 1991년 6월 7일 제1차 공판 '모두진술'에서 "패배자는 말이 없고 반성과 새로운 결단만이 있을 뿐"[8]이라고 주장했던 그때를 상기하는 듯, '산다는 것은 살아 움직이며 빛살 틔우는 투쟁'이라고 다시 다짐했다. 그에게 그 다짐은 "수천, 수만 년 동안 인류를 고통으로 몰아넣어온 일체의 착취와 억압을 근절시키는 '인간해방'을 향한 단 하나의 길"[9], 노동해방을 위한 투쟁일 것이며, 비록 그 투쟁의 방식과 내용은 다르다 할지라도 결코 포기는 아닐 것이다. 아니, 그가 "저 치 떨리는 임금노예의 사슬을 끊어버리려면 오직 우리 노동자계급 스스로의 혁명투쟁밖에는 없다"고 절규했을 때의 그 "'긴 호흡'의 장구한 투쟁"[10], 성급한 조급성으로 '혁명운동을 10년으로 내다보지 못하는'[11], 그런 짧은 호흡의 혁명투쟁이 아니라, "천 년의 긴 호흡"[12]의 장구한 혁명투쟁일 것이다.

그러나 억압의 역사, 고통의 세월, 이 황량한 '겨울이 언제 끝날지 아무도 말할 수 없었다.' 지하밀실의 혹독한 고문에서 오는 고통의 아픔을 앓은 것이 아니라, 오히려 '죽음 같은 자기비판을 앓고 난 수척한 얼굴

---

7) 박노해, 「우리는 과연 승리할 수 있는가」, 320쪽, 287쪽.
8) 박노해, 「여기 사회주의를 노래하는 혁명가들이 있습니다」, 67쪽.
9) 박노해, 「우리는 과연 승리할 수 있는가」, 313쪽.
10) 같은 글, 360쪽, 306쪽.
11) 박노해, 「우리는 간다! 조국의 품으로!: 박노해의 최후진술」, 83쪽.
12) 박노해, 『참된 시작』 (서울: 창작과비평사, 1993), 8쪽.

들', 그의 "'노동해방'의 전위투사들"[13]은 '아무데도 아무데도 의지해서는 안 된다는 것을 잘 알고 있었다.' 이는 현존사회주의 국가들이 남긴 역사의 배반 때문만은 아니었다. 나라 안팎으로 "아무런 정치적 보호막도 없이 숨막히는 비합법 정치활동을 강제"당할 수밖에 없던[14] 그들의 정치조직이 무너지고, 그가 체포되어 영어(囹圄)의 몸이 되었을 때, 박노해는 "우리 민족민주운동권이 역시 침묵하고 있고, 그가 몸 바쳐 사랑했던 많은 노동형제들이, 노동조합이 역시 침묵"하고 있었다고 느꼈기 때문이다. 그렇기 때문에 박노해는 최후진술에서 "참으로 사무치는 슬픔과 통렬한 외로움에 떨고 있습니다"[15]라고 고백했던 것이다.

하지만 실의와 좌절 속에 패배의 세월을 보낼 수만은 없었다. 황량한 겨울의 '칼바람 앞'에서도 겨울나무는 '마디를 굵히며 나이테를 늘리며 뿌리는 빨갛게 언 손을 세워들고', '촉촉한 빛', 물오른 '푸른 꿈'을 스스로 힘겹게 '키우고 있었다.' '오직 핏속으로 뼛속으로 차오르는' 그 '푸른 꿈'이야말로 "참으로 잘난 자본주의"[16]가 아닌 이상적인 사회주의에 대한 강렬한 신념이야말로 패배의 연속 가운데서도 겨울나무, 아니 박노해가 배반할 수 없는 '그 겨울의 신념이었다.'

죽음에 대한 공포가 밀려 올 적마다, 그의 순간순간의 삶에 대한 애착이, 그 '한점 욕망의 벌레가 내려와 허리 묶은 동아줄에 기어들고', 그리하여 그의 배반을 유혹하지만, 그는 그를 휘감고 있는 '죽음'의 올가미, 공포의 '동아줄'에 간혹 굴복하는, 삶에 대한 허망한 '애착의 띠'를 마침내 힘겹게 그리고 단호하게 끊어버렸다. '살점 에이는 밤바람'이, 견딜 수 없는 역사의 가혹한 시련과 고통이, 차디찬 '겨울' 감옥, '역사'의 감옥

---

13) 박노해, 「우리는 간다! 조국의 품으로!: 박노해의 최후진술」, 315쪽.
14) 같은 글, 305쪽.
15) 같은 글, 21쪽.
16) 박노해, 「우리는 과연 승리할 수 있는가」, 325쪽.

속에 있는 그를 세차게 강타하지만 '뼈아픈' 자성(自省)의 '침묵'이 '그 겨울 내내' 마음 깊숙한 곳을 때리는, 요동치는 종소리가 되어, 그와 그들을 다시 깨워 일으키고 있었다. 그들은 '이 긴 침묵'이, 그 '천 년의 긴 호흡'처럼 '새로운 탄생의 첫발임을 굳게 믿고 있었다.' 박노해 시인은 이리하여 '그해 겨울, 나의 패배는 참된 시작'이었음을 알리면서, 신작시「그해 겨울나무」를 끝맺고 있었다.

박노해

1991년 3월 10일 체포되기 바로 몇 개월 전 박노해는 자신의 본모습을 처음으로 소상하게 말해주는 장문의 글을 월간『신동아』(1990, 12월호)에 투고했다. 그의 고백에 따르면, 박노해(본명 박기평)는 150여 가구의 빈농들이 주린 배를 안고 살아가던 전남 고흥군 동강면 노동리 죽산 부락에서 성장했다. 그와 마찬가지로 가난한 농민의 가정에서 자라난 그의 아버지는 일제시대에는 독립운동에 참여했고, 해방 후에는 목포에서 남로당의 열성적인 당원으로 활동하다가, 그 후 여순반란사건 때는 주동급으로 빨치산투쟁에 참가했다. 하지만 박노해에게 그의 아버지는 '참으로 불행한 인물'로 각인되었다.

> 그분은 철저한 사회주의 혁명가가 되지 못한 채 패배한 역사 속에서 무력한 패배자로 떠돌았다. 그분은 가슴속에 꺼지지 않는 혁명의 대의를 어쩌지 못하고 소리꾼으로 떠돌다가 결국은 병들어 죽어가야 했다.[17]

---

17) 박노해,「이 땅의 자식으로 태어나서」, 331쪽.

어린시절 자신에게까지도 '적색분자'로 성토당했던 아버지를 박노해는 고등학고 3학년때에야 비로소 용서하고 인정할 수 있었다. 그는 아버지의 무덤을 끌어안으며, "그의 한맺힌 혁명운동가로서의 좌절과 패배의 삶을 있는 그대로 끌어안으며 울고 또 울었다." 그리하여 "숨죽인 통곡으로" "나는 부끄럽지 않은 당신의 아들로 역사의 한가운데를 걸어갈 것입니다. 당신처럼 불철저하게가 아니라 철저하게 걸어갈 것입니다"[18]라고 맹세했다. 박노해가 뒷날 노동자 시인에서 선진적 노동가, '사회주의 혁명가'로 변모한 것은 이미 예정된 운명의 발걸음일 수밖에 없었다. 아버지의 무덤을 끌어안고 '숨죽인 통곡으로' 다짐했던 그 맹세를 혁명가의 '아들'로서 결코 배반할 수는 없었던 까닭이다.

우리는 여기서 박노해가 극심한 가난을 유년기에 체험하고, 서울로 올라와 평범한 노동자에서 본격적인 노동운동가로, 평범한 노동자 시인에서 본격적인 혁명가 시인으로 변모를 거듭하다가, 사노맹을 조직하여 마침내 "폭압적인 파쇼권력의 지배 아래서는 민족통일도, 민족자주도, 민주주의도, 민중생존도 끝내는 국가권력탈취를 향한 첨예한 무장투쟁으로 나타날 수밖에 없습니다"[19]라고 당당하게 주장하는 충격적인 선언을 하기까지 그의 삶이 어떠했는가를 여기서 구태여 밝힐 필요는 없다.

우리의 주목을 끄는 것은, 그의 유년시절부터 항상 굶주림에 시달려온 그의 가족들에 대한 아픈 기억들[20]이, 박노해가 "내 가슴에는 이미 칼이 서고 있었다"[21]고 거침없이 토해내던, 그가 직업적 혁명가로 자처한 이후나, 또는 그전에 그가 『노동의 새벽』(1984)에서 '노동자계급의 해방정

---

18) 같은 글, 332쪽.
19) 박노해, 「광주 무장봉기의 지도자 윤상원 평전」, 『노동해방문학』 (1989, 5월호), 142쪽.
20) 박노해, 「이 땅의 자식으로 태어나서」, 332~339쪽을 볼 것.
21) 같은 글, 337쪽.

서'를 평범한 노동자의 입장에서 서정적으로 노래하던 시절에나, 자본가계급을 겨누는 무서운 증오의 비수를, 피맺힌 분노의 '칼'을 늘 그의 내부 깊숙이 자리 잡게끔 하고 있었다는 것이다. 『노동의 새벽』 이후 박노해가 그렇게도 격렬하게 구호적인 시들을 쏟아냈던 것도, 그의 계급적 증오의 '칼'이 마침내 격렬한 '해방의 무기'로 탈바꿈한 것도 그의 잠재의식 속에 깊이 뿌리박고 있는 그의 비극적인 가족사적 유산과 끊을 수 없는 연관을 맺고 있는 것 같다.

'푸른' 세계의 주인공 '진짜 노동자들'

자신의 표현을 그대로 따르자면, "『노동의 새벽』을 노래하던 시인에서 선명한 노선을 가진 사회주의 혁명시인으로, 노동자계급의 선전선동가와 조직지도자로의 숨가쁜 변모를 거듭"[22]해오기까지, 또 결국에는 체포 되어 "경주 남산 자락"의 어느 감옥에 "허허로운 눈빛"[23]의 한 마리 '추락'한 새로 갇히기에 이르기까지, 계급적 증오의 '칼'은 때에 따라 그 강도에 있어서 조금의 낙차가 있기는 하지만, 그의 가슴속에서 결코 떠난 적이 없었다.

그러나 그 못지않게 이상세계에 대한 그의 동경, 이상세계의 실현에 대한 그의 강한 열망 역시 그의 가슴속에서 단 한번도 떠난 적이 없었다. 사실 자본가계급에 맞서는 박노해의 계급투쟁은 새로운 사회에 대한 열망, 즉 그의 많은 시와 글에서 반복적인 시적 이미지로 끊임없이 등장하는 '푸른' 세계, '푸른 대지'에 대한 '푸른' 꿈을 전제로 하지 않는 한 아무런 의미가 없다. 박노해의 이상세계에 대한 동경은 그의 첫 시집 『노동의 새

---

22) 같은 글, 329쪽.
23) 박노해, 「그리운 사람」, 『참된 시작』, 22쪽.

벽』에서 시작해 그로부터 8년여의 세월이 흐른 근자에 옥중 출간된 두 번째 시집 『참된 시작』에 이르기까지 그에게서 떠나지 않는 강력한 '욕망'으로 작용하고 있다.[24]

영국의 마르크스주의 역사학자 힐 교수가 "대부분의 종교와 대부분의 사람들은 저마다 자신만의 에덴의 동산, 아르카디아, 황금시대의 전설과 유사한 전설을 가지고 있다"[25]고 말하기 훨씬 이전에 실러는 누구를 막론하고 "각 개인은 저마다의 낙원, 자신만의 황금시대를 가지고 있다"[26]고 선언한 바 있다. 박노해의 개별적인 시들 속에 빈번히 등장하는 '푸른 대지', '푸른 하늘', '푸른 봄' '푸른 사람들' 등을 비롯, '푸른' 세계와 연관되어 등장하는 다양한 시적 이미지들은 그가 동경하는 '푸른' 세계가 다름아닌 사회주의사회, 말하자면 공산주의사회임을 보여준다.

신화의 세계에서 푸른 세계는 황금시대를 뜻하는 세계이며, 황금시대는 일찍이 에른스트 블로흐가 '마르크스주의는 그 유산…… 즉 황금시대를 결코 포기하지 않는다'[27]고 주장했듯이, 마르크스주의, 아니 공산주의와 부단한 불가분의 연관을 맺고 있다. 신화에 등장하는 황금시대를 특징짓는 요소들에는 여러 가지가 있다. 가령 황금시대에 신들은 인간들과 함께 살았다. 대지는 인간의 생존에 필요한 과일·곡물 등을 비롯한 모든

---

24) 이 글은 이 책의 주제상 박노해의 시에 대한 전반적인 연구는 될 수가 없다. 『노동의 새벽』에서 사노맹으로, 다시 『참된 시작』으로 넘어가는 그의 급변하는 모습에 대해 비판하는 것을 가급적 자제하고 싶으며, 엄정한 비판의 목소리는 다른 평자들의 몫으로 돌리고 싶다.
25) Christopher Hill, *The World Turned Upside Down: Radical Ideas during the English Revolution* (London: Temple Smith 1972), 121쪽.
26) Harry Levin, *The Myth of the Golden Age in the Renaissance* (New York: Oxford UP, 1972), xv쪽에서 재인용.
27) Ernst Bloch, *The Principle of Hope*, N. Plaice · S. Plaice · P. Knight 공역 (Oxford: Blackwell, 1986), 1370쪽.

것을 자발적으로 생산했으며, 인간은 자연과 하나였고 인간은 인간끼리 동물은 동물끼리 사이좋게 지냈을 뿐만 아니라, 인간은 동물과 더불어 화목하게 살았다. 이기적인 욕망, 특히 육체적인 욕구와 탐욕도 아직까지는 인간의 의지를 타락시키지 않았던 시대였고, 그리하여 증오 · 분노 · 무기가 부재하는 시대였기 때문에 법이나 전쟁이 존재할 이유 또한 없었다. 많은 물건을 공동으로 소유한 채 인류는 하나의 커다란 가족으로 함께 살았으며, 이러한 분위기에 걸맞게 황금시대의 계절은 늘 푸르고 따뜻한 봄으로 이루어졌다. 이 시대는 진정 푸른 봄, 푸른 대지, 푸른 하늘의 시대였다.[28]

전통적으로 황금시대는 잃어버린 과거에 속하는 것이겠지만, 블로흐가 과거 아닌 미래에 이 시대를 설정하기 훨씬 전인 19세기 초, 생-시몽도 "인류의 황금시대는 뒤에 있는 것이 아니라 우리 앞에 있다"[29]고 주장한 바 있다. 어떤 이데올로기보다도 마르크스주의에서 황금시대가 강조되는 까닭은, 마르크스가 "공산주의는 사유재산과 인간의 자기소외의 적극적인 지양이며…… 충분히 발전한 자연주의로서의 공산주의는 인간주의이며, 충분히 발전한 인간주의로서의 공산주의는 자연주의다. 그것은 인간과 자연, 인간과 인간 사이의 적대관계에 대한 '명확한' 해결이다"[30]라고 표명했을 때, 가령 블로흐를 비롯한 여러 마르크스주의자들이 공산주의를 "인간의 자연화, 자연의 인간화"[31]로 규정함으로써 이 세계를 착취와 소외가 지양되는 '자유의 왕국'으로 특징 지었듯이, 황금시대에 대한 비

---

28) 이 책에 수록되어 있는 졸고 「황금시대와 로마 제국의 이데올로기」, 243~244쪽을 참조할 것.
29) Renato Poggioli, *The Oaten Flute: Essays on Pastoral Poetry and the Pastoral Ideal* (Cambridge/Mass: Harvard UP, 1975), 29쪽에서 재인용.
30) Karl Marx, 'Economic and Philosophical Manuscripts of 1844', Karl Marx · Friedrich Engels, *Collected Works* (New York: International, 1975), 3: 296쪽.
31) Ernst Bloch, 앞의 책, 209쪽.

전은 이러한 미래의 공산주의사회를 '선취'해주고 있기 때문이다.

초기의 혁명적 이데올로기를 발전시키는 데 있어서 목가적 이상이 기여한 것 가운데 가장 중요한 것이 있다면, 그것은 바로 이 황금시대의 신화다.[32] 그가 의식했든 그렇지 않았든 간에 박노해는 황금시대를 공산주의적 이상향의 선례로 삼고 있다. 그의 시적 세계의 지배적인 이미지로 등장하는 '푸른 봄' '푸른 대지' '푸른 하늘' 등은, 바로 이 황금시대의 본질적인 요소들의 회복이라 일컬어질 수 있을 공산주의사회를 유감없이 표상하고 있다.

박노해의 『노동의 새벽』의 짧은 서정시들은 한 문학평론가의 지적처럼 "흩어지면 독립체요 모여서는 서사적 장시 또는 연작시"[33]를 이루면서 공산주의 이상사회를 지향하는 과정을 갈무리하여 보여주고 있다. 말하자면 자본주의 시장의 법칙에 따라 팔리는 물건, 한갓 상품에 지나지 않는 노동자들이, '나의 인생은 일당 4,000원짜리/그대의 인생은 얼마/오오/우리의 인생 우리의 사랑 우리의 생명은/얼마 얼마'(「얼마짜리」)로 값이 매겨지는 노동자들이 '저임금의 포승줄에 끌려' '지옥 같은' 노동의 '전쟁터'(「졸음」)에 내던져진 채, '수천번이고 로봇처럼 반복동작 하는'(「어쩌면」) '기계'가 되어, 아니 박노해가 즐겨 사용하는 표현대로 '임금노예'가 되어, '쓰디쓴 노동자의 비애'를 마시다가(「어디로 갈꺼나」), 그들을 '기계로/소모품으로/상품으로 만들어버리는/점잖고 합법적인 날강도'(「어쩌면」) 자본가들의 실체를 똑똑히 경험한 후, 그들이 '기계가 아닌 인간임을……/견디다 못해 일어서면 해일이 되는/무겁고 깊은 바다임'(「당신을 버릴 때」)을 마침내 깨닫고 '이 뼈저린 각성'(「허깨비」)과 더불어 '마주 잡은 손들을'(「석양」)을 서로 놓지 않은 채, '사랑 가득 찬/높낮

---

32) Renato Poggioli, 앞의 책, 216~217쪽을 볼 것.
33) 채광석, 「노동현장의 눈동자」, 『노동의 새벽』 해설, (서울: 풀빛, 1984), 165쪽을 볼 것.

이 없는 새 땅을 위하여'(「떠나가는 노래」) '결코 평온할 수 없는/노동자의 대도(大道)를 따라'(「평온한 저녁을 위해」) '평등한 푸르른 대지를 향해'(「장벽」) '봄을 부르며/봄을 부르며'(「한강」) 해방의 길로 나서는, 한 편의 거대한 서사적 장시를 이루고 있는 것이다.

'뼈저린' 계급적 각성을 경험한 노동자들이 험난한 계급투쟁을 통해 임금노예의 현실로부터 스스로를 해방시키고, 계급차별의 철폐를 통해 평등과 사랑이 넘치는 '푸른' 세계, 사회주의사회를 이루려는 욕망이나 동경이 『노동의 새벽』에서 이처럼 표명된 이래, 그것은 단 한번도 굴절됨 없이 그 후에도, 그리고 『참된 시작』에도 계속 이어지고 있다.

이러한 '푸른' 세계에는 대립의 세계가 존재할 수밖에 없다. 황금시대를 특징 짓는 계절이 봄이듯이, 그리고 인간의 타락으로 인해 계절이 네 개로 쪼개지면서부터 타락의 극치인 철기시대를 특징 짓는 계절은 겨울이듯이, 그의 시에 자주 등장하는 '봄'은 이에 못지않게 자주 등장하는 '어두운 겨울'(「한강」)과 맞서고 있다. 겨울에 대한 봄의 승리는 철기시대의 겨울을 상징하는 부르주아지에 맞서 황금시대의 봄을 상징하는 프롤레타리아트가 싸워 이긴 승리를 표상하는데, 겨울에 대한 봄의 승리는 죽음에서의 재생, 타락에서의 부활을 뜻하며, 이 계절적 순환의 필연성처럼, 프롤레타리아트의 승리도 필연적일 수밖에 없다는 것을 말해준다. 역사의 합목적성에 대한 깊은 신뢰를 박노해는 이러한 시적 이미지들을 빌려 보여주고 있다.

박노해에게 철기시대의 주역인 자본가들, '대대(代代)로' 노동자들에게 참으로 '두려운' '무서운' '겁나는' '하늘'로 보이는 자본가들은 결코 이 땅의 도덕적인 주인공이 될 수 없다. '짓누르는 먹구름'의 '검은 하늘'에 지나지 않는 자본가들이 아니라 '서로를 받쳐주는/⋯⋯서로가 서로에게 푸른 하늘이 되는'(「하늘」) 노동자들만이, 아니 '갈라진 세상 모오든 것들을/하나로 연결하고'(「시다의 꿈」) 싶어하는 노동자들만이 도덕적으로 이 땅의 주인이 될 수 있는 것이다.

그의 노동자들에 대한 이러한 이미지는 두 번째 시집 『참된 시작』에도 이어진다. 여기에도 노동자들은 '인간과 자연과 고귀한 가치조차/상품으로 타락시키는 추악한 세상에서'(「못생긴 덕분에」), '사람으로 살기 위하여 사랑으로 살기 위하여', '이 땅의 주인으로 살기 위하여'(「이 땅에 살기 위하여」) '진실과 평등으로 전진하는'(「못생긴 덕분에」) '푸른 사람들'(「침묵이 말을 한다」)로 등장한다. 이 '푸른' 노동자들은 '온 세상 모든 것들과 참다운 관계'(「우리의 몸」)를 맺으려 하고 '착취의 손'이 아닌 '성스러운 손'을 뻗으려고 하기 때문에, 그들만이 도덕적으로 '이 세계의 주인'(「손을 내어 뻗는다」)이 될 수 있는 것이다.

그리고 민족의 삶을 갈갈이 찢어놓고 있는 '분단의 비극을 깊이 깊이'(「썩으러 가는 길」) 새길 뿐만 아니라, '분단의 장벽이/사라질 때까지' '전진을 내어 딛는'(「장벽」)자들 또한 노동자들이기 때문에, 그들만이 도덕적으로 이 땅의 주인이 될 수 있는 것이다. 노동자들에 대한 시인의 이와 같은 인식은 두 번째 시집에서 한층 도드라지고 있는데, '통일을 가로막고 선 반동세력과/치떨리는 분노로 투쟁'(「붉은 스카프」)하면서 '제멋대로 진행되는 이 나라 역사를/두동강난 분단조국 그리운 내 형제를', 더 나아가 '찢겨져 대립하는 전 세계 인류공동체를/피어린 투쟁으로 하나로'(「머리 띠를 묶으며」) 묶으려는 자들은 오로지 노동자들이기 때문에, 오직 그들만이 도덕적으로 이 땅의, 아니 이 세계의 주인이 될 수 있는 것이다. 그렇기 때문에 박노해는 이렇게 격렬하게 노래하고 있다.

아 결국 그렇다면 너와 나
둘 중의 하나의 눈에 먼저 흙이 들어가야 한다
결단코 한 하늘 아래에 함께 살 수는 없다
너를 위해, 한줌도 안 되는 부르주아지를 위해

> 우리가, 천만 프롤레타리아트가
> 날마다 피땀 빨리며 쓰려져갈 수는 없지 않은가[34]

그가 존경하는 마르크스처럼 박노해의 근본전제도 계급전쟁이다. 그리고 그에게도 이 전쟁에 참여하는 프롤레타리아트는 어둠의 무리들과 최후의 결전을 벌이는 빛의 자식들이다.

박노해에게는 노동자라고 해서 모두 같은 노동자가 아니다. '진짜 노동자'는 '계급사상으로 굳건히 무장'(「대결」)하여 '어둠의 무리들'에 맞서 철저히 이러한 싸움을 '실천하는 사람/동료들 속에서 살아 움직이며 실천하는'(「진짜 노동자」) 자들이며, 그러한 노동자들이야말로 진정한 노동자들이다. 그렇기 때문에 그들은 어머님의 '오손도손 평온한 가정에의 바람'을 끝내 물리치고, '피투성이 싸움 속에서/승리의 깃발을 드높이 펄럭이며 빛나는 얼굴로' 돌아올 때까지 어머님의 가슴에 못을 박고 '피눈물을 뿌리며'(「어머니」) '대도'(大道)를 향해 떠나는 것이다. '죽음의 연기 뿜어내는/저 거대한 굴뚝 속을 폭탄을 품고 추락하는 새'(「떠나가는 노래」)가 되어, 절박하고 벅찬 '싸움터'로, 자기의 목숨을 티끌만큼도 아끼지 않는 자아희생의 길로 나아가는 것이다. 더 높은 이상, 그에 값하는 더 높은 인간들, '노동해방 가치를 확실하게 움켜잡은 사람'(「못생긴 덕분에」)들이 '진짜 노동자들'이다.

증오와 희생정신, 그리고 부활

'어둠의 무리들'에 맞서는 '빛의 자식들'이 '폭탄을 품고' 싸움터로 나서는 것은 그들이 당하는 고통스러운 현재의 삶을 참을 수 없기 때문만은

---

34) 박노해, 「내 눈에 흙이 들어가기 전에는」, 『참된 시작』, 제5연.

아니다. 그들이 '전사'(戰士)로 나설 수밖에 없는 것은 그들 자신과 그 자손들의 미래를 위해서라기보다는 오히려 그들의 선조들이 당한 원한 맺힌 오욕의 과거를 후예로서 참을 수 없고, 잊을 수도 없기 때문인지도 모른다.

나치 치하의 파리를 떠나 미국으로 망명길에 오르다 에스파냐 국경의 어느 조그만 호텔에서 자살로 비극적인 삶을 마쳤던 금세기 최대의 문예이론가 가운데 한 사람인 발터 벤야민은, 자살하기 바로 몇 개월 전에 「역사철학테제」라는 그의 마지막 글을 남겼다. 이 글의 열두 번째 테제에서 그는 "역사적 인식의 주체는 투쟁하는 피지배계급 자신이다. 마르크스에게 이 계급은 패배한 세대의 이름으로 마지막까지 해방의 과업을 수행하는, 억압받고 또 복수하는 최후의 계급으로 등장한다"고 말하면서 역사적 인식의 주체인 피지배계급, 즉 노동자계급의 "증오와 희생정신은 해방된 손자들의 이미지에 의해서가 아니라 짓밟히고 억눌린 선조들의 이미지에 의해 자라나고 북돋워진다"[35]고 말했다. 즉 벤야민에 따르면 증오와 희생정신에 불타는 프롤레타리아트의 혁명의식은 미래 자손들의 해방이라는 이상에 의해서가 아니라 '짓밟히고 억눌린' 선조들에 대한 기억에 의해서 자라난다는 것이다. '짓밟히고 억눌린' 선조들의 이미지가 혁명적인 행동을 위한 자극과 계기를 제공해주기 때문이다.[36]

박노해의 '진짜 노동자'들이 노동해방의 기치를 높이 들고 싸움터로 나서는 것도 '패배한 세대', '짓밟히고 억눌린 선조들'의 한 맺힌 굴욕의 과거를 그들의 '후예'로서 결코 망각할 수 없기 때문인지도 모른다. 현실적

---

35) Walter Benjamin, *Gesammelte Schriften*, Rolf Tiedemann, Herman Schweppenhaüser 공편 (Frankfurt am Main: Suhrkamp Verlag, 1972~89), 1: 700쪽; 발터 벤야민, 『발터 벤야민의 문예이론』, 반성완 편역 (서울: 민음사, 1983), 351~352쪽.
36) 이에 관해서는 이 책에 수록되어 있는 졸고 「역사의 천사: 발터 벤야민과 그의 묵시록적 세계관」을 참조할 것.

으로 오늘날 이 나라 노동자들의 대부분은 가난한 농민의 아들딸이다. 그들의 선조들은 동학혁명의 농민들을 비롯하여 오랫동안 지속된 봉건사회 속에서 민중운동을 거의 혼자 대표해왔던 농민들, 시간적으로 가까이는 "바로 인근에 위치한 여수와 순천에서 일어났던 '여순반란사건'의 한 회오리를 일으킨"[37] 박노해의 '반란의 고향'이었던 죽산 부락의 농민들과 같은 한맺힌 농민들이다.

박노해가, 아니 '진짜 노동자들'이, 농민 출신인 그의 아버지, 그들의 선조들의 무덤을 끌어안고 '부끄럽지 않은 당신의 아들로 역사의 한가운데를 걸어갈 것입니다'라고 '숨죽인 통곡으로' 맹세를 했던 것도, '남도 허기진 오뉴월 뙤약볕아래/호미를 쥐고 밭고랑을 기던', 농민의 딸들인 그들의 어머니의 '피눈물과 원한' 아니, '이 땅의 모든 어머니들의 비원을 위하여/짓눌리고 빼앗긴 행복을 되찾기 위해'(「어머니」) 싸움터로 나선 것도, 모든 그들의 선조들의 억압된 과거를 망각할 수 없었기 때문이다. 그렇기 때문에 벤야민은 혁명을 "억압된 과거를 위한 투쟁" "과거를 향해 내딛는 호랑이의 도약"[38]이라고 일컬었던 것인가?

농촌 출신인 박노해의 시가 '철저히 도시적'이라는 평가를 받고 있다는 것은 "박노해의 작품에 농촌과 농민에 대한 관심이 매우 희박하다는 사실"과 같은 뜻이며, 이는 그의 시가 대부분 서구적 자유시에 터하고 있고 "그의 시에 전통적 형식이 거의 살아 있지 않다는 것과 긴밀히 호응"[39]하고 있음을 말해준다. 그러나 『노동의 새벽』 이후의 몇몇 시들에서 이윽고 노동자들은 농민의 '자랑스러운 아들딸'로 떠올라 농민과 연대하는 모습, '노동해방' '농민해방'을 위해 서로 '망치와 낫을 걸어 뜨겁게 동맹'하는

---

37) 박노해, 「이 땅의 자식으로 태어나서」, 331쪽.
38) Walter Benjamin, 앞의 책, *Gesammmelte Schriften*, 1: 703쪽, 1: 701쪽; 발터 벤야민, 앞의 책, 354쪽, 353쪽.
39) 최원식, 「노동자와 농민-박노해와 김용택」, 『실천문학』 (1985, 봄호), 139쪽.

모습을 보여주고 있다(「죽창을 세워들고」).

사실 트로츠키가 자본주의사회의 역사는 농촌에 대한 도시의 승리의 역사라고 주장했듯이, 또 마르크스가 인간의 역사는 시골의 도시화와 산업화의 역사라고 진단했듯이,[40] 전통적인 농촌세계가 더 이상 우리에게 살아 있지 못하고 도시화되어가는 현실 앞에, 농촌을 떠나 도시에 몰린 농촌 출신의 노동자들이 이미 1천만에 이르고, 따라서 노동자의 고장은 언제나 도시일 수밖에 없는 역사의 현실 앞에서 박노해의 시가 도시적일 수밖에 없는 것은 당연하다.

오히려 무엇보다도 중요한 물음은 그가 "노동자의 몸과 마음속에 숨어 있는 농민적 기억"[41]을 어떻게 받아들이고 있는가다. 그를 비롯한 '진짜 노동자들'이 '짓밟히고 억눌린 선조들'의 지난날의 뼈저린 굴종과 패배를 그들의 후예로서 결코 잊지 않고 있다는 것, 이것이 그들의 "혁명적 기회의 신호"[42]가 되고 있다는 점이 더 중요하게 부각되어야 하는 것이다. 말하자면 기억을 통해 과거와 맺어지는 현재의 연대가 얼마나 혁명적인 성격을 간직하고 있는가를 박노해는 놓치지 않고 있다는 사실에 더 중요하게 주목해야 하는 것이다.

이에 덧붙여 더욱 주목해야 할 것은 노동의 해방이 이루어지는 날, 그를 비롯한 '진짜 노동자들'이 동경하는 이상세계가 도래하는 날, 지난날에 잃어버린 모든 것들은 다시 그 완전한 원초적인 상태로 되돌아가리라는 박노해의 강렬한 믿음이다. 벤야민도 "과거는 구원을 기다리고 있는 어떤 은밀한 목록을 함께 간직하고"[43] 있으며, 최후의 심판의 날에는 지

---

40) Karl Marx, *Pre-Capitalist Economic Formations* (New York: International Publishers, 1964), 77~78쪽을 볼 것.
41) 최원식, 앞의 글, 139쪽.
42) Walter Benjamin, 앞의 책, *Gesammelte Schriften*, 1: 703쪽; 발터 벤야민, 앞의 책, 355쪽.
43) 같은 책, 1: 693쪽; 발터 벤야민, 같은 책, 344쪽.

난날에 잃어버린 모든 것이 되살아난다고 주장한 바 있지만, 박노해의 이 상세계에서도 '구원을 기다리고 있는' 지난날의 잃어버린 모든 것은 다시 살아난다. '한 마리 폐닭이 되어 황폐한 고향으로 떠난'(「어쩌면」) 노동자 들도, 그들의 '좀먹은 폐, 핏자욱 마르지 않은 영혼들'도, '짓눌러진 육 신'(「떠나가는 노래」)도 다시 제모습으로 돌아갈 뿐만 아니라, 참혹하게 죽음을 당한 소도 '희망을 가득 싣고 발굽소리도 힘차게/황금물결 일렁 이는 들판 사이로/너울치며 살아돌아'(「소를 찌른다」)올 것이며, '기계 사 이에 끼어' 날아간 정형의 손목도, '소주에 씻어들고/양지바른 공장 담벼 락 밑에' '원한의 눈물로' 묻었던 정형의 손목도 '기쁨의 손짓으로 살아 날'(「손무덤」) 것이며, 험악한 노동으로 문드러져 사라져버린 노동자들의 지문 또한 선명하게 되살아날 것이다. 박노해는 그의 이러한 믿음을 그의 빼어난 시 가운데 하나인 「지문을 부른다」의 마지막 연에서 극명하게 노 래하고 있다.

    지문 없는 우리들은
    얼어붙은 침묵으로
    똑같은 국민임을 되뇌이며
    파편으로 내리꽂히는 진눈깨비 속을 헤쳐
    공단 속으로 묻혀져 간다
    선명하게 되살아날
    지문을 부르며
    노동자의 푸르른 생명을 부르며
    되살아날
    너와 나의 존재
    노동자의 새봄을
    부르며 부르며

진눈깨비 속으로
　　타오르는 갈망으로 간다

　지난 과거는 물론 돌이킬 수 없는 것이다. 그러나 과거도 돌이켜질 수 있다는 박노해의 희망을 우리도 소중하게 간직하지 않는 한, 이는 죽어간 노동자들의 영혼, 억울하게 죽어간 모든 피억압자들의 영혼을 망각하는 것이 될 것이다. "기억을 통한 연대의 본질을 극명하게 표출해주는 것이 이 희망인 것이다."[44)]

절망의 새

　그러나 박노해가 체포되어 '사형' 구형, '무기' 선고라는 중형을 받고 경주 교도소로 이감되기를 전후하여 내놓은 옥중시들은 우리를 그의 급격한 감정의 변화, 아니 인식의 급전에 마주치게 한다. 『노동의 새벽』에 자주 등장하는 '분노'·'원한'·'적개심' 같은 용어들, 특히 그가 '직업적 혁명가'로 자처한 뒤 내놓은 시에 빈번하게 등장하는 전투용어들, 가령 '투쟁'·'착취'·'쟁취'·'해방'·'혁명'·'타도' 등의 용어들은 거의 나타나지 않는 대신, 갑자기 눈에 띄는 것은 '패배'·'눈물'·'죽음'·'침묵', 부끄러움·두려움·슬픔·쓸쓸함·아픔·절망 등의 감정을 드러내주는 용어들이다.

　그의 옥중시는 어쩌면 허망한 구도(構圖)일 수도 있는 '시퍼런 혁명의 바다에 작은 배 한 척'(「그리운 사람」)으로 떠서, 홀로 미친 듯이 표류하다가 혁명가가 아닌 시인의 모습으로 마침내 서정의 고향에 돌아온 박노해

---

44) 이 책에 수록되어 있는 졸고 「역사의 천사—발터 벤야민과 그의 묵시록적 역사관」, 389쪽을 볼 것.

가, 한쪽 날개를 다친 '추락한' 한 마리의 새가 되어, 다른 한쪽 날개로 두려움과 '슬픔의 심연의 끝바닥'(「그리운 사람」)에서 비상하려는 처절하고도 애처로운 몸부림을 보여주고 있다. 이는 그가 격렬한 구호의 빛깔을 띠는 전투적인 시를 우리에게 보여주었을 때의 그 당당함과 도무지 어울리지 않는 모습이다.

의사소통이 완전히 차단된 철저한 고립 가운데 개인이 정녕 홀로 있을 때, 그가 내뱉는 언어는 공적인 순간에는 수사적(修辭的) 또는 구호적이 되지만, 반면 자신에 대한 원초적인 물음으로 되돌아가는 사적인 순간에는 지극히 서정적이 되는 경향이 있다. 독일 극작가 뷔히너의 『당통의 죽음』에 나오는 혁명가 로베스피에르처럼 박노해도 이러한 경향의 시인이다. 그의 사적인 순간들의 표출인 옥중시는 실존적 개인의 고독·절망·불안·패배감·기대감 등을 너무도 아프게 노출시키고 있다.

바람 잘 날 없어라/내 생의 길에/온 둥치가 흔들리고/뿌리마다 사무치고/아 언제나 그치나/한 고비 넘으면 또 한 고비/너무 힘들다/너무 아프다/이렇게 살아야 하나/이렇게 싸워야 하나/바람 잘 날 없어라/울지 마, 살아 있다는 것이다/오늘 이 아픔 속에 외로움 속에/푸르게 내가 살아 있다는 것이다.(「바람 잘 날 없어라」)

……아, 나는 지금 외로운 것이다/나는 지금 붙들고 싶은 것이다/ 이 운명을 피해보고 싶은 것이다. 나약한 인간의 애착인가 두려움인가.(「성호를 긋는다」)

……한순간에 조직도 사람들도 차갑게 등 돌리며 떠나간 날/이제 누가 나와 함께 절실하게 울어줄까/누가 나에게 푸른 숨결을 불어넣어줄까/누가 이 패배자를 사람 그 자체로 품어줄까. 나는 이제 무엇으로 싸

워가나 무엇으로 일어서나.(「그리운 사람」)

……아득히 떠나가는 긴 유형길/가다가다가/외로움 사무치면은/짐 승처럼 치받치는 통곡,/우 우 밤바람으로 울며 가야지. (「가다 가다가」)

결국 이렇게 변모된 모습을 보여주는 박노해는 결국 '허세'의 '전위'였 다는 말인가? 1991년 8월 19일 결심공판, 그 최후 진술에서 '이제 더 이 상 봄을 기다리지 말자/우리 함께 역사의 봄을 찾아나서자'(「우리는 간다 조국의 품으로」)고 절규하려 했던 '강철'의 투사는 사실은 '어둠 속 창살 에 이마를 기대고 회한의 눈물에 떨며'(「그리운 사람」), '희망 없는 세상 도 목매었는가'(「사형집행실」)라고 울부짖는 '절망'의 영웅, '자기몰락'의 영웅이었다는 말인가?

하지만 우리는 그가 '사회주의 혁명의 전위'로 자처하면서 전투적·선 동적 구호의 색채를 띤 시를 토해냈을 때는 경험할 수 없었던 감동적인 순간을 그의 옥중시에서 경험할 수 있다. "일평생 피를 흘리게 만드는 임 금노예라는 총탄"[45]을 뚫고 노동해방을 이루려다 좌초된 한 젊은 '혁명 가'의 패배가 역설적으로 오히려 우리의 가슴을 한층 더 때리기 때문이다.

그가 전투적·선동적 구호성의 격렬한 시를 우리에게 보여주었을 때 우리는 『노동의 새벽』의 시들, 가령 「손무덤」「지문을 부른다」「떠나가는 노래」 등의 빼어난 서정적인 시들이 펼쳐보이던 구체적인 시적 감동을 경 험하는 대신, 분노와 원한에 찬 전투구호의 거친 호흡만을 느끼게 하는 숨막히는 분위기에 압도되고 마는 경우가 있었다. 투쟁·대립·갈등·혁 명·영웅주의를, 아니 직접 박노해의 표현을 빌자면 '무시무시한 계급투 쟁·노동해방·혁명'(「저 아이가」)을 강조하는 마르크스의 혁명적인 열

---

45) 박노해, 「우리는 과연 승리할 수 있는가」, 288쪽.

정 때문에 우리는 흔히 공산주의를 '남성적'인 이미지와 연관시키게 되지만, 사실 공산주의는 마르크스의 『독일 이데올로기』에도 드러나 있듯이,[46] 사랑·평화·협동을 강조하는 '여성적'인 이미지로 충만한 목가적인 세계다. 이러한 까닭에 에른스트 블로흐는 공산주의를 "황금시대, 젖과 꿀이 흐르는 땅, 영원히 여성적인 것"[47]으로 이름했다.[48]

박노해의 『노동의 새벽』과 『참된 시작』도 이러한 목가적 세계를 보여주는 많은 시적 표현들을 담고 있다. '사랑 가득한…… 새 땅'(「떠나가는 노래」), '우리 품에 안아야 할/포근한 석양빛의 휴식과 평화'(「석양」), '이슬 머금은 푸른 대지'(「사랑」), '평온한 저녁'(「평온한 저녁을 위하여」), '평온한 대지'(「남성편력기」), '편안한 봄날'(「편안하세요」), 그리고 우리가 이미 지적했듯이 '푸른' 세계와 연관되어 도처에 나타나는 '푸른 하늘' '푸른 꿈' 등이 그것이다.

박노해의 시적 세계가 미치도록 우리 가슴을 치는 것은, 영원한 여성적인 이미지를 머금은 '푸른' 대지, 사회주의 세계에 대한 노동자들의 푸른 꿈이 자본가의 '총탄'에 의해 산산이 부서져가는 처연한 모습을 서정적으로 보여줄 때다. 그들의 푸른 꿈은 우선 '아버님 회갑잔치'를 치르고 '큰 애'를 유치원에 보내는 평범한 일상 속에 자리한 가장 인간적인 갈망에서부터 비롯된다는 점에서, 그런 작은 행복마저 거부당하는 현실에 우리는 분노로 공감하지 않을 수 없게 되는 것이다.

우리는 도식적·관념적인 전투구호로 자본가를 맹렬하게 비판하고 응징하면서 노동해방을 부르짖는 것이 아니라, 깨진 '푸른' 꿈을 포기하지

---

46) Karl Marx, 'The German Ideology', Karl Marx · Friedrich Engels, *Collected Works* (New York: International Publishers, 1976), 5: 47쪽.
47) Ernst Bloch, *On Karl Marx* (New York: Herder and Herder, 1971), 36쪽.
48) 이 책에 수록되어 있는 졸고 「역사의 바보들—마르크스의 공산주의사회」, 42~43쪽을 참조할 것.

않고 척박한 이 땅에 아름다운 가치들을 가꾸어 나가려는 그들의 치열한 갈망을 서정적으로 노래하는 것에서 구체적인 시적 감동을 경험한다. 그것이야말로 살아가는 이야기 속에서 자라난 피억압계급의 정서와 해방의 의지이기 때문이다. 그 갈망에 우리의 갈망을 합쳐 하나로 어우러지게 하는 것도, 처연한 감동의 시적 이미지이지 전투적인 구호는 아니다. 서정적인 것은 여성적인 것과 마찬가지로 잔잔한 파문으로 강렬하게 감성에 호소하는 우리의 원초적인 공감의 바다이기 때문이다.

「그해 겨울나무」에서처럼 옥중시는 박노해가 회한의 눈물을 흘리며, '오직 홀로 남은' 그 자신과 '철저한 묵시의 투쟁'(「그리운 사람」) 속에서 '운동한다는 것이/두렵고 어려운 것임을' 알고, 그리하여 '참된 시작을 위하여'(「그리운 사람」) '부끄러움' 가운데(「때늦은 나이」), 자기 속에 부정적으로 남아 있는 모든 것이 '깨질 것은 깨지고 무너질 것은 무너져'(「때늦은 나이」) '마침내는 아무것도' 남아 있지 않는(「작아지자」), '철저한 자기비판'(「징역에서들 보면」)을 통한 철저한 자기부정, 자기지양을 겪으면서, 때로는 처절할 정도로 절망을 거듭하다가, 마침내 그의 마음속 '어딘가에 숨어 있던 씨앗 하나', '이미 깨지고 무너지고 끝장나버린 듯한 사회주의 고목 더미'(「징역에서들 보면」) 속에서도 그가 '피투성이 목숨으로 품어온 씨앗 하나'(「경주 남산 자락에 나를 묻은 건」), '끝내 부활로 이어지고야 말'(「성호를 긋는다」) '푸른' 사회주의 이념을 가슴 깊이 간직하고, 마침내 '슬픔의 심연의 끝바닥'에서 '다시 서서히 솟아'(「그리운 사람」)오르고 있음을 제시하고 있다.

우리는 여기서 박노해의 옥중시가 그의 이와 같은 비상의 몸짓을 어떻게 자세히 드러내주고 있는가를 검토할 필요는 없다. 이는 「그해 겨울나무」의 분석에서 부분적이나마 이미 논의되었기 때문이다. 우리가 결론적으로 주목하고자 하는 것은 '무쇠 같은'(「강철은 따로 없다」) 수사적·구호적 목소리를 들려주었던, '사회주의 혁명의 전위'로 자처하던 그때의 박노해가 '참된 강함'(「나는 순수한가」)을 보여주는 진짜 '강철'의 영웅인가, 아니면 상처입은 한쪽 날개는 여전히 절망과 패배의 늪에서 허우적거리고 있지만, 다른 한쪽 날개로 자신과의 '처절한 묵시적 투쟁 끝에'(「그리운 사람」) 비상의 몸부림을 치는, 그렇게 '온몸으로 부딪치며 봄을 부르는'(「민들레처럼」) '눈부신 강철 새 잎'(「강철 새 잎」)으로 돋아나려는 지금의 박노해가 '강철'의 영웅인가다.

'눈부신 강철 새 잎'

우리에게 잘 알려져 있는 베르톨트 브레히트는 1938년에 「갈릴레오의 생애」라는 작품을 내놓았다. 이 작품에서 주인공 갈릴레오는 새로운 질서, 새로운 사회를 추구하는 그 시대 최고의 선구자요 영웅으로 등장한다. 극이 진행되는 동안 갈릴레오는 프톨레마이오스적인 우주관을 성공적으로 논박하며, 새로 발명한 망원경의 도움으로 과학적인 증거에 기초를 둔 태양중심의 우주관, 곧 지동설을 확립함으로써 지구중심 우주관의 허위를 파헤친다. 이는 과학뿐만 아니라 사회적으로도 혁명이다. 아리스토텔레스의 잘못된 지구중심적 우주관을 토대로 하여 2천 년 동안이나 계급 불평등의 억압적인 사회구조를 정당화시키고 고착화시켜 온 지배계급의 모든 논리체계나 가치체계를 송두리째 무너뜨릴 수 있는 것이기 때문이다.

갈릴레오는 그가 확립한 우주관에 근거하여 인간평등의 기치를 높이 들었고, 그리하여 거의 신과도 같은 절대적 존재였던 아리스토텔레스의 자리를 대신 차지하는 새로운 영웅적인 인물로 부각된다. 인민들은 그 영웅적인 인물이 새로운 이성의 시대와 사회질서를 실현시키기 위해서라면 어떤 어려움이 닥쳐온다 하더라도 자신이 발견한 우주의 진리, 문자 그대로 '세상을 뒤흔들어놓은' 진리인 지동설을 끝까지 밀고 가리라 믿는다.

인간평등의 대의를 높이 주창하는 그의 고결한 인격, 실명의 위기에 이를 정도로 자신의 열정을 관측에 온통 바치는 '과학자적'인 자세에 감동되어 갈릴레오의 주위에는 안드레아를 비롯한 제자들이 속속 모여들고, 그들의 도움을 받아 그는 새로운 과학적 발견으로 계속 세계를 뒤흔들어 놓는다. 그러나 새로운 이성의 시대를 구축하려는 이 새로운 영웅도 결국 한갓 '인간'에 지나지 않는다는 사실이 드러나게 된다.

갈릴레오는 끊임없는 두 욕망, 말하자면 지식과 진리에 대한 욕망, 인류의 구원에 참여하고자 하는 절대적인 욕망과, 결코 충족될 수 없는 세속적인 삶과 기쁨에 대한 욕망 사이에서 찢겨져 있는 인물이다. 이 둘 사이에서 양자택일의 상황이 주어졌을 때, 왕성한 식욕의 소유자로서 포도주의 맛도 즐길 줄 알며 과학 연구의 성과만큼이나 육체적 기쁨의 만끽에서도 성취감을 찾기도 하는 '인간' 갈릴레오는 결국 후자를 택하게 된다. 종교재판을 받기 위해 법정에 출두했을 때, 육체적인 고통과 죽음의 두려움 때문에 자신의 주장 일체를 철회하고 마는 것이다. 2천 년 동안 지속되어 내려오며 종교와의 결탁을 통해 절대적 진리로 통용되던 천동설이 바로 그 자신의 과학적 증거에 의해 터무니없는 짓거리로 밝혀졌음에도, 진리와 새로운 사회질서의 희망으로 떠올랐던 그 위대한 영웅은 다시금 천동설이야말로 절대 과학의 진리라고 고스란히 받아들인다.

그의 이러한 기막힌 배반에 전적으로 환멸을 느낀 제자들은 스승 곁을 떠난다. 억압의 힘은 다시 승리하고 새로운 희망을 안겨주는 듯하던 또 하나의 영웅은 악한, 현대의 메피스토펠레스 그 이상 아무것도 아닌 것으로 입증된다. 브레히트는 거의 신과 같은 숭배의 대상이었던 아리스토텔레스도, 탁월한 갈릴레오도, 현재 또는 미래의 그 어떠한 영웅도, 결코 약속된 이성의 시대를 가져올 수는 없다는 사실을 말해주고 있다. 그렇다면 과연 누가 그 새로운 시대의 선구자가 될 것인가? 이 의문이 브레히트가 독자에게 남긴 의문이다.

절망으로 끝나지 않는 것이 서사극 고유의 특징이지만, 이 작품의 중심 주제는 인간의 구원은 결코 어떤 한 개인이나 영웅적인 인물의 손에 맡겨질 수 없다는 것이다. 인민들이 그들 자신의 운명의 주인이 되지 않으면 안 된다는 것이다. 위대한 '영웅' 갈릴레오가 지동설을 부정하고, '과학자의 길', '진리의 길'이 아닌 '인간의 길'을 택했을 때, 이탈리아는 진정한 영웅이 존재하지 않는 암담한 현실에 처한 듯, 그의 제자 안드레아는 "영웅을 가지지 못한 땅은 불행하다"는 말로 갈릴레오의 배반을 나무라지만, 갈릴레오는 "아닐세. 영웅들을 필요로 하는 땅이 불행한 거지"라고 맞받는다.

그렇다면 과연 어떤 땅이 진정으로 불행한가? 피억압계급의 해방을 실현시키기 위해 혁명의 사도(使徒)처럼 자신의 몸을 바칠 영웅들이 없는 땅이 불행한가? 아니면 역사적 인식과 역사적 행위의 주체인 피지배계급이 아직 성숙한 계급의식을 이루지 못한 채 영웅들을 운명의 주인으로 기다릴 뿐, 그들 스스로를 운명의 주인으로 받아들이지 못하는 땅이 불행한가? 어느 땅이 더 불행한가? 브레히트는 갈릴레오의 말을 빌려 그의 사상을 분명히 전달하고 있다.

「그해 겨울나무」에서 박노해가 '후회는 없었다 가면 갈수록 부끄러움뿐'이라고 토로했을 때, 우리는 그 부끄러움의 실체를 몇 가지 각도에서 가늠해보았다. 자신들을 '전위'로, 그람시의 용어를 빌린다면 현대의 '집단적 군주들'로 자처하면서, 그 소영웅주의의 국소적인 신화 속에 몰입된 채 혁명 주체인 노동자계급의 계급의식의 성숙과 그들의 자발성을 기다리지 못하고 '허황한' 몸짓으로 혁명의 대열에 성급히 뛰어들었을 때, 그들 자신의 몰락은 물론 노동운동 전반에 타격을 가져온 그 소영웅주의적 '자만성', 그 조급한 모험주의야말로 어쩌면 그를 강타한 부끄러움의 진짜 실체인지도 모른다.

이 부끄러움에서 이어지는 그의 뼈아픈 깨달음은 다름 아니라 '영웅을 필요로 하는 땅이 불행하다'는 갈릴레오의 바로 그 깨달음일 수도 있으리라. '노동해방'을 위해, '평등한 푸르른 대지'를 위해, 이 땅이 필요로 하는 것은 소수의 '영웅'들이 아니라 각성된 다수의 노동자계급, 피억압계급이라는 이 깨달음이 '오직 홀로 남은' 자기와 벌인 '철저한 묵시적 투쟁 끝에' 온 그의 '참된 시작'이라면, '허세'의 영웅으로 그의 '패배'는 '강철'의 노동자로서 그의 '시작'을 예고하는 것이다. 옥중에서 그의 시적 목소리가 '날카로운 외침'에서 맑고 장중한 '둥근 소리〔圓音〕'로 한 발 나아간 것도 그의 '사상과 체험과 고난과 정진이 절실히 차오'[49]른 그 깨달음에서 비롯된 것이라면, 그의 '패배는 참된 시작'일 수 있다. 이러한 깨달음에 이른 자야말로 진짜 '강철'의 노동자, 진짜 '강철'의 영웅이 아니겠는가?

---

49) 박노해, 「대지에 뿌리 박은 팽창된 힘」(산문), 『참된 시작』, 227~228쪽.

4

해방신학에 대하여

해방신학

1977년 당시 엘살바도르의 수도인 산살바도르의 대주교로 새로 임명된 오스카 로메로는, 종교의 '초월적' 사명을 유달리 강조하며 정치신학을 비판하는 입장에 서 있던 전통적인 보수 성향의 사제였다.[1] 그러나 3년의 세월이 흐른 후인 1980년 3월 24일, 미사를 집행하던 중 그는 한 우파 암살자의 흉탄에 맞아 쓰러지고 말았다. 내장에서 밖으로 뿜어져 나오는 걷잡을 수 없는 피가 그의 온몸과 주위를 피투성이로 물들였으며, 신도들이 지켜 보는 앞에서 그는 눈을 감았다.

암살되기 몇 개월 전부터 로메로는 죽음의 위협을 계속 받아왔다. 그러나 그는 여러 동료 주교들과 사제들, 로마 교황청의 거듭되는 주의와 경고에도 자신의 조국을 절망 상태로 몰고가는 폭압적인 정치와 경제적 불평등의 사회구조를 매도하고 비난하기를 멈추지 않았다. 죽음을 당하기 2주일 전에도 로메로는 기자에게 이렇게 말했다.

---

1) Christian Smith, *The Emergence of Liberation Theology: Radical Religion and Social Movement Theory* (Chicago: U of Chicago Press, 1991), 1쪽.

나는 이따금 죽음의 위협을 받아오고 있소. 하지만 기독교인으로서 나는 부활 없는 죽음을 믿지 않소. 그들이 나를 죽인다면 나는 살바도르의 민중 속에서 부활할 것이오. 순교는 하나님이 주시는 은총이오. 내가 이 은총을 받을 만한 자라고 스스로 믿지는 않지만 말이오. 그렇지만 하나님이 나의 목숨을 희생으로 받아들인다면 나는 나의 피가 자유의 씨앗이 되기를 바라오. 나의 죽음이 나의 인민의 해방을 위한 죽음이 되기를 바라오.[2]

누구보다도 보수적인 신앙의 소유자였던 로메로로 하여금 자신의 종교적 세계관을 변모시키도록 이끌어 그 같은 순교의 길마저도 걷지 않을 수 없게 했던 불길은 과연 무엇인가? 그것은 우리가 앞으로도 계속 주목하지 않을 수 없을 라틴아메리카의 해방신학이다.

해방신학이 처음으로 대두되었을 때 해방신학의 선구자인 구티에레즈는 "라틴아메리카에서 우리는 혁명의 드높은 열기 가운데 그 중심에 있다"[3]는 희망에 찬 목소리를 들려주었지만, 동구와 소련의 사회주의체제가 무너지고 산디니스타 정부도 지난 선거에서 패배하자, 서방의 언론과 지식인들은 해방신학의 종언을 공언했다. 그리하여 '드높은' '혁명의 열기'는 일단 사그라드는 듯 보였지만, 한편으로 그 공언 직후에도 아이티에서는 해방신학 사제가 대통령으로 당선되었고, 브라질에서도 무명의 노동자인 룰라가 교회 기초공동체의 지원을 바탕으로 선거혁명의 대중적 열풍의 주역으로 떠오르고 있었다. 이러한 현상은 해방신학이 결코 "열병과 같이 잠깐 나타났다가 사라지는 유행신학"[4]이 아님을 극명히 보여

---

2) James R. Brockman, *The Word Remains: A Life of Oscar Romero* (Maryknoll, N.Y.: Orbis Books, 1982), 223쪽; Christian Smith, 앞의 책, 1쪽에서 재인용.
3) Gustavo Gutierrez, *A Theology of Liberation*, S.C. Inda와 John Eagleson 편역 (Maryknoll, N.Y.: Orbis Books, 1973), 89쪽.

주는 것이다.

미셸 푸코의 용어를 빌려 규정하자면, 해방신학은 종속당한 지식, 배제당한 담론의 부활이며 새로운 에피스테메[5]의 표명이다. 해방신학이 종속당한 지식의 부활이라 함은, 해방신학의 담론이 어떤 지배적인 신학과 문화에 의해 억압되어온 지식의 부활을 표상하고 있음을 의미하는 것이다. '중심부로서의 서방에 부여된 위대한 역사적·초월적 운명'에 대한 추구가 서구 철학의 특징이듯이, 서구 전통신학의 특징 또한 그 범주에서 벗어나지는 못하고 있다. 역사 속에서 겪는 인간의 고통, 바로 '지금, 이곳'에서 일어나고 있는 억압과 폭력의 구체적인 현실은 도외시한 채 초월적인 정의나 계시에만 주로 관심을 가져왔던 서구의 전통신학과는 달리, 해방신학은 종속당한 '주변부'의 피억압자들, 즉 로메로와 프란츠 파농이 일컬었던, '소리 없는 자들의 소리' '대지의 저주받은 자들', 다시 말하면 해방신학의 선구자인 구티에레즈가 일컬었던, '비(非)인간', 즉 가난·억압·지배에 의해 비인간적인 삶을 누릴 수밖에 없는 처지에 놓인 비참한 자[6]들의 소리에 관심을 기울일 뿐 아니라, 그들을 억압의 구조로부터 해방시키려는 실천신학이다. 그렇기 때문에 우리는 해방신학을 가리켜 현재의 신학, 현재를 위한 신학이라고 일컬을 수 있는 것이다.

구티에레즈가 "정의롭지 못한 사회에 처한 기독교인들은 그 해방에 참여하지 않고는 그들 스스로를 기독교인들이라고 주장할 수 없다"[7]고 피

---

4) 신성종, 「해방신학과 성서해석」, 김종서·맹용길·나학진·신성종 공저, 『최근의 해방신학』(한국정신문화연구원, 1989), 189쪽; 『최근의 해방신학』의 저자들과 달리 해방신학을 긍정적이면서도 가장 포괄적으로 다룬 국내 책으로는 고재식 편저, 『해방신학의 재조명』(서울: 사계절, 1986)을 볼 것.
5) Michel Foucault, *Power/Knowledge: Selected Interviews and Other Writings, 1972~1977*, R.R. Barr 옮김 (New York: Pantheon Books, 1980), 81쪽.
6) Gustavo Gutierrez, *The Power of the Poor in History* (Maryknoll, N.Y.: Orbis Books, 1983), 92쪽, 193쪽, 213쪽.

력하고 있듯이, 해방신학은 에스파냐의 식민지 통치에서 시작해 미국을 비롯한 선진 자본주의국가들에 의해 자행되고 있는 현재의 경제적 '종속화'에 이르기까지, 수세기에 걸쳐 강대국과 지배계급에게서 계속 억압받아온 라틴아메리카의 '가난한 사람들'의 목소리를 대변하는 신학으로서 출발했다.

이처럼 신학의 위치를 "초월적"인 것에서부터 "역사 속으로 하강"[8]시킴으로써, 해방신학은 새로운 신학적 주제 대신 신학 실천의 새로운 방식을 제시했다. 해방신학을 일컬어 하나님의 "말씀에 입각하여 기독교적 실천을 조명하는 비판적 반성"[9]이라 규정한 구티에레즈의 정의가 하나의 공리로 받아들여지고 있는 이유도 바로 여기에 있다. 해방신학은 그 존재 이유를 『성서』의 해석이나 기독교 전통의 보존과 유지에 두고 있는 것이 아니라, 어떤 특별한 유형의 교회, 즉 피억압자들의 요구를 대변하고 나아가 그들의 해방을 쟁취하기 위해 투쟁하는 교회, 피억압자들과 그들을 위한 교회 설립에 그 존재 이유를 두고 있는데, 이 교회는 제도적으로 억압적일 뿐 아니라 정의롭지도 못한 현존 질서에 도전하는 신앙의 공동체로서, 그 성격상 뚜렷이 정치화된 교회다.

해방신학자 보프 형제의 주장, "가난한 자들을 바라보지 않고 해방신학을 논한다는 것은 전체적인 요점을 놓치는 것이다. 해방신학에서 그 요점과 핵심은 신학이 아니라 해방에 있기 때문이다"[10]에서도 잘 나타나듯이, 해방신학의 일차적 단계는 다름아닌 해방의 실천이며, 신학은 어디까지나 그다음에 오는 '이차적 단계'[11]다. 이 같은 인식은 역사적으로 볼

---

7) Gustavo Gutierrez, 앞의 책, *A Theology of Liberation*, 145쪽.
8) John Brenkman, *Culture and Domination* (Ithaca: Cornell UP, 1987), 9쪽.
9) Gustavo Gutierrez, 앞의 책, *A Theology of Liberation*, 13쪽.
10) Leonardo Boff와 Clodovis Boff 공저, *Liberation Theology: From Dialogue to Confrontation* (Maryknoll N.Y.: Orbis Books, 1986), 11쪽.

때 기존의 지배체제를 유지하고자 하는 지배계급의 이데올로기로 전락하여 그들의 이익을 대변해주고 있는 서구의 신학, 이른바 '중심부'의 신학에서는 결코 일어날 수 없는 것으로, 부르주아지의 제도 전반을 의문시하는 '주변부', 즉 라틴아메리카를 중심으로 하는 제3세계의 신학자들의 경험으로부터 일어날 수밖에 없었다. 그리하여 구티에레즈도 라틴아메리카는 근자에 '타자(他者)의 세계'를 재발견하는 새로운 역사적 경험 중에 있다고 주장했던 것이다.[12]

피억압자들의 시각에서 본다면 라틴아메리카의 역사는 종교적·경제적·정치적 탄압의 역사다. 물론 우리가 이 자리를 빌려 라틴아메리카에서 해방신학이 대두할 수밖에 없었던 역사적인 배경과 상황을 다시 거론할 필요는 없다. 이는 이미 여러 학자에 의해 어느 정도 소개된 바 있기 때문이다.[13]

그러나 다음과 같은 점만은 반드시 짚고 넘어가야 할 필요가 있다. 일찍이 가브리에 왔던 에스파냐 정복자들은 폭력적인 수단을 통해 토지를 빼앗고, 일종의 노예제도인 집단농장제도를 채택함으로써 토착 인디언들을 강제노동에 몰아넣었으며, 나아가 라틴아메리카의 생산양식을 목화재배 등의 단작재배 양식으로 고정시킴으로써 경제 파탄을 초래했다. 그리고 오늘날에 이르러서까지도 라틴아메리카 인구의 약 1.3%에 불과한 지주계급이 모든 경작지의 71.6%를 장악하고 있을 정도로 소수 엘리트 부

---

11) Gustavo Gutierrez, 앞의 책, *A Theology of Liberation*, 11쪽. 그리고 Leonardo와 Clodovis Boff 공저, *Introducing Liberation Theology*, Paul Burns 옮김 (Maryknoll, N.Y.: Orbis Books, 1987), 22쪽: "우리가 신학을 행하기 전에 해방을 '행하지' 않으면 안 된다."
12) Gustavo Gutierrez, 앞의 책, *The Power of the Poor in History*, 37쪽.
13) 이에 관해서는 Arthur F. McGevern, *Liberation Theology and Its Critics: Toward an Assessment* (Maryknoll, N.Y.: Orbis Books, 1989), 1~19쪽, 24~30쪽, 106~17쪽. 그리고 Christian Smith, 앞의 책, 제1장 "A Brief History of the Liberation Theology Movement", 11~24쪽을 볼 것.

유층에게만 소유권을 독점시켰던[14] 에스파냐의 초기 식민지 통치시대에서부터 해방신학의 역사적 잉태는 이미 예고되고 있었다는 점이다. 아니, 가브리에 온 에스파냐 정복자들이 토착 인디언들로 하여금 1년에 네 번씩이나 금덩어리를 상납하도록 강요하여, 그들이 금을 가져오면 그 대가로 그들의 목걸이에 동전을 하나씩 매달아주는 대신 금을 가져오지 못할 경우에는 무참히 학살하거나 손을 절단해버렸던 그 참혹한 시절, 수천 명의 토착 인디언들이 도피의 수단으로 차라리 자살을 선택하던[15] 그 에스파냐의 초기 식민지 통치시대부터 해방신학의 역사적인 잉태는 이미 예고되고 있었다.

에스파냐의 식민지 통치, 그 후 영국의 경제적인 지배, 뒤이은 미국으로의 경제적 '종속'에 이르기까지 줄곧 지배계급으로부터 억압받아온 '가난한 자들'을 도외시한 채 지배계급의 이익만을 도모하던 라틴아메리카의 전통 가톨릭 교회를 더 이상 묵과할 수 없었던 진보적인 사제들이 "기독교적 실천에 대한 비판적 반성"[16]이라는 반항의 목소리를 토해내기 시작하던 시절, 사회 변혁을 가져오기 위해 '남아 있는 유일한 수단'은 오로지 '무장투쟁'뿐이라는 믿음으로[17] 콜롬비아의 토레스 신부가 군부 정치세력에 맞서 해방군에 가담, 게릴라 전투에 그 목숨을 바쳤던 1966년 2월 16일, 해방신학의 역사적인 발전은 이미 예고되고 있었다. 1960년대 이래 라틴아메리카의 상황은 너무나 절박했기 때문이다.

라틴아메리카 대부분의 국가에서는 전체 인구의 5%가 전체국가 재산

---

14) Michael P. Todaro, *Economic Development in the Third World* (New York: Longman, 1981), 260쪽.
15) L.S. Stavrianos, *Global Rift: The Third World Comes of Age* (New York: MacMillan, 1974), 75~76쪽; Arthur F. McGovern, 앞의 책, 108쪽에서 재인용.
16) Gustavo Gutierrez, 앞의 책, *A Theology of Liberation*, 6~13쪽.
17) Camilo Torres, *Revolutionary Writings* (New York: Herder and Herder, 1969), 201쪽.

의 약 80%를 장악하고 있으며, 앞서도 언급했듯이 지금까지도 전체 국민의 1.3%에 지나지 않는 지주계급이 모든 경작지의 71.6%를 차지하고 있다. 브라질의 경우 340명에 지나지 않는 지주들이 1억 1,700만 에이커의 땅을 독점하고 있으면서도 그 가운데 실제 경작지는 11%에 지나지 않는데 비해, 수십만 명에 달하는 농민들은 단 한 뼘의 땅도 가지고 있지 못하다.[18] 과테말라의 경우에도 인디언 족의 90%는 땅을 소유하지 못하고 있으며, 설사 소유하고 있다 하더라도 그것은 17에이커 이하에 불과한 실정이다.

　4인가족의 한 달 평균 생계비가 90달러를 넘지 못하는 상황은 라틴아메리카 대부분의 나라에 적용되고 있는 현실이다. 노동자의 임금 또한 말할 수 없을 정도로 낮으며, 가령 사탕수수 밭에서 일하는 브라질 노동자의 하루 임금은 60센트에 불과하다. 라틴아메리카인의 대부분이 기아상태에 놓여 있으며, 전체 인구의 2/3 정도는 영양실조에 걸려 있다. 볼리비아에서는 전체 어린이 가운데 1/2이, 콜롬비아에서는 14세 이하에서만도 300만의 아이들이 영양실조로 신음하고 있으며, 날마다 이들 가운데 100명가량은 죽어간다. 라틴아메리카 전체 인구의 절반이 의료 혜택을 전혀 받지 못한 채 질병에 시달리고 있으며, 2/3 이상의 국민이 글을 깨우치지 못하고 있는 나라도 있다.

　그러나 이같이 처참한 상황 속에서 일어난 라틴아메리카 피억압자들의 항거는 결국 군사독재 세력에 의해 수천 명이 학살당하고 수만 명의 난민이 속출하는 결과를 낳았다. 아르헨티나에서는 수천 명이 '행방불명', 칠레나 브라질에서는 수천 명이 체포·고문·처형당했으며, 헤아릴 수 없이 많은 신도들과 더불어 약 800명의 수녀·신부·주교가 체포·고문·

---

18) Frances M. Lappe와 Joseph Collins 공저, *World Hunger, Twelve Myths* (New York: Grove, 1986), 67쪽.

처형 또는 추방되었다. 엘살바도르에서는 지난 십수 년에 걸쳐 6,000명 이상의 사람들이 죽어갔으며, 그들 대부분은 군사독재 치하의 군인들에 의해 살해된 사람들이었다.

이와 같은 절망적인 상황에 대한 각성, 이를테면 1966년 메델린에서 열렸던 제2차 라틴아메리카 주교회의에서 주교들이 토로했던 '하늘에 정의를 호소하는 울부짖음'이라 이름 붙일 만한, 절망적인 상황에 대한 새로운 자각과 더불어 변혁을 갈구하는 열의와 분노가 없었더라면 해방신학은 결코 발전하지 못했을 것이다.[19]

'가난한 자들'

앞서 우리는 해방신학이 실천을 향한 비판적 반성에서부터 출발해 새로운 방법론을 제시하고 있다고 지적한 바 있었다. 해방신학자들은 '구원'이라는 전통적인 범주를 '해방'이라는 새로운 범주와 연관시키면서 그들의 연구를 시작한다. '억압'으로부터의 '해방'을 기독교적 실천으로 바라보기에, 해방신학은 특별한 유형의 억압에 관심을 가지며, 억압 자체를 거론하는 것이 아니라 억압의 특수한 구조들을 거론한다. 억압을 초래하는 삶의 방식·제도·문화를 거론하며, 이를 초래하는 불의의 구조들에 맞선다.

또한 죄와 구원 같은 전통적인 신학의 용어를 사용하기는 하지만, 그들에게 이 전통적인 용어들의 의미는 완전히 비전통적인 것이다. 해방신학에서 죄는 억압의 특수한 구조이자 불의의 구조이며, 반면 구원은 그로부터의 해방이기 때문에 죄와 구원은 실제적이고, 역사적이며 집단적인 것으로 받아들여진다.

---

19) Arthur. F. McGovern, 앞의 책, 26~27쪽을 볼 것.

또한 해방신학자들은 불의의 구조로부터 '가난한 자들'을 해방시키는 것이야말로 해방신학의 역사적 실천이요, 교회의 역사적인 사명인 것으로 파악하고 있기 때문에, 구티에레즈가 주장하듯이, "가난은 『성서』의 중심 주제"[20]가 되고 있다. 말하자면 『성서』에서 "가장 '중요한' 주제는 아닐지도 모르지만…… 가장 '적합한' 주제"[21]는 바로 가난한 자들에 대한 주제인 것이다.

『성서』 전체는 어쩌면 하나님이 인간을, 보다 구체적으로 말하자면 '가난한 자들'을 억압에서 해방시키는 역사 과정에 대한 기록이라고 규정할 수 있을 것이다. 구티에레즈는 "『성서』의 하나님은 가난한 자들의 편에 서서 그들을 예속과 억압으로부터 해방시키는 하나님이다. 하나님과 가난한 자들 사이의 상호관계는 성서적 신앙의 그 핵심이다"[22]라고 주장한다. 우리가 앞으로 살펴볼 출애굽 사건이나 예수의 행적, 특히 그의 십자가 처형사건과 부활은 하나님이 가난한 자들을 해방시키는 데 가장 중요한 패러다임이 된다.

예수가 선포한 하나님 나라는 결국 '가난한 자들'을 위한 나라임에서도 드러나듯이, 예수는 늘 자신을 가난한 자들과 동일시했다. 이에 「마태복음」 25장 35절 이하, "내가 주렸을 때, 내가 목말랐을 때, 내가 나그네가 되었을 때, 내가 헐벗었을 때, 내가 병들었을 때, 내가 옥에 갇혔을 때"라는 구절 속에서도 그 동일화는 뚜렷이 드러나고 있는데, 이는 "무조건적 동일화"이자 "절대적 동일화"[23]였다. 그렇다면 예수가 자신과 동일시했고 또 해방신학이 그 '중심 주제'로 인식하고 있는 이 '가난한 사람들',

---

20) Gustavo Gutierrez, 앞의 책, *A Theology of Liberation*, 291쪽.
21) Leonardo Boff와 Clodvis Boff 공저, 앞의 책, *Introducing Liberation Theology*, 32~33쪽.
22) Gustavo Gutierrez, *The Power of the Poor in History*, 7~8쪽, 209쪽을 참조할 것.
23) 서남동, 『민중신학의 탐구』 (서울: 한길사, 1983), 12쪽.

피억압자들의 실체는 과연 무엇인가? 우리는 이 의문의 해소를 위해 다소 길게 논의를 전개시켜보는 것이 좋을 듯하다.[24]

『구약』에서 가난한 자들을 지칭하는 단어 가운데 가장 자주 쓰이는 것은 히브리어 '아나빔'이다. 『구약』 전체에 총 92번이나 등장하는 이 단어는 그 어원 '느흐'가 '허리를 구부리는' '고통을 받는'이란 뜻을 가지고 있듯이, 경제적으로 궁핍하고 사회적으로 버림받은 자들을 가리킨다.[25] '아나빔' 다음으로 『구약』에 61번이나 등장하는 '에뷔온', 48번 등장하는 '달', 21번 등장하는 '라쉬' 등은 하나같이 무엇보다도 물질적인 면에서 궁핍한 자들을 가리킨다. 좀더 구체적으로 말해서 가난한 자들, 즉 '아나빔'은 다음과 같은 집단을 포함하고 있다.[26]

1. 『구약』에서 가난한 자들이란 빚을 지고 있는 가난한 소작농민들을 뜻한다. 전적으로 궁핍하지만은 않기에 어느 정도 재산은 소유하고 있으며,[27] 그렇기 때문에 세금을 내기도 하고[28] 경제 수탈의 대상도 되기도 한다.[29] 공평한 재판을 요구할 정도의 권리는 즐겨 주장하지만, 그 권리는 곧잘 거부당한다.[30]

---

24) 이를 위해 필자는 한 인도 신학자의 뛰어난 논문을 접하게 되었다. George M. Soares-Prabhu, S.J., "Class in the Bible: The Biblical Poor a Social Class?", *Vidayajoti 49* (1985), 325~346쪽을 볼 것.
25) 「출애굽기」 22: 21 이하; 「신명기」 10: 18; 「시편」 68: 5, 146: 9; 「예레미야」 7: 6, 22: 3; 「스가랴」 7: 10; 「말라기」 3: 5 등을 볼 것.
26) Milton Schwantes, *Das Recht der Armen* (Frankfurt am Main: Lang, 1977), 81~83쪽, 200~202쪽, 261~262쪽을 볼 것. 그리고 George M.Soares-Prabhu, S.J., 앞의 글, 328~329쪽을 참조할 것.
27) 「잠언」 13: 23.
28) 「출애굽기」 30: 15; 「레위기」 14: 21.
29) 「아모서」 5: 11; 「이사야」 3: 14; 「잠언」 22: 22.
30) 「출애굽기」 23: 6~8; 「아모스」 5: 12; 「이사야」 10: 2, 11: 4; 「예레미야」 5: 28; 「잠언」 29: 7.

2. 또한 『구약』의 가난한 자들은 농촌과 도시의 빈민들, 즉 땅이나 일자리를 갖지 못한 자들, 빚 갚을 능력이 없기에 종살이를 할 수밖에 없는 노동자들, 일자리가 없는 숙련공들, 아무것도 가지지 못해 구걸이나 공동체가 제공하는 도움으로 간신히 목숨을 연명하는 도시의 거지들을 포함한다. 추수가 끝난 다음에는 이 가난한 자들에게 이삭을 줍도록 해야 하므로 일반인들에게는 곡물을 완전히 다 거두지 못하도록 금지시킨다거나,[31] 가난한 자들에게 돈을 빌려줄 때는 이자를 받는 것을 금지시킨다거나,[32] 또는 전당잡힌 물품들을 가차 없이 처리하지 못하도록 금지한다거나 하는,[33] '안식년' 같은 제도들[34]을 통해 사회적 구호(救護)의 근원적인 조치를 규정하고 있는, 이스라엘 대법전에 등장하는 '가난한' 자들이 바로 이들이다.

3. 뚜렷이 명시되어 있지는 않지만, 『구약』에서 가난한 자들이라면 반드시 경제적으로 궁핍한 자라기보다는 억압과 고통에 시달리는 자들을 가리킨다. 그러므로 가난한 자들은 하나의 전체로서 추방당했던 이스라엘인과 동일시되고 있다.[35]

4. 한층 암시적이기는 하지만, 주로 바빌론 포로생활 이후를 기록한 몇몇 텍스트에 나타나는 '가난한' 자들은 영적인 의미에서의 가난한 자들, 즉 오직 하나님에게 의탁하는 '야훼의 가난한 자들'[36]을 뜻하는 것일 수

---

31) 「레위기」 19: 9 이하; 「신명기」 24: 19~22.
32) 「출애굽기」 22: 25; 「레위기」 25: 36~38; 「신명기」 19 이하.
33) 「출애굽기」 22: 26 이하; 「신명기」 24: 10~13; 「에스겔」 18: 12.
34) 「출애굽기」 23: 10 이하; 「레위기」 25: 1~7; 「신명기」 15: 1~18; 「레위기」 25: 8~17.
35) 그러므로 '아나빔'은 「이사야」 41: 17~20, 49: 13, 51: 21 이하, 54: 11~14; 「시편」 72: 2처럼 '암미'(나의 백성)라든가 「출애굽기」 22: 25; 「이사야」 10: 2; 「시편」 72: 4처럼 그 내에 특히 억압받는 집단 '아느베 암메'(나의 백성 가운데 가난한 자들)의 동의어가 되고 있다.
36) 「이사야」 66: 2; 「스바냐」 3: 12.

있다. 특히 이는 기원전 6세기 유대인들의 바빌론 포로생활과 그 이후를 기록한 시편들에 적용된다. 여기서 '아니빔'의 사회학적인 본래의 의미는 새로 영적인 의미에 의해 압도되므로 이 둘은 구별하기가 불가능할 정도다.[37]

「신약」에서 가난한 자들을 지칭하는 단어 가운데 가장 자주 쓰이는 것은 그리스어 '프토코스'다. 「신약」 전체를 통해 25번 등장하는 이 단어는 그 어원 '프토소'가 '쭈그리다, 굽실거리다'라는 뜻을 가지고 있듯이, 궁핍한 자, 말하자면 생활필수품이 부족하여 구걸을 통해 간신히 목숨을 이어가는 자들을 가리킨다. 25번의 쓰임 가운데 3번은 「마태복음」 5장 3절의 '심령이 가난한 자들은 복이 있나니'의 경우처럼 심령적으로 가난한 자들을 지칭하는 데 사용되고 있지만,[38] 나머지 22번의 경우는 단지 경제적으로 고통받는 자들, 즉 가난한 자들을 가리키는 것으로서,[39] 이들은 자선이나 구호의 수혜자가 될 수밖에 없는 자들이다.[40]

다만 「마태복음」 11장 5절, 「누가복음」 7장 22절, 「누가복음」 4장 18절, 「누가복음」 6장 20절에서는 '프토코스'의 의미가 논란을 일으키기도 한다. 말하자면 예수가 '가난한 자들'에게 '복음'을 전파하고 하나님의 왕국을 약속했을 때,[41] 예수의 이 특권적인 복음의 은혜를 받은 자들을 과연 어떤 의미로 받아들여야 하는가가 쟁점이 되는 것이다. 이는 하나님의 사랑을 받고자 하는 열성으로 그들의 믿음뿐만 아니라 모든 것을 온전히 하나님께 바치고 또 맡겨버리는, 심령적으로 가난한 자들을 의미하는 것

---

37) 「시편」 22: 24, 34: 6, 86: 1, 140: 12~13을 볼 것.
38) 「갈라디아서」 4: 9; 「요한 계시록」 3: 17도 볼 것.
39) 「마가복음」 12: 42 이하; 「누가복음」 16: 20~22; 「야고보서」 2: 2~6.
40) 「마가복음」 10: 21; 「누가복음」 14: 5, 14; 13~21, 19: 8; 「요한복음」 13: 29; 「로마서」 15: 26; 「고린도후서」 6: 10; 「갈라디아서」 2: 10 등을 볼 것.
41) 「마태복음」 11: 5; 「누가복음」 4: 18; 「누가복음」 6: 20.

인가? 아니면 그들이 처한 사회적·경제적으로 처참한 상황으로부터 하나님이 구원해내지 않을 수 없을, 사회학적으로 가난한 자들을 가리키는 것인가?

서방의 전통적인 해석은 전자를 택하고 있다. 그들은 예수가 산상수훈을 통해 하나님의 왕국을 전파했을 때 그 복음의 대상이었던 가난한 자들의 실체를 사회학적으로 받아들이기를 꺼리고 있다. 그러므로 가난한 자들이란 그들이 궁핍하기 때문에 붙여진 이름이 아니라 그들이 겸손한 마음으로 하나님께 그들 자신을 전적으로 의탁하기 때문에 붙여진 이름이라는 것이다. 그들은 빵을 갈구하는 것이 아니라 구원을 갈구하는 것이며, 그들이 겪는 궁핍과 박탈 때문에 우는 것이 아니라 하나님의 왕국을 그리워하기 때문에 우는 것이라고 해석하고 있다. 그러나 근래에 와서는 특히 『구약』에서보다도 『신약』에서의 '가난한'이라는 단어가 사회학적인 범주에 속한다는 주장이 그 공감대를 넓혀가고 있는 추세다.

'프토고스'는 단지 경제적으로 궁핍한 것만이 아닌, 보다 넓은 사회학적인 함의를 가진 단어다. 예수가 하나님의 왕국을 선포했을 때 그 복음의 대상이었던 가난한 자들, 즉 '프토코스'들은 광범위한 집단이다. 그들은 경제적으로 궁핍한 자들뿐만 아니라 글자를 깨우치지 못한 자들, 사회적으로 버림받은 자들, 육체적·정신적으로 온전치 못한 자들, 여자, 세리, 죄인, 창녀들까지도 포함한다. 이와 같은 사회 밑바닥의 버림받은 천민들, 즉 '암하레쯔'(땅의 사람들)가 갈릴리 선교 초기에 예수 주위에 떼지어 모였던 무리 가운데 가장 큰 부분을 차지한다.[42] 이들 모두는 이들을 비인간화시키는 억압의 희생자들이었기 때문에 '가난한' 자들이다.

따라서 『성경』 전체를 통해 가난한 자들은 종교적인 집단이라기보다

---

42) 「마가복음」 1: 33, 45, 5: 24, 6: 34, 8: 1~2.

사회적인 집단이다. 물론 가난한 자들에 대한 성서적 해석에서 경제적 궁핍이 그 주요 특징으로 자리하고 있기는 하지만, 『성서』에서 말하는 가난은 경제적인 범주를 넘어서 사회적인 범주를 거론한다. 그러므로 경제적·사회적·정치적 그리고 실제적인 의미에서 잠재적으로 억압당하고 있는 모든 힘없는 자들은 곧 가난한 자들인 것이다.

『구약』에서 사회적 집단으로서의 가난한 자들은 부자들과 대칭되는 것이 아니라 악한 자들,[43] '교만한 자들'[44] '강한 자'[45]와 대칭을 이룬다. 후자는 가난한 자들을 착취하고[46] 그들을 거짓말로 속이며, 그들을 불공평하게 판결하고,[47] 그들을 '삼키고',[48] 그들의 전답을 먹어치우고,[49] 그들을 억누르고 짓누르고, 그들을 노예로 팔고,[50] 그들을 '핍박하고', 그들을 살해하기까지 한다.[51] 『구약』 전체를 통해 '가난한 자들'은 강한 자들의 부당하고 폭력적인 착취에 의해 궁핍한 생활을 영위하고 있으며, 강압적인 힘에 의해 억압당하고 있는 힘없는 집단이다. 그 형태가 어떠했든 간에 『구약』에서의 가난은 결코 하나의 자연적인 현상이라거나 그들 자신의 '업보'(業報)라는 피할 수 없는 결과,[52] 또는 경제활동에서의 자유로운 경쟁의 결과로는 볼 수 없는 성질의 것이다. 그것은 늘 불의와 착취에서

---

43) 『시편』 10: 2, 37: 14, 82: 3 이하, 147: 6; 『욥기』 36: 6; 『이사야』 11: 4 이하를 볼 것.
44) 『사무엘하』 22: 28; 『이사야』 26: 5 이하를 볼 것.
45) 『시편』 35: 10.
46) 『아모서』 8: 4~6; 『이사야』 3: 14 이하; 『에스겔』 22: 29; 『시편』 12: 5, 35: 10.
47) 『이사야』 32: 7, 10: 2.
48) 『잠언』 30: 14; 『하박국』 3: 14.
49) 『이사야』 5: 8~10; 『잠언』 13: 23.
50) 『아모서』 4: 1, 8: 4~6.
51) 『시편』 10: 2, 109: 16, 37: 14.
52) 『성서』에서 이따금 가난은 내적 요인들, 즉 가난한 자들 스스로의 행위나 태도에 돌려지고 있는데, 가령 나태는 『잠언』 6: 6~11과 10: 4에서, 사치스러운 삶은 『잠언』 21: 17에서 가난의 원인으로 파악되고 있다.

비롯된 불가피한 결과, 바람직스럽지 못한 결과로 나타나고 있다.

이스라엘에서 가난이란 참을 수 없는 배리(背理)로 인식되고 있었다. 왜냐하면 일찍이 야훼 하나님께서는 가난한 자가 없도록 하기 위해 여러 물질을 풍족하게 갖춘,[53] '좋은 땅'[54]을 그의 이스라엘 백성들에게 제공했기 때문이다. 그러므로 가난한 자들이 계속 존재한다는 것은 이스라엘의 양심에 대한 하나의 배리이며, 또한 그들이 주어진 소명에 따라 살지 못하고 있다는 하나의 경고다. 야훼가 가난한 자들에게 보이는 관심은 유별나게 강하기 때문이다.[55]

1. 야훼는 가난한 자들의 피난처이자 보호자이며,[56] 그는 그들의 요구에 응답하고 그들을 위로한다.[57]

2. 야훼는 가난한 자들을 변호하고 지킨다. 그는 그들의 뜻을 변호하며,[58] '과부, 고아, 피난민'을 보살핀다.[59] 그리고 '모든 땅의 핍박받는 자들'을 구원하며,[60] 가난한 자들을 약탈하는 자들의 생명을 빼앗는다.[61]

3. 야훼는 가난한 자들에 대한 관심을 그의 백성[62]과 그들의 왕들에게[63] 똑같이 요구한다. 그리고 여러 시대에 걸쳐 이어지는 예언자들의 목소리를 통해 모든 형태의 억압을 아주 강력히 비난한다.[64]

---

53) 「신명기」 15: 4, 8: 7~10.
54) 「신명기」 1: 25, 35, 3: 25, 6: 18.
55) George M. Soares-Prabhu, S. J., 앞의 글, 334쪽 이하를 볼 것.
56) 「이사야」 3: 13~15; 「스바냐」 3: 12; 「시편」 14: 6.
57) 「이사야」 41: 17~20; 「시편」 49: 13.
58) 「이사야」 51: 22.
59) 「출애굽기」 22: 21~24; 「신명기」 10: 17~19; 「시편」 69: 5.
60) 「시편」 76: 9, 146: 7~9.
61) 「잠언」 22: 23.
62) 「출애굽기」 22: 21~24; 「레위기」 19: 10; 「신명기」 15: 1~11, 24: 14 이하; 「이사야」 58: 1~12; 「예레미야」 7: 5~7; 「에스겔」 16: 49; 「스가랴」 7: 10.
63) 「이사야」 11: 4; 「예레미야」 22: 16; 「시편」 22: 1~4.
64) 「아모서」 2: 6~8, 4: 1~3, 6: 4~8; 「미가」 2: 1~3; 「이사야」 3: 13~15, 10: 1~4;

4. 가난한 자들, '그의 백성'[65]에 대한 야훼의 관심은 너무나 확연하므로, 그는 그들의 뜻을 변호할 뿐 아니라 그들과 자신을 거의 동일화한다. 「잠언」은 우리에게 "가난한 자를 학대하는 자는 그를 지으신 이를 멸시하는 자"라고 말하고 있으며, '가난한 자를 불쌍히 여기는 것'에 대해서는 하나님이 그 불쌍히 여기는 자에게 빚을 지어 그를 보상한다고 말해주고 있다.[66]

5. 이와 같은 야훼와 가난한 자들과의 동일화는, 가난한 자들을 억압하는 자들은 궁극적으로 가난해지고, 가난한 자들의 울부짖음을 귀담아듣지 않는 자들은 그들 자신이 울부짖을 때 아무도 귀기울이지 않는 처지에 놓이게 되며, 가난한 자들을 불쌍히 여기는 자들은 훗날에 이르러 번성과 행복을 누리게 된다는[67] 인과응보의 법칙을 유도하고 있다. 이 법칙은 가난한 자들에 대한 야훼의 관심이 어떤 것인지를 구체적으로 말해주고 있을 뿐만 아니라 궁극적으로 『성경』은 가난한 자들을 불의와 억압의 희생자로 보고 있다는 사실을 말해주는 것이다.

그러나 『구약』의 경우와는 달리 『신약』에서의 가난한 자들, 즉 '프토코스'는 '악한 자들'이 아닌 '부자'와 대비된다.[68] 『신약』에서 부자와 가난한 자들은 결코 착취와 피착취, 억압과 피억압의 적대적인 관계로 대치하고 있지 않다. 몇몇 경우를 제외한다면[69] 사실 예수는 가난한 자들에 대한 부자의 억압과 착취에 대해서 전혀 말하지 않고 있다. 그는 하나님과 이웃[70]에게 무관심하고 물질적인 부에만 지나치게 집착하는 부자들의 태

「예레미야」 22: 13 이하; 「에스겔」 34: 1~24.
(65) 「이사야」 3: 15.
(66) 「잠언」 14: 31, 19: 17.
(67) 「잠언」 22: 16, 21: 13, 그리고 14: 21, 28: 8, 27.
(68) 「마가복음」 12: 41 이하; 「누가복음」 6: 20~26, 14: 12~14, 16: 19~31; 「야고보서」 2: 1~6; 「고린도후서」 6: 10, 8: 9; 「요한 계시록」 13: 16을 참조할 것.
(69) 「야고보서」 2: 5, 5: 1~6 이하; 「마가복음」 12: 44.

도에 대해 말할 뿐이다. 그러므로 착취가 아니라 탐욕이 더 강조되고 있는 것이다. 말하자면 가난한 자들은 『구약』에서처럼 악한 자들과 대비되는 것이 아니라 탐욕과 물질적인 부에 대한 집착 때문에 가난한 자들에게 무관심한 부자와 대비되고 있다.

그러나 부자와 가난한 자들의 대립 이면에는 『구약』의 적대적인 계급의 변증법이 함축되어 있다. 곧 하나님의 왕국이 도래하면 이에 비천한 자는 지위가 높아지고 주린 자는 배부름을 얻게 되나 부자는 주리게 되리라는, 예수가 『신약』에서 선포했던 그 종말론적인 역전(逆轉)은, 만일 가난을 부당한 억압의 상태로 보았던 『구약』의 시각이 『신약』에까지 이어지지 않는다면 아무런 의미를 가질 수 없는 것이다.

따라서 『성경』 전체를 통해 나타나는 진정한 가난이란 착취에 의해 초래된 경제적 또는 사회적 박탈의 상태를 의미하게 된다. 『성경』에서 가난한 자들이란 결국 '모든 땅의 핍박받는 자들'[71]로서, 그들의 종교적 태도에 따라서가 아니라 그들의 사회적인 상황에 의해 그 정체가 규정될 수 있는 "하나의 사회학적 집단"이며, 그들을 지배하고 그들에게 맞서는 적대세력의 집단에 의해 그 상황이 결정되는 '하나의 변증법적 집단'이다.[72] 『성서』의 가르침은 그들의 가난을 영구히 지속시키는 것이 아니라 제거시키는 데 그 목적을 둔다. 그러므로 야훼는 그들이 더 이상 가난하지 않게끔 가난한 자들을 수호할 것을 약속했으며, 가난한 자들을 축복하고 그들을 위해 하나님 나라를 선포했던 예수 또한 모든 가난의 종식을 가져올 종말론적인 시대의 여명을 예고했던 것이다.

그러나 『성경』은 결코 구원을 기다리기만 하는 수동적인 희생자의 모습으로 가난한 자들을 제시하고 있지는 않다. 그들은 성서적 역사로부터

---

70) 「누가복음」 12: 13~21, 16: 19~31.
71) 「시편」 76: 9.
72) George M. Soares-Prabhu, S.J., 앞의 글, 327쪽.

중요한 역할을 부여받는다. 『구약』에서 이스라엘 백성들은 단지 애굽의 노예생활에서 해방되었을 뿐만 아니라, "억압적이고, 폭력적이고, 권력에 주린 주변 도시국가들과 '대비되는 공동체", 즉 "자유롭고, 정의롭고, 비착취적인 공동체를 이룩하기 위해"[73] 시내 광야로 하나님의 부름을 받았다.[74] 언젠가 이 '대비되는 공동체'를 실현하리라는 꿈은 이스라엘의 희망에서 양도할 수 없는 부분으로 남아 있다. 이 꿈은 '새 하늘과 새 땅'의 약속 가운데 남아 있으며, 그 안에 반영되고 있다. 『신약』에서도 가난한 자들은 구원과 희망의 담당자로 계속 남아 있다. 이스라엘의 역사가 가난한 자들의 해방운동으로 시작했듯이, 예수의 역사 또한 그러하기 때문이다. 예수는 자신과 가난한 자들을 동일시해 그들에게 복음을 선포했다. 초대 교회는 가난한 자들의 교회로 계속 남아 있었고 그 자체는 가난한 자들의 교회로 계속 간주되어왔다.[75]

따라서 『성경』 전체를 통해 가난한 자들은 억압의 희생자들이며, 궁극적인 구원의 은혜를 받을 자들인 동시에 그 구원을 다른 사람들에게 매개하는 역할까지 담당할 경제적·사회적 피억압계급이다. 구원은 가난한 자들과 늘 함께 하는 하나님으로부터 주어지는 것이기는 하지만, 그것은 이 피억압계급의 투쟁 속에서, 또 그 투쟁을 통해서만 실현될 수 있다. 그들이 매개하는 구원은 종말론적이지만 내세적인 것은 아니며, 또한 세계를 초월하는 것이기는 하지만 결코 이 세계를 부인하거나 그로부터 도피하려 들지는 않는다. 성서적 종말론은 역사의 성취이지 결코 그 부정이 아닌 것이다.[76]

---

73) 같은 글, 339쪽.
74) 「출애굽기」 19: 4~6; 「신명기」 4: 6~8.
75) 「고린도전서」 1: 26~28.
76) George M. Soares-Prabhu, S.J., 앞의 글, 341쪽; Gustavo Gutierrez, 앞의 책, *A Theology of Liberation*, 165~168쪽; Jose Bonino, *Doing Theology in a Revolutionary Situation* (Maryknoll, N.Y.; Orbis Books, 1975), 142쪽.

출애굽기 사건과 예수의 십자가 처형 사건

해방신학은 『성경』의 전(全) 역사를 하나님에 의해 주도된 일종의 피억압계급의 구원사(救援史)로 바라보며, 그 가운데서도 출애굽 사건과 예수의 십자가 처형 사건을 그 원형적인 사건, 해방신학의 패러다임적인 전거(典據)로 간주하고 있다. 사실상 『성경』의 모든 증거들은 이 두 개의 핵심적인 역사적 사건에 의해 조명되어 해석되고 있다고 해도 과언이 아니다.

그렇다면 출애굽 사건이란 무엇인가? 그것은 하나님이 애굽에서 억압당하는 자들을 구원해낸 하나의 정치적인 사건이다. 출애굽 사건은 기원전 1290년경 당시 최대강국이었던 애굽의 람세스 3세 치하에서 노예와 농노로서 그 나라의 방대한 토목공사와 농사에 노동력을 착취당하고 있던 이스라엘 사람들이 '충성스러운 노동지도자'[77]였던 모세의 지도 아래 폭력으로 강제 노동과 억압 체제에 맞서 탈출했던 노예해방의 사건이다. 여기서 한 가지 뚜렷한 사실은 이들이 섬기던 신이 야훼였다는 점이다. 야훼 하나님은 이 피억압자들과 노예들을 보호하는 신이었던 것이다.

「창세기」가 개인적인 인간과 그들의 운명에 초점을 맞춘 이야기의 집합체라면, 「출애굽기」는 그 첫 장에도 분명히 나타나 있듯이 이스라엘 민족 전체, 즉 하나의 피억압 집단에 대한 이야기로서 단순한 이야기가 아니라 "역사"[78]다. 이스라엘인들은 처음에는 애굽의 손님들이었으나 나중에는 강제 노동을 담당하는 국가 노예로 전락했다. 철학자 필로에 따르면, 애굽인들은 "자유로운 몸일 뿐만 아니라 손님, 탄원자들"[79]이었던 이

---

77) Lincoln Steffens, *Moses in Red: The Revolt of Israel as a Typical Revolution* (Philadelphia: Dorrance, 1926), 51쪽; Michael Walzer, *Exodus and Revolution* (New York: Basic Books, 1985), 26쪽에서 재인용.

78) Ernst Bloch, *The Principle of Hope*, N. Plaice · S. Plaice · P. Knight 공역 (Oxford: Blackwell, 1986), 496쪽.

79) Michael Walzer, 앞의 책, 29쪽에서 재인용.

스라엘인들을 노예로 전락시켰다. 착취와 억압은 모든 노예들에게는 마찬가지라 하겠지만, 이스라엘인들에게만 유독 혹독한 억압이 가해졌다는 사실은 중요한 의미를 지닌다. 바로 출애굽 사건을 폭악에 대한 항거로 규정지을 수 있게 하는 근거로 작용하기 때문이다. 또한 이 사건이 오늘날 '민족해방'이라고 일컬어지는 움직임 가운데 하나의 전범(典範)으로 평가될 수 있는 이유는, 출애굽 사건 이전에는 전체적으로 노예의 상태에 있던 이스라엘 민족이 이 사건으로 전체적인 구원을 얻기 때문이다.

하나님은 이스라엘인들을 애굽에서 구원해냈지만, 이후 그들은 스스로의 힘으로 사막을 건너 가나안 땅을 정복하고 또 가꾸어야 했다. 하나님은 이스라엘인들에게 그들이 지키지 않으면 안 될 율법을 내려주었으나 이스라엘인들은 그 율법을 충분히 지키지 못했기에 결코 그 땅을 완전히 소유할 수 없었다. 이스라엘인들은 계급 없는 사회를 형성하려 했지만, 결국 그들은 계급분열과 군주정치의 통치체제로 후퇴하고 말았고, 그리하여 가나안 땅은 여전히 '약속의 땅'으로만 남아 있다.

라틴아메리카 해방신학자들은 이 '약속의 땅'을 가리켜 마침내 억압과 착취로부터 해방된 사회라 기술하고 있다. 구티에레즈는 "빈곤과 착취의 제거야말로 하나님 왕국이 도래한 징표"[80]라고 말한 바 있지만, 그런데도 애굽에서 해방된 이스라엘인들은 그 후 가난한 자들, 짓눌린 자들을 보호하는 하나님의 율법을 저버린 채 도리어 내부의 가난한 자들, 힘없는 자들에게 불의를 행하는 또 다른 '파라오'의 모습으로 변모함으로써 결국 스스로에 의해 억압당하는 부조리의 역사를 경험하지 않으면 안 되었다.

블로흐는 "애굽 감독들은 단지 그들의 이름만을 바꿨다. 그들은 여전히 이스라엘 마을 안에 앉아 있었다"[81]고 말했다. 새로운 억압에 대한

---

80) Gustavo Gutierrez, 앞의 책, *A Theology of Liberation*, 167쪽.
81) Ernst Bloch, *Atheism in Christianity: The Religion of the Exodus and the Kingdom*, J.T. Swann 옮김 (New York: Herder and Herder, 1972), 95쪽.

『구약』의 논평은 아주 간단하면서도 직설적이다. "이스라엘 자손이 여호와 목전에 악을 행했다." 이는 「사사기」 전체를 통해 반복되는 주제로서,[82] 이스라엘의 적들이 연이어 거두는 군사적인 승리와 이스라엘 백성이 반복적으로 범하는 우상숭배의 죄를 연결시키고 있지만, 예언자들은 보다 넓은 의미로 논의를 전개시킨다. 즉 그들은 외국인들에 의한 이스라엘 억압의 깊은 원인을 이스라엘인들끼리 행하는 불의에서 찾고 있으며, 이는 「예레미야애가」의 첫 장을 통해 짧으면서도 날카롭게 표현되고 있는 바이기도 하다.[83] 사실 하나님이 이스라엘을 부정했던 직접적인 원인 또한 바로 이 이스라엘의 불의에 있는 것이다.[84]

메시아 사상은 유대 사상에서 다소 뒤늦게, 말하자면 바빌론 포로생활 후에야 비로소 나타나고 있다. 이는 「예레미야」 31장에 기록된 하나님의 말씀, "내가 이스라엘 집……에 새 언약을 세우리라. 내가 그들의 열조의 손을 잡고 애굽 땅에서 인도해내던 날에 세운 것과 같지 아니할 것은…… 그들이 내 언약을 파했음이니라"와, 미래의 그리스도의 출현을 기약하신 그의 언약에서 드러나고 있다. 사실 「예레미야」에서 예레미야가 종말론적으로 약속했던 것은 '약속의 땅'이 아니라 낙원, 다시 말하면 가나안 땅이 아니라 에덴이었다. 비록 노스럽 프라이는 "에덴 동산, 약속의 땅, 예루살렘 그리고 시온 산은 똑같이 영혼의 고향을 뜻하는 말이라 볼 수 있으며, 기독교 특유의 비유적 표현에 의해 그들은 모두 예수가 말한 하나님의 왕국과 동일한 것이다"[85]라고 말하지만, 사실상 에덴이 본래 아담의 재출현, 즉 인간들이 영적으로 다시 태어나는 영적 구원의 고향을

---

82) 「사사기」 3: 7, 12, 그리고 4: 1을 볼 것.
83) Micheal Walzer, 앞의 책, 114쪽 이하를 볼 것.
84) 「미가」 3: 9~12를 볼 것.
85) Northrop Frye, *The Great Code: The Bible and Literature* (New York: Harcourt Brace Jovanovich, 1982), 171쪽.

표상한다면, '약속의 땅'은 정치적·경제적인 예속이나 억압에서 해방되는 역사적인 구원의 고향을 표상한다고 볼 수 있는 것이 사실이다.

기독교 저자들은 대부분 최후의 심판일에 이루어질 구원을 영적인 것으로 해석하는 경향이 있는 데 비해, 유대교 저자들에게 구원이란 정치적인 의미를 내포한 개념이었다. 그렇기 때문에 유대인들은 항상 정치적인 성격의 구원을 꿈꿔왔다.[86] 말하자면 유대인들은 출애굽 사건으로 되돌아가고자 하는 것이다. 9세기의 철학자 가온은 "우리는 최종적인 구원의 약속을 우리가 애굽에서 포로로 생활하던 당시의 최초의 약속에 미루어 판단한다"[87]고 말했다. 유대교 신비주의와 메시아 사상의 연구분야에서 세계적인 석학으로 일컬어지는 숄렘도 "이방인 열국에 의한 우리의 예속을 제외한다면 이 세계와 메시아의 날 사이에는 아무 구별도 없다"[88]고 강조했듯이, 이 주장은 에덴으로 복귀하기를 열망하는 자들을 겨냥한 아주 논쟁적인 발언이다. 유일한 복귀는 에덴이 아니라 가나안이며, 메시아적 구원은 결국 모세적 구원의 반복이나 다름없다. 즉 그것은 억압과 예속에서의 구원인 것이다. 중세의 가장 뛰어난 유대 철학자 가운데 한 사람인 마이모니데스도, 메시아는 모세나 다윗과 다름없이 인간적인 역사적 인물일 것이며 그가 나타날 세상 또한 "그 익숙한 과정을 계속할 것"이라고 논한다.[89] 유대교의 종말신앙은 어디까지나 역사와 사회에 대한 신앙이었다. 그것은 파국적·혁명적인 사관이었으며 묵시문학적 성격을

---

86) Gershom Scholem, "Toward an Understanding of Messianic Idea Judaism", *Messianic Idea in Judaism and Other Essays on Jewish Spirituality* (New York: Schocken, 1971), 1~36쪽을 볼 것.

87) Saadya Gaon, *Book of Doctrines and Beliefs*, Alexander Altmann 옮김, *Three Jewish Philosophers* (Philadelphia: Jewish Publication Society, 1960), 168~169쪽.

88) Gershom Scholem, 앞의 책, 18쪽.

89) Maimonides, *The Code of Maimonides, Book Fourteen: The Books of Judges*, Abraham M. Hershman 옮김 (New Haven: Yale UP, 1949), 240쪽 이하.

띤 신앙, 기원전 2세기부터 기원후 1세기까지 유대인의 문화이념을 지배했던 것은 바로 이 묵시록적 종말론이었다. 출애굽 사건은 메시아적 사유와 천년왕국적 사유를 위한 모델로서 변하지 않는 대안이다.

혁명(그리고 출애굽 사건)을 바라보는 관점에 의해 이론가들은 크게 두 집단으로 나뉠 수 있다. 즉 헤겔처럼 피억압자들의 해방을 하나님이나 역사의 선물이라 믿는 자들과, 해방은 적어도 어느 정도까지는 피억압자들의 작업이라고 믿는 자들로 양분될 수 있는데, 전통적으로 많은 유대교 저자들은 눈에 띌 정도로 헤겔의 입장에 반대해왔다. 숄렘은 억압과 예속의 고통에서 해방되는 하나님의 백성들을 창조하고, 그들로 하여금 하나님의 율법에 의한 계약에 입각해 살아가게 하기 위한 결정적인 투쟁은 광야에서의 투쟁— '약속의 땅' 그 자체까지 확장되는—이어야 한다고 믿는다. 따라서 출애굽 사건은 기독교적 종말론에 대한 하나의 구속으로 작용한다.

해방은 우리의 타락상으로부터 '에덴', 영적 구원의 고향으로 향하는 운동이 아니라, '애굽의 노예생활, 착취와 소외'로부터 '인간다운' 삶을 살 수 있는 '가나안' 땅, 즉 역사적 구원의 고향으로 나아가는 해방운동이다.[90] 역사의 시간 속에서 일어나는 이 운동은, 험난하지만 지속적으로 이어지는 인간의 작업이다. 파라오적인 억압, 구원, 시내광야, 가나안 땅은 정치적인 세계를 바라보는 우리의 인식을 구성하는 강력한 기억들로서 여전히 우리의 의식 속에 존재하고 있다.[91] 이처럼 고통과 악의 문제에 대한 추상적인 거론에 몰두하는 대신 억압과 고통의 특수한 역사에 대한 구체적인 기억에 초점을 두는 해방신학자들은 "인간이 행위의 주체로 참여하는 구체적인 역사적 사건의 외부, 또는 그 사건을 넘어서는

---

90) Gustavo Gutierrez, 앞의 책, *A Theology of Liberation*, 294쪽.
91) Michael Walzer, 앞의 책, 141~149쪽을 볼 것.

영역에서라면 그 어떠한 진리도 존재하지 않는다"[92]고 확신하며, 우리는 고통과 억압에 대한 기억, 그로부터의 해방을 열망하는 또 하나의 표현을 해방신학이라고 말할 수 있는 것이다.

예수의 십자가 처형도 피억압계급의 구원에서는 하나의 원형을 이루는 사건이다. 해방신학은 피억압자들의 변증법적 발전을 해방자 예수의 패러다임으로 파악하고 있다. 유대 땅 가난한 마을의 천민들, 즉 '암하레쯔'들에게 하나님의 왕국을 선포했던 예수의 십자가 처형은 어느 모로 보나 엄연한 정치적 사건이라는 것이 근래 학자들 다수의 의견이다.

해방신학자의 한 사람인 엘라쿠리아도 예수는 그의 모든 행위가 정치적 의미로 해석될 수밖에 없는 극도로 정치화된 상황 속에서 살았다고 지적한 바 있다.[93] 예수는 당시의 모든 사회적 · 정치적 권력구조와 충돌했으며, 바로 현대적인 개념에서 불의의 구조나 제도를 언급하지는 않았다 할지라도 그의 비난의 대상은 거의 언제나 '집단적'이었다. 그는 가난한 자들, 피억압자들을 억압하는 지배체제 이데올로기로 작용하던 당시 유대교의 율법(가령 대표적으로는 안식일 율법), 수탈을 일삼는 지배기구의 중추기관인 예루살렘 성전체제, 정의에 관심을 기울이지 않는 바리새인들, 가난한 자들과 부를 공유하길 거부하는 부자들, 권력을 휘두르는 정치 지배자들 그 모두를 정면으로 비난했다.

예수는 죄의 개인적인 성격도 강조했지만, 그에 앞서 일차적으로 그 집단적 · 사회적 · 구조적 성격을 공격했고[94], 바로 그 때문에 예수는 당시

---

92) Jose Bonino, 앞의 책, *Doing Theology in a Revolutionary Situation*, 88쪽.
93) Ignacio Ellacuria, *Freedom Made Flesh*, John Drury 옮김 (Maryknoll, N.Y.: Orbis Books, 1976), 31쪽 이하를 볼 것.
94) Jon Sobrino, *Christology at the Crossroads*, John Drury 옮김 (Maryknoll, N.Y.: Orbis Books, 1978), 50~55쪽.

의 지도자들에게 심각한 위협으로 인식되었던 것이다. 바리새인·사두개인·헤롯인 모두가 예수를 제지하려 들었으며, 결국 그는 정치선동가라는 죄목으로 죽었다.[95] 예수는 그들이 경배하는 하나님이 아닌 다른 하나님을 선포했다는 죄목에 의해 모독죄로 체포되었으며, 하나님의 사랑과 진리를 구현하지 않는 모든 권력을 비난했던 까닭으로 종교적 모독죄인을 다루는 형벌(돌팔매질)이 아니라 정치선동가에게 내리는 형벌(십자가의 형벌)을 받았다.[96]

구티에레즈가 밝히듯이, "예수의 죽음은 그의 정의를 위한 투쟁, 하나님 나라의 선포, 그리고 가난한 자들과 그 자신을 동일시했던 결과다."[97] 예수의 죽음은 분명 종교적인 의미를 가진 것이었지만, 그럼에도 십자가 위의 그가 '나사렛 예수 유대인의 왕'[98]으로 일컬어진 데서 짐작되듯이, 그 죽음은 로마 당국에 의한 정치적 처형으로 간주되었다. 우리는 이후의 기독교인들이 예수의 죽음에 대한 책임을 유대 당국에 돌렸다는 사실을 기억하지 않으면 안 된다.[99]

모세와는 달리 피억압자들 사이로 내려와 그들과 자신을 동일시하고, 이스라엘의 가난한 자들에게 메시아와 '새 하늘과 새 땅'[100]의 도래를 선포했던 『구약』의 선지자들과 야훼의 약속을 확인시키고, 또 그들에게 하나님의 왕국을 약속했던 "저항적 동행자"[101] 예수는 신성모독죄로 돌에

---

95) 예수의 삶과 전도의 '정치 차원'에 대해서는 Juan Luis Segundo, *The Historical Jesus of the Synoptics*, John Drury 옮김 (Maryknoll, N.Y.: Orbis Books, 1985), 제5장을 볼 것.
96) Jon Sobrino, 앞의 책, *Christology at the Crossroads*, 204쪽 이하를 볼 것.
97) Gustavo Gutierrez, 앞의 책, *A Theology of Liberation*, 22쪽.
98) 「요한복음」 19: 19; 「마가복음」 15: 26을 볼 것.
99) Helmut Koester, "Jesus the Victim", *Journal of Biblical Literature*, 3: 1 (1992), 3~15쪽, 특히 10쪽을 볼 것.
100) 「이사야」 65: 17.
101) 서남동, 앞의 책, 54쪽.

맞아 죽은 것이 아니라 일개 정치범으로 십자가 위에서 처형되었다. 예수의 삶은 그가 세리와 죄인의 친구라 불렸으며 항상 '가난한 자들', 말하자면 '프토코스'의 편에 있었다는 사실만으로도 충분히 지배체제에 대한 저항으로 보일 수 있는 것이며, 이후에도 계속 저항적인 행동으로 작용할 수밖에 없는 것이다. 이런 예수를 중심으로 모여들었던 당시의 무리들은, 예수가 추상적인 모습이 아니라 "역사적 산 실체라는 것을 증명하는, 말하자면 실체의 그림자였다."[102] 십자가에 처형당함으로써 숨을 거두기 직전에도 "사람의 아들"[103] 예수는 다른 그 어떤 사람들도 아닌 바로 이 '실체의 그림자', 가난한 자들을 위해 지상에서의 하나님 나라를 약속했다.

오늘날 예수의 존재는 여러 가지 다양한 의미에서 해석되어오고 있지만, 해방신학에서는 그를 하나님 나라를 여는 자, 그리하여 가난한 자들과 피억압자들을 해방시키는 자로 해석하고 있다. 보프 신부는 이렇게 말하고 있다. "그리스도는 자신을 해방자로 받아들이고 있다. 왜냐하면 그는 하나님 나라를 전파하고 주관하고 이미 개시하고 있기 때문이다."[104] 중요한 것은 예수의 설교 가운데 대부분을 차지했던 개념, 그리고 그의 모든 활동에 의미를 부여했던 실체가 다름 아닌 "하나님 나라의 도래"였다는 사실이다. 말하자면 '예수의 삶에 대한 가장 확실한 역사적 자료는, 그의 설교를 지배했던 개념이자 곧 그의 모든 행위에 의미를 부여했던 실체가 하나님의 왕국이었다는 점이다."[105]

예수의 십자가 처형 이후, 하나님 나라의 도래에 대한 기다림은 '예수

---

102) 같은 책, 52쪽.
103) Ernst Bloch, 앞의 책, 130쪽.
104) Leonardo Boff, *Jesus Christ Liberator: a Critical Christology for Our Times*, Patrick Hughes 옮김 (Maryknol1, N.Y.: Orbis Books, 1978), 53쪽.
105) Jon Sobrino, 앞의 책, *Christology at the Crossroads*, 41쪽.

의 재림'이라는 새로운 이름으로 불리게 되었다. 그러나 예수의 재림은 자꾸만 늦추어져갔다. 역사의 궁극적인 종말인 '영원한 하나님 나라'는 그들에게 너무나 아득해 보였다. 그렇기 때문에 그들에게는 천년왕국이 필요했다. "예수가 죽은 후, 그를 따르던 자들은 비록 한 위대한 인간으로서의 예수는 더 이상 아무런 의미를 가질 수 없을지라도 예수가 약속으로 남긴 하나님 왕국만은 새로운 공동체, 새로운 정치질서와 사실상 새로운 세계의 유토피아로서 선언되어야 함을 깨달았다."[106]

교회사에서 혁명신앙의 동력으로 작용해 온 것은 이와 같은 유토피아적·천년왕국적 비전이었으며, 기원후 1세기에 이르러는 사실상 천년왕국적 신앙은 그 정통교리가 되었다. 해방신학은 메시아적 사유, 천년왕국적 사유를 위한 모델이자 그 변하지 않는 대안으로 상정되어온 출애굽 사건과 예수의 십자가처형 사건이 제시하는 유토피아적 비전을 다시금 회복하여 이를 이 지상에서 실현하고자 하는 혁명적인 신학사상이다.

자본주의체제의 극복으로서의 '정의'

해방신학에 따르면, 예수가 선포한 하나님 나라는 모든 피억압자들이 억압과 가난에서 해방되는 구원의 나라이다. 그러므로 가난한 자, 억압받는 자와 자신을 동일화시켰던 하나님을 향하는 우리의 사랑은 이웃, 특히 가난한 자들에 대한 사랑과 결코 분리될 수 없는 것이다.[107] 예수는 배고프고 목마르고 헐벗은 자들 속에서 자신을 발견했기에, "너희가 여기 내 형제 중에 가장 보잘것없는 사람 하나에게 해준 것이 바로 나에게 해준 것"[108]이라고 단언했다.

---

106) Helmut Koester, 앞의 글, 15쪽.
107) Jon Sobrino, 앞의 책, *Christology at the Crossroads*, 169쪽 이하, 204쪽 이하를 참조할 것.

전통적으로 기독교인들은 가난한 자들에 대한 하나님의 관심을 '자비'로 표현했다. 그러나 해방신학에서 하나님의 가난한 자와의 동일화는 자비의 문제가 아니라 '정의'의 문제다. 선지자들도 이 점을 명백히 했다. 주를 안다는 것은 바로 정의를 행함이라는 것이다. 해방신학자 가운데 한 사람인 보니노는 주를 아는 것은 곧 정의를 행함과 같은 것이라는 하나님의 말씀을 「예레미야」 22장 16절과 「호세아」 4장 1~2절을 빌려 소개하고 있다.[109]

해방신학자의 한 사람인 미란다 또한 보니노와 동일한 입장에 서 있다. 그는 가난한 자들을 도와주는 행위가 히브리 원전에서는 '정의'로 표현되던 것이 6세기 이후 서구 신학자들에 의한 『성서』 번역과정에서 '자선'으로 옮겨짐으로써 그 의미가 변모되었다고 주장한다.[110] 하나님을 안다는 것은 곧 가난한 자들을 위한 정의 실현이라 파악했던 미란다에게 정의를 행하지 않고 하나님을 안다고 주장할 권리는 그 누구에게도 없었다.[111] 구티에레즈도 이와 마찬가지다.[112]

예수는 하나님 나라를 선포하는 행위와 그 실현을 위한 실천을 동일시했다. 가난한 자들, 억압받는 자들을 가난과 억압에서 해방시키는 것이 바로 '정의'이며, 이 정의가 실현되는 곳이 바로 하나님 나라이다. 예수는 '때가 찼고, 하나님의 나라가 가까웠으니'라는 선포와 함께 '정의'가 실현되는 새로운 나라를 약속했을 뿐 아니라 이 세계 속에서의 가능성을 보

---

108) 「마태복음」 25: 35, 40, 46을 볼 것.
109) Jose Miguez Bonino, *Christians and Marxists The Mutual Challenge to Revolution* (Grand Rapids: Eerdmans, 1976), 31~33쪽.
110) Jose P. Miranda, *Marx and Bible: A Critique of the Philosophy of Oppression*, John Eagleson 옮김 (Maryknoll, N.Y.: Orbis Books, 1974), 14~15쪽.
111) 또한 Jose Severino Croatto, *Exodus: A Hermeneutics of Freedom* (Maryknoll, N.Y.: Orbis Books, 1981), 39~40쪽, 그리고 Arthur F. McGovern, *Liberation Theolgy and Its Critics*, 69~70쪽을 볼 것.
112) Gustavo Gutierrez, 앞의 책, *A Theology of Liberation*, 195쪽을 볼 것.

여줌으로써 이미 그 실천을 시작했었다.

『성서』속의 가난하고 억압받는 자들과 라틴아메리카의 가난하고 억압받는 자들을 연관시켜, 그들을 위한 해방의 역사적인 실천을 설파하는 해방신학자들에게 신학의 진정한 목적은 하나님의 말씀을 따르는 '역사적 실천'이다. 따라서 『성서』에서 비난받고 정죄당하는 불의와 현재의 불의를 연관시키지 않는다면 해방신학은 아무런 의미를 가질 수 없다.

그들에게 가난한 자들을 억압하고 소외시키는 자본주의는 사실상 불의와 동일한 것으로 간주되고 있다. 구티에레즈가 주장하듯이, "쿠바를 제외한 라틴아메리카 전체에 실제로 존재하고 있는 유일한 제도"[113)]인 자본주의는 인간을 소외시키는 모든 불의의 원천이다. 억압과 가난에서 해방된 진정한 사회란 결코 자본주의적 수단에 의해서는 성취될 수 없음을 일찍이 간파했던[114)] 구티에레즈의 자본주의제도에 대한 반대는 그의 저서 『역사에서의 가난한 자들의 힘』에서도 다시금 반복되고 있다.[115)] "자본주의적 발전은 바로 그 성격상 대중들에게 이롭지 못하다."[116)]

이 같은 견해는 다른 해방신학자들도 공유하고 있다.[117)] 해방신학을 비판하는 라틴아메리카의 이름난 보수주의자들조차 자본주의에 대해서는 비우호적이다. 가령 해방신학의 주요 비판가인 트루이요 주교는 "우리는 자본주의가 인류의 실패라고 확신한다"[118)]고 주장한다. 미국을 비롯하여 '지정학적 중심부'를 이루는 거대한 자본주의국가들로부터 그리고 국가

---

113) Gustavo Gutierrez, 앞의 책, *The Power of the poor in History*, 113쪽.
114) Gustavo Gutierrez, 앞의 책, *A Theology of Liberation*, 127쪽.
115) Gustavo Gutierrez, 앞의 책, *The Power of the poor in History*, 133쪽.
116) 같은 책, 85쪽.
117) Enrique Dussel, *Ethics and Community* (Maryknoll, N.Y.: Orbis Books, 1988), 12~13장을 볼 것.
118) Bishop Alfonso Lopez Trujillo, *Liberation or Revolution?* (Huntington, Indiana: Our Sunday Visitor, 1977), 101쪽.

권력구조를 장악하고 있는 국내의 동맹세력으로부터 해방될 때 비로소 라틴아메리카의 진정한 해방은 이루어질 수 있다고 구티에레즈는 지적하고 있다.[119]

1968년 메들린에서 열린 제2차 라틴아메리카 주교회의에서도 라틴아메리카의 상황은 경제적 '종속' 그 자체라 규정되고 그 경제 종속의 근본 원인은 제국주의적 독점이라 결론지었듯이,[120] 라틴아메리카에서 계속되는 불행의 주된 원인을 중심부 자본주의국가들에 의한 경제적 '종속'에서 찾았던 구티에레즈는 경제적 종속은 "자본주의사회구조 내에 뿌리박혀 있다. 개혁만으로는 효과를 기대할 수 없으며, 사회적 혁명이 요구된다"[121]고 주장했다. 자본주의는 결코 라틴아메리카의 발전을 위한 내적 기초가 될 수 없음을 일찍이 꿰뚫어보았던 구티에레즈의 주된 비판의 과녁은 종속을 낳는 자본주의세계체제였다.

그를 비롯한 여러 해방신학자들에게 하나님 나라는 곧 이러한 자본주의세계체제의 종식이다. '해방'이라는 용어는 성서적 의미에서 가난한 자들을 해방시키는 하나님의 행위와 관련되어 사용되지만, 해방신학자들은 종속으로부터의 사회적·정치적 해방에 특별한 중요성을 부여하고 있다. "경제적 종속과 억압적 체제로부터의 보다 근본적인 해방이 필요하다는 확신은 해방신학의 정치적 입장을 결정적으로 규정짓는 역사적 실천으로부터 나온 결론이다. 해방신학자들이 마르크스주의적 분석에 대해 긍정적으로 평가하게 된 것도 라틴아메리카의 상황에 대한 이러한 근본적인 확신 때문이었다."[122]

---

119) Gustavo Gutierrez, 앞의 책, *A Theology of Liberation*, 25~27쪽.
120) *The Gospel of Peace and Justice: Catholic Social Teaching since Pope John* (Maryknoll, N.Y.: Orbis Books, 1976), 9, 457쪽.
121) Gustavo Gutierrez, 앞의 책, *A Theology of Liberation*, 110~111쪽.
122) A. F. 맥거번, 『마르크시즘과 기독교』, 강문구 옮김 (서울: 한울, 1988), 253쪽을 볼 것.

해방신학은 그 출발부터 사회변혁을 목적으로 하는 정치적 실천의 신학인 만큼 사회적·정치적 세계에 대한 올바른 이해가 필수적이지 않을 수 없다. 따라서 이 신학이 '엄격히 과학적'이 되기 위해 해방신학자들은 사회과학을 이용하지 않으면 안 되었다.[123] 비록 많은 연구자들과 신학자들이 해방신학에서의 마르크스주의 이론의 중요성을 강조하기를 꺼려하고 있지만, 해방신학자의 한 사람인 세군도가 그의 『신학의 해방』에서 인정하고 있듯이, "마르크스가 말했던 모든 것이 받아들여지든 않든 간에, 또 어떤 방법을 그의 '본질적'인 사상으로 고려하든 않든 간에, 오늘날의 사회사상이 어느 정도 '마르크스주의적'이라는 것, 말하자면 마르크스에게서 많은 영향을 받고 있다는 것에는 의심의 여지가 없다."[124]

또 구티에레즈가 인정하듯이, "신학사상이 이 세계 변혁의 의미와 역사 속에서의 인간의 행동(의 의미)에 대해 반성하게 된 것은 마르크스주의의 영향에 크게 힘입고 있다."[125] 해방신학자들은 자본주의 제도야말로 문제의 근본적인 원인이라 확신하므로, 그들이 마르크스주의적 분석을 유용한 도구, "이용할 수 있는 최상의 도구"[126]로 보았던 것은 그리 놀랄 만한 일이 아니다.

해방신학자들은 마르크스주의를 가리켜 유일하게 바람직한 분석의 틀이라 강조하지는 않았지만, 그것이 해방의 구조적 원인들, 혹은 라틴아메리카의 빈곤과 종속적인 상황의 원인들에 대한 중요한 통찰력을 제공한다는 확신은 가지고 있다.[127] 그들은 마르크스주의적 분석틀에 따라 '변

---

[123] Clodovis Boff, *Theology and Praxis, Epistemological Foundation*, R.R. Barr 옮김 (Maryknoll, N.Y.: Orbis Books, 1987), 10쪽.
[124] Juan Luis Segundo, *The Liberation of Theology*, John Drury 옮김 (Maryknoll, N.Y.: Orbis Books, 1976), 35쪽.
[125] Gustavo Gutierrez, 앞의 책, *A Theology of Liberation*, 9쪽.
[126] Jose Miguez Bonino, 앞의 책, *Revolutionary Theology*, 97쪽.
[127] 해방신학과 마르크스주의의 관계를 가장 포괄적으로 다룬 글은 Enrique Dussel,

증법적' 또는 '역사적·구조적'으로 분석함으로써[128] '억압'(정치적 개념), '착취'(경제적 개념), '지배'(문화적 개념)로부터 가난한 자들과 피억압자들을 해방할 것을 주장하기 때문에, 구티에레즈를 비롯한 여러 해방신학자들은 단순히 '현존제도의 현대화'가 아닌 사회주의의 도입을 요청한다. "여기서 우리는 개혁이 아니라 사회혁명에 대해서, 발전이 아니라 해방에 대해서, 현행제도의 현대화가 아니라 사회주의에 대해서 말하는 것이다."[129] 그들에게 자본주의와 사회주의 사이의 중도적인 모색이란 없다.[130]

그러나 해방신학자들은 자신들이 요청하는 사회주의가 과연 무엇을 포함할 것인가에 대해서는 상세히 말하지 않는다. 이 문제에 진지한 관심을 표명해 온 세군도 자신도 사회주의가 어떤 특별한 이데올로기나 철학에 기반을 둔 프로젝트를 의미하는 것은 아니라고 주장한다. 그는 사회주의를 가리켜 "생산수단의 소유권이 각각의 개인들로부터 공동의 이익을 추구하는 상위기관으로 옮겨지는 정치제도를 의미한다"[131]고 말하고 있지만, 보다 구체적인 모델을 요청하는 이들에게는 그것이 정확히 어떤 형태를 취할 것인지를 예견할 수 없을뿐더러 그 미래를 가늠하기도 불가능하다는 암담한 답변을 제시했다.

"Liberation Theology and Marxism", *Rethinking Marxism* 5: 3 (1992), 50~74쪽. 이 논문은 한글로 번역되었다. 엔리케 두셀 지음, 정운영 옮김, 「해방신학과 마르크스주의」, 『이론』 5 (1993, 여름호), 263~301쪽을 볼 것.

128) Leonardo Boff와 Clodovis Boff 공저, 앞의 책, *Introducing Liberation Theology*, 26~27쪽을 볼 것.
129) Gustavo Gutierrez, 앞의 책, *The Power of the Poor in History*, 45쪽.
130) 같은 책, 40쪽, 198쪽; Juan Luis Segundo, 앞의 책, *The Liberation of Theology*, 91쪽; Enrique Dussel, 앞의 책, *Ethics and Community*, 193쪽을 볼 것.
131) Juan Luis Segundo, "Capitalism versus Socialism: Crux Theologica", Rosino Gibellini 엮음, *Frontiers of Theology in Latin America* (Maryknoll, N.Y.: Orbis Books, 1979), 249쪽.

이에 비해 구티에레즈는 세군도보다는 신중하다. 그는 해방을 성취하는 데 사회주의는 "가장 효과적이고 가장 원대한 접근방법"[132]이라고 말하는 한편, 다른 글을 통해서는 해방이 "그 순간 정당한 것으로 보인다 하더라도 그것이 곧 어떤 사회 형태와 동일시되는 것은 아니다"[133]라고 말한다. 1988년 한 회견에서 그는 "사회주의는 해방신학의 본질적인 요소가 아니다. 사회주의와의 결합 없이도 얼마든지 해방신학을 지지하고 또 실천할 수 있다"[134]고 밝힌 바 있다. 대부분의 해방신학자들이 '현존사회주의'의 실패를 인정하고 있을뿐더러 노동자와 노동 자체를 소외시키는 '국가사회주의'의 비인간적인 행태, 관료주의적 독선 등을 질타하고 있다는 점에서 알 수 있듯이, 그들에게 "사회주의는 더 이상 해방의 열망을 위한 무조건적인 패러다임으로 남지 않는다."[135] 그렇지만 여전히 그들은 근본적으로 반자본주의적이며, '사회주의적 가치들'에 열렬히 공감하고 있다.

그들이 사회주의 가치에 열렬히 공감하는 이유는 대체로 사회주의제도가 기본적인 생활조건을 충족시켜주고 있기 때문이기도 하지만, 무엇보다도 사회주의 이상이 기독교적인 이상과 밀접하게 연관되고 있기 때문이다. 가령 기독교는 그 신앙에 있어서 다른 사람들에 대한, 특히 낮은 계층의 사람들에 대한 사랑을 강조한다. "내가 너희를 사랑하듯이 서로를 사랑하라"는 예수의 그 위대한 계명, "너희가 여기 내 형제 중에 가장 보잘것없는 사람 하나에게 해준 것이 바로 나에게 해준 것"이라는 말씀, 선

---

132) Gustavo Gutierrez, 앞의 책, *A Theology of Liberation*, 90쪽, 111쪽.
133) Gustavo Gutierrez, "Liberation, Theology, and Proclamation", Claude Geffre, Gustavo Gutierrez 공편, *The Mystical and Political Dimensions of the Christian Faith, Concilium 96* (New York: Herder and Herder, 1974), 74쪽.
134) Arthur F. McGovern, 앞의 책, *Liberation Theology and Its Critics*, 148쪽을 볼 것.
135) 같은 책, 230쪽. 그리고 180쪽, 185쪽을 볼 것.

한 사마리아인의 비유 등 수차에 걸쳐 예수의 말씀은 다른 사람들, 특히 가난하고 억압받는 자들에 대한 사랑을 강조하고 있다. 초기 기독교 공동체들 또한 그 같은 이상에 부응하며 살고자 노력했으며, 누가가 "모든 물건을 서로 통용하고 제 재물을 조금이라도 제 것이라 하는 이가 하나도 없더라"[136]고 밝히고 있듯이, 이는 바로 사회주의가 강조하고 있는 이상과 동일한 것이다. 해방신학자들은 사회주의의 도입을 주장하는 데 라틴아메리카의 현실에 적합한 새로운 사회주의제도를 제시하며 '현존사회주의'의 모델을 단순히 모방하지는 않지만, 때로 그들은 사회주의의 바람직한 형태로 니카라구아 같은 나라를 염두에 두고 있는 듯 보일 때도 있다.[137] 이와 같이 해방신학자들이 라틴아메리카의 현실에 적합한 구체적인 사회주의제도의 청사진을 제대로 제시하지 못하고 있다는 사실은 그들을 '비현실적'이라고 비난할 근거로 작용할 수도 있겠지만, 그렇다고 해서 해방신학자들이 경제학자까지 될 필요가 있겠는가? 보다 중요한 것은 그들이 표방하는 이념과 이상이다.

민중의 상징, 영원한 혁명가 예수

일찍이 예수가 선포했던 '하나님 나라'를 이 지상에서 이룩하고자 하는 해방신학은 바로 그 같은 까닭에 마르크스주의처럼 종말론적일 수밖에 없다.[138] 성서적 종말론은 현실에 대한 혁명의 자세를 전제로 하며, 고통과 악으로 가득 찬 '현재'를 대신할 새로운 미래의 출현, '새 하늘과 새

---

136) 「사도행전」 4: 32.
137) 이에 대해서는 Peter Burns, S.J. "The Problems of Socialism in Liberation Theology", *Theological Studies* 53: 3 (1992), 501쪽 이하를 참조할 것.
138) 기독교와 마르크스주의의 종말론적 세계관에 대해서는 이 책에 수록되어 있는 졸고 「역사의 바보들-마르크스의 공산주의사회」, 55~63쪽을 볼 것.

땅'의 가능성을 약속한다. 그 약속에의 믿음으로 인간은 어떤 어려운 투쟁 속에서도 자신을 새로운 세계 창조를 위한 역사 주체로 인식할 수 있으며, 이를 위한 투쟁에도 자랑스럽게 참여할 수 있는 것이다.

여기서 우리는 성서적 종말론이 현실에 대한 혁명적인 자세의 뿌리— 이는 또한 마르크스주의적 인간관의 근본이 되는 혁명적인 자세의 뿌리이기도 하다—가 되고 있음을 알 수 있다. 그러나 이러한 기독교의 혁명적 자세는, 그리스 사상이 기독교 메시지를 해석하는 기본적인 틀로 사용되면서부터 점차 그 빛을 잃어갔다. 좀더 구체적으로 말하자면, 그것은 4세기 로마의 콘스탄티누스 황제를 시발로 하는, 이른바 헬라적·콘스탄트적 교회가 사회의 지배계급과 손을 잡으면서부터다.

바로 이때부터, 미래에 약속된 천년왕국, 즉 예수의 재림과 동시에 펼쳐질 하나님 나라는 '예수의 초림(初臨)에서부터 그 재림'까지를 일컫는 '교회의 시대', 말하자면 바로 지금과 같은 시대로 해석되기 시작했다. 그리하여 교회는 마치 "신의 역사경륜(歷史經綸)의 최종양태"[139]인 것처럼 부각되었고, 그 후 지금에 이르기까지도 복음이 내포하고 있는 사회적·혁명적인 힘은 기성종교, 제도적인 교회의 억압 아래 질식상태로 남아 있다. "그것은 오고 있는 새 시대에 대한 묵시록적(默示錄的) 혁명적 메시지가 '교회의 시대'에 흡수되어버렸고, 복음의 약속은 역사적 미래와는 상관없는 타계적인 천당에 투사되어버렸기 때문이었다."[140]

그러나 그 후 줄곧 지배계급의 종교로 자리 잡았던 기독교 내부에서도 이러한 교회사적인 유산을 거부하고 신앙을 재종말론화함으로써 그 본래의 근원을 특징 지었던 혁명적인 방향으로 돌아가고자 하는 시도가 간헐적으로 일어나고 있었다. 그러나 우리는 '실천의 신학',[141] '혁명의 신

---

139) 서남동, 앞의 책, 17쪽.
140) 같은 책, 19쪽.
141) Harvey Cox, *Religion in the Secular City* (New York: Simon and Schuster,

학'[142]이라고 일컬어지는 오늘날의 해방신학에서, 그 어느 때보다도 가능성 있는 혁명적 방향으로의 회귀를 꿈꾸어볼 수 있다. "전통적인 부르주아적 가치에 의해 표상되는 상부구조와 결별"하지 않는 한,[143] 또 "먼저 기독교가 이 지상의 약속을 향해 고개를 돌리지 않는다면 이 세계는 결코 기독교의 천국의 약속에 고개를 돌리지 않을 것"[144]이라는 피에르 테야르 드 샤르댕의 신념부터 제대로 이해하지 않는 한, 마르크스주의를 한낱 도구에 불과한 이데올로기로 보는 대신 하나의 실천으로 바라보는 해방신학은 결코 정당하게 평가될 수 없을 것이다.

마르크스주의를 수용한다는 이유로 해방신학자들은 그리스도를 혁명가와 폭력의 옹호자로 간주하는 불경스러운 자들이라는 비난을 면하기 어렵고,[145] 심지어 일부 해방신학자들은 계급투쟁과 혁명의 대의를 지지한다면 그 어떤 것도 도덕적일 수 있다는 레닌의 견해마저 수용하는 자들로 매도되기도 하지만,[146] 실상 예수의 복음은 그들에게 늘 종말론적인 해방의 언어로 작용하고 있다. 기독교의 구원사는, 역사의 완성이나 종언이 예수의 결정적인 재림에 이르는 '마지막 시대' 속에서 어느 때라도 갑작스럽게 돌발할 수 있다는 구조를 가지고 있다.

역사의 완성, 하나님 나라의 도래는 가난한 자들, 피억압자들 편에 선 하나님의 선물로 인류에게 다가오지만, 동시에 그것은 일찍이 우리가 지

1984), 135~149쪽을 볼 것.
142) Guenter Lewy, *Religion and Revolution* (New York: Oxford UP, 1974), 504~536쪽을 볼 것.
143) Hugo Assmann, *Practical Theology of Liberation* (London: Search Press, 1975), 139쪽.
144) Roger Garaudy, *From Anathema to Dialogue: A Marxist Challenge to the Christian Churches*, Luke O'Nell 옮김 (New York: Herder and Herder, 1966), 53쪽에서 재인용.
145) Alfonso Lopez Trujillo, 앞의 책, 37~46쪽.
146) 같은 책, 49쪽.

적했던 바와 같이 가난한 자들, 피억압자들의 투쟁 속에서 그리고 그 같은 투쟁을 통해서만 실현되는 것이다.

예수의 부활을 예고하는 첫 번째 형태가 교회, 두 번째 형태가 『성서』라면, 그 세 번째 형태는 '억눌려 있는 민중이 각성하여 일어나는 모습'이다. 십자가 위에서 숨을 거두었던 예수의 부활뿐만 아니라 그 부활예수의 생애는 갈릴리로 가서 다시 만나자는 약속으로 매듭지어졌음 등은 "짓밟히고 빼앗기고 억눌려 있는 사람들이 자신의 인권과 진정한 몫을 찾겠다고 각성하여 일어나는"[147] 부활, 말하자면 가난한 자들, 피억압자들의 인간다운 삶으로의 부활을 촉구하고 있음을 의미한다.

「마가복음」에서 대비되고 있듯이, 예루살렘이 지배자들과 지주를 포함한 가진 자들의 중심부라면, 갈릴리는 농민과 어부들을 포함한 피억압자들, 가난한 자들이 모여 사는 주변부다. 그러므로 갈릴리는 바로 이 주변부, 피억압계급의 고향이다. 이는 오늘날 라틴아메리카를 비롯한 제3세계의 피억압자들, 가난한 자들의 상징적인 고향이라 할 수 있다. 이에 예수도 그들로 하여금 스스로를 해방시킬 수 있도록 촉구하기 위해 갈릴리를 택했던 것이다. 그러므로 해방신학자들은 "인간 존재들은 지금 여기 역사 내에서 하나님 나라를 이미 구축하고 있다고 주장한다."[148] 한국의 민중신학을 대표하던 서남동 교수는 다음과 같이 말했다.

> 민중과의 관계에 있어서 모세는 영웅적인 해방자이지만 예수는 저항적인 동행자였다…… 한 경우는 혁명이 성공했고, 또 한 경우는 혁명이 실패한 것으로 보일지라도 그것이 혁명이라면 그 혁명의 격식이 다르다. 출애굽 사건의 경우는 일회적인 혁명인 데 반해서 십자가 사

---

147) 서남동, 앞의 책, 188쪽, 254쪽.
148) Juan Luis Segundo, 앞의 책, *The Liberation of Theology*, 3쪽.

건의 경우는 영구적 혁명을 겨냥한 듯하다. 일회적 혁명의 경우에는 민중이 구원의 대상이 되고(타력적 구원), 영구적 혁명의 경우에는 민중이 구원의 주체가 된다(자력적 구원). 모세가 민중의 소리(갈망)에 응답한 자였다면, 예수는…… 그 자신이 민중의 소리(갈망)이기도 했다. 그런 의미에서 예수는…… 민중의 상징이다.[149]

이렇게 볼 때 "민중의 한 사람의 인물로 나타난 것이 예수"[150]다. 그렇다면 '자력적인 구원'의 주체인 '아나빔'이 하나님 나라를 이룩하기 위한 '사회적 혁명'을 수행할 때, 그들에게 폭력은 불가피한 것인가?

해방신학자들은 한결같이 지식의 근본적인 목적은 세계의 변혁이라는 마르크스의 의견에 동조한다.[151] 계급갈등을 라틴아메리카의 엄연한 '사실'로 인식했던[152] 구티에레즈는 세계를 변혁하고자 한다면 계급투쟁은 불가피한 것이며, 이를 부정하려 함은 곧 지배자의 입장에 머무르고자 함이라 주장한다. 나아가 교회로 하여금 압제자에 대항하고 가난한 자의 입장에 서서 투쟁하기를 요구한다.[153] 그에게는 중립은 불가능하다. 사회적인 갈등이 일어나고 있는 현실을 부정한다는 것은 곧 기존의 사회질서와 제도를 승인하는 것이기 때문이다.

『역사에서의 가난한 자들의 힘』에서도 구티에레즈는 '가난한 자들의 편에 선다는 것은 한 사회계급에 반대해 다른 사회계급의 편을 드는 것'[154]이라 말하고 있다. 라틴아메리카에서 자행되고 있는 억압적인 제도의 폭

---

149) 서남동, 앞의 책, 51쪽.
150) 같은 책, 188쪽.
151) Jon Sobrino, 앞의 책, *Christology at the Crossroads*, 34~35쪽: Hugo Assmann, *Theology for a Nomad Church* (Marykneoll, N.Y.: Orbis Books, 1976), 74쪽.
152) Gustavo Gutierrez, 앞의 책, *A Theology of Liberation*, 273쪽.
153) 같은 책, 275쪽, 272~279쪽.

력과 이를 거부하기 위한 계급투쟁의 필연성에 대한 구티에레즈의 이 같은 진술들은 마르크스주의적 계급투쟁관을 수용하고 있는 것으로 보이므로 비판가들은 해방신학에서의 '계급투쟁'의 개념을 강력하게 비판한다. 계급투쟁에는 필연적으로 폭력이 수반될 수밖에 없기 때문이다. 그러나 해방신학자들은 일반적으로 기대하는 만큼 자주 이 문제를 다루지는 않으며, 혁명적인 폭력 또한 결코 강권하지 않을뿐더러 오히려 제도적인 폭력과 체제전복적인 폭력, 이 두 형태의 폭력으로부터 해방되는 것이야말로 기독교 정신의 가장 중요한 임무라고 주장하기도 한다.[155]

그러나 라틴아메리카의 억압적인 상황과 불평등의 구조를 고려한다면, 혁명적인 폭력은 정당화될 수도 있지 않은가? 구티에레즈는 그 어느 곳에서도 폭력을 직접적으로 인정하지 않고 있을 뿐 아니라, 계급투쟁이 역사의 추진력이라고 명시적으로 말하지는 않지만, 『역사에서의 가난한 자들의 힘』에서 그는 "억압자가 '질서'를 유지하거나 보전하기 위한 목적으로 폭력을 사용한다면 우리는 그 폭력을 옳다고 말할 수 없겠지만, 피억압자가 바로 그 질서를 전복시키기 위해 폭력을 사용한다면 우리는 그것을 나쁘다고 말할 수 없다"[156]고 말하고 있다. 세군도는 "폭력이나 비폭력과 관련하여 우리가 『성서』에서 만나는 모든 언급은 이데올로기들"이며, 예수의 비폭력적 저항의 채택 또한 이데올로기(수단)의 문제이지 신앙의 문제는 아니라고 주장한다.[157]

대부분의 해방신학자들은 폭력에 반대하는 입장에서 비폭력적인 수단을 통한 사회변혁 도모를 촉구하지만,[158] 본질적으로 계급투쟁은 결코 증

---

154) Gustavo Gutierrez, *The Power of the Poor in History*, 45쪽.
155) Arthur F. McGovern, 앞의 책, *Liberation Theology and Its Critics*, 187~188쪽을 참조할 것.
156) Gustavo Gutierrez, 앞의 책, *The Power of the Poor in History*, 28쪽.
157) Juan Luis Segundo, 앞의 책, *The Liberation of Theology*, 166쪽, 116쪽.
158) 비폭력에 관해서는 Ricardo Antoncich, *Christians in the Face of Injustice: A*

오를 의미하지 않을뿐더러 그 가운데서 폭력이란 결국 사랑과 화해를 결실로 맺기 위한 하나의 수단에 지나지 않는다.

『구약』에는 다른 나라의 제왕이나 타민족, 나아가 이스라엘에 이르기까지 폭력에 대해 힐난하는 600여 개의 구절이 수록되어 있으며, 야훼 자신이 행한 폭력이 그 초점이 되는 경우도 1000여 개나 있다. 하나님이 행한 폭력 가운데에도 우리가 보기에는 비이성적이라 여길 만한 경우가 있겠지만,[159] 그가 행한 1000여 개의 폭력은 궁극적으로 평화와 사랑의 새로운 공동체를 출현시키는 데 중요한 영향을 미치고 있는 것들이다.[160] 출애굽 사건의 역사는 폭력에 대해 가장 상징적으로 말해주고 있다.

즉 '억압이 극한적인 상황에까지 이르면, 그 억압으로부터의 해방의 행위는 폭력적인 것이 된다'는 것이다. 가령 하나님이 파라오의 군대를 파괴하고 재앙을 보냈다는 사실은, 하나님조차 설득에 실패했을 때에는 폭력에 호소하지 않으면 안 되었음을 극명히 보여주는 사례라고 할 수 있다. 억압은 결코 정당화될 수 없는 것이므로, "정의는…… 사랑으로 하여금 폭력적인 행위를 자행하도록 요구하는 근원적인 선이다."[161]

또 다른 메시아

기독교가 발생한 갈릴리와 팔레스타인 지역은 로마 제국의 제3세계였으며, 이후에도 기독교는 가장 가난하고 주변화된 '타자'(他者)들 사이에서 성장해 그들의 종교가 되었다. 이 같은 기독교의 근원으로 되돌아가

Latin American Reading of Catholic Social Teaching (Maryknoll, N.Y.: Orbis Books, 1987), 39~42쪽을 볼 것.
159) R. Schwager, *Brauchen wir einen Sündenbock?* (Munich: Kösel, 1978), 58~64쪽.
160) 같은 책, 135쪽.
161) Jose Severino Croatto, 앞의 책, 23~30쪽.

제3세계의 입장에서, 세계의 모든 가난한 나라들과 가난한 자들의 입장에서, 기독교의 정체를 재발견하고자 하는 움직임이 바로 해방신학이다.

"역사의 희생자들의 관점"[162]에 서서 가난한 자들, 피억압자들의 '정치적 무의식'을 일깨우고 또 나아가 그들로 하여금 '자력적 구원'의 주체로 역사에 참여하도록 이끄는 해방신학은 "새 땅의 모든 인간들을 위한 부활의 희망"[163]을 예수의 부활에서 찾고 있다. 의롭지 못한 구조로 말미암아 이 세계가 겪고 있는 고통을 상징하는 것이 바로 십자가라면, 우리는 '민중의 한 사람으로 나타난 예수'와도 같이 이 불의의 구조를 타파하기 위해 고난의 십자가를 짊어진 채 황량한 '광야'에 부활의 씨앗을 뿌리고 또 뿌리게 하는 자들을 일컬어 해방신학자라고 이름 붙일 수 있을 것이다.

예수는 하나님 나라를 선포하는 행위와 그 실현을 위한 실천을 결국 같은 것으로 동일화했다. 괴테 또한 『파우스트』의 서곡에서 "태초에 말씀"이 아니라 "태초에 행위"가 있었다고 노래했다. 「요한복음」 1장 1절의 "태초에 말씀이 계시니라"의 구절에서 그 '말씀', 즉 그리스어 '로고스'에 해당하는 『구약』의 히브리어 단어는 '다바르'다. 이 '다바르'는 두 가지 뜻을 가지고 있는데, 그 하나는 '말씀'이요 다른 하나는 '행위', 즉 실천이다. 그러므로 우리는 괴테처럼 '태초에 말씀'이 아니라 '태초에 실천이 있었다'라고 고쳐 말할 수 있는 것이다. 그러나 우리는 여기서 그리스인들이 즐겼던 이원론적인 사고방식, 가령 영혼과 육체, 물질과 정신, 말과 행위 등을 양분하는 사고방식으로부터 떠날 필요가 있다. 『성서』가 윤리적으로 '이원론적'이라면, 또한 이는 '형이상학적'으로는 전체론적이

---

162) Matthew Lamb, *Solidarity with Victims: Toward a Theology of Social Transformation* (New York: Crossroad, 1982), 17쪽.
163) Franz Hinkelammert, *The Ideological Weapons of Death: A Theological Critique of Capitalism* (Maryknoll, N.Y.: Orbis Books, 1986), 129쪽을 볼 것.

다. '말씀과 실천'이 하나일 수 있기에, 예수는 하나님 나라의 선포와 그 실천의 실현을 동일한 것으로 보았다.

해방신학자들은 결국 모세와 마찬가지로 '애굽의 노예생활'에서 피억압자들을 이끌어 영적 구원의 고향 '에덴'이 아니라 역사적 구원의 고향 '가나안'으로 인도하고자 '광야'에서 해방운동을 전개하는 묵시의 사도(使徒)들이다. 군부정치세력에 맞서 해방군의 게릴라 부대의 일원으로 전투에 참가하던 중 장렬한 죽음을 맞았던 토레스 신부는, 해방군에 참여하기 이전 "나는 진정한 사제가 되기 위해 성직자의 옷을 벗었다"[164]고 선언했다.

'진정한 사제'가 되기 위해 위선의 옷, 형식적인 성직자의 옷을 던져버리고 "이 세계의 파라오들"[165]에 맞서 이 지상에 하나님 나라를 구축하고자 역사의 광야에서 해방운동을 주도하는 또 다른 메시아의 모습들이야말로 '진정한' 해방신학자들이다. 피억압계급이 역사의 희생자들로 계속 존재하는 한, 해방신학은 종속된 지식 · 배제된 담론에 대한 부활의 열망을 싣고 그 날개를 편 채 역사의 공간 속으로 끝없이 비상할 것이다.

---

164) John Gerassi, *Revolutionary Priest: The Complete Writings and Messages of Camilo Torres* (New York: Random House, 1971), xiii쪽.
165) Leonardo Boff와 Clodovis Boff 공저, 앞의 책, *Introducing Liberation Theology*, 50쪽.

5

루카치와 황금시대

『소설의 이론』에서 루카치(Georg Lukács, 1885~1971)는 철학을 일컬어 "고향을 향한 향수"이면서도 "어디서나 자기 집에 머무르고자 하는 충동"[1]이라 노래했던 독일 시인 노발리스의 말을 인용하고 있다. 마르크스주의자로 전향한 다음 발표한 『역사와 계급의식』을 통해, 물화와 소외의 세계인 자본주의사회를 지양하는 공산주의사회를 자신의 유토피아적 세계로 표명하기 훨씬 오래전에도, 루카치는 독일 낭만주의자들에 의해 '온전한 세계'로 찬미받았던 호메로스 시대 고대 그리스의 유기적인 공동체를 '어디서나 자기 집에 머무르고자 하는' 그 절박한 '충동'과 연관된 동경의 대상으로 구체적으로 설정한 바 있었다.

이같이 그가 동경의 대상으로서 고대 그리스의 서사적인 세계—과거—와, 바로 그 동경의 종언, 역사의 종언으로 귀결되는 이상적인 공산주의세계—미래—를 직접, 뚜렷이 지적했던 것은 초기의 대표적인 저서 『소설의 이론』과, 마르크스주의로 전향한 뒤에 쓴 대표적인 저서 『역사와 계급의식』에서뿐이다.

그러므로 우리는 루카치가 자신의 온전한 고향, 마르크스주의를 발견

---

1) 루카치, 『소설의 이론』, 반성완 옮김 (서울: 심설당, 1985), 30쪽.

하기 전까지의 삶을 추적해가면서, 『소설의 이론』에서 그의 동경이 어떻게 부각되고 있는지, 또 그 후 『역사와 계급의식』에서는 그의 유토피아적인 비전이 어떻게 투영되고 있는지를 차례로 밝혀나가기로 하자.

젊은 시절의 루카치

루카치는 당시 헝가리의 한 유력한 금융인의 아들로, 1885년 4월 13일 상류 부르주아지의 "순수한 유대인 가정"[2]에서 태어났다. 순수한 유대인 가문의 자손이면서도 가톨릭 국가에서 성장했고 20대에 이르러서는 프로테스탄트로 개종했던 루카치는, 어쩌면 이러한 까닭으로 처음부터 영혼의 안식처를 구하지 못하고 '어디서나 자기 집에 머무르고자 하는 충동'에 휩쓸린 채 정신적인 방황의 나날을 보냈는지도 모른다.

집안의 경제적인 이유로 13세에 이미 학교를 떠나 18세에는 은행원, 24세에는 영국-오스트리아 합작은행의 지점장, 그리고 51세에 이르러서는 부다페스트에 있던 헝가리 신용은행 본점의 총지배인이 될 정도로 정력적이고 분주한 인물이었던 그의 아버지는, 하루하루 바쁜 생활 속에서 소년 루카치와는 드문드문 얼굴을 마주할 수 있을 따름이어서, 아버지와 아들 사이의 친숙한 관계는 결코 이루지 못했다.

루카치는 그렇게 자수성가한 아버지를 조금은 존경했다. 하지만 이와는 반대로 동구의 한 유수한 유대인 가문의 부유층 출신으로서 상류 부르주아지의 세속적인 관습에 철저하게 물들어 있던 그의 어머니—귀족적·고답적인 자세로 생활에 임할 뿐 아니라, 결코 가정적이지 않았음에도 가정에 군림하고자 하는 유별나게 독선적인 태도를 지녔던 어머니를

---

[2] Georg Lukács, *Record of a Life: An Autobiographical Sketch*, Istvan Eörsi 엮음, Rodney Livingstone 옮김 (London: Verso, 1983), 144쪽.

몹시도 혐오했다. 말년에 루카치는 "어린 시절에 나의 어머니는 우리집의 분위기와 이데올로기를 지배했다"고 되돌아보면서 가족과의 관계를 "집에서는 절대적 소외······ 무엇보다도 어머니"[3]라는 말로 요약했다.

 루카치는 자신이 "순수한 유대인 가정" 출신이라는 사실을 늘 의식하고는 있었지만, "그 때문에 유대교의 이데올로기가 나의 지적 성장에 어떠한 영향을 주지는 않았다"[4]고 회고했다. "빈틈없는 상식과 영국식 자유주의의 입장을 종합한 듯한"[5] 루카치의 아버지는, 그의 어머니와는 달리 루카치의 급진주의적이고 반항적인 자유정신에 예민한 반응을 보이지 않았으며, 오히려 세계주의적 문화를 향한 그의 넘쳐흐르는 열정과 관심을 칭찬했다. 자신의 재능과 추진력을 통해 상류사회계층으로 올라선 루카치의 아버지는 헝가리 집권당인 자유당의 정책에 헌신적으로 따르는 한편 자신이 헝가리의 대표적인 지배 민족인 마자르 족의 일원임을 보여줌으로써 자신의 충성을 입증하려 했다. 그리하여 그는 1890년에 자신의 성을 '루카치'로 고쳐 마자르화함으로써 자신의 민족적인 동화를 구체적으로 표현했다.

 루카치는 그의 아버지를 회상하면서 그의 헝가리적 애국심을 빗대어 "나의 아버지는 부다페스트에 있는 유대계 대사였다"[6]고 지적했는데, '유대계 대사'라는 말은 그들을 받아들였던 상대국가에 동화된 유대인들의 태도를 빈정거리는, 당시의 잘 알려진 농담이었다. 루카치의 할아버지와 할머니는 유대교의 신앙을 가졌지만 그의 아버지는 신앙의 완전한 동화까지 주장했다. "우리는 한 종교에 속하는 것이 아니라 한 나라에 속

---

3) 같은 책, 145쪽, 150쪽.
4) 같은 책, 144쪽.
5) Arpad Kadarkay, *Georg Lukács Life, Thought, and Politics* (Cambridge/M.A.: Basil Blackwell, 1991), 21쪽.
6) Georg Lukács, 앞의 책, 144쪽.

한다."⁷⁾

확실한 이유는 알 수 없지만, 루카치가 22세라는 늦은 나이에 루터교파로 개종하여 부다페스트에 있는 루터교파의 김나지움에 등록했던 것도 어쩌면 아버지의 이와 같은 태도와 연관된 것인지도 모른다. 사실 루카치의 아버지 세대에서 헝가리 유대인들이 공유했던 세계관의 가장 강력한 구성 요소는 그들의 확고한 헝가리 민족주의였다. 헝가리에 사는 유대인들은 헝가리 민족으로 완전히 동화되는 것이 가능할 뿐 아니라 이를 바람직한 일이라 굳게 믿었다. 따라서 헝가리 언어·관습·태도 등을 열렬히 받아들였다.

루카치의 어린 시절, 헝가리는 오스트리아-헝가리 이중 군주국의 시대(1867~1918)를 주도하던 자유당에 의해 통치되었다. 참정권에 대해서는 엄격했고 마자르 족 이외의 타민족에게는 그리 관대하지 않았다. 하지만 경제 발전과 유대인들에 대한 대우 등에서 자유당은 긍정적인 평가를 받고 있었다. 이중 군주국의 시대, 합스부르크 왕가의 통치가 시작되면서부터 마자르 족은 유대인들이 그들에게 동화됨으로써 헝가리 민족의 세력화에 이바지할 것을 기대했다. 19세기 말까지 헝가리의 유대인들 가운데 4분의 3이 '마자르화' 되었으며, 마자르인으로 그 신분이 공인된 유대인들에게는 공적인 혜택이 주어지는 경우가 많았다. 루카치의 아버지가 은행의 총지배인이 될 수 있었던 것도 그런 경우의 하나였으니, 유대인들이 자유당을 선호하는 것은 당연할 수밖에 없는 추세였다.

그러나 총선 결과 자유당이 패하고 연립정부가 들어서자 반유대적인 분위기가 싹트기 시작했다. 그때까지 자유당의 집권을 선호했던 루카치는 "새로운 정치세력들에 의해 가장 위협받는 집단인 유대 민족에 자신도 속하고 있음을 인식했다."⁸⁾ 그런데도 루카치는 민족과 가문이라는 감

---

7) Arpad Kadarkay, 앞의 책, 7쪽.

정에 얽혀 맺어진 관계를 몹시 싫어했다. 자신이 경멸하고 도전했던 사회 관습, 엄격한 의례 준수를 유대인들과 동일시했던 루카치는 일찍이 「하이델베르크 노트북」(1910~13)에서도 "유대인들은 부르주아지의 서툰 모방"[9]이라 힐난한 바 있었다. 그는 철저하게 관습적·허식적인 자신의 어머니를 그 표상으로 간주했으며, 그렇기 때문에 "그 실제의 여인, 어머니는 무한을 향하는 동경의 가장 절대적 안티테제"[10]라고 주장하기까지 했다. 어머니에 대한 그의 증오는 그녀의 사후에도 사라지지 않았다.

젊은 시절의 루카치는 눈에 띄게 반물질적이었다. 김나지움에서 학교생활을 하는 동안에는 성 프란체스코의 철저한 금욕주의적인 삶에서 무엇보다도 깊은 인상을 받았으며, 훗날 마르크스주의자의 길에 들어선 이후에도 성 프란체스코에게서 받은 교훈은 그에게서 떠나지 않았다. 루카치 어머니의 생활방식은 프란체스코의 금욕주의적인 그것과는 정반대였다. 세속적인 삶과 인간에 대해 실망하면 실망할수록 루카치는 깊은 고독 속으로 빠져 들어갔고, 고독한 자신의 세계 속에 침잠해 있던 루카치는 독서와 자유로운 사색에서 위안을 찾았다.

이는 그가 다녔던 김나지움의 분위기에 의해 더욱 촉진된 것이기도 하다. 김나지움에서 루카치는 문학·음악·예술 등이 마자르 민족주의와 보수적인 기독교사상을 주창하는 헝가리 지배계급의 공식 이데올로기를 위해 이용되고 있음을 간파했다. 많은 교사들은 창조적·독창적인 사유보다는 충성과 애국주의를 더 칭찬했다. 그 같은 분위기 속에서, 그의 가정—특히 그의 어머니—뿐만 아니라 나아가 반(反)유대주의적 정책을

---

8) Lee Congdon, *The Young Lukács* (Chapel Hill: U of North Carolina Press, 1983), 8쪽.
9) Arpad Kadarkay, 앞의 책, 11쪽에서 재인용.
10) Georg Lukács, *Soul and Form*, Anna Bostock 옮김 (Cambridge/M.A.: MIT Press, 1974), 35쪽.

견지했던 헝가리 정치, '비철학적'이고 '비이론적'인 공식 헝가리 문화 전반에까지 적의를 품었던 젊은 시절의 루카치는 한마디로 '이방인'(異邦人)[11]이었다. 15세 때 루카치가 접했던 문학작품의 작가들도, 가령 노르웨이의 입센·독일의 헤벨·하우프트만, 프랑스의 플로베르·보들레르·베를렌, 영국의 스윈번·셸리·키츠 등 어쩌면 한결같이 그처럼 이방적인 대륙의 작가들 일색이었다.

중첩되는 소외의 경험은 자연히 루카치로 하여금 십대 초부터 무엇보다도 인간들 사이의 갈등을 그 특징적인 주제로 다루는 예술장르인 연극에 깊이 빠져들게 했다. 1904년, 19세의 나이에 적극적으로 참여해 설립한 탈리아 극장에서 본격적인 활동을 시작하기 전, 루카치는 1902년과 1903년 사이에 연극비평가로 처음 공식적으로 등장해 약 40편의 작품을 비평했다. 1902년 김나지움을 졸업하자마자 아버지의 주선으로 "자기 집에서는 경멸당했던"[12] 입센을 노르웨이에서 만난 17세의 루카치는, 셰익스피어 이상으로 삶의 신비를 깊이 꿰뚫어보았던 입센을 비할 데 없는 거장으로 여겼다. 입센에게 고무되어 여러 희곡작품을 집필하기도 했던[13] 루카치는 공식 헝가리 문화의 황량한 분위기 속에서 자신을 '파우스트'와 동일시하면서[14] '우리에게' 중요한 인간과 삶의 문제들을 제시한 파우스트적인 입센을 자신의 화신으로 보았다.

입센의 작품에 나오는 남녀 주인공들은 그들의 시대에 도전하여 변화를 이끌어내는 "이상주의의 환상적인 무사(武士)들"[15]이었기 때문에, 그 어느 극작가가 창조한 주인공들보다도 루카치를 크게 자극했다. 루카치

---

11) Lee Congdon, 앞의 책, 10쪽.
12) Georg Lukács, *Record of A Life*, 30쪽.
13) 루카치는 희곡작가로서 그의 능력의 한계를 인정하고, 김나지움을 졸업한 후 곧바로 그의 원고 일체를 폐기했다. 같은 책, 148쪽.
14) 이에 대해서는 Arpad Kadarkay, 앞의 책, 89~107쪽을 볼 것.
15) 같은 책, 31쪽.

는 입센의 가장 비관적인 작품 가운데 하나인 『들오리』를 번역했을 뿐 아니라, 탈리아 극장에 참여한 뒤에는 이 작품을 무대에 올려놓기 위해 47번이나 예행연습을 했다. 그는 이 작품이 자신의 불안한 심리와 동요 그리고 가족에 대한 시각을 극화하고 있었기 때문에 한층 더 이 작품에 끌렸다. 입센 작품 가운데 일부가 루카치 자신의 삶에 대한 입장이나 감정과 비슷한 면을 가졌던 것은 분명하다. 가령 그가 크게 칭찬했던 『유령』의 여주인공 알빙 부인에게서 그는 사회 관습에 철저하게 물들어 있기 때문에 궁극적인 진실을 깨닫지 못하던 자신의 어머니가 극화된 모습을 발견했다.

 1908년에 루카치는 탈리아 극장이 여러 가지 작품의 공연을 통해 그 세대의 삶 속에 현대 문학의 본질적인 의미를 부각시켰다고 말했다. 말하자면 그 극장이 "모든 것의 덧없음을, 모든 지식의 필연적인 불완전함을, 인간들 사이의 영원한 소외를 인식하는 비극적 운명"[16]을 표현해주었다고 지적한 것이다. 1906년, 탈리아 극장의 황금시절에 루카치와 동료들은 노동자계급을 관객으로 끌어들임으로써 점차 그 활동 범위를 넓혀갔지만, 아버지의 경제적인 도움에도 극장의 수명은 오래가지 못했다.

 연극 활동을 떠나면서 한층 더 고독해진 자신만의 세계로 빠져들었던 루카치에게 지칠 줄 모르는 지적 편력의 조짐이 그가 우연히 아버지의 서가에서 1890년대의 세계적인 베스트셀러 가운데 하나였던 독일의 작가·비평가 막스 노르다우(1848~1920)의 『타락』이라는 책을 발견하면서부터 굳어졌는지 모른다. "헝가리 봉건제의 잔재들과 이 토양 위에서 자라난 자본주의"[17]에 대한 숨길 수 없는 증오를 품고 성장한 루카치에게, 노르다우는 현대의 삶이 얼마나 데카당적인지를 보여주었을 뿐 아니

---

16) Mary Gluck, *Georg Lukács and His Generation 1900~1918* (Cambridge/M.A.: Harvard UP, 1985), 50쪽에서 재인용.
17) Georg Lukács, *Record of a Life*, 149쪽.

라 무엇보다도 사회비평이야말로 '자기발견'에 이르는 길임을 제시해주었다. 이 책으로 인해 루카치는 '180도 전환해' 보들레르 · 베를렌 · 스윈번 · 졸라 · 입센 · 톨스토이를 그의 '지도자와 길잡이'로 발견하게 되었다.[18] 동시대 삶에서 '영혼'의 부재에 대한 확증의 증거를 찾으면서부터 1910년대의 루카치의 글들은 노르다우의 글에 나타나는 정신적인 파국과 황혼의 분위기를 전하고 있다. 그가 후에 말했듯이, 그와 그 세대의 친구들이 "공식 헝가리 문화의 정신적인 위기에서 내적 자유를 얻고자 했을 때, 이를 그들은 유럽의 모더니즘을 찬양"하고 수용하는 데서 찾았다.[19]

그들에게 있어 모더니즘은 사회주의자들을 포함해서 그밖의 다른 어떤 집단의 정치적 급진주의보다도 한층 더 근본적인 것처럼 보이는 문화적 급진주의의 형식을 띠고 있었다. 루카치에게 모더니스트들은 사회주의자들을 포함하여 당시 기타 다른 정치세력들의 '외적' '피상적' 급진주의와는 반대로 단순히 사회적 · 정치적 세계에서 개인들의 외적 권력관계를 변화시키고자 하는 데 관심을 가졌던 것이 아니라 개인들의 내적인 삶과 의식을 변화시키고자 하는, 즉 '내적 혁명'[20]을 가져오는 데 관심을 가졌다.

이 시절 루카치의 대표작 『영혼과 형식』(1910)은 지멜이 '문화의 비극'으로 특징 지었던 현실, 즉 주관적인 의미와 객관적인 의미, 가치의 세계와 경험의 세계가 일치될 수 없는 현실 속에서 구원을 목마르게 찾는 한 영혼의 순전히 개인적인 고뇌를 노래하고 있다. 노발리스에게 철학이 '어디서나 자기 집에 머무르고자 하는 충동'을 의미했다면, '어디서나 자기 집에 온 것 같지 않게 느끼는' 이 시절의 루카치에게는 그 어떤 철학도

---

18) 같은 책, 147쪽.
19) 루카치가 그의 친구 벨라 발라즈에게 1940년에 보낸 편지. Mary Gluck, 앞의 책, 64쪽에서 재인용.
20) Georg Lukács, 앞의 책, *Record of a Life*, 149쪽.

휴식이나 망각을 제공해주는 마음의 고향은 아니었으며, 다만 한낱 '유형지'(流刑地)[21]에 지나지 않았다.

청년 루카치는 가족과의 절연을 통해 그 무엇보다도 절대적인 소외를 경험했지만, 일종의 고양된 형식의 우정으로 이를 극복할 수 있었다. 여기에는 제1차 세계대전 직후 루카치가 공식적으로 주도했던 '일요 서클'—'루카치 서클'이라고 부르기도 한다—일원인 벨라 발라즈를 포함한 여러 친구와의 교류도 중요한 역할을 했지만, 일생을 통해 가장 가까운 친구였던 레오 포페르(1886~1911)와 루카치의 우정은 실로 각별한 것이었다. 당시 결핵을 앓고 있던 포페르는 루카치가 자신의 개인적인 문제, 특히 첫 연인이었던 이르마 세이들러(1883~1911)와의 관계를 비롯하여 모든 예술적·지적인 문제까지도 함께 터놓고 논의할 수 있었던 가장 깊은 의미에서의 유일한 친구였다.

우리는 루카치가 포페르에게 바친 우정에서 자신의 전부를 친구에게 바치고자 하는 패러다임을 찾을 수가 있다. 청년기의 루카치에게 정신적으로 가장 가까웠던 두 사람은 포페르와 뒤에 가서 언급할 이르마다. 그의 삶에서 가장 생산적·창조적이었던 인간관계는, 그의 『영혼과 형식』이 한편으로는 포페르와 맺은 우정, 다른 한편으로는 이르마와 맺은 사랑의 소산이라 해도 과언이 아니라는 데서 짐작되듯, 지멜·블로흐·베버와 같은 독창적인 천재들과의 관계가 아니라 이러한 예술적이고 직관적인 사람들과의 관계였다.

루카치가 『영혼과 형식』에 수록된 에세이들을 쓰고 있을 때 포페르는

---

21) Paul Browne, "Philosophy as Exile from Life: Lukács' Soul and Form", *Radical Philosophy* 53 (1989, 가을호), 20쪽. 『영혼과 형식』에 관한 논의는 여기서는 제외된다. 이에 대해서는 두 개의 훌륭한 논문, György Markus, "The Soul and Life: The Young Lukács and the Problem of Culture", *Telos* 32 (1977, 여름호), 95~115쪽; Paul Browne, 같은 글, 20~30쪽을 볼 것.

루카치에게 "너에게 있어 문학은 자화상을 위한 기회다. 물론 너는 한 가지 점에서는 근본적으로 옳다. 시인이 자연을 자신의 삶의 상징으로 만들 듯, 에세이를 쓰는 이는 시인을 자신의 내적 삶의 상징으로 만들기 때문에 에세이는 서정적 형식이라는 것"[22)]이라고 지적한 바 있다. 루카치의 에세이들의 깊은 본질을 가장 잘 이해할 수 있을 정도로 포페르는 그의 '본질적인 문제들'이 무엇인가를 통찰하고 있었다.

만일 루카치가 자신의 『근대 연극의 발달사』(1906~1907)를 스스로 '지멜적인 철학'이라고 토로했을 정도로 자신에게 큰 영향을 미쳤던 지멜에게서 형식의 분석을 통한 예술작품 분석 방법을 배웠다면[23)], 포페르에게서는 형식적·초역사적 판단에 의해 미적 가치의 구별을 강조하기를 배웠다고 할 수 있다.[24)] 루카치는 모범적인 우정의 형이상학적 가치들을 완전한 인간 유대의 직접적인 비전으로 변모시켰으며, 이를 가족이라는 자연발생적인 유대보다도 더 높이 평가했다. 때문에 이르마가 자살했을 때도 그러했듯, 포페르가 죽었을 때에도 루카치는 자신을 자살의 벼랑까지 몰고갔던 것이다. 포페르의 죽음은 그의 고독을 공유할 수 있었던 영적인 '다른' 자아를 그로부터 빼앗아갔기 때문이다.

1911년 초에 루카치는 에른스트 블로흐를 만났다. 5월에 이르마가 자살하고 11월에는 포페르마저 죽음으로써 홀로 남아 있던 루카치에게 블로흐는 포페르의 자리를 대신하기 위해 찾아온 사자(使者)처럼 보였다. 루카치가 블로흐를 처음 만난 것은 그가 잠시 지멜의 학생으로 베를린에 머물던 시절인 1911년 지멜의 세미나에서였는데, 그 후 그들은 곧바로

---

22) 레오 포페르가 루카치에게 1909년 6월 7일자로 보낸 편지. Georg Lukács, *Selected Correspondence 1902~1920*, Judith Marcus와 Zoltan Tar 편역 (New York: Columbia UP, 1986), 8쪽.
23) Georg Lukács, 앞의 책, *Record of a Life*, 35쪽.
24) 같은 책, 34쪽.

친구가 되었다. 만년에 루카치는 그가 블로흐를 만나기 전까지는 신칸트주의를 경외롭게 보았으나, 블로흐가 자신에게 고전적인 스타일의 철학, 말하자면 아리스토텔레스나 헤겔식의 철학이 여전히 가능함을 확신시켜 주었다고 말하면서, 그에 대한 블로흐의 영향이 지대했음을 밝혔다.[25]

처음에는 딜타이, 나중에는 지멜 등 동시대의 쟁쟁한 사상가들에게 실망한 루카치는 그 당시 블로흐의 영향으로 칸트·피히테·셸링 그리고 보다 정도가 덜하기는 하지만 헤겔에게도 경도되어 있었다. 이때의 루카치는 '어디서나 자기 집에 머무르고자 하는' 그 유토피아적인 충동 때문에 헤겔보다는 칸트, 아니 더 나아가서 피히테의 윤리적 이상주의에 끌렸다. 블로흐의 '역사적' 종말론에 대한 신비주의적 믿음 또한 루카치에게 신선한 감동을 주었다.[26] 이른바 하이델베르크의 '베버 서클'에서 막스 베버의 부인이 블로흐와 루카치를 처음 만났을 때, 그녀는 이 두 사람이 "초월적인 신의 새로운 사자(使者)에 대한 묵시록적 희망에 의해 움직이는······ 메시아적 청년들"[27]이었노라고 그의 남편에 대한 전기(傳記)에서 술회한 바 있다.

부다페스트의 친구들은 지나치게 탈무드적인 블로흐가 루카치에게 미치는 점진적인 영향력을 불안하게 지켜보았지만, 4년간의 광범위한 내용이 담긴 편지 교신 끝에 루카치는 블로흐와의 관계를 청산했다. 이는 블로흐가 루카치가 기대했던 대로 또 하나의 진정한 자아, 즉 포페르와 같

---

25) 같은 책, 151쪽; Wayne Hudson, *The Marxist Philosophy of Ernst Bloch* (London: Macmillan Press, 1982), 34~42쪽을 볼 것. 루카치와 블로흐 사이의 포괄적인 관계에 관해서는 A. Münster, M. Löwy, N. Tertulian 공편, *Veringlichung und Utopie Ernst Bloch und Georg Lukács zum 100, Geburtstag* (Frankfurt am Main: Sendler Verlag, 1987)을 볼 것.
26) Lee Congdon, 앞의 책, 74~75쪽을 볼 것.
27) Marianne Weber, *Marx Weber: A Biography* (New York: John Willey and Sons, 1975), 466쪽.

은 친구가 될 수 없었기 때문인지도 모른다. 부다페스트로 루카치를 자주 찾아오곤 하던 블로흐는 당시로서는 지나치게 물질적인 것에 관심이 많아 부유한 여자 상속자를 물색하고 있었기 때문에 루카치의 아버지를 노엽게 했던 '무례한' 모험가였다.[28]

부다페스트에서 대학 과정을 마친 루카치는 1909년경부터 1918년까지 10여 년 동안 베를린 대학과 하이델베르크 대학 등지에서 당시 굴지의 독일 지식인들과의 만남을 통해 폭넓은 교양을 쌓았지만, 앞서 언급했듯이, 루카치가 가장 생산적인 관계를 이루었던 것은 베버·지멜·블로흐 등과의 관계가 아니라 친구인 레오 포페르·이르마와의 관계였다.

루카치와 이르마의 첫 만남은 단테와 베아트리체의 첫 만남처럼 그의 삶에 엄청난 변화를 가져왔다. 미술을 전공했고 그보다는 두 살 나이가 많았던 이르마와의 만남은 그의 자서전적인 『영혼과 형식』의 에세이들—이르마와의 만남과 편지 교환이 이루어지고 있을 때 루카치는 그 에세이들을 엮어가고 있었다—에서 이따금 표출되듯이, 피할 수 없는 비극을 연출할 수밖에 없었다. 말할 수 없이 그녀를 사랑하고 있었지만, 지적 탐구를 향한 그의 근원적인 욕망이 세속적인 사랑보다 한층 더 강렬했기 때문에, 아니 그보다는 자신의 근원적인 욕망이 결혼이라는 관습적인 구속의 굴레에 의해 매몰되지 않을까 두려워했기 때문에, 루카치는 이르마의 열렬한 구혼에도 육체를 초월하는 지적 탐구에서 그의 안식처를 찾았다.

루카치는 "양극, 즉 남자와 여자, 또는 예술과 삶이 비록 쌍방의 존재 없이 그 자체로서는 존재할 수 없다 할지라도, 결국 그들은 영원히 화해할 수 없는 적으로 남는다"[29]고 말한 바 있다. 일찍이 우리는 루카치와

---

28) Arpad Kadarkay, 앞의 책, 51~53쪽.
29) Mary Gluck, 앞의 책, 121쪽에서 재인용.

그 어머니의 관계에 대해 언급하면서, "실제의 여성, 어머니는 무한을 향하는 동경의 가장 절대적인 안티테제"라 했던 루카치의 쓰디쓴 지적을 인용한 적이 있다. 어쩌면 루카치에게 결혼이란 어머니와의 화해, 그로 하여금 사랑의 언어를 배우기도 전에 고독의 언어, 소외의 언어부터 배우게 했던, 그로서는 받아들일 수 없는 그 어머니와의 화해를 뜻하는 것이기 때문에 결국 이르마와의 결혼이 불가능했는지도 모른다.

루카치는 이르마가 자신의 영적인 구원자, '순수한' 여성으로서 그의 곁에 남아 있기를 희망했지만, "사랑의 가면을 쓴 그의 열정까지도 철저히 신플라톤주의적이었던"[30] 그의 또 다른 영적 자아가 되기에는 너무도 인간적이었던 이르마는 그 자신이 하나의 인간 존재이자 예술가로 존재하기를 바랐을 뿐 아니라 하나의 '여성'으로도 남아 있기를 원했다.

마침내 이르마가 그와 결별하고 동료 화가와 결혼했을 때 루카치의 충격은 엄청나게 컸으며 그 즉각적인 반응은 자살에 대한 충동이었다.[31] 그렇기 때문에 이르마가 그 후 남편과 이혼하고 루카치와 결혼할 결심을 했을 때, 그는 다시 한 번 결혼에 대한 유혹에 시달렸다. 그러나 이 시기 그의 에세이에는 그가 왜 그녀와 결혼할 수 없는지, 그리고 다른 어떤 여자와도 결혼할 수 없는가에 대한 철학적인 설명으로 가득 차 있다.

내적 갈등의 혼란 속에 있던 루카치는 그의 친구 포페르에게 자신의 진정한 고향은 결코 결혼이라는 일상적인 삶 속에 있지 않다고 고백했다. 그 신비를 추측하기는 어렵지 않다. 18세 때 그는 이렇게 묻고 이렇게 대답했다. "인간이란 무엇인가? 인간은 어떤 존재여야 하는가? 삶의 목적은 무엇인가? 파우스트."[32] 결국 그의 진정한 고향은 형이상학적인 지적

---

30) Arpad Kadarkay, 앞의 책, 106쪽.
31) 루카치가 이르마에게 1908년 11월(날짜 미정)에 보낸 장문의 편지를 볼 것. Georg Lukács, 앞의 책, *Selected Correspondence 1902~1920*, 54~57쪽.
32) Arpad Kadarkay, 앞의 책, 135쪽에서 재인용.

세계, 그 편력에 있음을 루카치는 일찍이 깨달았던 것이다.

이 같은 영적인 세계에 집착하는 루카치의 고답적인 태도 때문에 이루지 못할 사랑의 좌절을 거듭해야만 했던 이르마는, 어쩌면 포페르 다음으로 루카치의 가장 절친한 친구라 할 수 있는 부다페스트의 전형적인 플레이보이, 당시 작가이자 영화 이론가인 벨라 발라즈의 집에서 강제로 그의 욕망의 희생물이 된 직후 혐오와 수치로 다뉴브 강에 몸을 던져 자살했다. 당시 한 신문의 기사는 이렇게 전했다.

> 오직 일시적인 정신착란이 예기치 않는 파국을 초래했을지도 모른다…… 그들(이르마와 그의 남편)은 물질적인 근심에서 떠나 있었다. 그들의 결혼생활은 행복했다. 이 매력적이고, 사람의 눈을 끌고, 재치 있고 개성이 강한 여인은 도처에서 사랑을 받았다.[33]

그러나 진실은 이와 정반대였다. 남편과의 결혼생활은 점차 악화되어 갔고, 그녀의 그림은 어떤 관심도 불러일으키지 못하는 실패를 맞았다. 그리고 발라즈와의 '사건', 아니 그 무엇보다도 루카치와 결합할 수 없다는 좌절과 절망이 그 여자를 죽음으로 몰고갔던 것이다. 이르마의 자살에 대한 루카치의 즉각적인 반응은 무서운 죄의식과 책임감이었다. 그는 사건 직후 포페르에게 이렇게 말했다.

> 만일 누군가가 그 여자를 구할 수 있었다면, 그건 나였다…… 그러나 나는 그다지 그것을 원하지도 않았으며, 또 그렇게 할 수도 없었다. 나는 내가 그 여자의 '좋은 친구'였음을 알고 있다. 하지만 그 여자는 그런 것을 원하지 않았으며, 다른 그 무엇을, 그 이상을 원했다. 나는

---

[33] Lee Congdon, 앞의 책, 66쪽에서 재인용.

행동에 옮길 준비가 되어 있지 못했으며, 그리하여 행동의 부족으로 나에게 심판이 내려졌다.[34]

이르마의 자살로 인해 칸트의 윤리적인 가치는 루카치에게 부정적인 변명으로밖에 보이지 않게 되었다. 그 스스로 "그 여자의 죽음에 대한 변명과 나의 죄의식에 대한 표현"[35]이라 토로했던, 『영혼과 형식』 다음에 곧바로 나온 논문 「정신의 빈곤」(1912)에서 루카치는 그녀의 자살은 객관적으로는 자신에게 어떠한 잘못이 없기 때문에 사회의 모든 법은 그녀의 죽음에 자신의 무죄를 말하겠지만, 이런 각도에서 인간 행위와 동기를 평가하는 일상적인 도덕률이라는 것이 얼마나 헛점투성이인가를 주인공의 목소리를 빌려 지적한다.

칸트는 윤리가 도덕률에 기초한 인간 질서를 규제한다고 주장했지만, 루카치는 사회적 의무나 윤리적 가치는 주관적인 진실과는 거리가 먼 것으로서 삶의 적절한 범주가 될 수 없는 것이라 주장한다. 오성이나 객관적인 도덕률에 기초한 인간 행위, 바꿔 말하면 윤리적 가치에 따라 행동하는 의무는 이르마의 죽음과 같은 비극을 초래할 수 있으며, 결국 칸트의 도덕률은 인간의 희생을 요구하는 것이라고 주장한다. 따라서 칸트적 윤리는 인간을 그의 진정한 자아로부터 분리시키고 타인과의 진정한 합일까지도 가로막는 '소외의 한 형식'으로 루카치에게 배척되고 있다.

의무의 형식적인 자명원리 대신에 루카치는 새롭고, 한층 적합한 삶의 범주, 즉 도스토옙스키의 소설의 인물들──소냐, 미시킨 공작, 알렉시 카라마조프 등──에 의해 예증된 '선'(善)의 범주를 제시했다. 이르마의 자살이 루카치로 하여금 '선'의 윤리를 추구하는 신념의 기사(騎士)로 변모

---

34) 루카치가 레오 포페르에게 1911년 5월 26일자로 보낸 편지. Georg Lukács, *Selected Correspondence 1902~1920*, 162쪽.
35) Georg Lukács, 앞의 책, *Record of a Life*, 37쪽.

하도록 작용했던 것이다. 도스토옙스키의 주인공들처럼 '진정으로 선한 자들'은 법에 의해 규정된 의무를 수행하는 대신 다른 사람들을 위해 희생한다. 그들의 행동은 일상적인 행위를 규정하는 인과적(因果的)인 법칙을 무시하며 동기와 결과를 계산하지 않는다. 그들은 비극적인 세계의 초연한 관찰자들과는 달리 스피노자의 '연민에서 태어나는 사랑'을 갖고 자신과 다른 사람들을 동일시하는 자들이다. 그렇기 때문에 주체와 객체는 하나가 되고, '선'은 하나의 기적이요 은총이자 구원이 되는 것이다.

그들은 보다 높은 질서에 대한 묵시적인 인식에서 우러나는 "행동의 그노시스트들",[36] 거룩한 죄인들이다. 만일 루카치가 '선의 은총'을 소유했다면 그는 이르마를 구할 수 있었을 것이다. 그러나 블로흐가 지적했듯이 루카치에게는 "선이 없었다."[37] 결국 「정신의 빈곤」의 주인공은 자살을 한다.

'순수한 삶'에 대한 집착 때문에 그 순수의 제단 앞에 첫 여인 이르마를 희생물로 바쳤던 루카치에게, 거룩한 삶, '선한 삶'은 더 이상 순수를 전제로 하지 않노라고 깨닫게 했던 것은 도스토옙스키였으며, 칸트적 도덕률의 높은 벽으로부터 그 도피처를 제공했던 것도 도스토옙스키였다. 그리하여 1914년 여름까지 루카치는 도스토옙스키에 대한 책을 준비하는 데 골몰하고 있었다. 그러나 이르마가 자살했던 그해 11월, 루카치는 결핵을 앓고 있던 친구 포페르의 사망 소식을 들었다. 그해 나머지 나날 동안 그는 두 사람을 그리워하면서 자살만을 생각했다. 루카치가 자살을 포기할 수 있었던 것은, 「정신의 빈곤」에서 주인공의 자살이 이전의 삶의 방식에 대한 종언을 상징하듯이, '선'이 가능한 시대로 향하는 새로운 신

---

36) Harry Liebersohn, *Fate and Utopia in German Sociology 1870~1923* (Cambridge/M.A.: MIT. Press, 1989), 158쪽.

37) 에른스트 블로흐가 루카치에게 1914년 5월 5일자로 보낸 편지. Arpad Kadarkay, 앞의 책, 151쪽에서 재인용.

념과 희망이 궁극적으로 그를 도와주었기 때문이다.

1916년, 루카치는 자신에게 칸트적 윤리의 차디찬 벽으로부터 도피처를 제공했던 도스토옙스키에 대한 작업을 일단 미루고 다시 체계적인 미학 연구에 착수했다. 그의 양심을 무겁게 짓눌렀던 제1차 세계대전의 충격 때문에 루카치는 도스토옙스키에 대한 연구를 더 이상 계속할 수가 없었다. 제1차 세계대전 당시 루카치는 독일 하이델베르크에서 독일 문화권의 변방인 오스트리아-헝가리 제국의 한 젊은 지식인으로서 '베버 서클'의 당시 이름난 석학들과 만나 '수업시대'를 겪고 있었다. 제1차 세계대전이 끝난 다음 부다페스트로 돌아와 그의 주도로 '일요 서클', 또는 '루카치 서클'을 공식적으로 설립해 활동하기까지 그는 독일에 머물렀다.

루카치가 고국을 떠나 독일로 오게 된 결정적인 동기는, 아버지의 도움으로 부다페스트에서 교수 자격을 취득하려 했으나 유대계 출신이라는 드러나지 않은 이유로 인해 실패하고 만 그가 독일에서 형식적인 학력을 보충하겠다는 것이었다. 그러나 그보다 더 중요한 동기는 그의 고향 부다페스트가 철학자가 되려는 자들에게는 '고향'이 될 수 없었으며, 오히려 세기말 부다페스트의 지식인들에게 서구는 형이상학적 희망으로서, 현대 문화의 도덕적·지적 진공 상태인 오스트리아-헝가리 제국을 극복할 수 있는 윤리적인 이상이자 절대 원리로 받아들여졌다는 사실이다.

'베버 서클'에서부터 시작된 루카치와 베버의 친교는 잘 알려져 있듯이 오랫동안 계속되었지만,[38] 1914년 8월에 발발한 제1차 세계대전에 대해 루카치가 보였던 아마도 가장 강력한 최초의 반응은, 그 전쟁에 대해서 베버 부부·지멜·파울 에른스트·토마스 만·라이너 마리아 릴케 같

---

38) 박영신, 제2장 「자본주의사회와 문화-베버와 루카치」, 『역사와 사회변동』 (서울: 대영사, 1987), 55~116쪽을 볼 것.

은 독일 지식인들과 문학가들이 보였던 무조건적인 열광에 대한 충격과 실망이었다. 전쟁이 일어난 그해 10월에 베버는 퇴니에스에게 보낸 편지에서 "이 전쟁은 그 무서운 참사에도 불구하고 위대하고 경이로운 전쟁이오…… 경험할 만한 가치 있는 일이 될 것이오."[39]라고 주장했다.

'베버 서클'에서는 칸트의 내면화된 의무의 개념에 따라 동료 철학자 에밀 라스크가 전쟁 중인 조국 독일의 부름을 받은 한 병사로서 참호 속에서 자신을 실현할 수밖에 없다는 결론이 나왔다. 그리하여 베버는 위대하고 훌륭한 전쟁에 참여하기 위해 입대하는 것이야말로 라스크의 의무였다고 말했으며, 지멜도 '국가 이익의 우선'이라는 베버의 입장을 옹호했다. 루카치는 그 반대의 견해를 밝혔다. 그에게는 헤겔 이래로 독일인 국가에 대한 숭배는 독일 철학의 '도덕적 죄'였으며, 「독일 지식인들과 전쟁」이라는 미완성의 논문에서도 루카치는 군국주의적 국가의 '존재이유'를 고양시켰던 독일 지식인들의 정신상태를 멋모르는 미친 도취로 규정하여 비난했다. 그 논문은 루카치에게 도덕적 정신착란을 일으킨 것으로 보였던 독일 친구들에 대한 비난 이상의 것이었으며, 전쟁 그 자체뿐만 아니라 군국주의에 대한 간접적인, 그러나 통렬한 정죄였다.

그렇지만 그 당시의 많은 지식인들, 앞서 지칭한 독일 지식인들과 문학가들 이외에도 베르그송·프로이트·뒤르켐·토인비·야스퍼스·폴 클로델·앙드레 지드·마르셀 프루스트·아나톨 프랑스·아폴리네르·헨리 제임스·토머스 하디·마야콥스키 등 유럽 각 분야의 주도적인 지식인들과 문학가들도 그 전쟁을 옹호했다. 철학가 막스 셸러는 그 전쟁을 "자본주의에 반대하는 전쟁"[40]이라고 규정했다. 당시 대부분의 유럽 지

---

39) 베버가 퇴니에스에게 1914년 10월 15일자로 보낸 편지. Harry Liebersohn, 앞의 책, 180쪽에서 재인용.

40) Roland N. Stromberg, *Redemption by War: The Intellectuals and 1914* (Lawrence: Regents Press of Kansas, 1982), 9쪽에서 재인용.

식인들은 자본주의의 몰락을 피할 수 없는 바람직한 현상으로 받아들였다. 그리하여 유럽의 부르주아적 삶에 대한 그들의 혐오, 폭력의 신비에 대한 그들의 호기심 등은 전쟁을 지지하는 쪽으로 나아가게 했으며, 무엇보다도 당시 유럽의 지식인들은 전쟁이라는 극단적인 한계상황을 통해 자본주의사회의 극단적인 개인주의가 극복되고, 이와 더불어 개인과 개인 사이의 소외도 끝날 수 있으리라 보았다. 참호 속에서 허버트 리드는 다음과 같이 회상했다.

전쟁 동안 나는 우리 사이에서 발전한 이러한 동지애가 전쟁이 끝나고 평화가 올 때 어떤 새로운 사회질서를 유도하리라고 느꼈다. 그것은 전쟁이 없었을 때는 존재하지 않았던 하나의 인간적인 관계였고 현실이었다. 또한 그것은 계급·지위·교육의 모든 차별을 극복(또는 무시)했다. 우리는 그것을 사랑이라 부르지 않았다. 그것은 성찬에 임하는 듯 거룩하고, 그렇기 때문에 신성한 것이었다.[41)]

전쟁이라는 한계상황은 서로를 동지로 만들 수밖에 없었기 때문에, 그들에게, 특히 독일 지식인들에게 전쟁은 이른바 '게젤샤프트'에서 '게마인샤프트'로 다시 돌아가게 하는 매개로 보였다. 말하자면 "가장 근본적인 요인은 공동체의 부활이었다."[42)] 물론 그때나 그 후에도 루카치는 평화주의자는 아니었다. 그가 전쟁을 싫어했던 것은 전쟁의 분별 없는 살육 때문이 아니라, 병사들로 하여금 적을 증오하지도 않으면서 의무감 때문에 적을 죽이게 하는, 말하자면 병사들을 살인의 도구로 격하시키고 마는 전쟁의 비인간성 때문이었다. 스스로 창조한 세계이지만 이미 그 자신이

---

41) Herbert Read, *Annals of Innocence and Experience* (London: Faber and Faber, 1940), 146쪽; Roland N. Stromberg, 앞의 책, 146쪽에서 재인용.
42) Roland N. Stromberg, 같은 책, 198쪽; Lee Congdon, 앞의 책, 96쪽을 볼 것.

그것을 통제할 수 없을 정도로 철저히 무력화되어 그 속에서 무엇도 할 수 없는 수동적인 존재로 전락해버린 현대인의 비극을 루카치는 그 전쟁에서 보았던 것이다.[43] 참호 속에 있던 신칸트학파의 철학자 라스크[44]의 죽음은 루카치에게 독일 문화의 비극의 요약이었다. 만일 그 당시 루카치가 자신이 착수했던 도스토옙스키에 대한 책을 완성했더라면 아마도 그 철학적 우울은 누구의 말처럼 슈펭글러가 쓴 『서구의 몰락』의 우울에 필적했으리라.[45]

『소설의 이론』

루카치는 그의 『소설의 이론』(1914~15)이 처음 출판된 지 거의 반세기가 지난 1962년판의 「서문」에서 이 책을 집필하게 된 직접적인 계기가 '1914년의 제1차 세계대전 발발과 이를 전후하여 전쟁을 지지했던 독일 사회민주당의 태도가 당시의 좌파 지식인 계층에 미쳤던 영향'[46]에서 연유되었음을 밝혔다. 당시 '특히 전쟁에 대한 열광적 태도를 격렬하고도 전면적으로 거부하는 입장을 취했던'[47] 루카치는 독일과 그 동맹국들이 러시아를 분쇄하여 짜르 체제 아래의 제정 러시아가 붕괴될 가능성과 다

---

43) Mary Gluck, 앞의 책, 180쪽.
44) 라스크가 루카치에게 주었던 철학적 영향의 관계에 대해서는 Tom Rockmore, "Fichte, Lask, and Lukács's Hegelian Marxism", *Journal of the History of Philosophy* 30: 4 (1992), 568~573쪽을 볼 것. 또 이주영, 「루카치와 하이델베르크 시대」, 지순임·김임수 외, 『고전미학연구』(서울: 민음사, 1992), 243~248쪽을 볼 것.
45) Arpad Kadarkay, 앞의 책, 15쪽.
46) 루카치, 『소설의 이론』, 반성완 옮김 (서울: 심설당, 1985), 7쪽. 이후 인용문과 쪽수는 이 번역판을 따른다. 전적으로 이 번역판을 따르지만 경우에 따라 조금씩 다듬은 부분도 있다.
47) 같은 책, 7쪽.

른 한편 유럽의 여러 국가들이 독일에게 승리를 거두어 그 여파로 프로이센의 호헨촐레른가(家), 또는 헝가리-오스트리아 제국의 합스부르크가(家)가 몰락할 가능성을 동시에 고려하고 있었지만, 독일이 궁극적으로 승리를 거두리라는 당시의 전망은 그에게 악몽처럼 느껴졌다. 독일이 승리할 경우 "과연 누가 우리를 서구 문명으로부터 구해줄 것인가 하는 문제"[48] 또한 루카치에게 심각한 것으로 다가왔는데, 그의 『소설의 이론』의 첫 구상은 이러한 분위기 속에서 이루어졌다.

본래 루카치는 이 책을 보카치오의 『데카메론』에 등장하는 화자(話者)의 경우처럼 "전쟁에 대한 병적 열광으로부터 한 걸음 뒤로 물러나 있는" '일요 서클'의 동료들과 더불어 『소설의 이론』에서 다루어지는 여러 가지 문제와 "도스토옙스키적 세계에 대한 전망"을 대화 형식으로 끌고 나갈 계획을 구상했다.[49] 그러나 피히테가 부르짖었던, "도덕적 가치가 완전히 타락한 세계 상황"[50]에 대한 "거듭된 절망"[51] 때문에 루카치는 애초의 대화 형식의 구상을 포기하고 절망적인 분위기 속에서 지금의 형식대로 책을 집필하게 되었던 것이다.

뛰어난 전공학자들도 해독하기가 무척 난해하다는 『소설의 이론』에서 루카치는 서구의 역사를 고대 그리스, 더 정확하게 말하면 호메로스의 서사적 시대, 문학의 장르가 서사시에서 소설로 바뀌는, 단테와 동일시되는 시대, 부르주아지 소설의 시대, 마지막으로 도스토옙스키의 작품 속에서 얼핏 예기되는 부르주아지 소설 이후의 시대 등, 대략 네 개의 시기로 나

---

48) 같은 책, 8쪽. 이상의 인용문에서 알 수 있듯이, 루카치는 독일과 그 동맹국이나 서방 국가 가운데 그 어느 쪽도 편들지 않았다. 이에 대해서는 Ernst Keller, *Der Junge Lukács: Antibürger und wesentliches Leben* (Frankfurt am Main: Sendler Verlag, 1984), 155~166쪽을 볼 것.
49) 같은 책, 8쪽.
50) 같은 책, 18쪽.
51) 같은 책, 8쪽.

눈다. 호메로스의 서사적 시대에 대한 낭만적인 동경으로 가득 찬 이 책에서 루카치는 그가 동경하는 이상적인 사회가 어떤 사회인가를 처음으로 구체적으로 밝히고 있다.

「대서사 문학의 형식에 대한 역사적, 철학적 에세이」라는 부제에서 알 수 있듯이, 문학 장르는 비(非)시간적인 형식, "시간과 역사로부터 독립된 형식이며" "모든 예술 형식은 형이상학적인 삶의 불협화음에 의해서 정의되고, 또 형식은 이러한 삶의 불협화음을 자기 내부에서 완성된 총체성의 근거로 받아들이고 이를 형상화하는 것"[52]이라고 루카치는 주장한다. 그 후의 이론과는 달리, 객관적인 현실이 아니라 '형이상학적인…… 불협화음'이 예술 형식의 근원을 규정하는 데 중요한 요소로 등장하고 있다.

호메로스의 서사적 시대는 이 형이상학적 불협화음이 배제된 완결적 · 유기적인 공동체로서, 루카치의 동경의 대상으로 부각되고 있다. 이 시대는 영혼이 그 자체와 세계 사이에서 또는 그 자체와 타자 사이에서 어떤 분리도 의식하지 않았던, 완전한 총체성을 이루고 있는 조화의 세계였다. 루카치는 "이때는 내면성이라는 것도 아직 존재하지 않는다. 왜냐하면 이때는 아직 일체의 외부적 세계라는 것이 존재하지 않을 뿐만 아니라 영혼에 대립되는 타자도 전혀 존재하지 않고 있기 때문이다"[53]라고 말하고 있다.

루카치는 초기의 글 『영혼과 형식』에서도 이 시대의 삶은 모든 개별적인 것은 전체를 위한 한 요소인 듯, 인간은 "나무와 꽃 그 하나하나에서 자신을 발견하게 되고", 그들의 삶에서 모든 만남은 하나도 빠짐없이 일체가 되는[54] 그러한 총체성이 가능했던 삶이라고 말했다. 따라서 호메로

---

52) 같은 책, 90쪽.
53) 같은 책, 31쪽.
54) Georg Lukács, 앞의 책, *Soul and Form*, 65쪽.

스의 서사적 세계에서 개인은 "단지 부분과 전체가 서로 관련을 맺으면서 이루어지는 균형의 산물이지, 자기 자신만을 생각하고 고집하면서 방황하는 고독한 인격체의 산물이 아니다."[55] 이리하여 영혼의 고뇌도, 그 갈등도 존재하지 않으며 "존재와 운명, 모험과 완성, 삶과 본질은 동일한 개념이다"[56]라고 루카치는 말한다.

이처럼 호메로스의 서사적 시대는 개인과 전체, 내적인 것과 외적인 것, 사실과 가치 등의 구별이나 차별이 존재하지 않는 "하나의 동질적인 세계"이다. 그리하여 "인간과 세계의 분리, 그리고 '나'와 '너'의 분리조차도 이 세계를 파괴할 수는 없는 것이다."[57] 이러한 동질성을 이루는 호메로스의 서사적 시대의 "공동체는 하나의 유기적이고 구체적인 총체성" 그 자체이며, "그렇기 때문에 본질적으로 의미로 가득 찬 총체성이다."[58] 따라서 호메로스의 서사적 공동체를 대표하는 문학장르인 서사시에서 그 주인공은 결코 한 사람의 개인이 아니라 전공동체의 운명을 표상하는 것이다.[59]

사실상 자연과 사회, 말하자면 '제1의 자연'과 '제2의 자연'[60]을 판가름하는 바로 그 차별화야말로 탈 총체성의 표시다. 소외된 현대인이 되돌아갈 수 있는 유일한 윤리적인 고향은 유기적인 공동체인 그리스라는 헤겔의 『정신현상학』의 주제를 이어받으면서 루카치는 그리스인은 '완결성'만을 알았던 반면 현대인은 '패러독스'만을 알고 있다고 강조한다.[61] 형이상학적 불협화음이 존재하지 않는 완결적이고 유기적인 공동체가 가

---

55) 루카치, 『소설의 이론』, 85쪽.
56) 같은 책, 32쪽.
57) 같은 책, 35쪽.
58) 같은 책, 86쪽.
59) 같은 책, 84쪽.
60) 같은 책, 82쪽.
61) 같은 책, 32쪽.

능한 시대, "삶의 외연적 총체성"[62]이 온전하게 남아 있는 시대만이 이상적인 문학, 말하자면 서사시를 낳을 수 있었다고 주장하면서 서사시는 '문제적'인 것은 갖고 있지 않으며, 그것은 단지 "어떻게 해서 삶이 본질적인 것이 될 수 있는가"[63]라는 물음에 대한 대답이라고 루카치는 말한다. 호메로스의 서사시는 서사적 완성을 위한 최고의 원형(原型)이기 때문에, 루카치는 이렇게 지적하고 있다. "호메로스에게 와서 초월적인 것은 떼려야 뗄 수 없을 정도로 깊이 현세적인 존재와 결합되어 있다. 호메로스가 지니는 모방할 수 없을 정도의 특이성은 바로 이러한 초월적인 것의 내재화가 완전히 성공을 거두고 있다는 점에 있다."[64]

이처럼 고도로 이상화된 호메로스적 그리스와 서사시를 "규제적 원리"[65] 또는 '이상적 타입'으로 설정한 후, 루카치는 그로부터 시대의 타락의 과정을 전개시키고 있다. 실제로 그리스인들은 하나의 역사, 말하자면 서사시에서 비극을 거쳐 철학으로 이르는 '문화 발전'의 과정 자체만으로도 "하나의 역사철학"[66]을 이루는 그러한 역사를 가지고 있다. 엄격히 말한다면 총체성은 그 어떠한 형식도 알지 못한다. "존재의 총체성은 모든 것이 아직 형식에 의해 에워싸이기 이전 이미 모든 것이 동질적일 때에만 가능하다."[67] 더 나아가 루카치는 "총체성은 초주관적이고 선험적이며, 일종의 계시이자 은총이다"[68]라고 말한다.

그러나 그리스 문화는 이러한 총체성에서 멀어져가는 역사를 가지고

---

62) 같은 책, 70쪽.
63) 같은 책, 39쪽.
64) 같은 책, 39쪽.
65) Istvan Mészáros, Lukács, *Concept of Dialectic* (London: Merlin Press, 1972), 61쪽.
66) 루카치, 『소설의 이론』, 38쪽.
67) 같은 책, 38쪽.
68) 같은 책, 60쪽.

있었고, 총체성에서 멀어져가는 그 과정은 세 가지의 '위대한 형식'에 의해 예증되고 있다. 즉 "이러한 과정을 거치는 가운데, 실체는 호메로스에 나타나는 절대적 삶의 내재성으로부터 멀어져 급기야는 플라톤적 의미의…… 절대적 초월성으로까지 이르게 되는 것이다."[69] 비극은 '실체'에서 멀어져 삶, 가치와 윤리, '당위' 쪽으로 향한다. 플라톤적 '지혜'는 그 과정을 완성하며 질문을 대답으로 대체한다. 그리하여 칸트의 순수이성의 공허한 하늘이 그 논리적인 결과로 등장하는 것이다. 『비극의 탄생』의 저자 니체처럼, 루카치도 철학을 데카당의 징후, 철학 이전 시대의 총체성으로부터의 전락으로 보았기 때문에 철학이란 본래 '고향을 향한 향수'이자 '어디서나 자기 집에 머무르고자 하는 충동'이라 파악했던 것 같다.

총체성에서 멀어지면서부터 소외가 인간 조건을 규정짓게 되었다. 호메로스의 그리스 시대 이후 서방 역사는 점증하는 소외의 과정이었다고 인식했던 루카치가 호메로스적 그리스 시대를 황금시대로 여겼던 것은 곧 이를 '규제적 원리'로 내세워 현재를 해석하고 비판하기 위해서다. 때문에 중요한 것은 물론 과거의 설명이 아니라 현재의 설명이다. 호메로스의 그리스를 향하는 루카치의 '선험적 동경'이 지식인들의 아편, 독일 관념론에 의해 조장된 허위의식의 한 형식[70]으로 지적당했을 만큼, 호메로스의 서사적 시대는 역사적 의미에서 호메로스의 현실과 전혀 관련이 없었다.

마르크스와 니체는 고대 국가와 봉건국가를 실제 유기적인 공동체로 보지 않았다. 마르크스에 따르면, 오직 원시 공산주의사회만이 실제 유기

---

69) 같은 책, 38쪽.
70) Ferenc Fehér, "Is the Novel Problematic?: A Contribution to the Theory of the Novel", Agnes Heller와 Ferenc Fehér 공편, *Reconstructing Aesthetics* (Oxford: Basil Blackwell, 1986), 23~29쪽을 볼 것. 이 논문은 최초로 *Telos* 15 (1973), 47~74쪽에 발표되었다.

적 공동체였다. 부정적인 시각에서 보면 호메로스의 그리스는 개인의 사유재산에 기반을 둔 지배계급, 막강한 힘을 가진 특권 귀족계급의 사회였으며,[71] 노예제를 그 골격으로 한 사회였을 뿐 아니라(대부분의 노예는 여성들) 이웃 공동체들 사이의 격렬한 싸움과 국경 분쟁은 종종 오랜 유혈 전쟁으로까지 치닫던 사회였다.[72]

물론 우리가 이와 같은 반론을 진지하게 받아들일 수도 있겠지만, 이는 루카치의 의도에 적절한 것은 아니다. 루카치의 그리스는 역사의 산물이 아니라 그의 예술적 창조물이며, 어디까지나 그는 그리스를 '규제적 원리'로 삼아 현대를 비판하려 했던 것이다. 의식(현대의 소외된 의식)은 존재(소외되지 않은 존재)를 '타자'로 설정하고 있으며, 루카치에게 그리스는 타자의 궁극적인 투영이다. 그리스에 대한 언급이 반드시 경험적·역사적 현실을 지칭하는 것은 아님을 루카치는 다른 책에서도 이렇게 말하고 있다.

사실은 늘 거기에 있고, 모든 것은 늘 그 속에 포함되어 있지만, 어느 시대나 모두 자신의 그리스, 자신의 중세, 자신의 르네상스를 필요로 한다. 어느 시대나 모두 각자가 필요로 하는 시대를 창조하며, 오직 그다음 세대만이 선조들의 꿈이 그 세대가 새로운 '진실'을 갖고 싸우지 않으면 안 될 거짓 대상임을 믿고 있다.[73]

---

71) Ellen Meiksins Wood, *Peasant-Citizen and Slave: The Foundations of Athenian Democracy* (London: Verso, 1988), 90~93쪽; M.I. Finley, *Economy and Society in Ancient Greece* (London: Chatto and Windus, 1981), 217쪽을 볼 것.
72) Yu.V. Andreyev, "Greece of the Eleventh to Ninth Centuries B.C. in the Homeric Epics", I.M. Diakonoff 엮음, Alexander Kirjanov 옮김, *Early Antiquity* (Chicago: U of Chicago Press, 1991), 328~346쪽을 참조할 것.
73) Georg Lukács, *Soul and Form*, 13쪽.

루카치에 따르면, 현대는 "선험적 고향을 상실한 시대"[74]이며, 이 시대에 인간은 "신에게 버림받은 세계"[75]속에서 살고 있다. 이러한 인식은 전쟁 초 몇 해 동안의 그의 마음 상태를 비쳐주는 듯, 글자 그대로 신에게 버림받은 듯한 세계 속에 던져진 자신의 고뇌를 반영해주는 것 같은 목소리다. 공동체적·종교적 가치에 토대를 둔 오랜 사회생활의 구조는 마침내 붕괴되었으나 그 결과 이 진공을 메울 수 있는 윤리적·종교적 가치가 부재하게 된 부르주아지 사회에서 인간들은 "선험적 좌표(座標)"와 "형이상학적 고향",[76] 신이 제공하는 형이상학적 위안을 상실한 채 여러 형식의 소외 속에 살고 있다. '선험적 고향 상실성'——루카치가 처음으로 주조한 용어——이란 자기, 사회, '내재적 총체성'으로부터의 인간의 절대적 소외를 가리키는 것인데, 루카치에게는 호메로스의 서사적 세계의 본질적인 요소인 '내재적 총체성'으로부터 인간 소외야말로 다른 모든 소외의 근원이라 파악되고 있다.

루카치는 일찍이 유기적 총체성을 지향하는 예술작품, 곧 서사시는 호메로스의 그리스와 같은 '통합적 문명'이 가능한 시대, 선험적 좌표에 힘입어 '삶의 외연적 총체성'이 온전하게 남아 있는 시대에 적합한 것이라고 지적한 바 있지만, 그럼에도 그는 소설을 가리켜 바로 그 "외연적 총체성이 더 이상 구체적으로 주어지지 않고" 있다 하더라도 그 주인공은 '선험적 고향'이나 근원을 찾아 나섬으로써 "총체성을 지향하고자 하는 시대의 서사시"[77]로 규정하고 있다. '총체성을 지향하고자 하는 시대의 서사시'로 소설을 규정한 것은 루카치가 그 장르의 선험적 근원 또는 '선험적 고향'을 서사시로 보고 있기 때문이다.

---

74) 루카치, 『소설의 이론』, 47쪽.
75) 같은 책, 113쪽.
76) 같은 책, 123, 78쪽.
77) 같은 책, 70쪽, 46쪽, 70쪽.

따라서 루카치에게는 그 선험적 근원 또는 선험적 고향으로서의 서사시로부터 전락한 것이 현대소설이다.

『소설의 이론』은 서사시가 소설로 전락해버린, 이러한 시대를 몰고온 특별한 역사적 조건에 대한 사회학적 분석은 생략하고 있지만, 이 세계에서 제1의 자연과 제2의 자연——후자는 "이미 죽어버린 내면성을 모아놓은 시체실"[78]로 경험된다——은 회복될 수 없을 정도로 분리되며, 인간은 "스스로가 만든 환경이 이제는 그들이 안주할 고향이 아니라 감옥"[79]이 되어버렸음을 인식하게 된다.

그러므로 소설의 세계는 주관과 객관, 현실과 당위, 본질과 현상 사이의 분리로 특징 지어지는 이율배반의 칸트적 세계다. 칸트의 경우에서처럼 본질은 자명한 원리가 되고, 어떠한 전망도 그 목적을 달성할 희망 없이 끝없는 추구를 요구하는 명령이 되고 있다. 세계가 문제적인 것이 되어버렸기에, 소설의 주인공은 루카치의 그 유명한 용어, '문제적인 개인'으로 등장한다. 그가 추구하는 것은 자기인식이지만 그것이 성취되었을 때에도 현실과 당위 사이의 간격은 극복되지 않는다.

물론 여기서 루카치는 헤겔을 따르고 있다. 소설의 세계는 관습과 사회적인 형식이 인간의 영혼을 감금하는 이른바 부르주아지의 '게젤샤프트'를 표상하므로 루카치는 헤겔을 좇아 소설을 부르주아지의 서사시로 일컫고 있는 것이다.[80] 한층 헤겔적인 것은 그가 소설을 계급 용어로서가 아니라 종교적인 용어로 '도덕적 가치가 완전히 타락한' 시대의 서사시, '신에게 버림받은 세계'의 서사시로 정의하고 있다는 것이다. 이 시대는

---

78) 같은 책, 82쪽.
79) 같은 책, 82쪽.
80) 헤겔은 일찍이 소설을 "현대 중산계급의 서사시"로 규정한 바 있다. G.W.F. Friedrich Hegel, *Aesthetics*, T.H. Knox 옮김 (Oxford: Oxford UP, 1975), 2: 1092쪽.

마르크스 용어로는 자본주의적 소외의 시대라 묘사될 수도 있겠지만,[81] 사실 '선험적 고향 상실성'이라는 이름부터가 헤겔적인 것이 아닐 수 없다. 우리는 이를 '불행한 의식'에 대한, 그리스 몰락 이후 로마 세계에 그림자처럼 따라붙었던 '추방' 개념에 대한 헤겔의 묘사로부터 확인할 수 있다.[82]

이렇게 볼 때, 벤야민이 그의 「역사철학테제」에서 '현재'를 '근원'으로부터의 '추방'으로 인식했던 것과 마찬가지로[83] 루카치도 현재를 선험적 근원 또는 선험적 고향으로부터의 추방으로 파악하고 있음을 알 수 있게 된다. 루카치는 "소설이란 내면성을 지니는 고유한 가치를 알고자 하는 일종의 모험 형식이다. 소설의 내용은 자신의 실체를 파악하고자 길을 나서는 영혼의 이야기, 모험을 통해 자신을 시험하고 또 견뎌내면서 그 가운데 자신의 고유한 본질을 발견해내려는 영혼의 이야기다"[84]라는 표현으로 소설의 성격을 밝혀주면서, 주인공 또는 주인공의 영혼이 보여주는 외부 세계에 대한 심리적인 반응을 토대로 소설의 형이상학을 시도하고 있다.

이에 맞춰 그는 소설의 시대를 몇 가지 하위 범주로 세분하고 있다. 즉 『돈 키호테』로 요약되는 '추상적 이상주의' 소설, 플로베르의 『감정교육』이 그 전형인 '환멸의 낭만주의 소설', 『빌헬름 마이스터의 수업시대』에서 그 성격이 가장 잘 드러나고 있는 '독일 고전주의 소설', 톨스토이의

---

81) 『소설의 이론』의 철학적 기초를, 20세기로 접어들 무렵에 독일 지식인 사이에 만연했던 '낭만주의적 반(反)자본주의'의 태도에서 찾고 있는 Michael Löwy, *Georg Lukács—From Romanticism to Bolshevism*, Patrick Camiller 옮김 (London: New Left Books, 1979), 16~22쪽을 볼 것.
82) G.W.F. Hegel, *The Phenomenology of Mind*, J.B. Baillie 옮김 (New York: Harper and Row, 1967), 251쪽 이하를 볼 것.
83) 이 책에 수록되어 있는 졸고 「역사의 천사―발터 벤야민과 그의 묵시록적 역사관」, 384~387쪽을 볼 것.
84) 루카치, 앞의 책, 115쪽.

소설처럼 '삶의 사회적 형식을 초월하려고 하는 소설'로 나누고 있는 것이다.

'추상적 이상주의' 소설이란 주인공의 영혼이 외부 세계보다 더 좁은 경우의 소설이다. 영혼이 좁다고 하는 것은 유기적 총체성이 소멸되고 신으로부터도 버림받은 세계 속에서 자신의 내적 이상만을 유일한 현실이라고 착각하여 그 이상에 마냥 현혹된 주인공의 내면상태를 일컫는다. 그렇기 때문에 주인공은 자신이 맞서고 있는 외부 세계의 힘과 우월성을 올바르게 파악하지 못한 가운데 자신의 내적인 이상을 외부 세계에서 실현할 수 있으리라 생각하며, 의미를 발견해 낼 유일한 가능성은 자신의 영혼 안에 있다고 믿는다.

루카치는 이와 같이 좁은 영혼의 범주에서 "추상적 이상주의의 마성(魔性)"[85]을 인식한다. 영혼과 세계의 불일치를 그 특징으로 하는 추상적 이상주의 소설의 전범(典範)을 루카치는 세르반테스의 『돈 키호테』로 보고 있으며, 오르테가 이 가세트도 그러했듯, 이 작품을 최초의 위대한 소설로 평가한다. 루카치는 가치의 혼란시대 속에서 직접 그 혼란을 지켜보았던 작가의 작품에서 소설의 기원을 찾고 있는 것이다.[86] 작가 세르반테스는 전통적인 가치를 굳게 신봉했던 충실한 기독교인으로 인식되고 있지만, 다른 한편으로 그의 주인공은 더 이상 영웅의 행동을 인정해주지 않는 세계 속에서 행동하고 있다. 루카치는 이 소설을 "바야흐로 기독교적 신이 이 세계를 떠나려는 시대의 문턱에서 태어난", 다시 말하자면 "고독해지고 그 어디에도 고향을 갖지 못하게 된" 인간이 오직 그 "영혼 속에

---

85) 같은 책, 123~124쪽.
86) 루카치의 『소설의 이론』과 관련하여 『돈 키호테』를 본격적으로 논의한 글로는 J. Cascardi, *The Subject of Modernity* (Cambridge: Cambridge UP, 1992), 72~124쪽을 볼 것.

서만 의미와 실체를 찾을 수 있게 된 시대에" 나타난 "최초의 위대한 소설"[87]이라고 부른다.

신이 떠난 빈자리를 현대 심리의 "마성적 존재"[88]가 차지함으로써 외부 세계와 맺고 있던 모든 관계를 잃어버린 영혼은 이를테면 일종의 궁극적인 현실로 자리 잡은 주관적·심리적 마성에 현혹된 나머지 시간·공간·현실에 대한 의식을 완전히 상실하며, 한편 그러한 영혼의 상태 속에서도 주인공은 그가 선택한 일련의 모험을 계속한다. 객관적 현실이 현실에 대한 자신의 인식에 부합되지 않는다 할지라도 그는 의심도 절망도 하지 않은 채, 이념이란 '당위적'으로 존재하는 것이므로 응당 존재할 수밖에 없다고 결론을 내린다.

따라서 현실과는 관계 없이 자신의 내적 이상을 외부 세계에서 실현할 수 있다는 생각이 광기의 차원으로까지 치달아, 주인공은 일련의 분별 없는 모험을 계속한다. 그의 내면성, 그의 영혼은 외부 세계의 "산문적 통속성"에 맞서 끊임없이 싸워나가지만, 결국 외부 세계의 힘에 의해 좌초되면서 마성적 주관성은 "편집광적 망상"으로 귀착된다.[89] 영웅주의는 그로테스크한 것으로, 신념은 광기로 나타나지 않으면 안 됨을 세르반테스가 보여주고 있다고 루카치는 지적한다.

'추상적 이상주의' 소설과는 반대로 외부 세계보다 영혼이 더 넓은 경우의 두 번째 유형인 '환멸의 낭만주의' 소설에서는, 내면성과 외부 세계 사이의 불일치가 추상적 이상주의 소설에서보다 훨씬 더 크다. "자신의 실존을 위해 자신의 이상을 행동에 옮겨놓음으로써 외부 세계와 갈등을 일으키지 않을 수 없는"[90] 추상적 이상주의 소설의 경우와는 달리, '환멸

---

[87] 루카치, 앞의 책, 133쪽.
[88] 루카치의 용어 '마성적'은 괴테적인 의미로 사용되고 있다. 같은 책, 111~119쪽을 볼 것.
[89] 같은 책, 134쪽, 128쪽.

의 낭만주의' 소설의 주인공은 외부 세계에서의 자아실현은 불가능한 것으로 판단하고, 선험적으로 절망적인, 따라서 굴욕적인 패배로 끝날 수밖에 없는 "낯선 외부적 현실"과의 갈등과 싸움을 회피한 채 자신의 내면 세계를 지향하는 경향이 있다.

이러한 유형의 소설에서 주인공의 영혼은 스스로 자기 만족이 되어 "자신을 단 하나의 진정한 현실, 즉 세계의 본질"[91]로 간주한다. 말하자면 오직 그 자신 안에서만 가치를 발견하며, 외부 세계는 비본질적인 것으로 치부하고 마는 것이다. "선험성으로부터 분리된 자아는 그 자신을 이상적인 현실의 근원으로 인식하게 되고 또 당연한 결과로서 자기자신을 자아실현에 합당한 유일의 질료로 인식하게 된다."[92] 이처럼 "주관적 자아가 갖는 자기만족은 자신을 지키려는 필사적인 자기방어"[93]다.

나르시시즘이 그 유일한 안식처가 되고 있는 이 같은 소설의 대표적인 작품으로 루카치는 플로베르의 『감정교육』을 꼽고 있다. 그러나 루카치는 이 작품의 주인공이나 소설 내의 에피소드에 대한 어떤 상세한 설명도 없이 플로베르의 시간 처리에만 그의 관심을 집중하고 있다. 그러나 프레드릭 제임슨이 주장했듯이, 루카치는 매우 주목할 만한 지적을 하고 있는데, "이전의 소설 형식의 외부 세계는 주로 공간적이었고, 그런 세계 속에서 주인공의 경험은 지리적 공간에서의 방랑과 일련의 모험이라는 형태를 띠었던 반면, 이제 낭만주의적 환멸의 소설에서 외부 현실의 지배적 존재양태는 바로 시간이 될 것"[94]이라는 것이다.

---

90) 같은 책, 144쪽.
91) 같은 책, 146쪽.
92) 같은 책, 155쪽.
93) 같은 책, 149쪽.
94) Fredric Jameson, *Marxism and Form: Twentieth-Century Dialectical Theories of Literature* (Princeton: Princeton UP, 1971), 176쪽; 프레드릭 제임슨, 『변증법적 문학이론의 전개』, 여홍상·김영희 공역 (서울: 창작과비평사, 1984), 184쪽.

루카치는 '환멸의 낭만주의' 소설 형식에서 시간을 가장 중요한 요소로 주목한다. 시간은 주관적인 이념과 외부 현실 사이의 간격을 설정하므로 "모든 것을 타락시키는 하나의 원칙"[95]이다. 루카치에 따르면, 호메로스의 세계에는 어떠한 역사적 변화도 없다. 『일리아스』의 줄거리에는 "시작도 없고 끝도 없다."[96] 서사시는 "시간의 경과라는 것을 알지 못하기 때문에 과거의 체험과 현재의 체험 사이에 질적 차이를 허용치 않는다."[97] 따라서 그 후 예술 작품에의 시간성의 도입은 서사시를 낳은 통합적인 문명의 쇠퇴를 의미한다.

또한 소설은 그 '선험적 고향', 선험적 근원인 서사시로 되돌아가려는 동경을 반영하므로, 소설의 내적 줄거리는 문제적 주인공의 영혼 또는 그의 주관적 이념과 외부 세계 사이에 불일치를 초래한 "시간의 힘에 저항하는 하나의 싸움에 불과하다."[98] 시간은 유기적인 조화—루카치에게 매우 중요한—를 파괴하고 주인공의 실향성을 창조하기에 타락의 한 형식이며, 그렇기 때문에 규범적인 총체성은 시간의 정지를 요구한다. 다른 유형의 소설에도 절대적으로 적용되는 것은 아니지만, '환멸의 낭만주의' 소설에서 시간은 루카치에 의해 부정적으로 인식되고 있다.[99]

루카치가 설정한 세 번째 유형은 '추상적 이상주의' 소설과 '환멸의 낭만주의' 소설을 종합한 '독일 고전주의 소설'로서 괴테의 『빌헬름 마이스터의 수업시대』가 대표적 예다. 이 소설의 주인공은 앞의 두 유형의 주인

---

95) 루카치, 앞의 책, 『소설의 이론』, 162쪽.
96) 같은 책, 69쪽.
97) 같은 책, 168쪽.
98) 같은 책, 162쪽.
99) 형식으로서의 시간이나 시간성에 관해서는 J.M. Bernstein, *The Philosophy of the Novel: Lukács, Marxism and the Dialectics of Form* (Minneapolis: U of Minnesota Press, 1984); Timothy Bahti, *Allegories of History: Literary Historiography after Hegel* (Baltimore: Johns Hopkins UP, 1992), 178~182쪽을 볼 것.

공과는 달리 무조건 외부 세계로 향하지도 않고 또 무조건 내적인 현실에만 몰입하지도 않는다. "괴테의 소설은 순전히 행동만을 지향하는 추상적 이상주의와, 행동을 내면화함으로써 관조의 태도를 취하는 낭만주의 사이에서 하나의 중간 내지 중용의 길을 택하고 있다."[100] 이 소설은 "문제적 개인이 구체적인 사회현실과 화해하는 것을 테마로 삼고"[101] 있기 때문에 루카치는 독일 고전주의 소설이야말로 현실적으로 가능한 최대의 총체성을 획득하고 있다고 본다. 이 소설이 다른 두 유형의 소설보다 우월한 것은 그것이 "행동과 관조, 세계를 향해 영향력을 행사하려는 욕구와 세계로부터 단순히 받아들이기만 하는 수용적인 태도 사이의 평형'을 요구하는 '교육소설'"[102]이라는 데 기인하고 있다.

교육소설에서 그 주인공의 영혼은 현실을 '너무 넓지도' '너무 좁지도' 않게 파악하기 때문에 인간 조건에 대한 성숙한 깨달음에 도달할 수가 있다. 루카치의 견해에 따르면, 괴테는 자유로운 개인들이 창조한 사회적·공동체적 세계의 패러다임을 그 작품 속에서 제시하고 있는데, 이 세계는 "힘든 싸움과 위험한 모험"을 통하여, 그리고 더욱 중요하게는 자기교육의 과정을 통하여 "과거에는 고독하게 자기 자신 속에만 폐쇄, 칩거하고 있던 인물들이 서로 서로 마찰하는 과정을 통하여 자신을 조정하고 적응시킬 수 있다"[103]는 괴테의 신념을 객관화시키고 있다.

앞의 다른 두 소설 형식의 특징을 이루었던 완전한 절망감과 철저한 비관주의도 이 세계 속에서는 "풍부하고 또 풍부하게 만드는 체념"으로 승화될 수 있으며, 이는 "교양이라는 과정을 통해서 얻을 수 있는 마지막 승리인 동시에 투쟁과 노력을 통해 얻어지는 성숙인 것이다. 이러한 성숙

---

100) 루카치, 앞의 책, 『소설의 이론』, 179쪽.
101) 같은 책, 175쪽.
102) 같은 책, 179~180쪽.
103) 같은 책, 176쪽.

의 내용은, 곧 사회적인 삶의 모든 형식을 인간 공동체의 필수불가결한 형식으로 이해하고 또 긍정하는 자유로운 인간성의 이상이다."[104]

이성적인 주체들이 그들의 뜻과 생각을 자유롭게 소통할 수 있는, 하버마스적인 사회의 이념에 적합한 공동체사회를 루카치는 괴테에서 발견하고 있다.[105] 그러나 그는 괴테의 소설에 대해서도 "유토피아적 의도 때문에 작가는 단지 그 시대에 주어진 문제점만을 기록하는 데 머무를 수밖에 없었고, 또 실현될 수 없는 의미를 바라보면서 주관적으로 체험하는 데 만족할 수밖에 없었던 것이다"[106]라고 결론을 내림으로써 결국 그 소설에서도 이상과 현실의 간격은 극복될 수 없었다고 밝히고 있다.

루카치가 보여주었듯이, 사실상 그 모든 점에서 소설은 서사시의 안티테제다. 서사시가 "그 자체로서 완결된 삶의 총체성을 형상화한다면, 소설은 형상화 과정 자체를 통해 숨겨진 삶의 총체성을 찾아내어 이를 구성하고자 한다."[107] 바꿔 말하면 서사시에서 총체성은 "주어져 있는 총체성", 그렇기 때문에 객관적 또는 '초주관적', '선험적'인 데 반하여,[108] 소설에서의 총체성은 "찾아야만 하는 총체성"이며, 그렇기 때문에 주관적이다. 그러므로 소설에서도 총체성이 성취되는 것처럼 보일 수는 있지만, 이러한 성취는 순전히 주관적일 따름이며, 루카치에 따르면 구체성, 즉 객관적인 현실과는 간격을 가지는, '추상적'인 것에 불과하다.

루카치는 '추상적'이라는 말을 헤겔과 똑같은 의미로 사용하고 있다. "소설의 요소는 헤겔적인 의미에서 완전히 추상적이다. 유토피아적인 완

---

104) 같은 책, 178쪽.
105) Anthony J. Cascardi, 앞의 책, 75~76쪽을 볼 것.
106) 루카치, 앞의 책, 『소설의 이론』, 191쪽.
107) 같은 책, 76쪽.
108) 같은 책, 60쪽.

성을 향해 나아가며 자신과 자신의 욕망만을 참된 실체로 여기는 인간의 동경은 추상적인 것이다."[109]

서사적 주인공의 의식 상태는 소설적 주인공의 의식 상태인 '창조적인 주관성'과는 달리 '수용적인 주관성'이다. 루카치는 "창조적인 주관성은 서정적인 차원에 머무를 뿐이며, 모든 것을 있는 그대로 순순히 받아들이는 주관성, 즉 겸손한 마음으로 자신을 세계의 순수한 수용기관으로 변모시킬 줄 아는 주관성만이 전체성의 계시라는 은총을 누릴 수가 있다"[110]고 말한다. 서사적 주인공은 자신을 망각할 수 있으며 그 덕분에 세계의 관찰자가 될 수 있지만, 소설의 주인공의 존재방식은 철저히 자의식적이다.

소설은 한마디로 객관이 주관에 의해 그리고 주관을 통해 목격되어지는 장르다. 그러나 루카치는 이른바 "주관의 끊임없는 고양"[111]을 곱게 보지 않는다. 내면성을 "고난의 길"[112]로 간주한 그는, 이 추상성의 위험을 피하고 주관과 객관, 내면 세계와 외면 세계의 종합을 꾀하기 위해 주관적인 윤리를 통해 기존의 윤리관을 새로운 차원으로 교정한다는 아이러니를 소설 형식의 한 구성 요소로 설정하고 있다.

루카치에게 총체성의 개념이 모든 담론행위의 평가를 위한 절대적인 지평으로 인식된다면, 소설의 "규범적 의도"[113]에 부응하는 것은 아이러니다. 루카치는 아이러니를 "주관성의 자기인식과 자기지양"[114]이라고 규정함으로써 전적으로 변증법적 · 헤겔적인 해석을 내리고 있지만, 아이러니가 그리 간단하게 변증법적인 것으로 받아들여지지는 않는다는 사실

---

109) 같은 책, 90쪽.
110) 같은 책, 90쪽.
111) 같은 책, 154쪽.
112) 같은 책, 119쪽.
113) 같은 책, 108쪽.
114) 같은 책, 95쪽.

은 "내면 세계와 외면 세계 사이의 상호 이질감과 적대적 성격은 지양되지 않고 단지 필연적인 것으로 인식될 뿐이다"[115)]라는 지적에서 곧바로 분명해진다. 루카치가 여기서 사용하는 아이러니는 헤겔적이라기보다는 헤겔이 '절대적 주관성'이라고 비판했던 독일 낭만주의자들의 아이러니에 가깝다. 말하자면 어떠한 한계도 모르고 종합이나 총체성의 어떠한 가능성도 배제했던 까닭에 헤겔이 파괴적이고 위험스러운 것으로 보았던 그런 아이러니에 가까운 것이다. 그는 이렇게 말하고 있다.

> 아이러니는 '외부 현실과 주인공의' 싸움이 아주 절망적이라는 사실뿐 아니라 싸움의 포기는 더욱더 절망적이라는 사실을 잘 알고 있다…… 또한 아이러니는 현실을 승리자로 형상화하고 있으면서도, 현실에 패배당하는 이념 앞에서 현실은 아무런 의미가 없으며 나아가 이러한 현실의 승리는 결코 궁극적인 승리가 될 수 없을뿐더러 새로운 이념의 반항에 의해 언제든지 동요될 수 있다는 점을 보여주고 있다.[116)]

그러나 작가의 아이러니는 총체성을 실현하려고 노력하다가 결국 파멸하는 주인공을 향하고 있을 뿐 아니라 객관적인 현실과의 "싸움이 부질없음과 결국에는 현실의 궁극적 승리를 인정하게 되는 자신의 지혜를 향하고 있음"[117)]을 보여줌으로써, 루카치는 종국에는 형식적인 구성 원칙으로 아이러니의 위치를 회복시킨다. 소설은 총체성을 추구하지만 그것을 성취할 수는 없기 때문에 자기 지시적이고 반성적인 특징적 자세를 지닌다. 루카치는 "반성을 하지 않으면 안 된다는 사실은 위대하고 참된 모든 소설이 지니는 가장 깊은 멜랑콜리다"[118)]라고 주장한다.

---

115) 같은 책, 96쪽.
116) 같은 책, 110쪽.
117) 같은 책, 109쪽.

그리하여 루카치는 "아이러니는 마지막 한계에 도달한 주관성의 자기 지양으로서의 객관성"이며 이는 "신이 없는 세계에서 얻을 수 있는 최고의 자유"[119]라고 체념적으로 말하고 있다.

루카치는 이리하여 서사문학의 길은 선험적인 근원 또는 '선험적인 고향'—호메로스의 서사시—에서 내면성이라는 '고난의 길'을 거쳐 "성숙한 상태의 멜랑콜리"[120]—소설—에 이르는 길이라 파악하고 있다. 그는 인간 내면성의 경이로운 힘에도 '주관의 끊임없는 고양'을 결코 긍정적으로 평가하지 않았다. 선험적 고향인 호메로스의 서사적 세계를 향한 동경이 계속 그에게 남아 있었듯이, 객관성에 대한 집착—처음에는 플라톤적, 후에는 헤겔적, 궁극적으로는 마르크스적—또한 그에게서 일생 동안 떠나지 않았던 것이다.

루카치는 도스토옙스키의 작품에 이르러 비로소 '새로운 세계'가 열릴 수 있는 가능성이 있음을 지적했지만, 네 번째 유형의 소설의 특징이 되고 있는 톨스토이의 작품에도 그 잠정적인 가능성이 있음을 피력하고 있다. 『소설의 이론』의 마지막 장인 「톨스토이와 삶의 사회적 형식을 넘어서려는 시도」에서 루카치는 오직 러시아에서만 서사시의 회복이 가능할 수 있음을 분명히 밝히고 있다.

이 시기에 루카치의 아내는 우리가 조금 지나서 살펴볼 러시아의 급진주의 혁명가 레나 그라벤코—루카치는 이 여자에게 그의 『소설의 이론』을 바쳤다—였다. 당시 루카치는 러시아가 '우리를 서구의 문명으로부터 구원할 수 있는가' 하는 가능성의 문제—비록 그 가능성의 방법에 대

---

118) 같은 책, 108쪽.
119) 같은 책, 120쪽. 그리고 루카치의 아이러니에 관한 포괄적인 논의는 J.M. Bernstein, 앞의 책, 제6장 "Transcendental Dialectic: Irony as Form"에서 다루어지고 있다.
120) 루카치, 같은 책, 110쪽.

해서는 정확히 알지 못했지만—에 골몰하고 있었던 것 같다. 서구보다는 한층 공동체적인 성격의 사회를 구성하고 있던 러시아에서 "19세기의 문학은…… 유기적이고 자연적인 원초적 상태에 보다 가까이 접근해 있었기 때문에"[121] 호메로스의 서사시에 나타난 규범적인 총체성을 훌륭히 표현해 내고 있는 것이라 루카치는 보고 있다.

그에게 톨스토이는 "유럽 낭만주의를 마무리하는 작가"[122]로서, 이 작가는 자연과 밀접한 관계를 맺고 있는 본질적인 공동체의 삶을 묘사하려는 강한 욕구 가운데 서사시로 나아가려는 초월적인 성격의 소설 형식을 제시하고 있다. 그렇기 때문에 루카치도 마르크스주의적 시기인 1936년에 톨스토이를 가리켜 "객관적 대상들의 총체성"을 묘사하는 "호메로스의 진정한 아들"[123]이라고 규정했다. 그러나 톨스토이의 한계는 "인간과 사건의 총체성은 문화의 바탕 위에서 가능"[124]한 것인데도, 총체화의 영역을 지나치게 자연에 집중하고 있다는 점이다. 루카치는 땅으로 복귀하려는 시도를 인위적이고 실현 불가능한 것으로 규정하면서 미래의 공동체는 인간을 자연에 묶는 공동체가 아니라 인간을 인간에 묶는, 인간 사이의 사회적 공동체가 되어야 함을 암시하고 있다. 그리하여 루카치는 마지막으로 도스토옙스키에게 그의 눈길을 돌린다.

루카치는 "도스토옙스키와 그의 작품 형식이 지금까지 논의에서 제외되었던" 이유를, 그의 작품에서 보이는 비전이 "19세기 유럽의 낭만주의, 또는 그에 반대하는 각양각색의 낭만주의적 반동과는 아무런 관련이 없

---

121) 같은 책, 195쪽.
122) 같은 책, 204쪽.
123) Georg Lukács, *Studies in European Realism* (New York: Grosset & Dunlap, 1964), 153쪽.
124) 루카치, 앞의 책, 『소설의 이론』, 197쪽.

을" 정도로 도스토옙스키는 "이미 새로운 세계에 속해 있는" 인물이며 또한 "그동안은 아무런 소설도 쓰지 않았기" 때문이라 주장하고 있다.[125] 그러나 도스토옙스키에게서 나타나는 "새로운 규범적 총체성"[126]에 대한 비전이 과연 어떤 것인지를 뚜렷이 밝히지 않은 채, 루카치는 "과연 그가 이미 이처럼 새로워진 세계의 호메로스나 단테인지 아닌지, 아니면 훗날 시인들이 지난 시대의 시인들과 더불어 통일성을 유지하며 엮어낼 그렇고 그런 노래를 제공하고 있는 시인은 혹 아닌지, 그는 단지 시작을 뜻하는지 아니면 이미 완성을 뜻하는지—이러한 의문점은 그의 작품형식 분석에 의해서만 밝혀질 수 있을 것이다"[127]라는 말로 『소설의 이론』 마지막 장을 맺고 있다.

이렇게 볼 때 『소설의 이론』은 우리가 앞서 지적했던 대로 일찍이 그가 계획했던 도스토옙스키에 대한 원대한 저작의 서론에 불과한 것인데, 제1차 세계대전의 충격이 이 마지막 장을 계속 이어나갈 그의 계획을 좌절시킨 것이다. 때문에 『소설의 이론』에서는 '새로운 규범적 총체성'에 대한 도스토옙스키적인 비전이 무엇인지 전혀 부각되지 않고 있다. 그렇지만 적어도 우리는 이 책에서 루카치가 어떤 변화의 자세를 보이고 있는가를 밝힘으로써 그것이 도스토옙스키적인 비전과 어떻게 연결되고 있는가를 파악할 수가 있을 것 같다.

『소설의 이론』에서 루카치가 오늘날의 "고독은 운명에 붙잡혀 노래가 되어버린 영혼의 도취일 뿐만 아니라 동시에 자기 혼자만의 삶을 살게끔 운명 지어진, 그러면서도 공동체를 목마르게 갈구하는 피조물의 고통인 것이다"[128]라고 말하고 있듯이, 공동체를 향한 목마른 갈구는 그

---

125) 같은 책, 206쪽.
126) Martin Jay, *Marxism and Totality: The Adventures of a Concept from Lukács to Habermas* (Berkeley: U of California Press, 1984), 97쪽.
127) 루카치, 앞의 책, 『소설의 이론』, 206쪽.

의 젊은 날 이래 단 한번도 그에게서 떠난 적이 없었다. 도스토옙스키를 언급하면서 『소설의 이론』을 마무리하는 마지막 장에는 그가 추구하는 '공동체'의 이념이 불투명한 비전 아래 나타나고 있지만, 불행히도 도스토옙스키의 작품과 자신의 글에서도 공동체의 이념은 결코 구체화되지 못했다.

1918년 마르크스주의로 전향해 본격적으로 마르크스주의의 길을 걷기 전까지 루카치가 가졌던 정치적인 비전은 대단히 추상적이고 '유토피아적'이었기에 그가 도스토옙스키에게서 찾던 공동체의 이념도 그만큼 추상적이고 '유토피아적'이었다. 이때의 루카치는 자본주의의 본질을 계급통치와 착취로 파악하기보다는 단편화와 비인격화의 비극적인 과정으로 파악했기 때문에, 그 해결의 가능성을 계급투쟁이 아니라 종교와 같은 정신적인 매개물을 통한 집단적인 경험 형태를 통해 함께 어울려 살아가는 새로운 형식의 유기적 공동체의 창조에서 찾았다. 기독교와 비슷한 본질을 가진 것으로 생각했던 마르크스주의를 루카치는 사회적 통합과 유기적 공동체를 이루어낼 수 있는 잠재적인 수단으로 보았지만, 그럼에도 마르크스주의는 이에 성공을 거두지 못하고 있다고 느꼈다. 아무튼 우리는 이러한 "좌파적 윤리"[129]가 왜 톨스토이를, 그리고 무엇보다도 도스토옙스키를 그 출발점으로 삼고 있는가 하는 문제를 제기할 수밖에 없다.

그전에 물론 니체가 있었지만, 20세기 초 독일 지식인들 사이에서는 서구적 합리주의의 비인간성과 개인주의에 환멸을 느껴, 비(非)파우스트적인 세계로 특징 지어지는 내적·신적인 세계의 러시아 문학을 향한 강렬한 동경이 있었다. 이중에는 루카치의 친구 파울 에른스트처럼 도스토옙스키를 러시아적 허무주의의 위험한 예언자로 보는 자들도 있었지만, 다

---

128) 같은 책, 54쪽.
129) Geerg Lukács, 앞의 책, *Record of a Life*, 15쪽.

른 한편으로 베버 같은 이는 처음에는 러시아인의 종교적인 태도를 '탈마법화(脫魔法化)의 세계에 대한 하나의 가능한 대안으로 존경했고, 나아가 러시아의 정신주의자들, 특히 도스토옙스키와 톨스토이에게 매료되었었다.

도스토옙스키를 연구하기 위해 틈틈이 준비한 그의 노트가 조금씩 드러내주듯이, 루카치 또한 사람들이 지위·계급·가족적 혈연 같은 것에 얽매임 없이 서로를 아낌없이 사랑하고 이해하는 가운데 더불어 살아가는 '사회적 공동체'에 대한 비전을 가졌다. "영혼에서 영혼으로"[130] 직접 가 닿는 이러한 교감은 그때까지 신비의 관계 속에서 신비주의자들에 의해서나 경험할 수 있는 것이었지만, 도스토옙스키의 업적은 그와 같은 상호이해와 연대가 개인 사이에서도 존재할 수 있다는 것, 그리하여 과거의 유아독존적인 개인주의적 고립에서의 탈피가 가능함을 그 작가가 보여주었다는 사실에 있음을 루카치는 지적했다. 루카치는 1914년과 1917년 사이에 틈틈이 쓴 윤리에 관한 단편적인 글 가운데 하나에서, 이 새로운 전망으로부터 새로운 깨달음이 나오는 것이라고 다음과 같이 말했다.

우리 각자는 우리 이외의 모든 사람과 세계의 모든 것에 대해 죄를 짓고 있다. 세계의 일반적인 도덕적 타락 때문만이 아니다. 개개인 모두 이 지상의 모든 사람에게 집단적·개인적으로 책임이 있는 것이다. 이러한 통찰이 삶의 극치다.[131]

사회 이론가로서 초기의 루카치는 지멜이나 베버와 더불어 부르주아지 사회에 만연되어 있는 소외 현상을 전체적으로 극복한다는 것은 불가능

---

130) Georg Lukács, 앞의 책, *Selected Correspondence 1902~1920*, 248쪽.
131) Ernst Keller, 앞의 책, 214쪽에서 재인용.

하리라고 믿었지만, 그럼에도 그들과는 달리 궁극적인 체념에 빠지는 대신 끊임없이 새로운 '사회적' 공동체의 필요성을 강조했다. 이러한 그에게 도스토옙스키는 그 가능성의 지평을 열어준 작가였으며, 또 이를 위한 바람직한 "새로운 인간"[132]을 예고한 작가였다.

마르크스주의자가 된 뒤 1931년, 한때 그는 자신의 젊은 시절 혁명의 이상을 고무시켰던 도스토옙스키를 이상하게도 격하시켜 최악의 경우 '짜르 제국의 작가', 최상의 경우에도 기껏해야 '낭만주의적 반(反)자본주의의 프티 부르주아지 문학'의 작가로 규정짓는 태도를 보이기도 했었다. 그러나 그것도 한때일 뿐, 루카치에게 도스토옙스키는 그전이나 그 후나 오로지 유토피아적인 세계, "기계적이고, 비인간적이며, 영혼이 없는 자본주의의 온갖 물화된 사회가 지양되는 세계"[133]를 보여준 소설가였다.

1943년의 도스토옙스키에 대한 논문뿐만 아니라 1946년, 러시아 리얼리즘 작가들에 대한 논문에서도 루카치는 "톨스토이는 농민, 도스토옙스키는 도시의 고통받는 하층민, 고리키는 프롤레타리아트와 가난한 농민에게 각각 뿌리를 두고 있다. 그러나 이 세 작가 모두 다 인민의 해방을 추구하고 싸웠던 이 운동(위대하고 진보적인 '인민운동')에 그들의 가장 깊은 영혼의 뿌리를 박고 있다"[134]고 진술한 바 있다. 1969년의 헝가리판 논문집 『마르크스로 가는 길』의 「서문」에서도 루카치는 자신이 초기에 취했던 '기존체제의 바로 그 토대에 반대하는, 낭만주의적인 반자본주의적

---

132) 같은 책, 202쪽; Werner Jung, *Georg Lukács* (Stuttgart: Metzler, 1989), 69쪽.
133) Michael Löwy, "Naphta or Settembrini? Lukács and Romantic Anticapitalism", *New German Critique* 42 (1987, 가을호), 22쪽.
134) Georg Lukács, "vowort"(1946), *Der russische realismus in der Weltliteratur*, Werk 5 (Neuwlied und Berlin: Luchterhand, 1964), 11~12쪽; Michael Löwy, 같은 글, 28쪽에서 재인용.

반항'[135)]은 도스토옙스키에 대한 혁명적인 해석에 의해 주로 고취되었다고 고백했다.

요컨대 루카치에 따르면, 도스토옙스키의 작품은 자본주의의 발달에 의해 도덕적·영적으로 타락해버린 부르주아지의 개인주의 세계와 서구적 합리주의 세계에 맞서는 강력한 항변을 담고 있으며,[136)] 비인간적인 세계, 즉 '게젤샤프트'에 맞서 화가 클로드 로랭이 자신의 그림 「아키스와 갈라테이아」에 투영했던 호메로스의 서사적 세계인 과거의 황금시대를 도스토옙스키 또한 자신의 작품 속에 투영하고 있다는 것이다.

도스토옙스키에 대한 1943년의 한 논문에서 루카치는 "클로드 로랭의 그림인 「아키스와 갈라테이아」에 대해 갖고 있는 도스토옙스키의 기억은 그의 소설 속에 여러 번 반복하여 나타난다. 그 그림은 그의 주인공들에게 '황금시대'로 일컬어지고 있으며, 그들의 가장 깊은 동경의 가장 강렬한 상징으로 묘사되고 있다"[137)]고 말했다. 『악령』 등 도스토옙스키의 작품 속에 세 번씩이나 잃어버린 낙원의 표상으로 등장하는 로랭의 이 그림은 루카치의 연구에 결정적인 기여를 하고 있는 레위에 따르면, 도스토옙스키가 상당 기간 살았던 드레스덴 마을의 박물관에 소장되어 있던 작품으로, "인간과 자연, 인간과 인간 사이의 절대적인 조화의 영역으로 이상화된 고대 그리스에 대한"[138)]을 표현하는 것이었다고 전해진다.

여기서 우리는 루카치가 추상적으로나마 도스토옙스키에서 찾고자 했

---

135) Georg Lukács, "Mon chemin vers Marx", *Nouvellles Etudes Hongroises*, 8 (1973), 80쪽, 82쪽; Michael Löwy, 같은 글, 31쪽에서 재인용.
136) Werner Jung, 앞의 책, 67~68쪽.
137) Michael Löwy, 앞의 책, *Georg Lukács—From Romanticism to Bolshevism*, 115쪽에서 재인용.
138) 같은 책, 115쪽. 도스토옙스키를 매혹시킨 그림 「아키스와 갈라테이아」가 소장되어 있는 드레스덴 박물관을 방문해 그 그림을 보고 그에 대한 인상을 토로하는 김윤식, 「도스토예프스키·루카치·카프카—드레스덴에서 프라하까지」, 『환각을 찾아서』(서울: 세계사, 1992), 411~419쪽을 볼 것.

던 이상적인 세계가 무엇인가를 가늠할 수가 있다. 그것은 일종의 황금시대, 즉 독일 낭만주의자들이 '온전한 세계'로 일컬었던 호메로스의 서사적 세계, 그 유기적인 공동체다. 다시 말하면 도스토옙스키의 황금시대에 대한 비전은 호메로스의 그리스를 향한 동경에서 재발견되고 있는 것이다. '물화'의 냉혹한 진행과 그에 따른 '문명'에 의해 주도되는 '문화'의 파괴와 소외를 불러일으킨 "자본주의의 몰(沒)문화적 풍토"[139]에 대한 강한 증오를 버리지 못했던 루카치는 도스토옙스키의 황금시대를 이러한 자본주의세계의 안티테제, 절대적인 부정으로 인식했다.[140] 루카치에게 있어서 자본주의는 사실상 그리스의 종언이다. 그렇기 때문에 자본주의의 절대적 부정 속에는 잃어버린 과거에 대한 동경뿐만 아니라 유토피아적인 미래로 향하는 길을 밝혀주는 "메시아적 미래의 전조"[141]도 내비치고 있는 것이다. 제임슨은 이렇게 표현하고 있다.

　　루카치는 이 책의 결말에서, 소설이 서사시로 변형되기 위한 전제조건은 소설가의 의지가 아니라 그가 속한 사회와 세계의 변형임을 명백히 하고 있다. 부활된 서사시란 세계 자체가 변형되고 갱생되기 전에는 나타날 수 없다. 그러므로 도스토옙스키의 소설이 그처럼 완전히 인간화된 궁극적인 유토피아에로의 일별을 제공한다는 그의 마지막 지적은 공식적인 분석이라기보다는 예언이라 보는 것이 타당하다.[142]

『소설의 이론』에 나타나고 있는 루카치의 이 유토피아적 사유의 초기

---

139) 루카치, 앞의 책, 『소설의 이론』, 21쪽.
140) 사실 도스토예프스키의 이러한 인식은 그의 중편소설 『지하생활자의 수기』에서 가장 극명하게 나타나고 있다.
141) Michael Löwy, 앞의 책, 121쪽; Werner Jung, 앞의 책, 70쪽도 볼 것.
142) Fredric Jameson, 앞의 책, *Marxism and Form*, 178쪽; 프레드릭 제임슨, 앞의 책, 『변증법적 문학이론의 전개』, 186쪽.

형식은 후에 마르크스주의로 전향함을 예기하고 있다. 그러므로 우리는 어떤 의미에서는 그의 마르크스주의적인 글은 『소설의 이론』에 나타났던 기본적인 도식의 반복이라 주장할 수도 있는 것이다. 『소설의 이론』 전체를 통해 비극적인 세계관으로 가득 차 있던 루카치의 우울한 목소리는, 그 결말에 이르러 추상적이지만 새로운 세계에 대한 도스토옙스키적인 비전이 어렴풋이 예시됨으로써 어느 정도 극복되고 있는 것으로 보인다.

러시아의 젊은 테러리스트들과 루카치

우리는 '영혼에서 영혼으로' 이르는 삶을 추구하려다 이르마를 그 순수의 제단 앞에 제물로 바치고 만 루카치에게, 거룩한 삶, '선한' 삶은 더 이상 유아독존적인 영혼의 순수를 전제로 하지 않노라고 가르쳤던 것이 도스토옙스키였음을 이르마의 자살과 연결해서 논하는 가운데 이미 지적한 바 있다. 자신의 저서 『영혼과 형식』을 죽은 이르마에게 바쳤고 『소설의 이론』 역시 또 한 명의 여성 레나 그라벤코에게 바쳤듯이, 루카치에게 여성은 그의 지적인 삶의 여정에 커다란 발자국을 남기고 있다.

1913년에 그가 부다페스트 시절의 친구 발라즈의 소개로 파리에서 만나 아버지의 강력한 반대에도 무릅쓰고 1914년 하이델베르크에서 결혼한 그라벤코는, 보리스 사빈코프와 칼리아예프 등 러시아 아나키스트들과 더불어 루카치에게 도스토옙스키적인 주인공들의 이미지를 표상하는 인물이었다. 또한 루카치로 하여금 도스토옙스키와 그의 작품세계에 대한 방대한 연구를 추진하도록 박차를 가하게 한 계기가 되었던 여성이었다. 파울 에른스트가 그라벤코를 회상하며 "루카치는 말하자면 도스토옙스키와 결혼했다. 그는 그의 러시아, 현실에 존재하지 않았던 그의 도스토옙스키적인 러시아와 결혼했다"[143)]고 회고할 정도로, 이 여성은 루카치와 발라즈를 비롯한 그의 동료들에게 또 하나의 소냐, 즉 도스토옙스키의 주인공들의 살아 있는 화신으로 떠올랐다. 러시아 혁명기 동안 갓난아이의 포대기 속에 폭탄을 감추고 테러행위를 했을 만큼 짓밟히고 고통에 찬 인민을 위해 도스토옙스키의 주인공과 같은 '선한' 삶을 택했던 당시 러시아의 급진주의 학생 그라벤코는, 일찍이 짜르 정권 아래서 감옥 생활을 하던 가운데 타인을 위해 자신의 영혼을 바치는 삶을 살리라 굳게 결심한 여인이었다.

예술가로 변모한 수많은 러시아 출신 급진주의 망명객과 마찬가지로 파리의 보헤미안 무리에 합류한 그라벤코는, 발라즈 형제와 놀아났을 뿐 아니라 루카치와 결혼한 직후에도 정신질환을 앓고 있던 한 젊은 음악가와 미친 듯한 사랑에 빠지는 등, 육체적으로는 극도로 타락한 여성이었다. 하지만 그녀의 영혼은 한없는 성스러움으로 자기희생을 추구하는 도스토옙스키적인 소냐의 또 하나의 모습임이 분명한 여인이었다. 전쟁의 발발로 젊은 음악가 브루노 스타인바흐와 한 아파트에서 동거하게 되었을 때, 루카치는 그가 자주 그라벤코를 구타하고, 자신을 죽이려고 위협하며, 그의 원고를 소각하려 했기 때문에 함께 지내기가 난감했을 때조차 끝내 아내로 하여금 그 젊은이를 버리지 못하도록 했다. 루카치는 세 사람이 어느 날 함께 죽어 있는 상태로 발견될지도 모른다고 발라즈에게 토로할 정도로 그 젊은 음악가를 두려워했지만, 그럼에도 그를 정신병원에 보내기를 거부했으며, '자기희생'의 일환으로 브루노와 함께 살지 않으면 안 된다고 호소하는 그라벤코에게 그를 맡긴 채 결혼생활 3년 만에 아내의 곁을 떠났다.

그러나 그 후에도 루카치와 그라벤코와의 우정에는 변함이 없었다. 그

---

143) Michael Löwy, "Interview with Ernst Bloch", *New German Critique*, 9 (1976, 가을호), 44쪽.

가 부부로서 그녀와의 관계를 완전히 청산한 1917년 11월 7일은 사랑하는 러시아에서 레닌과 볼셰비키들이 권력을 잡은 날이었다. 그의 첫 결혼은 사랑의 완성이나 인간적인 애정의 실현이라기보다는 윤리적인 이상의 확인이었다. 세속적인 의미에서 그라벤코는 아내로서 결코 충실치 못한 여성임을 충분히 알고 있으면서도, 루카치는 자신의 결혼을 그가 '선한' 삶을 펼쳐 보일 수 있는 윤리적인 역할의 연습무대로 삼았던 것이다. 루카치가 러시아의 아나키스트 사빈코프와 칼리아예프 등에게 관심을 가지게 된 것도 그라벤코를 통해서였다.

칼리아예프는 러시아 사회주의혁명당의 테러단 조직원 가운데 가장 매혹적이고 이상주의적인 청년이었다. 1877년 6월 24일, 바르샤바에서 태어나 모스크바와 페테스부르크에서 수학한 그는 동료학생들과 마찬가지로 짜르 정권을 증오했으며, 문학에 대한 높은 관심──그의 동지들은 그를 '시인'이라고 불렀다──에도 불구하고 1903년, 친구 사빈코프의 권유에 따라 테러단에 가담했다. 그는 당시의 내무상이자 짜르의 삼촌인 대공 세르게이를 암살할 계획에 참여했는데, 사빈코프의 주도적인 역할 아래 이 암살 계획에는 그라벤코와 마찬가지로 혁명의 대의를 실천하기 위해서라면 목숨까지도 기꺼이 바치고자 했던 젊은 특수 요원들이 대거 참가했다. 그들은 자신들의 '거룩한 사명'에 의해 하나가 되어, 루카치가 동경했던 일종의 '게마인샤프트'를 이루었다. 사빈코프는 "우리는 하나의 이념, 하나의 목적에 따라 사는 형제였다"[144)]고 회상했다.

루카치가 강한 인상을 받았던 것은 이 젊은 테러리스트들의 강렬한 도덕적·종교적 자세였다. 칼리아예프를 회상하는 가운데 사빈코프는 "그의 예술과 혁명에 대한 사랑은 그의 영혼을 태우던 것과 똑같은 불, 즉 그

---

144) Boris Savinkov, *Memoirs of a Terrorist*, Joseph Shaplen 옮김 (New York: Albert and Charles Boni, 1931), 47쪽; Lee Congdon, 앞의 책, 102쪽에서 재인용.

의 은밀하고 무의식적인, 그러면서도 강하고 깊었던 종교적인 본능에 의해 밝게 불타오르는 것이었다"[145)]고 말했다. 이 종교적 자세는 세르게이를 암살하려는 계획을 실천에 옮기려는 바로 그 순간 적나라하게 표출되었다. 1905년 2월 2일 대공 세르게이의 마차를 겨냥해 폭탄을 쥔 손을 들어 올리던 찰나, 대공의 부인과 아이들이 그 마차 속에 있는 것을 목격한 칼리아예프는 자신과 동지들의 위험에도 아랑곳없이 들었던 손을 내리고 그곳을 떠났다. 사빈코프에게 그 상황을 보고하면서 "어떻게 어린아이들을 죽일 수 있는가?"[146)]라고 물었던 그는, 이틀 후에 그 대공을 암살했으며 재판에서는 당당하게 자신의 행위에 대한 정당성을 표명한 다음 교수형에 처해졌다.

알베르 카뮈가 그의 『반항적 인간』에서 러시아의 전 테러리스트들 가운데 "가장 특수한 인물들", 다시 말하면 "반항의 가장 순수한 이미지"[147)]로 표상했던 칼리아예프와 그의 동지들은, 짜르 정권의 독재와 착취를 종식시키기 위해서는 폭력행위가 불가피한 수단임을 인정했지만 폭력 그 자체를 정당화하지는 못했다. 바꿔 말하자면 혁명을 위해서 폭력은 불가피하지만 폭력 자체가 정당화되어서는 안 된다는 이율배반적인 역설에 그들은 고민했던 것이다. 그들은 어떻게 이 딜레마에서 빠져나올 수 있었던가? 그들 또한 '역사'에 호소했을까? 역사에 호소한다는 것은 그들이 대처하고 해결해야 할 이 실제적인 긴장에서 완전히 고개를 돌려버리는 것과 같은 일종의 회피행위였다.

"따라서 이 무정부주의자들은 혁명을 위해서 살인의 불가피성을 받아

---

145) Boris Savinkov, 같은 책, 38쪽. 그리고 Lee Congdon, 앞의 책, 103쪽에서 재인용.
146) Boris Savinkov, 같은 책, 99쪽. 그리고 Lee Congdon, 앞의 책, 103쪽에서 재인용.
147) Albert Camus, *L'Homme revolte* (Paris: Pléiade, 1969), 209쪽.

들였지만, 살인의 대가로 반드시 그 자신의 목숨을 희생시킨다는 원칙을 통해서 그 모순을 해결하고자 했다."[148] 그렇게 함으로써 그들은 그들의 행위뿐만 아니라 그들의 책임까지도 확인하려고 했다.

자신이 '현대적 러시아의 영혼'을 배우고 이해했던 것은 사빈코프로부터였다고 밝혔던 루카치는 이 러시아의 테러리스트이자 니힐리스트가 남긴 가장 '러시아적'인 소설 『창백한 말〔馬〕』(1909)에서 깊은 감동을 받았다. 그라벤코의 번역에 힘입어 루카치가 부분적으로 읽었던 일기 형식의 이 소설은 지방장관의 암살을 기도하는 다섯 명의 테러리스트에 대한 이야기다. 테러 행위의 도덕적인 딜레마를 깊이 인식하고 있는 두 사람을 중심으로 전개되는 이 소설의 줄거리는 칼리아예프를 모델로 하고 있다. 마치 칼리아예프처럼 철저히 종교적인 주인공 바니아는 "죽이는 것은 커다란 죄다. 하지만…… 인간이 자신의 친구들을 위해 그의 목숨을 버리는 것, 이보다 더 큰 사랑을 인간은 가지지 못하리라"라고 주장하면서 "인간은 그의 목숨보다 더한 것, 그의 영혼을 버리지 않으면 안 된다"[149]는 결론을 내린다. 이 결론과 더불어 그는 도덕적 딜레마로부터 빠져나와 지방장관을 암살하고 교수대에 오른다.

전체 인간을 위한 이 같은 사랑의 실천을 이유로 테러행위를 사랑의 행위와 동일시했던 사빈코프는 바니아를 성인(聖人)으로 취급했다. "그리스도의 부활을 믿는 자는 행복하다. 사회주의와 앞으로 지상에 올 낙원을 믿는 자는 행복하다"[150]고 말하던 그는 칼리아예프와 더불어 루카치에게 도스토옙스키의 주인공들의 정치적인 화신이었다. 그는 사회의 형식적인

---

148) 졸고, 「한 무정부주의자의 정치윤리」, 『우리시대의 리얼리즘』 (서울: 한길사, 1983), 180쪽. 필자는 이 글에서 러시아 테러리스트 칼리아예프를 극화한 카뮈의 『정의의 사람들』을 본격적으로 다룬 바 있다. 같은 책, 179~194쪽을 볼 것.
149) Rosphin, 「Bois Savinkov」, *The Pale Horse*, Z. Vengerova 옮김 (New York: Alfred A. Knof, 1919), 10~11쪽.
150) 같은 책, 8쪽.

도덕률을 자기희생이라는 보다 높은 충동으로 대체함으로써, 또 개체의 가치를 전체의 가치로 대체함으로써 루카치로 하여금 "사회주의의 형이상학"[151]——루카치가 칭한 용어——에 관심을 돌리게 했다.

이와 같은 루카치의 지적·윤리적인 발전을 참작한다면 그가 1918년에 마르크스주의자로 전향했던 것은 '일요 서클'의 한 동료가 '사울에서 바울로' 갑작스러운 변화라 일컬었던 것과는 달리 그다지 돌연한 것도 우발적인 것도 아니다. 그의 전향은 루카치 자신도 말했고 또 레위도 강조했듯이, 마르크스주의자로 전향하기 이전의 그의 지적, 윤리적 발전의 논리적인 결과였고, 제1차 세계대전 이전의 그의 뚜렷한 입장이었던 '낭만주의적 반자본주의'와 밀접한 연관을 가지고 있는 것이기도 하다.[152]

마르크스주의자로 전향한 후의 루카치의 삶

마침내 루카치는 '어디서나 자기 집에 머무르고자 하는 충동'으로 인해 그의 젊은 날부터 그토록 목마르게 추구하던 그 구원의 고향을 마르크스주의에서 찾았다. 그가 궁극적으로 찾아낸 고향은 선험적인 고향이 아니라 마르크스주의라는 '역사적' 고향이었다. 그러나 다른 한편, 상황을 구체적으로 설명하지는 않았지만, 마르크스주의라는 이 역사적인 고향은 '그 여성'이 없었더라면 찾아내지 못했으리라고 루카치가 토로했을 정도로[153] 그의 전향에 결정적인 역할을 했던 게르트루드 보르트스티에베르라는 여인에게서 루카치는 또 하나의 구원의 고향을 찾았다. 젊은 날부터

---

151) Ferenc Fehér, "Am Scheideweg des romantischen Antikapitalismus", Agnes Heller 엮음, *Die Seele und das Leben: Studien zum frühen Lukács* (Frankfurt am Main: Suhrkamp Verlag, 1977), 324쪽에서 재인용.
152) Georg Lukács, 앞의 책, *Record of a Life*, 158~159쪽; Michael Löwy, 앞의 책, *Georg Lukács—From Romanticism to Bolshevism*을 볼 것.
153) 같은 책, 157쪽.

단 한번도 영혼의 휴식을 찾지 못했던 그에게 이 여인은 종국적으로 평온한 영혼의 휴식을 제공해주었기 때문이다.

우리는 여기서 전쟁 기간에 하이델베르크와 부다페스트를 오가던 루카치가 종전 후인 1915년 부다페스트에 돌아와 공식적으로 '일요 서클'을 설립하여 아르놀트 하우저, 카를 만하임, 발라즈와 같은 이른바 '1914년 세대'의 급진주의적인 예술가들이나 지식인들과 더불어 펼쳤던 지적·문화적 활동과 업적을 논하고 싶지는 않다.[154] 이는 그것이 우리의 주제와 특별히 관련되는 바도 아닐뿐더러 루카치로 하여금 마르크스주의자로 전향하도록 하는 데 특별한 계기를 마련해주지도 못했기 때문이기도 하지만, 루카치 자신도 그 여성이 없었더라면 공산주의자로 전향하지 않았으리라고 고백했던 보르트스티에베르에 대해 짧게나마 언급하는 것이 더 적절할 듯 여겨지기 때문이다. 루카치가 그의 대표적인 저서 『역사와 계급의식』을 이 여인에게 바쳤듯이, 회고록에서 밝힌 그대로 루카치는 자신의 일생에 걸쳐 이 여성을 통해 사랑이 무엇인가를 배웠다.[155]

입센에 관한 루카치의 비평을 읽고 감명을 받은 보르트스티에베르가 그를 칭송하는 편지를 보내온 1906년, 루카치는 이 여인을 처음 알게 되었지만, 그 후 몇 년이 지나 서로 간에 소식은 끊어졌다. 그가 1917년 봄에 부다페스트에서 이 여인을 다시 만났을 때 그녀는 한 수학가의 아내이자 두 소년의 어머니였다. 발라즈가 주관하는 윤리학 강의에 참석하면서부터 그들의 만남은 다시 시작되었고, 1919년 보르트스티에베르가 루카치의 딸을 낳았을 때 오랫동안 병원에 입원 중이던 그녀의 남편은 루카치와의 관계를 이미 알면서도 묵인하고 있었다. 그 후 1920년 루카치가 망명했던 빈에서 마침내 그와 결혼한 이래 1963년에 세상을 떠날 때까지

---

154) 루카치와 루카치 세대의 '일요 서클'에 대해서는 그 결정판이라고 할 수 있는 Mary Gluck, 앞의 책을 볼 것.
155) Georg Lukács, 앞의 책, *Record of a Life*, 156쪽.

보르트스티에베르는 루카치의 모든 개인적인 결정에 깊이 관여했다.

　가령 루카치가 공산주의자로 전향을 결심하는 데에도 그녀는 단호한 입장을 취했다.[156] 또한 보르트스티에베르는 "아주 실용적인 지혜와 현실주의적인 감각"[157]을 지녔으면서도 삶을 조용하게 바라볼 줄 아는 여유와 말할 수 없이 따뜻한 성품을 아울러 겸비한 여성이었다. 보르트스티에베르의 세속적인 현실주의는 카를 만하임이 "절대의 묘약(妙藥)"[158]이라고 일컬었던 형이상학적인 추상의 늪으로부터 루카치를 구해냈다. 헤겔의 영향을 받았던 루카치로 하여금 그 이전까지 경멸하던 일상적인 삶을 높이 평가할 수 있도록 함은 물론, 거기서부터 구체적인 삶을 찾을 수 있도록 현실과의 철학적·혁명적인 화해를 이끌어내게끔 가르친 것은 보르트스티에베르의 독특한 개성과 삶의 자세였다.

　다시 말하자면 철학은 산이 아니라 거리에서 만들어지는 것이라고 들뢰즈가 인식했듯이,[159] 루카치가 '거리'에서 그의 철학을 발견해내도록 하는 데 결정적인 역할을 한 것이 이 여성이었다. 그녀가 없었더라면 공산주의로 전향하는 일은 불가능했을 것이라고 말했던 점이나 그녀가 그에게 준 영향을 볼셰비키 혁명에 비교했던 점 등도 이러한 사실을 고려한다면 쉽게 받아들일 수 있을 것이다.

　1918년 10월, 제1차 세계대전의 패배 이래 날로 기울어가던 합스부르크가가 마침내 무너지자 귀족계급은 순식간에 그들의 패권을 잃게 되었다. 이미 제1차 세계대전 이전에 부다페스트를 중심으로 한 도시의 노동

---

156) 같은 책, *Record of a Life*, 157쪽.
157) Istvan Meszaros, 앞의 책, 130~131쪽.
158) Karl Mannheim, *Ideology and Utopia: An Introduction to the Sociology of Knowledge*, Louis Wirth와 Edward Shils 공역 (New York: Harvest Book, 1936), 87쪽.
159) Gilles Deleuze, "Plato and the Simulacrum", *October* 27 (1983, 겨울호), 45~56쪽을 볼 것.

자계층을 토대로 형성되었던 사회민주당이 당시의 유일한 정치세력으로 대두되고 있었으나, 갑자기 이에 대항하는 새로운 정치세력이 모습을 드러내기 시작했다. 그 세력은 소련의 전쟁 포로였던 저널리스트 벨라 쿤(1886~1939)이 소련의 볼셰비키 정권의 적극적인 지원과 개입을 등에 업고 1918년 11월에 발기시킨 헝가리 공산당이었다.

루카치는 그해 12월이 거의 마감될 무렵, 그 후 세월이 흐른 1933년에 스스로 "마르크스로 가는 길"[160]이라 일컫게 된, 자신이 택한 길로 들어서면서 그 첫 내디딤으로 헝가리 공산당에 가입했다. 그 갑작스러운 전향이 불러일으켰던 당시 주위의 충격과 의심, 최근까지도 그 진의를 둘러싼 논의가 그치지 않으리라 미리 의식했던지 루카치는 훗날 "이론과 실천은 반드시 일치하는 것만은 아니다"라고 말하며, 내적인 갈등을 겪은 다음 자신은 마르크스주의로의 길을 택했음을 회고했다.[161] 하지만 일찍이 고등학교 시절에 마르크스의 『공산당 선언』을 읽고 깊은 감동을 받았던 루카치가 만년에 자신의 생애를 돌이켜보며 공산당에 가담하여 혁명가의 길을 택했던 동기를 "자본주의의 그 모든 형태에 대한 사무친 증오"에, 또 그의 의도를 "가능한 한 빨리 모든 희생을 무릅쓰고 자본주의를 철폐하려는 충동"에 돌린 데서도 드러나듯, 그의 정치적 동기는 너무나 진지했다.[162]

1918년이 저물어갈 무렵, 루카치와 같은 문화적 급진주의자들이 정치 현장에 대거 뛰어들었던 것은 1917년의 러시아 혁명, 1918년 10월 합스부르크 가의 붕괴, 단명하기는 했지만 쿤의 헝가리 공산당이 출현했던 것과 같은 정치적 사건들의 외적 압력 때문이라는 점에는 의심할 여지가 없

---

160) 게오르그 루카치, 『역사와 계급의식―마르크스주의 변증법적 연구』, 박정호 · 조만영 옮김 (서울: 거름, 1986), 7쪽.
161) Georg Lukács, 앞의 책, *Record of a Life*, 54쪽.
162) 같은 책, 60쪽.

다. 이러한 외적 변수가 없었더라면 루카치의 전향은 한층 더 늦어졌을지도 모르나, 일단 그의 마르크스주의로의 전향, 그리고 러시아 혁명이야말로 세계 전체 변화의 전조라는 확신으로 루카치의 오랜 방황의 여정은 그 종착을 맞이했다. 마르크스주의를 향해 한 걸음 한 걸음 다가설 때마다 루카치는 "도덕적인 가치가 완전히 타락한 현재"를 보다 훌륭한 내일로 변혁하려는 자신의 목표와 그 변혁의 가능성에 이루 말할 수 없을 만큼 많은 신뢰를 두었다. 그를 고취시킨 혁명정신은 "급박하게 다가오는 세계혁명과, 문명세계 전체의 총체적인 변혁에 대한 신념"에 의해 강화된 "지적인 혁명적 메시아주의를 향한 열정"[163]이었다.

그러나 이 전향에는 개인적인 요인도 적지 않은 영향을 미쳤던 것 같다. 보르트스티에베르가 그의 전향을 강렬히 지지했을 뿐 아니라[164] 그의 첫 애인이었던 이르마의 오빠도 그의 전향에 직접 개입했던 것이다.[165] 루카치 자신의 모든 사상을 재평가하게끔 강요한 것은 이르마의 오빠인 에르네 세이들러였다. 1918년 여름, 볼셰비키로 훈련받은 50여 명의 소련 전쟁 포로들을 이끌고 벨라 쿤과 함께 부다페스트로 돌아온 그의 특별한 임무는 잠재적인 혁명가들을 포섭하여 당에 가입시키는 일이었다. 그는 이후 쿤의 내각에서 비밀경찰부장의 자리에까지 올랐던 코르빈과 루카치를 점찍어 그 두 사람을 입당시켰다.

이르마의 오빠는 루카치의 고통에 찬 양심, 이르마의 죽음에 속죄할 준비가 되어 있는 듯한 그의 마음, 문득 '절대' 앞에 무릎을 꿇는 그의 형이상학적인 충동 등을 눈치채고, 루카치가 동경하는 진정한 고향은 혁명을 성취한 러시아에 그 토대가 있음을 주지시키면서, 그를 부다페스트의 '첫 번째 볼셰비키'인 쿤에게 소개시켰다. 그러나 헝가리 공산당 가입 당

---

163) 게오르그 루카치, 앞의 책, 『역사와 계급의식』, 13쪽, 14쪽.
164) Georg Lukács, 앞의 책, *Record of a Life*, 15쪽.
165) 이에 관해서는 Arpad Kadarkay, 앞의 책, 203쪽 이하를 볼 것.

시 루카치는 당내에서 의심과 더불어 적지 않은 조소의 분위기 속에 맞아들여졌다. 당시의 한 비평가가 그의 전향에 대해 "그는 인민들과 프롤레타리아트와는 아주 거리가 먼 궤도에 올라 있던 자였다. 귀족의 아들인 그는 비참하기 짝이 없는 삶의 어두운 면은 아무것도 알지 못했다. 그러한 그가 갑자기 인민위원, 책과 문학의 짜르가 되었다"[166]고 조소했듯이, 쿤과 이르마의 오빠가 지지하지 않았더라면 그의 입당은 이루어질 수 없었을 것이다.

추상적·형이상학적인 윤리에서 보다 현실주의적인 정치윤리로 방향을 전환한 루카치는 "그의 나머지 일생 동안 자신을 공산주의운동과 완전히 동일시했으며, 마르크스주의야말로 역사의 문제에 최종적인 해답이라고 믿었다."[167] 1919년 3월에 세워진 쿤의 소비에트 정권 아래서 교육·문화를 담당하는 정치위원의 자리에 오른 루카치는 과격한 문화정책을 수립했을 뿐 아니라 정치적인 실천을 통해 이를 실현하고자 했다.

루카치는 혁명이 너무 일찍 다가온 탓에 프롤레타리아트는 미처 그에 걸맞는 계급의식을 가질 만큼 성숙하지 못했음을 확신하면서, '혁명가'인 그로서는 '새로운 문화'가 생겨날 때까지 마냥 기다리고 있을 수만은 없다고 다짐했다. 그는 문화적인 도덕적 힘을 가질 때까지는 공산주의가 결코 제대로 대접받지 못할 것이라 생각하고, 자신의 문화적인 이상을 정치실천의 중심으로 삼았다.

재교육을 통해 인민을 '혁명화'시키고, 상층계급의 배타적인 전유물이었던 문화적인 자산을 노동자계급으로 하여금 '자기화'하도록 하는 것이야말로 자신의 역할이라고 확신했던 것이다. 루카치는 1919년 4월 19일 당의 기관지 『붉은 소식』의 사설을 통해 '예술이 목적이고 정치는 하나

---

166) 같은 책, 201쪽에서 재인용.
167) Leszek Kolakowski, *Main Currents of Marxism: Its Origin, Growth, and Dissolution*, P.S. Falla 옮김 (Oxford: Oxford UP, 1981), 3: 258쪽.

의 수단'이라는 자신의 원칙을 인민위원회에서 하나의 정책으로 부각시켰다.

따라서 교육부 부(副)문화상으로 재임하는 동안에도 그는 예술의 여신을 대중에게 끌어내리는 작업에 가장 큰 노력을 기울였던 것으로 보인다. 그는 위원회의 예산 가운데 상당 액을 노동자들을 위한 예술 세미나를 주관할 교사들을 채용하는 데 충당했다. 이 예술 세미나를 위해 그는 부다페스트에 있는 개인소장의 걸작 미술품 목록을 작성하여 무장 군인들로 하여금 그 작품들을 압수케 한 다음 국가의 소유로 삼았다. 그는 이를 예술의 '사회화'라 강조했지만, 다른 사람들이 이를 가리켜 '몰수'라고 불렀던 것을 본다면, 이 작업이 많은 사람들의 갈채를 받지는 못했던 것 같다.

연극의 경우에도 그는 혁명적인 내용과 사회주의적인 경향의 작품들이 부족할 때마다 고전작품을 공연하도록 지시했지만, 그럼에도 고전예술을 인민 대중에게 더 가까이 접근시켜려던 루카치의 시도는 그다지 만족스러운 결과를 낳지 못했다. 루카치의 취미가 확연히 고전적이었다면, 대중의 취미는 결코 그렇지 못했기 때문이다. '새로운 문화'에 대한 루카치의 혁명적인 열의는 쿤을 포함한 당내 많은 사람의 감정을 불편하게 했다.[168] 따라서 루카치의 비평가들은 그의 '문화적인 테러 행위'를 매도했고, 그를 '문화의 짜르'라고 냉소했다.

루카치의 '사회주의' 예술정책도 만족스러운 결과를 가져오지 못했다. '사회주의' 예술의 결함을 극복하고자 그는 그때까지 충분히 번역되지 않았던 고전문학을 소개하기 위해 번역국을 설립했다. 그 첫 사업은 도스토옙스키 전집의 번역이었고, 그다음이 입센·셰익스피어·괴테·톨스토이 전집의 번역이었다. 그러나 루카치의 지도 아래 번역에 참여했던 일부

---

168) Arpad Kadarkay, 앞의 책, 216~221쪽.

인사들이, 가령 베토벤의 교향곡들이나 휘트먼의 시까지도 공산주의의 근본적인 요소를 포함하고 있는 작품이라고 주장할 정도로 고전작품에 대한 극단적인 해석을 내놓게 되자, 평소 루카치에게 반감을 가졌던 당내 일부는 그에게 강한 비난의 시위를 당겼고, 그의 인격과 정책에 대한 신랄한 비판을 계속했다.

　이 같은 공격 중에는 먼저 루카치의 계획에 참여했던 친구 발라즈의 인격부터 먼저 거론한 다음, '프롤레타리아트 독재는 발라즈가 연극과 문학을 주관하기 위해 창조된 것이 아니다'라는 주장을 내세울 정도로 루카치의 명성에 위협적인 것도 있었다.[169] 루카치에 대한 공격이 가열되자 당의 개입으로 간신히 공격은 잠잠해졌지만, 더 이상 루카치의 문화적인 이상은 꽃을 피우지 못하게 되었다. 루카치의 문화적인 이상이 더 이상 꽃을 피우지 못하게 된 결정적인 원인은 1919년 8월 1일, 정권을 획득한 지 133일 만에 헝가리 소비에트 공화국이 몰락했기 때문이었다. 예기치 못했을 정도로 일찍이 정권이 무너지고 만 것은, 프롤레타리아트의 계급의식이 성숙치 못했던 까닭에 애초부터 정치적인 지지 기반이 허약할 수밖에 없었을 뿐 아니라 이 정권의 경제정책 또한 도시의 노동자계급이나 농민은 물론 일반 대중의 욕구조차 충족시킬 수 없었기 때문이다.

　가령 일주일에 48시간이라는 시간제 임금제도의 도입은 오히려 노동생산성을 급속히 떨어뜨림으로써 경제 전반에 걸쳐 걷잡을 수 없는 침체를 가져오는 등, 체계적이지 못하고 일관성 없는 경제 정책이 정치적인 기반과 마찬가지로 본디 허약했던 경제기반을 뿌리째 뒤흔들어놓았다.

　경제 문제뿐만 아니라 군사적인 어려움 또한 정권의 몰락을 재촉했다. 연합국의 지원을 받는 체코슬로바키아와 루마니아에 맞선 싸움에서 헝가리의 패색은 차츰 짙어져갔다. 마침내 쿤이 이끌던 헝가리 정부의 군사적

---

169) 같은 책, 229~230쪽.

패배는 다시금 구체제 지배계급의 정권장악을 초래했고, 이 구체제 지배계급의 정권은 제2차 세계대전이 끝날 때까지 계속되기는 했지만, 한편 체코슬로바키아와 루마니아의 전투 당시 혁명 전선에의 복무를 도덕적인 의무로 여겨 군사 문제에 전혀 무지했음에도 불구하고 적군(赤軍) 제5사단의 정치위원으로 자원해 전선을 오갔던 루카치는 빈으로 망명하기 전 마지막으로 그를 전선으로 이송했던 특별 열차의 플랫폼에서 체념의 미소를 띤 채 "공산주의 윤리에 대한 우리의 개념을 발전시킬 시간이 없었다는 것이 얼마나 수치스러운가"[170]라고 혼자 중얼거리고 있었다.

벨라 쿤의 지휘 아래 그가 이끄는 대부분의 정치위원들이 1919년 8월 2일 특별열차를 타고 빈으로 망명의 길에 올랐을 때, 부다페스트에 있던 루카치는 발라즈와 함께 한 친구의 미망인의 다락방에 은신하고 있었다. 쿤이 루카치와 당시 비밀경찰부장이었던 코르빈에게 그곳에 남아 지하운동을 조직해 공산주의 정권을 다시 일으키도록 명령을 내렸기 때문이다. 일주일 후에 코르빈이 체포되었다는 사실을 알았을 때 루카치는 자살을 마음먹었지만, 결국 "중앙위원은 좋은 모범을 보여주어야 한다"[171]는 결론을 내리고 자살을 포기했다.

같은 해 9월 1일, 카를 만하임과 그 동료들은 루카치를 빈으로 여행 중인 한 독일 장교의 개인 운전수로 위장시켜 오스트리아 국경을 넘어 빈으로 망명시켰다. 이에 루카치의 아버지는 아낌없이 그 장교에게 물질적인 대가를 치렀다. 1919년 8월 9일 오스트리아 일간신문 『아침』은 유명한 저서 『영혼과 형식』의 저자인 젊은 헝가리 철학자 루카치가 빈에 입성했다고 보도했고, 다음날에는 다른 신문들도 루카치의 도착을 알렸.

오스트리아 정부는 헝가리 소비에트 공화국의 망명지도자들을 환영하

---

170) 같은 책, 231쪽.
171) Lee Congdon, *Exile and Social Thought: Hungarian Intellectuals in Germany and Austria, 1919~1933* (Princeton: Princeton UP, 1991), 45쪽.

지 않았다. 따라서 사회민주당원들의 체류는 허용되었으나 대부분의 공산주의자들은 체포되었다. 빈의 경찰서장이 루카치와 이르마의 오빠를 감시했다. 9월 6일에 헝가리 정부는 쿤과 다른 8명의 망명객들을 본국으로 송환시켜줄 것을 오스트리아 정부에 요구했으나, 루카치의 이름은 헝가리 정부가 여전히 그가 헝가리에 있는 것으로 믿었던 까닭에 그 목록에서 빠져 있었다. 그러나 루카치가 빈에 머물고 있음을 눈치챈 헝가리 정부는 공식적으로 오스트리아 정부에게 한 의과 대학생의 살인용의자로 고발된 루카치를 본국으로 인도할 것을 강력히 요청했다.

빈 경찰서장은 루카치와 몇몇 망명객들의 즉각적인 추방을 정부에 건의했다. 그리하여 루카치는 1919년 11월 말까지 헝가리로 송환됨으로써 그의 일생을 마치게 될 찰나에 놓여 있었다. 그러나 당시 한 헝가리계의 독일 작가와, 루카치의 첫 부인인 그라벤코의 애인이자 일찍이 한때 루카치와 동숙했던 바 있는 브루노 스타인바하가 그의 본국 인도를 저지하고자 하는 호소문을 일간신문에 게재했을 뿐 아니라, 그 후 토마스 만을 비롯한 일부 지도적 유럽인들이 루카치의 구제를 탄원한[172] 덕택으로 막스 베버가 "한 세대에 한 번 나타나는 위대한 철학가 가운데 한 사람이며, 3세대에 걸쳐 사실상 우리는 그와 같은 자를 보지 못했다"[173]고 평가했던 루카치는 살아남을 수 있었다.

에른스트 블로흐는 한 잡지를 통해 루카치가 살인자라는 고발은 파렴치한 거짓이라고 비난하고, 철학적인 재능이 탁월한 그의 친구 루카치는 톨스토이와 도스토옙스키가 시작한 이론적 여행을 끝까지 마무리짓을 자라고 예언했다. 베버 또한 비록 공식적인 호소를 하지는 않았지만, 만일

---

172) 토마스 만의 루카치 옹호에 관해서는 Frank Benseler, *Festschrift zum achtzigsten Geburtstag von Georg Lukács* (Neuwied und Berlin: Luch-Terhand, 1965), 16쪽을 볼 것.
173) Arpad Kadarkay, 앞의 책, 247쪽에서 재인용.

루카치를 처형한다면 헝가리 정부의 명성은 치명적인 손상을 입게 되리라는 경고의 전문을 헝가리 사법당국에 보냈다.[174]

뒤늦게 루카치와 다른 헝가리 공산주의자들의 본국 인도는 곧 사형 선고에 상당하는 것임을 알고, 러시아에 있는 오스트리아 시민들의 신변을 염려하여 오스트리아 정부는 헝가리 정부의 요청에 응하지 않기로 결정했다. 루카치는 비록 헝가리로 인도되지는 않았지만 오스트리아에는 단 6개월만 체류할 수 있도록 허용되었다.

빈에 도착하자마자 쿤이 체코슬로바키아 국경 근처 카를슈타인에 가택연금되고 모든 활동이 금지되면서부터 당의 임시중앙위원회 내에서 루카치의 위상은 커져갔다. 이때부터 루카치가 "아주 교활한 책략가"[175]라고 회고했던, 오만하고 독선적인 쿤과의 격렬한 권력투쟁은 시작되었다. 쿤을 제거하려 했던 오스트리아 정부는 소련의 소비에트 정부의 제안에 따라 그를 러시아로 보냈으나, 모스크바에서 망명생활을 하면서도 쿤은 계속 헝가리 공산주의운동을 장악하려들었다. 쿤에게서 헝가리 공산당의 주도권을 빼앗으려 했던 루카치와 란들레르 등, 반(反) 쿤 세력의 지도적 인물들은 빈에서 발행한 『붉은 소식』에서 쿤을 당지도자로 임명한 코민테른의 결정에 격렬하게 항의했다. 특히 이 시기에 루카치는 반(反) 쿤 세력의 대표자인 예네 란들레르(1875~1928)와 쿤 사이에서 전개되던 헝가리 공산당 내부의 권력투쟁과 이론투쟁에 활발히 참여했다.

레닌과 소련 공산당의 노선을 따르는 쿤 일파와 "헝가리 공산주의운동의 정치적·조직적 과업을 헝가리의 현실 상황이 갖는 구체적인 문제로부터 끌어내려고 노력했던",[176] 헝가리 고유의 노동운동 전통과 생디칼리즘(syndicalism)적인 노선을 지지하는 란들레르 일파 간의 싸움에서,

---

174) Lee Congdon, 앞의 책, *Exile and Social Thought*, 46쪽.
175) Georg Lukács, 앞의 책, *Record of a Life*, 59쪽.
176) Lee Congdon, 앞의 책, *Exile and Social Thought*, 49쪽.

루카치는 적극적으로 후자의 편에 섰다. 란들레르는 헝가리에서 공산당이 불법화된 마당에 공산주의자들이 나아갈 길은 헝가리의 노동조합과 쿤이 협력을 거부하던 합법적인 사회민주당과 손을 잡는 시도밖에는 없다고 확신하고 있었다.

이러한 시기에 루카치의 첫 소련 방문이 시작되었다. 코민테른 제3차 회의에 헝가리 공산당 대표의 일원으로 참석했던 루카치는 이 여행으로 인해 혁명적 메시아 사상에 대한 지적 경향을 더욱 심화시키게 되었고, 레닌에 대한 존경심을 품게 되었으며, 공산주의야말로 새로운 가치의 창출자라는 사실을 더욱 더 확신하게끔 되었다. 모스크바에서 그는 부하린과 그의 동료들을 면담했으며, 그들은 쿤의 입장보다 자신의 입장을 더 지지하는 것처럼 보였다. 이에 모스크바에서 빈으로 돌아온 루카치는 자신을 '제1인자'[177]로 간주했다. 1921년 독일에서 공산주의혁명을 일으키려던 쿤의 시도가 실패로 돌아가자 루카치는 쿤에게 총공세를 취했다. 쿤의 실패에 레닌은 크게 노했으며, 코민테른 비공개회의에서는 쿤의 면전에서 그를 매도했다. 쿤의 정치적인 곤경은 루카치의 입지를 강화시켜 주었다.

그러나 불행히도 레닌은 빈에서 발행한 『공산주의』라는 잡지에 실린 루카치의 논문 「의회주의 문제」를 읽었다. 이 글에서 루카치는 프롤레타리아트 혁명 의지를 크게 칭송하면서, 의회를 매개로 한 정치적인 참여를 주장하는 자들을 공격했다. 그는 의회를 민주주의 설교단으로 조롱했고, 이는 진정한 혁명적인 행위를 훼손시킬 뿐이라고 주장하며 선거에 의한 투표를 단순한 환상으로 치부했다. 그런데 놀랍게도 레닌은 그 주장을 불쾌하게 받아들였다. 레닌은 루카치의 논문을 "매우 좌파적이고, 빈약하며, 그의 마르크스주의는 순전히 말장난"[178]이라고 낙인찍었다. 공산주

---

177) Arpad Kadarkay, 앞의 책, 257쪽.

의라는 목표는 레닌에게서 결코 흔들리지 않았지만, 그에 이르는 길까지 한결같은 것은 아니었다. '원칙에 입각해서' 부르주아 의회의 참여를 거부한다는 것은 추상적이고 비변증법적이며 비역사적인 인식을 반영하는 것이었다. 공산주의자들은 의회 '내부'로부터 의회주의를 파괴하지 않으면 안 되며, 의회정부를 '전복'시키기 위해서는 의회 중심의 당과 협동하지 않으면 안 되었다.[179]

레닌이 '현실주의 정치'를 추구했던 반면, 루카치는 보다 높은 원칙을 제창했다. 레닌의 입장에서 강한 인상을 받은 루카치는 자신이 추상적인 유토피아니즘에서 완전히 벗어나지 못하고 있음에 당황했다. 그러나 그는 레닌의 입장을 포용하는 동시에 프롤레타리아트의 메시아적인 사명에 대한 자신의 믿음 또한 계속 확인했다. 그 사명에 대한 비전이 없다면 관료주의와 관료주의적인 정신만이 계속 조장될 따름이라고 믿었기 때문이다.

다른 이유도 있었겠지만, 루카치의 오만한 자세에 대한 당원들의 거부감에 의해 결정적으로 쿤은 루카치와의 당권 싸움에서 승리했다. 중앙위원회에서 사임한 루카치는 모스크바의 뜻에 따라 오스트리아 공산당 당원으로 자리를 옮겼다. 루카치는 이때부터 1930년까지는 오스트리아 공산당의 당원으로, 1931년에서 33년까지는 독일 공산당 당원으로 머물렀으며, 러시아로 돌아가려고 결심했을 때에도 독일 망명객들은 독일 공산당에 남아 있어야 하며 러시아 공산당에 입당해서는 안 된다는 결정 때문에 1945년까지 그 위치에 남아 있어야 했다.[180]

---

178) Georg Lukács, *Tactics and Ethics: Political Essays, 1919~1929*, Michael McColgan 옮김, Rodney Livingstone 엮음 (New York: Harper and Row: 1975), xvi쪽에서 재인용.
179) Lee Congdon, 앞의 책, *Exile and Social Thought*, 50쪽.
180) Georg Lukács, 앞의 책, *Record of a Life*, 72쪽.

망명객 루카치가 타국으로 전전하던 생활은 이처럼 파란으로 점철되었다. 이 파란 많은 자식을 위해 루카치의 아버지는 제3자를 통해서나마 끝까지 아낌없는 사랑과 관심을 보냈다. 빈 망명객들 가운데 그 누구보다도 끊임없는 경찰의 감시 속에 살았고, 잦은 추방의 위험에 처했던 루카치가 1928년 1월 24일 그의 아버지가 세상을 뜬 지 2년 후에 오스트리아로부터 추방된 것도 결코 우연한 일은 아니다. 물질적으로 부유했던 아버지의 개입이 없었더라면 루카치가 실제 추방될 뻔했던 적도 한두 번이 아니었기 때문이다. 가령 1922년과 1923년 사이에도 그의 감시를 전담했던 빈 경찰서장은 재판소장·내무상·외무상 그리고 헝가리 공산주의 망명객들을 관할하는 빈 시장에게 루카치와 그의 동료들의 비합법적이고 전복적인 행위를 기록한 문서를 제출하면서 루카치의 즉각적인 추방을 다시 한 번 강력하게 요청한 바 있었다. 루카치의 아버지는 1909년 8월 23일자로 아들에게 보낸 편지에서 이렇게 말했다.

"나는 네가 위대한 자가 되어 모두에게 인정받고 유명해지게끔 온갖 희생을 다 바치리라. 나의 가장 큰 행복은 내가 게오르그 루카치의 아버지로 알려질 때 찾아올 것이다."[181] 그에게 물려줄 재산상속권을 강제로 박탈당한 채 일생 동안 무한한 애정으로 자신의 볼셰비키 아들을 멀리서 지켜보던 루카치의 아버지가 죽었을 때, 부다페스트의 한 신문 사망기사란에는 "죽음이 그에게는 축복이었다"[182]는 애도의 표현이 실려 있었다.

벨라 쿤과의 권력투쟁에서 패배한 루카치는 비록 쿤을 혐오했지만 그를 당지도자로 인정하지 않을 수 없었고, 정치 일선에서 물러난 후에는 '강요된 여가'를 가지게 되었다. 그러나 다행히도 그는 그 덕분에 "마르

---

181) Georg Lukács, 앞의 책, *Selected Correspondence 1902~1920*, 97쪽.
182) Arpad Kadarkay, 앞의 책, 267쪽에서 재인용.

크스주의 역사상 가장 중요한 이론서 가운데 하나", [183] 아니 마르크스의 저서 이래 최대의 이론서이자 비트겐슈타인의 『논리-철학 논고』와 하이데거의 『존재와 시간』과 더불어 20세기의 가장 영향력 있는 철학서[184]로 손꼽히는 『역사와 계급의식』(1923)을 집필할 수 있었다.

루카치가 망명했던 1920년대의 빈은 제1차 세계대전 이후 동구의 여러 국가에서 흘러들어온 망명객들이 그들의 사상적 이론을 펼칠 수 있었던 토론장의 역할을 하고 있었다. 루카치의 많은 정치적·이데올로기적인 논문은 바로 그러한 배경에서 집필되었다. 그리고 마침내 우리는 그의 유토피아적 비전이 최종적으로 투영된 『역사와 계급의식』을 다뤄야 할 순간에 이르렀다. 마르크스주의로 전향하기 이전의 대표적 저서 『소설의 이론』에서 우리는 루카치가 머무르고자 했던 고향이 어떤 곳이었는가를 상세하게 밝혔고, 『역사와 계급의식』에 이르기까지의 그의 삶의 역정을 부분적으로나마 살펴보았다.

이후의 루카치의 삶이 어떠했는가를 기술한다는 것은 그다지 중요한 일이 아니다. 마르크스주의자로 전향하고, 그의 유토피아적인 비전이 『역사와 계급의식』에 부각된 다음, 그 비전에 대한 신념은 이후의 파란 많은 삶 속에서도 엄격한 의미에서 단 한번도 굴절되거나 변화하지 않았다는 사실이 중요하기 때문이다. 하지만 우리는 우리의 논지를 위해 『역사와 계급의식』이 발간된 뒤의 그의 삶을 아주 간단하게 다음과 같이 요약할 수 있다.

1924년 1월, 레닌이 사망하자 루카치는 빈의 한 출판사의 요청으로 그를 기념하는 『레닌』이라는 책을 썼다. 이 책은 레닌에 대한 이루 말할 수

---

183) Leszek Kolakowski, 앞의 책, 3: 260쪽.
184) Herbert Schnädelbach, *Philosophy in Germany, 1831~1933*, Eric Matthews 옮김 (Cambridge: Cambridge UP, 1984), 1쪽을 볼 것.

없는 경이와 찬사로 가득 찬 일종의 조사(弔辭)와 같았다. 그러나 같은 해 6~7월에 개최된 제5차 코민테른 회의에서 루카치의 책 『역사와 계급의식』은 금서로 낙인찍혔고, 독일의 카를 코르쉬는 당에서 축출되었다. '레닌 사상의 등불'을 높이 쳐들고 이단자들을 발견하려 했던 소련의 레닌주의 이론가들의 루카치와 코르쉬에 대한 반감은 당을 '고향'으로, 또는 고향을 잃고, 안정을 찾지 못하는 영혼의 안식처, 말하자면 '게마인샤프트'로 꿈꾸었던 루카치에게 말할 수 없을 만큼의 아픔을 주었다.

1960년대까지 루카치는 『역사와 계급의식』의 재발간을 허용치 않았다. 참을 수 없는 굴욕과 자기비판을 겪은 루카치는 점차 경직되어가는 소비에트 관료체제에 의해 마르크스주의가 비관적인 전망으로 나아가게 되자 끓어오르는 분노를 억누를 수가 없었다. 사실 1925년 라살레에 관한 한 논문에서 루카치는 헤겔적인 변증법이 정통 마르크스주의의 근본적인 한 부분이라는 이단적인 견해를 되풀이했다.

좌절과 분노에 찬 루카치는 문학예술 이론 쪽에 주로 그의 관심을 기울이는 반면, 블룸이라는 가명으로 내놓은 「블룸테제」(1928)에서 쿤 일파를 공격하면서 노동자와 농민들의 '민주주의적 독재'를 제창했다. 말하자면 루카치가 헝가리 공산당 제2차 회의를 위해 준비한 「블룸테제」의 중심적인 논의는, 헝가리 공산당의 목적은 더 이상 소비에트 공화국의 재창출이 되어서는 안 되며, 오로지 '프롤레타리아트와 농민의 민주주의적 독재'가 되어야 한다는 것이었다. 루카치에게서 노동자계급 운동의 미래는 노동자계급과 농민들의 민주주의적 독재에 달려 있었다.

1929년에 「블룸테제」가 패배하고 잇달아 공개적인 자기비판을 해야 했던 루카치는, 당 지도부에서 축출당하고 모스크바로 '소환'되어 그곳의 마르크스-엥겔스-레닌 연구소에서 1930년 이래 연구생활만을 계속했다. 그는 1931~33년의 3년 동안 나치가 권력을 잡기 전까지 독일 프롤레타리아 혁명 작가동맹에 참가하여 마르크스주의 문학이론의 지도적인 대변인으로 적극적인 활동을 벌였던 것을 제외하고는 1945년 부다페스트로 귀환할 때까지 마르크스주의 미학연구와 문학비평에 정력을 쏟으면서 소련에서 망명생활을 보냈다.

그곳에 머무는 동안 헝가리 망명객 가운데 약 8%의 목숨을 앗아갔던 스탈린 치하의 대숙청에서 살아남기 위해 얼마나 그가 처신에 신중을 기해야 했는가를 여기서 자세하게 거론할 필요는 없다. 루카치는 자신이 인간의 가장 높은 이상으로 찬양했던 공산당에 의해 바로 그 당을 위해 전 생애를 바친 동료 정치위원들을 비롯한 많은 사람이 희생당했을 때조차도 개인적인 감정과 생각을 일절 노출하지 않는 철저한 조심성을 보였다. 스탈린의 숙청이 절정에 달했을 때——물론 이때 쿤도 희생되었다——루카치는 영국의 로버트 버튼이 쓴 고전『우울의 해부』(1651)를 정독하고 있었다. 그 책을 읽으면서 루카치는 "모든 곳, 모든 시간, 모든 계절에 두려움, 공포 그리고 경악"이라는 구절에 연필로 까맣게 표시함으로써 "우울한 세대의 우울"을 증언했다.[185]

그러나 스탈린의 잘못이 그토록 엄청났음에도 불구하고 루카치는 이후 "그 최악의 상태라 할지라도 자본주의의 최상의 상태 아래서보다 사회주의 아래서 사는 것이 더 좋다"[186]는 말로 자신의 확신을 갈파했을 정도로 이미 소련에 대한 모든 비난을 무시할 도덕적인 필연성을 찾고 있었다. 어떤 면에서 보더라도 모스크바에 머무른 여러 해 동안 루카치가 이룩한 최고의 업적은 그가 저술한 『청년 헤겔』(1938)이다.

'청년' 헤겔을 마르크스의 선구자로 해석함으로써 루카치는 사회주의에서 헤겔의 중요성을 최초로 개념화했을 뿐만 아니라 그의 젊은 날의 이상주의와 현재의 마르크스주의적 현실주의 사이에서 '단절'이 아닌 '지

---

185) Arpad Kadarkay, 앞의 책, 323쪽.
186) 같은 책, 327쪽에서 재인용.

속성'을 발견했다. 1949년에 루카치는 스탈린주의와의 화해를 간접적으로 합리화하려는 의도였는지도 모르지만, "괴테와 헤겔의 위대성은, 그들의 현실과의 화해가 우리로 하여금 어쩔 수 없이 현실의 합리성을 다시 생각하지 않을 수 없게 하는 데 있다"[187]고 지적한 바 있다. 루카치의 역사에 대한 숭배는 현실적인 것에 대한 숭배를 유도했고, 그렇기 때문에 『청년 헤겔』은 어떤 의미에서는 "자신의 젊은 날에 대한 루카치의 고별사(告別辭)"[188]였다.

제2차 세계대전이 끝나고 구체제가 무너지자 1945년에는 루카치도 그의 정치적인 망명생활을 끝냈다. 1945년 4월 13일, 소련 당국의 허락 아래 마침내 부다페스트에 귀환한 루카치를 압도해온 것은, 보기에만도 참혹한 잔해, 황무지와도 같은 조국이었다. 귀환한 후 루카치는 가는 곳마다 사회주의 리얼리즘의 우월성, 사회주의 국가에서의 작가의 책임 등, 조국의 장래를 위한 그의 사상과 이론을 펼쳤으며, 이 이후의 루카치의 활동무대는 그의 조국을 벗어나 동구와 서구의 여러 나라로 확대되었다.

유럽에서 그의 명성이 드높아져가고 있을 무렵, 그는 정치적으로 다시 한 번 반대 세력으로부터 공개적인 자기비판을 강요당하기도 했다. 그러나 1949년 5월 30일 루카치와 친분이 있던 내무상이 체포되고, 계속되는 숙청에서 그의 동료 일부가 희생되는 상황 속에서도 그는 침착하기가 이를 데 없었다.

1953년 3월 5일 스탈린이 죽자 그를 적대하던 정권의 운명도 쓰러지고, 임레 나즈(1896~1958)[189]가 이끄는 새 정부의 교육·문화상으로 임명된 루카치는 그의 일차적인 과업을 당으로부터 스탈린주의적 요소를

---

187) 같은 책, 353쪽에서 재인용.
188) 같은 책, 353쪽.
189) 일반적으로 알려져 있는 '나지' 대신 여기서는 헝가리 고유의 발음인 '나즈'로 바로잡는다.

제거하는 것으로 정했다. 그러나 미처 이러한 일들이 이뤄지기도 전에 나즈 정부의 바르샤바 조약국 탈퇴 등 반혁명적인 수정주의적 움직임이 일자, 모스크바 당국의 직접적인 개입 아래 소비에트의 탱크들이 부다페스트로 진입했고, 결국 나즈와 그의 각료들은 교수형에 처해졌다. 루카치는 유고슬라비아 대사관으로 피신, 무장군들의 감시 아래 처음에는 부다페스트의 외곽 군사학교의 사무실로, 그 후에는 어떤 성(城)으로 이송되는 등 절박한 위기에 이르렀으나, 당시 세계평화위원회의 회장으로 복무하던 버트런드 러셀의 적극적인 개입으로 목숨을 건질 수가 있었다.

루마니아로 추방당했다가 1957년 다시 부다페스트로 돌아온 다음 1971년 6월 4일 세상을 떠날 때까지, 루카치는 국제공산주의운동의 일익을 담당하는 가운데 강의와 저술에 대부분의 시간을 바치면서 그의 파란만장했던 삶을 차곡차곡 마무리했다. 그러나 혁명적인 충동은 결코 그에게서 떠나지 않았다. "루카치는 문학 때문에 정치를 포기하지도 않았고, 또 미학적 체념 때문에 혁명적인 실천을 포기하지도 않았다. 그는 죽을 때까지 급진적인 사상가로 남았다."[190] 엥겔스는 평생의 친구였던 마르크스의 무덤 곁에서 자신의 지적 동반자였던 마르크스가 '무엇보다도 혁명가'였음을 무척 강조하려 했다.[191] 그 말을 루카치에게도 들려주고 싶을 만큼 루카치 또한 '무엇보다도 혁명가'였다.

『역사와 계급의식』

『역사와 계급의식』(1923)에서 프롤레타리아트를 부르주아지 사회의 절

---

190) Brian J. Shaw, "Totality, Realism, and the Type: Lukács' Later Literary Criticism as Political Theory", *Philosophical Forum* 21: 4 (1990), 436쪽.
191) David Mclellan, *Karl Marx: His life and Thought* (New York: Harper and Row, 1973), 334쪽.

대적 부정으로 파악하고 있는 루카치의 인식은 유토피아적이고 메시아적이다. 1967년판의 「서문」에서 루카치가 자신을 고취시킨 혁명정신은 우리가 이미 인용한 바와 같이 '급박하게 다가오는 세계의 변혁에 대한 신념'에 의해 강화된 '지적인 혁명적 메시아주의를 향한 열정'이라고 규정하고 있듯이, 『역사와 계급의식』은 철학적인 저서라기보다는 마르크스주의로 전향한 이후 그가 표방했던 마르크스주의에 대한 정치적인 신념을 체계화시킨 저서라고 말하는 것이 더 적절할 것이다. 그의 정치적인 신념이 가장 뚜렷이 제시되고 있는 부분은 그 책의 제4장에 속하는, 그의 가장 문제적인 글 「물화와 프롤레타리아트의 의식」이다.

마르크스는 『자본론』 제3권 48장에서 '사회관계의 물화'를 '신비화'라고 얼핏 말한 것을 제외하고는 두 번 다시 그 '물화'(物化, Verdinglichung)라는 용어를 사용한 적이 없었고, 헤겔도 물론 그 말을 거론한 적이 없다.[192] 비록 마르크스가 무심결에 그 용어를 사용했다 하더라도, 사실 이 '물화'는 루카치의 「물화와 프롤레타리아트의 의식」에서 비로소 소개되고 있는 것이다. 이 글에서 루카치는 물화의 개념을 마르크스의 '소외' 사상 가운데 핵심적인 것이라고 주장하는데, 그런 만큼 물화와 관련한 루카치의 주장은 철저히 마르크스적이다.

루카치는 이 글에서 물화를 소외와 동일한 말로 사용하고 있다. 『역사와 계급의식』의 1967년판의 「서문」에서도 그는 "물화현상이 소외와 밀접하게 연관되어 있으나 사회적으로도 개념적으로도 동일시될 수는 없다. 그렇지만 이 저서에서는 두 단어가 동의어로 사용되었다"[193]고 말하고

---

192) Tom Bottomore 엮음, *A Dictionary of Marxist Thoughts* (Cambridge/M.A.: Harvard UP, 1983), 411쪽을 볼 것.
193) 게오르그 루카치, 『역사와 계급의식—마르크스주의 변증법적 연구』, 28쪽. 이 이후의 인용문과 쪽수는 이미 주160)에 소개된 번역판에 따르지만, 부분적으로 바꾸고 다듬은 문장도 있다.

있다. 같은 「서문」에서 그는 그의 책에서 "소외가…… 마르크스 이래 처음으로 자본주의에 대한 혁명적 비판의 중심적인 문제로 다루어졌다"[194]고 자부하는데, 그렇다면 루카치가 말하는 물화라는 개념은 과연 무엇이며, 그 구체적인 내용은 무엇인가? 루카치는 마르크스의 『자본론』 제1권에 나오는 '상품의 물신화'와 소외에 대한 분석에서 그 개념을 끌어내고 있다.

루카치에 따르면, 일차적으로 물화되는 것은 인간의 생산적인 노동이다. 사회가 '게마인샤프트'로부터 '게젤샤프트'로 변모하면서 노동자와 생산품 사이의 유기적인 관계는 깨어지고, 이와 더불어 자본주의사회에서 인간의 노동 또는 노동력은 다른 비인간적 상품인 물건들과는 근원적으로 다름에도 불구하고 자본주의체제의 기능을 유지하기 위해 시장교환에서 다른 소비물품과 마찬가지의 상품으로 전락하게 되며, 이는 자본주의사회 속에서는 불가피한 현상이다.

노동자는 자신의 노동력을 생계에 필요한 수단으로 교환하고, 생산수단의 소유자인 자본가는 이윤, 즉 '잉여가치'를 낳기 위해 노동력을 이용한다. 그리하여 양적으로 측정되는 인간 노동은 물건으로 취급당한다. 말하자면 그것은 글자 그대로 '물화'되는 것이다. 물화된 사회는 그에 필요한 모든 것을 상품교환에 의지하거나 시장가치에 근거해서 충족시켜주는 사회이다. 루카치가 지적하듯이 "노동시간의 문제는…… 물화가 그 정점에 이른다는 것을 보여준다."[195] 또한 루카치는 물화를 통해 "인간 특유의 활동, 인간 특유의 노동이 어떤 개체적인 것, 인간으로부터 독립되어 있는 것, 낯선 자기법칙성을 통해 인간을 지배하는 그 어떤 것으로 변해버린다"[196]고 강조하고 있다. 노동의 물화는 노동자들이 전통적으로 자기

---

194) 같은 책, 24쪽.
195) 같은 책, 261쪽.
196) 같은 책, 157쪽.

실현의 본질로 파악했던 노동의 생산물을, 교환가치의 절대 우위를 차지하는 자본주의 시장경제에서의 교환수단, 즉 상품으로 불가피하게 유도하고, 그에 따라 자동적으로 노동자도 상품으로, 말하자면 물화로 유도한다.

생산이 전적으로 교환가치의 우위에 종속되고, 노동자의 창조적인 노동과 그 노동에서 나온 생산품 또한 상품의 성격을 띠게 되는 사회에서 노동자들은 물건으로 변할 수밖에 없다. 인간은 더 이상 특수한 개인이 아니라 생산과 교환가치의 거대한 체계 가운데 한 부분으로 변하고 마는 것이다. 수공업에서 기계공업으로 노동이 점차 발전하면서 노동의 분업이 구체화되고, 노동이 전문화됨에 따라 노동자들의 역할도 전문화되며, 경제적 효율을 극대화하기 위해 노동시간이 정확하게 계산되는 "계산가능성에 바탕을 두는 합리화의 원리"가 노동의 원리로 작용함에 따라 노동자는 그들의 "인간적·개성적 속성들"을 하나하나 잃어가며 마침내 "합리적으로 기계화된 노동"의 "기계적 체계에 편성되어" 그 과정의 기계적 도구가 된다.[197] 요약하면 노동자는 기계에 부속된, 단순한 노동력의 단위에 불과하다. 시장의 법칙에 따라 사고 팔리는 물건, 한갓 상품에 불과한 것이다.

그렇다면 물화는 현대의 특유한 현상인가? 루카치는 이에 대해 양면적으로 해석하고 있다. 상품의 물신화와 물화 일반이 현대에 유독 지배적이기는 하지만, 루카치는 그리스 사회뿐만 아니라 그리스 철학에서도 "물

---

197) 같은 책, 159쪽, 161쪽, 162쪽. 물화의 설명에 루카치가 베버의 합리화의 개념을 어떻게 도입하고 있는가에 대해서는 박영신, 앞의 책, 99쪽을 볼 것. Jürgen Habermas, "Lukács" Interpretation of Weber's Rationalization Thesis, *The Theory of Communicative Action, I: Reason and the Rationalization of Society*, Thomas McCarthy 옮김 (Boston: Beacon Press, 1981), 특히 355~365쪽. 또 Andrew Feenberg, *Lukács, Marx and the Sources of Critical Theory* (Totowa: Rowman and Littlefield, 1981), 61~78쪽을 볼 것.

화의 일정한 현상들을 알고는 있었다. 하지만 아직까지는 존재의 보편적인 현상으로 체험하지는 못했다"고 주장하면서, 그 까닭은 그 사회가 "한쪽 발은 이 물화의 세계에 들여놓고 있으면서도 다른 한쪽 발은 여전히 '자연발생적인 사회'에 머물러 있었기"[198] 때문이라고 언급한다. 그리스 사회뿐만 아니라 노예제사회나 중세 봉건제사회도 일정한 형식의 물화 현상의 성격을 띠고 있었지만, 루카치는 현대 물화의 지배적인 상황은 이 사회를 질적으로 완전히 변모시키고 있다고 주장한다. 그는 현대사회에서는 "노동 자체의 물화의 과정, 따라서 노동자 의식의 물화과정"[199]이 더불어 진행되고 있음을 강조한다. 소외나 물화가 현대의 자본주의사회에서 양적으로 확대되고 질적으로도 심화되었다는 것이 독특한 현상이 아니라, 노동 자체의 물화과정과 노동자 의식의 물화과정이 함께 진행되고 있다는 것이 그 독특한 현상이다.

　루카치는 "근대 자본주의의 대두에 필요한 모든 사회적·경제적 조건들은, 인간관계를 꾸밈없이 드러내주는 '자연발생적' 관계 대신 합리적으로 물화된 관계로 만드는 경향이 있다"[200]고 지적하면서, 현대사회가 노동자들로 하여금 이 물화 현상을 오히려 '자연발생적'인 것으로, 불변의 질서로, 인간 사회의 관계를 상품이라는 물건들 사이의 관계로 현혹시킴으로써 인간 의식 자체를 물화시킨다고 주장한다.

　그리하여 루카치는 물화 이론의 핵심적인 요지를 "인간 사이의 특정한 사회관계가…… 물건 사이의 관계라는 현혹적이고 환각적인 의식상태"를 취한다는 마르크스의 유명한 말[201]을 빌려 정리하고 있다. 말하자면

---

198) 같은 책, 186쪽.
199) 같은 책, 163쪽.
200) 같은 책, 163쪽.
201) Karl Marx, *Capital I*, Ernest Mandel 엮음, Ben Fowkes 옮김 (Harmondsworth: Penguin, 1990), 165쪽.

역설적이게도 물화된 것이 『돈 키호테』의 풍차 거인들처럼 현혹적이고 환각적인 추상으로 변하고 있다는 것이다.

　루카치는 노동 자체의 물화와 의식 내부의 물화과정을 함께 겪는 노동자들의 운명을 "사회 전체의 전형적 운명"[202]으로 파악하고 있다. 그는 프롤레타리아트 외에도 모든 인간적인 것을 파괴하는 자본주의제도 아래 물화의 본질이 가장 잘 드러나고 있는 예로 지식인의 경우를 소개하고 있다. 지식인은 자신의 정신적인 노동력을 파는 자가 된다. '주체성 자체·지식·기질·표현력 등'이 모두 개개인의 인격과 독립된 법칙에 따라 움직이는 상품이 되어버린다. 루카치는 자신들의 신념을 팔고 편파적인 보도 등을 일삼는 언론인들의 '매춘행위'를 '자본주의적 물화의 극치'로 포착하고 있다. 이 경우 "의식의 속성이나 능력은 더 이상 인격의 유기적인 통일체로 결합되지 못하며, 마치 외부 세계의 대상들처럼 인간에 의해 '소유'될 수도 '내다 팔'릴 수도 있는 물건이 된다."[203] 그리하여 루카치는 상품의 문제는 개별적인 문제 또는 일개 학문으로서 경제학의 중심문제로 보아서는 안 되고, "자본주의사회 모든 국면에서 핵심적·구조적 문제", 따라서 "자본주의사회 속에 살고 있는 모든 인간의 필연적·직접적인 현실"[204]이라고 주장한다.

　루카치의 독창성은 그가 인간의 소외를 노동의 소외와 동일시해 물화현상을 주로 노동의 소외현상이나 이의 철저한 희생자들인 노동자계급의 소외현상과 관련시켜 부분적으로 다루고 있는 마르크스와 달리 인간 노동의 물화현상이 자본주의시대에 '사회적 존재의 보편적 범주'가 될 정도로 자본주의의 지배적인 의식 상태인 합리주의적·관료적·기계주의적·형식주의적인 사고를 유도하는 부르주아적 사유의 패턴을 포함한 사

---

202) 게오르그 루카치, 앞의 책, 『역사와 계급의식』, 163쪽.
203) 같은 책, 173쪽.
204) 같은 책, 153쪽, 298쪽.

회의 모든 영역에 침투하여 확산되고 있음을 보여준다는 데 있다.

루카치는 마르크스의 『자본론』을 관통하는 '방법론적 근본사상'은 이 물화의 지양, 말하자면 인간의 실천 행동을 통해 "경제적 대상들을 물건의 위치에서부터 구체적인 인간관계로 다시 회복시키는 것'[205]이라고 주장한다. 물화된 자본주의사회에서 어떻게 탈물화가 가능할 수 있는가에 대해서는 『역사와 계급의식』의 「프롤레타리아트의 입장」이라는 글에서 본격적으로 논하고 있다. 그에 따르면, 물화는 부르주아지 의식의 한계 내에서는 결코 극복될 수 없으며 오직 프롤레타리아트의 계급의식에 의해서만 극복될 수 있다. 말하자면 그는 프롤레타리아트야말로 물화를 의식하고 또 이를 극복해내는 유일한 계급이 되리라고 주장하는 것이다.

자본주의사회의 대표 계급인 부르주아지와 "자본주의적인 사회질서의 산물"[206]인 프롤레타리아트는 다 같이 물화의 포로다. 노동자들과 마찬가지로 자본가들 또한 물화되지만, 그들은 자신의 활동을 자유롭게 펼쳐진 주관성의 행위로 착각한다. 그들이 처한 각각의 사회적인 상황에 의해 현실에 대한 접근방법 또한 각각 달리 규정될 수밖에 없으므로, 부르주아지는 그들의 현실에 대한 접근 방법으로 프롤레타리아트의 '매개'의 원칙과 반대되는 '직접성'의 원칙을 취한다.

바로 그들의 사회적 위치 때문에 부르주아지는 직접성의 포로, 즉 현실을 직접 주어진 것, 자연 발생적인 것으로 생각하여 자신들의 주관성을 자유와 활동의 유일한 원천으로 믿는다. 따라서 세계와 사회질서를 개별적인 '사실'의 총화로 착각하는 의식의 포로로 남아 있기 때문에, 그들은 은폐된 사회적 관계, 또는 물화된 자본주의세계를 초래한 역사의 발전과 그 사회의 발전을 보지 못한다. 부르주아지는 사회를 '사회화'했지만, 의

---

205) 같은 책, 280쪽.
206) 같은 책, 280쪽.

식적으로 이를 행한 것은 아니다. 왜냐하면 그와 같은 계급의식은 부르주아지의 이익과 양립할 수 없는 것이기 때문이다. 말하자면 생산의 사회화와 자본가 개인의 이익을 위한 생산수단의 사적 소유 사이에는 모순이 있기 때문이다. 그들은 이 모순과 '직접성'의 포로로 남아 있기 때문에, 착취에 기반을 둔 자본주의 경제체제의 내적 모순을 이해할 수도 없고 또 이해하려 들지도 않는다. 만약 그들이 그 모든 것을 이해한다면 그들은 부르주아지의 지배는 영원한 현상이 아닌 일시적인 현상이라는 것, 그러므로 부르주아지는 역사적으로 한시적인 계급일 뿐임을 깨닫지 않을 수 없기 때문이다. 그들이 이를 인식한다는 것은 자멸을 의미한다. 루카치는 "『공산당 선언』은 부르주아지가 그들 자신의 무덤을 파는 자를 배출한다는 점을 강조하는데, 이 점은 경제적으로뿐만 아니라 이데올로기적으로도 옳다"[207]고 말하고 있다.

자본주의사회에서 물화는 하나의 '이데올로기로적 현상'으로 인식되고 있고, 현실은 왜곡되고 은폐되고 있다. 그러나 이데올로기가 은폐하려드는 착취가 오랫동안 은폐될 수는 없다. 부르주아지 사회의 상품에 불과한 프롤레타리아트가 자신들의 상황을 의식하게 될 때, 비로소 그들은 사회 전체의 메커니즘을 이해하게 된다. 처음으로 인간은 자신을 사회적 존재, 역사적 과정의 객체이자 주체로 인식한다. 루카치는 "사유의 올바름에 대한 기준은 현실이다. 그러나 현실은 존재하는 것이 아니라 생성되는 것이다. 이 생성에 사유의 개입은 없을 수 없다"[208]고 주장한다. 사유는 인식적이면서 동시에 창조적이다. 이와 같은 견해는 자본주의 이전의 사회에서는 불가능했다. 왜냐하면 사회적인 관계는 곧 자연발생적인 관계로 해석되었기 때문이다.

---

207) 같은 책, 132쪽.
208) 같은 책, 306쪽.

루카치는 "프롤레타리아트의 역사인식은 현재의 인식, 그들 특유의 사회 상황의 자기인식"이라고 밝히면서 "노동자는 자신이 강제로 상품으로 변하여 단순한 수량으로 환원되고 마는 그러한 과정의 객체"가 되고 있음을 깨닫고 "이러한 상태의 직접성을 뛰어넘지 않을 수 없게 된다"[209]고 강조한다. 그들이 처한 현재 상황과 조건을 이해하는 바로 그 순간에 프롤레타리아트는 그 상황과 조건을 변화시킬 수 있도록 도와줄 의식을 형성하기 시작한다. 이러한 종류의 의식은 현실의 단순한 '반영'일 수는 없다. 루카치는 헤겔을 좇아 인식의 변증법적 과정을 "역사적 발전 자체와 동일한 것"[210]으로 파악하고 있다. 그렇기 때문에 현실에 대한 올바른 인식론적인 관계는 행동적인 실천이다. 마르크스는 "철학자들은 지금까지 다양한 방식으로 세계를 해석해왔을 뿐이다. 그러나 중요한 것은 세계를 변화시키는 것이다"[211]라고 말했다. 루카치는 마르크스의 이 말을 『역사와 계급의식』의 제1장 「정통 마르크스주의란 무엇인가」라는 논문 머리말에 싣고 있다. 루카치에게 마르크스주의는 행동의 프로그램을 유도하는 인식방법이다.

　프롤레타리아트의 인식의 변화는 곧 그들 존재의 변화이므로, 루카치는 자기의식, 또는 '계급의식'에 의해 자신의 역사와 운명의 주체이자 객체로 변화하는 프롤레타리아트의 역사적인 기능 속에서 이른바 '주-객 동일자'를 발견하고 있다. 프롤레타리아트는 그들 자신이 한낱 상품임을 의식하게 되는 동시에 모든 사회 생활의 형식이 물화되어 있음을 깨닫게 된다. 부르주아지는 "모든 대상들의 상품으로의 변화, 모든 대상들의 물신적 교환가치로의 양화(量化)"를 그들의 세계가 합리화·기계화·능률

---

209) 같은 책, 259쪽.
210) 같은 책, 264쪽.
211) Karl Marx, 'Theses on Feuerbach', Karl Marx · Friedrich Engels, *Collected Works* (New York: International Publishers, 1976), 5: 5쪽.

화되는 현상으로 생각하고 이를 질적 변화로 인식하지만,[212] 프롤레타리아트는 이를 인간 전체가 물화·상품화되는 과정으로 본다.

『역사와 계급의식』의 제2장인 「마르크스주의자로서의 룩셈부르크」에서 루카치는 "마르크스주의와 부르주아지 사상 사이를 결정적으로 구분짓는 것은, 역사를 설명하는 데 마르크스주의가 경제적인 동인(動因)을 일차적으로 중시한다는 점이 아니라 그것이 총체성의 관점을 취한다는 점이다"[213]라고 역설하고, 그 첫 번째 논문 「정통 마르크스주의란 무엇인가」에서 마르크스주의의 "유물론적 변증법이란 혁명적 변증법이다"[214]라고 지적함으로써 그의 기본테제를 제시하고 있다.

루카치에 따르면, 사회에서 가장 직접적·극단적으로 소외된 프롤레타리아트만이 "역사의 내재적 의미를 포착하여 이의 긍정적·적극적인 면을 의식에 고양시키는 능력"[215]을 가지고 있으며, 그렇기 때문에 "사회현상은 더 이상 부르주아지적 관점에서 고찰될 것이 아니라",[216] 그 유일한 인식론적 주체인 프롤레타리아트의 혁명적인 계급의 관점에서 고찰되어야만 하는 것이다.

이글턴이 주장하듯이 모든 형식의 계급의식은 이데올로기적이다. 그러나 어떤 계급의식은 다른 계급의식보다 한층 더 이데올로기적일 수 있다. 다른 계급의식보다 훨씬 더 이데올로기적인 부르주아지 계급의식은 물화의 무서운 영향 때문에 사회구조를 하나의 전체 또는 사회를 하나의 전체 과정으로 파악하지 못하고, 개별적인 대상이나 제도로만 간주한다. 그러나 프롤레타리아트의 계급의식은 사회질서를 '총체적'으로 파악할 수 있

---

212) 게오르그 루카치, 앞의 책, 『역사와 계급의식』, 265쪽.
213) 같은 책, 85쪽.
214) 같은 책, 56쪽.
215) 같은 책, 297쪽.
216) 같은 책, 117쪽.

기 때문에 특유한 것이다. 이는 그람시가 '문화적 헤게모니'라고 일컬었던 부르주아지의 세계관에 희생당해 그들이 살고 있는 세계와 현실을 자신들의 실천의 결과로 볼 수 없었던 의식의 물화로부터 프롤레타리아트가 각성된다는 것을 뜻한다. 루카치에게 이와 같은 이해와 인식 자체는 객관적인 상황의 변혁을 포함한 "일종의 도덕적·철학적 '규범'"[217]이 되고 있다.

이처럼 루카치의 계급의식 이론에서는 의식, 또는 혁명적 의식이 사회적 존재를 규정하는 것이지 사회적 존재가 그 의식을 규정하는 것은 아님이 명백하다. 깨어난 프롤레타리아트의 계급의식은 인간 전체를 물화의 속박에서 해방시키려고 하기 때문에, 그들의 자기인식은 현실 세계의 단순한 인식을 넘어서는 "해방의 역사적인 운동"[218]이다. 해방의 역사적인 운동을 담당할 프롤레타리아트는 마르크스의 경우와 마찬가지로 루카치에게도 잠재적인 '보편적' 계급으로 자리 잡고 있다. 왜냐하면 프롤레타리아트는 모든 인류의 잠재적인 해방의 과업을 떠맡고 있기 때문이다. 그리하여 루카치에게 프롤레타리아트 혁명은 '역사의 수수께끼'의 관건으로 나타난다.[219] 루카치는 이렇게 말한다.

> 따라서 프롤레타리아트의 혁명적 승리란…… 청년 마르크스가 인식하고 주장했듯이 계급의 '자기지양'인 것이다.[220]

루카치의 근본 전제는 계급전쟁이다. 그에게 이 전쟁에 참여하는 프롤

---

217) Terry Eagleton, *Ideology: An Introduction* (London: Verso, 1991), 제4장 "From Lukács to Gramsci", 94~97쪽을 볼 것.
218) Leszek Kolakowski, 앞의 책, 3: 276쪽.
219) George Lichtheim, *Lukács* (London: Fontana/Collins, 1970), 67쪽.
220) 게오르그 루카치, 앞의 책, 『역사와 계급의식』, 139쪽.

레타리아트는 어둠의 자식들과의 마지막 싸움에 나선 빛의 자식들이다. 그는 또 이렇게도 주장하고 있다.

마르크스는 "현 세대는 모세가 광야를 지나 인도했던 유대인과 같다. 현 세대는 새로운 세계를 정복해야 할 뿐 아니라 새로운 세계를 감당할 수 있는 사람들에게 자리를 마련해주기 위해서라도 멸망하지 않으면 안 된다"고 말했다. 왜냐하면 현재 살고 있는 인간의 '자유'는 그 자체로서 물화되고 또 물화하는 소유에 의해 고립화된 개인의 자유이기 때문이다. 이러한 자유를 창출하려는 것은 실제로 진정한 자유의 포기를 뜻하는 것이다.[221]

루카치는 자본주의에 의해 인간의 의식까지도 물화되어버린 비인간적인 사회의 지양과, "도덕적 가치가 완전히 타락한" "역사적 현재의 지양"[222]은 총체성을 지향하는 프롤레타리아트 해방의 역사적인 투쟁에 의해서만 달성될 수 있고, 달성되어야 한다고 주장한다. 『역사와 계급의식』의 제1장 「정통 마르크스주의란 무엇인가」라는 글의 초고(1920)에서 루카치가 "고전 독일 철학자들, 특히 헤겔과 마찬가지로 마르크스는 세계사를 하나의 동질적인 과정, 중단 없는 혁명적인 해방 과정으로 인식했다"[223]고 언급했을 때, 이는 이미 그의 역사관이 마르크스의 역사관을 그대로 수용하고 있음을 드러내고는 있지만, 여기서 우리는 그 자신이 혁명적 이상주의에 의해 새로운 체제의 사회를 창조할 수 있으리라 생각했던, 또 그 자신이 마치 "절대정신의 외화(外化)인 양 행동했던"[224] 그러한 철

---

221) 같은 책, 429~430쪽.
222) 같은 책, 431쪽.
223) George Lukács, 앞의 책, *Tactics and Ethics*, 24~25쪽.
224) Mihailo Markovic, "The Critical Thought of György Lukács", Praxis

학자를 만나고 있다.

프롤레타리아트를 헤겔의 절대정신——역사의 주-객 동일자 그 자체[225], 말하자면 일종의 헤겔의 절대정신의 구현으로 바라보는 루카치의 역사철학은, 그렇기 때문에 유토피아적이고 메시아적이다. 그리하여 혁명의 운명은 "현실의 총체성을 인식할 수 있는 이론의 주체이자 또 현실의 총체성을 실현할 수 있는 실천의 주체"[226]인 프롤레타리아트의 계급의식에 달려 있게 된다. 말하자면 루카치는 절대정신의 논리를 절대계급의식의 논리로 옮기고 있으며, 그에게 혁명의 과정은 프롤레타리아트의 계급의식의 발전과정과 같은 것이었고, 따라서 혁명의 운명은 프롤레타리아트의 이데올로기적 성숙에 달려 있다. 다시 말하자면 루카치는 성숙한 계급의식이 프롤레타리아트를 역사의 주-객 동일자가 될 수 있게 한다고 믿는다.

혁명의 문제를 엄격한 자연법칙의 문제로, 또는 자본주의란 그 자체의 경제 모순에 의해 파멸할 수밖에 없다는 객관적인 필연성의 문제로 취급하고, 인간의 주체성을 완전히 무시해버리는 이른바 '속류' 마르크스 주의의의 전제를 루카치는 받아들일 수가 없었다. 『역사와 계급의식』을 준비하는 동안 그를 고취시켰던 혁명정신은 우리가 이미 두 번씩이나 인용했듯이 '급박하게 다가오는 세계혁명과 문명세계 전체의 총체적 변혁에 대한 신념'에 의해 강화된 '지적인 혁명적 메시아 사상을 향한 열정'이었기에, 루카치는 혁명의 문제를 '미래'의 문제로 돌려버리고 마는 마르크

International 6: 1 (1986), 92쪽.
225) Terry Eagleton, 앞의 책, 98쪽; Werner Jung, 앞의 책, 102쪽.
226) 반성완, 「총체성의 이념과 변증법적 인식」, 『오늘의 책』 8 (1985, 겨울호), 256쪽. 이 글은 한국 학계에서 루카치의 『역사와 계급의식』을 여러 각도에서 포괄적으로 다루고 있는 논문 가운데 하나에 속한다. 그리고 박정호, 「사물화와 계급의식－루카치의 『역사와 계급의식』에 대한 비판적 검토」, 한국철학사상연구회 지음, 『현대사회와 마르크스주의 철학』 (서울: 동녘, 1992), 153~168쪽도 참조할 것.

스주의자들의 태도를 받아들일 수가 없었다.

다른 한편 루카치가 프롤레타리아트의 계급의식을 강조했던 것은 아무리 개인이 위대하다 할지라도 개인은 결국 역사의 과정에 결정적인 영향을 미칠 수가 없기 때문이다. 루카치의 계급의식 이론에 따르면, 의식 또는 혁명적 의식이 사회적 존재를 규정하는 것이지 사회적 존재가 그 의식을 규정하는 것은 아니다. 개인이 아니라 계급이 역사를 창조하기 때문에, 루카치에게 프롤레타리아트의 계급의식은 개별적인 개인들의 경험적 의식의 총화와 결코 동일시될 수 없다.[227]

프롤레타리아트의 계급의식은 프롤레타리아들이 부분과 전체의 분리, 객관과 주관의 분리를 지양함으로써 인간과 사회를 총체적으로 인식하는 한편, 그들 자체 그리고 인간 전체의 진정한 이해(利害)와 역사적 소명을 충분히 인식할 때 비로소 객관적으로 실현 가능한 것이다. 루카치는 "계급의식의 객관적 이론은 계급의식의 객관적 가능성의 이론이다"[228]라고 말한다. '객관적 가능성'으로서의 이러한 의식은 레닌이 『무엇을 할 것인가』라는 글에서 주장했듯이, 프롤레타리아트에게만 '귀속'될 수 있다. 이 의식은 어떤 계급이 그 계급의 이해를 충분히 깨달을 때만 가질 수 있게 되는 의식이다. 이는 중요한 점이다. 루카치가 독재를 위한 이데올로기적인 근거를 준비하고 있음을 암시해주기 때문이다.

그러나 프롤레타리아트라고 해도 이따금은 오도될 수도, 과오를 범할 수도 있지 않은가? 이 주장에 대해 루카치는 진정한 프롤레타리아트의 계급의식은 하나의 이상이지, 경험적인 것이 아니므로 검증될 수 없는 의식이라고 대답한다. "프롤레타리아트의 계급의식을 구체적으로 명확히 하고 조직화한"[229]것이 당이, 이미 객관적으로 주어진 프롤레타리아트의

---

227) Lee Congdon, 앞의 책, *Exile and Social Thought*, 61쪽 이하를 참조할 것.
228) 게오르그 루카치, 앞의 책, 『역사와 계급의식』, 149쪽.
229) 같은 책, 104쪽.

계급의식을 옳게 촉진하고 고취시켜 프롤레타리아트로 하여금 '세계사적 미래의 창조'를 위한 '세계사적 사명'을 실현케 한다.

여기서 루카치는 지식인들은 혁명의 머리이고 프롤레타리아트는 그 심장이라는 마르크스의 견해뿐만 아니라, 당을 혁명의 전위로서 간주했던 레닌의 견해도 수용하고 있다.[230] 루카치에게 당의 본질은 "인간과 역사를 매개하는 구체적 원리"[231]다. 그러므로 '세계사적 미래의 창조'는 자동적인 진행도 아니요, 정해진 방향이 없는 진행도 아니다. 그것은 당의 엘리트──그람시의 용어를 빌린다면 현대의 '집단적 군주들'──의 지도력에 의해 밀접하고도 강력한 인도를 받는다. 이 경우 프롤레타리아트의 진정한 계급의식의 구체적인 표현인 당은 역사적 진실의 창조자이면서 동시에 역사적 윤리의 창조자가 된다. 루카치는 이렇게 말하고 있다.

> 계급의식은 프롤레타리아트의 '윤리'이자 그들의 이론과 실천의 통일이며, 그들의 해방투쟁의 경제적 필연성이 변증법적으로 자유로 전환되는 지점이다. 당이 계급의식의 역사적 형태이자 적극적인 담지자로 인식됨으로써, 동시에 당은 투쟁하는 프롤레타리아트의 윤리의 담지자가 된다.[232]

이리하여 우리는 『소설의 이론』의 비극적 세계관에서 출발하여 그 이데올로기적 행보의 마지막 단계인 레닌주의를 향해 걸어가는 "혁명적 현실주의"[233]의 혁명가를 만나게 된다. 자본주의의 물화와 소외과정으로

---

230) 이 점에 관해서는 같은 책, 제8장 「조직문제의 방법론」, 403~459쪽을 볼 것.
231) 같은 책, 436쪽.
232) 같은 책, 103쪽.
233) Michael Löwy, *Georg Lukács—From Romanticism to Bolshevism*, 171쪽을 볼 것.

인해 잃어버린 "모든 전체성"[234]과 유기적 공동체를 다시 회복시키고, '너'와 '나'의 분리가 존재하지 않았던 총체적이고 동질적인 세계를 회복시키는 것이 최상의 윤리적인 이상이기 때문에, 그것은 무엇보다도 규제적인 성격을 띨 수밖에 없다. 총체성은 '역사의 주–객 동일자', 혁명적 프롤레타리아트에게 지상 명령으로 등장한다. 루카치의 사상 전반에서 총체성은 유토피아를 향한 위장된 동경의 형식으로 피할 수 없을 만큼 빈번이 나타나고 있다. 그 동경은 인식되자마자 경멸당하지만 그럼에도 그의 많은 글 속에 새로운 형식으로 거듭 나타난다.

역사의 근원에는 그 부재에 의해 역사를 지배하는 비역사적 근원, 비역사적 '고향'이 있으며, 역사는 그 근원에서 멀어지는 움직임인 동시에 그 근원을, 그 고향을 되찾으려는 움직임이기도 하다. 잃어버린 호메로스의 그리스가 갖고 있던 유기적 총체성은 루카치에게는 비역사적 고향이지만, 그것은 그뿐만이 아니라 그밖의 많은 혁명적인 인간을 위해 역사를 지배하며 역사의 목적으로 여전히 작용하고 있다.

루카치는 잃어버린 황금시대를 다시 회복시키는 세계사적인 메시아적 사명, 유토피아적 사명을 당에 부여하고 있다. 그에게 사회주의는 "경험적으로 지각될 수 없지만, 모든 경험적인 사실보다 더 실제적인, 더 높은 질서의 헤겔적인 현실로서 이미 존재하는 그 어떤 것이 되고 있다."[235] 루카치가 『소설의 이론』에서 고도로 이상화된 그리스를 '규제적 원리'로 삼아 그를 근거로 소외되고 물화된 자본주의사회를 정죄했듯이, 『역사와 계급의식』에서는 '더 높은 질서의 헤겔적인 현실로서 이미 존재하는 그 어떤 것', 사회주의를 '규제적 원리'로 받아들이고 자본주의사회를 지양할 것을 역설하고 있다.

---

234) 게오르그 루카치, 앞의 책, 『역사와 계급의식』, 3: 177쪽.
235) Leszek Kolakowsky, 앞의 책, 299쪽.

여기서 우리는 루카치가 제기했던 물화나 계급의식이나 당의 역할 등을 묻는 반론에 관련하여 우파는 물론 좌파, 가령 아도르노나 호르크하이머 같은 대표적인 이론가들의 비판을 소개함으로써 루카치의 한계를 지적할 필요는 없다. 여기서는 그 지적이 중요하지 않다. 그보다는 루카치의 유토피아적 비전이 마르크스주의를 새롭게 각인하고자 했던 그의 창조적인 노력의 피눈물 나는 몸부림에서 나온 산물이라는 점, 이 사실이 더 중요하게 부각되어야 할 것이다.

그러나 그 무엇보다 더 중요한 것은, 여전히 "적(敵)은 승리를 거듭하고 있는"[236]이 시대, '도덕적 가치가 완전히 타락한' 우리시대에 루카치가 "혁명의 운명(이와 함께 인류의 운명)은 그들의 이데올로기적 성숙, 그들의 계급의식에 달려 있다"[237]고 강조했던, 그 프롤레타리아들이 스스로 이데올로기적 성숙에 이르러 세계사적인 사명을 성취하기까지, 앞으로도 얼마나 더 많은 고통을 경험하지 않으면 안 되는가 하는 것이다.

---

236) 발터 벤야민, 「역사철학테제」, 반성완 옮김, 『발터 벤야민의 문예이론』 (서울: 민음사, 1983), 346쪽.
237) 게오르그 루카치, 앞의 책, 136쪽.

# 6

황금시대와 로마 제국의 이데올로기

영국의 진보적인 역사가 힐 교수가 "대부분의 종교와 대부분의 사람들은 저마다 자신만의 에덴 동산, 아르카디아, 황금시대의 전설과 유사한 전설을 가지고 있다"[1]고 말하기 훨씬 이전에도, 일찍이 실러는 "역사를 지닌 모든 백성은 낙원이나…… 황금시대를 가지고 있으며, 더욱이 누구나 할 것 없이 각 개인은 저마다의 낙원, 자신만의 황금시대를 가지고 있다"[2]고 선언한 바 있었다.

잃어버린 낙원이나 황금시대에 대한 동경과 그 복귀의 신화는 고대 이래 인간의 상상력을 끊임없이 키워왔다. 기독교나 유대교, 그 어느 쪽이나 "성스러운 역사의 승리— '역사의 종언'에 의해 표명되는—는 낙원의 회복을 어느 정도 함축하고 있다"[3]고 주장될 만큼, 이 복귀의 신화는 종교적인 사고에서 독점적인 위치를 차지하고 있을 뿐 아니라 프로이트처럼 무신론자이면서 환상의 파괴자로 공인된 자들까지도 그것으로부

---

1) Christopher Hill, *The World Turned Upside Down: Radical Ideas during the English Revolution* (London: Temple Smith, 1972), 121쪽.
2) Harry Levin, *The Myth of the Golden Age in the Renaissance* (New York: Oxford UP, 1972), xv쪽에서 재인용.
3) Mircea Eliade, *Myth and Reality*, Willard R. Trask 옮김 (New York: Harper and Row, 1963), 65쪽.

터 자신을 해방시킬 수 없을 만큼 세속적인 의식의 일부로 굳어져가고 있다.

프로이트의 저서 『문명과 그 불만』은 인간을 낙원 또는 황금시대까지는 아니라 할지라도 분명 더 나은 세계로 나아가게 하는 '영원한 에로스', 그 '거룩한 힘'을 기원하는 거의 유토피아적인 비전으로 마무리되고 있다.[4] 또 한편 이 신화는 "마르크스의 계급 없는 사회와 그로 인한 역사적인 긴장의 소멸은, 많은 전통이 역사의 시작과 끝에 설정하고 있는 황금시대의 신화에서 가장 가까운 선례를 발견하고 있다"[5]고 주장될 만큼 세속적인 정치적 · 전체주의적 이데올로기 속에도 뚜렷이 남아 있다. 이는 "역사의 한계를 초월하려는 하나의 시도"[6]로 규정되는 황금시대의 신화가 이 이데올로기들이 추구하는 이상세계의 본질로 끊임없이 이어져오고 있기 때문이다.

이 글의 목적은 황금시대의 신화가 로마의 황제 아우구스투스와 그의 통치를 지지하기 위한 하나의 이데올로기로서 과연 어떤 기능을 하고 있으며, 여러 시인 가운데 로마 최대의 시인인 베르길리우스가 이를 위해 그의 작품, 특히 그의 서사시 『아이네이스』에서 황금시대의 신화를 어떻게 이용하는지, 여타의 서방 서사시들과 마찬가지로 이 서사시가 백인 중심적, 남성 중심적, 유럽 중심적인 세계관을 어떻게 반영하고 있는지를 밝히는 데 있다.

---

4) Sigmund Freud, *Civilization and Its Discontents*, James Strachey 옮김 (New York: Norton, 1961), 92쪽.
5) Mircea Eliade, *The Sacred and the Profane*, Willard R. Trask 옮김 (New York: Harper and Row, 1963), 20쪽.
6) Harry Levin, 앞의 책, xv쪽.

황금시대

 일반적으로 황금시대에 대한 첫 언급은 지상에서의 인간의 삶을 금·은·동·영웅·철의 다섯 시대로 나누었던 그리스의 시인 헤시오도스의 시 『노동과 나날』에 등장하는 것으로 알려져 있지만, 이보다 천 년 이상 앞선 기원전 2000년경에도 한 수메리아 시인은 『딜문』에서 '뱀·전갈·하이에나·사나운 개·이리, 두려움이나 공포, 인간의 어떠한 적수도 없었던 시대'를 노래하고 있었다.[7]

 헤시오도스에서부터 오비디우스, 그리고 베르길리우스에 이르기까지 고대 시인들이 주로 다뤘던 황금시대는 제우스 신의 아버지 크로노스(로마 신화에서는 사투르누스)가 통치했던 시대였고, 인류의 타락으로 세계가 황금시대에서 철기시대로 차츰 전락했을 때, 우주의 정의를 상징하는 처녀, 아스트라이아 여신이 지상에서 하늘로 올라가 그곳에 처녀별로 존재하기 이전까지 인간과 더불어 살던 시대였다.

 인간과 신은 같은 식탁에서 잔치를 벌였으며, 대지가 인간의 생존을 위해 필요한 과일과 곡물 등 모든 것을 자발적으로 생산했던 이 시대에 인간은 어떠한 노동의 수고도 알지 못했다. 모든 것은 풍족했고 또 쉽사리 손에 넣을 수 있었던 까닭에 행복해질 필요성조차 없었다. 탄생에서 죽음에 이르기까지 평안한 휴식 속에 있던 인간은 어떠한 정신적·육체적 고통도, 슬픔도 느끼지 못했으며, 헤시오도스가 상기시키듯이 그들에게는 죽음까지도 "꿈에 압도되어"[8] 자러 가는 것과 같았다.

---

7) Fernando Ainsa, "From the Golden Age to El Dorado: Metamorphosis of a Myth", *Diogenes* 133 (1986, 봄호), 25쪽을 볼 것.
8) 헤시오도스, 『노동과 나날』, 117행. 헤시오도스의 황금시대에 관한 언급은 110~122행을 볼 것. 영어로는 Hesiod, *Theogony, Works and Day, Shield*, Apostolos N. Athanassakis 옮김 (Baltimore: Johns Hopkins UP, 1983), 70쪽.

계절은 늘 따뜻한 봄이 지속되었고, 인간과 자연은 하나였으며, 인간은 인간끼리 동물은 동물끼리 사이좋게 지낼 뿐만 아니라 인간은 동물과 더불어 조화롭게 살았다. 따라서 이기적인 욕망, 특히 육체적인 욕구와 탐욕이 인간의 의지를 아직까지 타락시키지 않았던 시대였고, 그리하여 증오·분노·무기가 없는 시대였기 때문에 법이나 전쟁이 존재할 이유가 없었으며, 인류는 하나의 커다란 가족으로 함께 살았다. 남녀 모두 자발적으로 사랑을 했고 서로를 신뢰했으며, 많은 물건을 공동으로 소유했고, 사회적인 위계질서도 존재하지 않았다. 황금시대는 지상에서 보낸 삶의 이상을 요약할 수 있을 만큼 사회적인 조화, 자연적인 풍요, 경제적인 안정, 개인적인 행복을 두루 갖춘 시대였다.

그러나 그렇기 때문에 황금시대는 비관적인 측면을 함축하고 있다. 그것은 돌이킬 수 없는 잃어버린 먼 과거에 속하는 것이기 때문이다. 『노동과 나날』에서 헤시오도스의 첫 언급은 이러한 부정적인 색채를 띠고 있다. 그러나 한편 그는 정의롭고 올바른 삶을 살아가는 자들에게는 이 시대가 그 문을 열어놓고 있다고 시사함으로써 그 복귀의 가능성을 암시한다. 복귀의 가능성과 관련하여 우리는 여기서 황금시대 신화의 특징을 보여주는 한 중요한 부분, 즉 '복귀'하는 황제의 신화에 대해 언급할 필요가 있다.

황금시대의 신화를 특징 짓는 본질적인 '신화적 구성요소'[9]는 다음과 같이 요약될 수 있다. '잃어버린 과거의 왕권'이 그 첫 번째 구성요소로서, 이는 『신통기』(神統記)의 크로노스(또는 사투르누스)와 같은 왕들에 의해 예증되며, '숨어 있는 왕'은 두 번째 구성요소로서, 그의 은신처는 주로 섬이나 산의 중심부가 된다. '축복받은 자들의 섬'에 살고 있는 이

---

9) 이에 대해서는 Gilbert Durand, "A Note on the Myth of the Golden Age and its Implications", *Temenos* 10 (1989), 45~47쪽을 볼 것.

왕은 풍요·평화·조화의 땅의 왕이라는 것이 세 번째 구성요소이며, 그의 왕국, 즉 지상의 낙원이나 아르카디아는 행복하고 풍요로운 거룩한 시(市)의 전형이다.

유대인들의 경우에 이 신화적인 구성요소는 약속의 땅의 구성요소, 사투르누스의 역할을 하는 모세와 혼합되었다. 그리고 기독교적 묵시의 경우에는 미래 예루살렘, 천상의 예루살렘의 주제와 혼합되었다. 이러한 연관에서 우리는 이슬람에 의해 율법의 제정자 또는 회복자로 여겨졌던 '일곱 예언자들', 가령 모세를 비롯해 그의 선조들인 아브라함·노아·아담, 그 후의 다윗, 예수 그리고 마호메트에 관한 많은 글을 볼 수 있는데, 그들 모두는 타락·예속·홍수·침입 이후 쇠퇴 일로에 있던 세계를 다시 거룩한 상태로 회복시키고자 했던 자들로 '사투르누스'의 성격을 공통적으로 보여주고 있다.

네 번째 구성요소는 황금시대 신화를 '복귀' 또는 순환의 주제에 연관시키는, 가장 본질적인 구성요소다. 비록 폐위되었지만 이 '숨어 있는 왕'은 복귀할 힘, 말하자면 시간을 전복할 힘을 가지고 있다. 그는 출애굽의 통치자인 모세와 같으며, 무엇보다도 죽음을 이겨낸 기독교 부활절의 그리스도와 같다.

유대 기독교적 전통을 떠나서 생각할 때 분명한 점은, 헤시오도스에서 플루타르쿠스에 이르기까지 축복받은 자들의 섬에 살고 있는 크로노스(또는 사투르누스)의 위대한 이미지는 이미 복귀사상을 받아들일 준비를 충분히 하고 있었던 고대 시인들과 역사가들의 상상력에서 떠나지 않고 있었다는 점이다. 일찍이 로마에서 사투르누스 왕의 '복귀'의 신화는 아우구스투스를 다시 태어난 사투르누스로 찬미하는 베르길리우스에 의해 정교하고 강도 높게 다루어졌다. 엄격한 의미에서 베르길리우스는 황금시대가 다시 복귀할 것임을 노래한 최초의 시인이다. 돌이킬 수 없는 과거 속에 황금시대를 침잠시킴으로써 헤시오도스의 시대 이래 허무주의적인 색깔을 띠고 있었던 잃어버린 황금시대의 전통을 '전복'한 최초의 시인인 것이다. 마치 수십 년 동안 반대 방향으로만 흘러갔던 파우스트 신화에서 괴테가 자신의 파우스트를 구원했던 것과 비교될 수 있을 만큼, 베르길리우스는 아우구스투스에 의해서 황금시대가 도래될 것이라고 대담하게 선언함으로써, 오랫동안 확립되었던 신화를 급진적으로 반전시켰으며, 다음 세대를 위해 그것을 확정하는 데 성공했다.

이러한 사실의 인식은 19세기 초 생-시몽의 "인류의 황금시대는 뒤에 있는 것이 아니라 우리 앞에 있다. 그리고 그것은 사회질서의 완성에 있다. 우리의 선조들은 그것을 보지 못했지만 우리의 자손들은 어느 날 그 완성에 도달할 것이다. 그 길을 우리가 마련할 것이다"[10]라는 선언으로 확인되고 있다. 포지올리가 주장했듯이, 초기의 혁명 이데올로기를 발전시키는 데 목가적 이상이 기여한 점 가운데 가장 중요한 것이 있다면, 그것은 바로 이 황금시대의 신화다.[11]

'황금시대'의 신화와 베르길리우스

필리피에서 안토니우스가 브루투스와 카시우스에게 승리를 거둔 이후, 황금시대의 주제는 로마 문학의 주요한 주제로 떠오르기 시작했다. 호라티우스가 그의 『서정단가』 열여섯 번째 시를 통해 그의 동료 로마인들에게 그와 함께 로마를 떠나 현실에서 불가능한 황금시대를 찾아 '축복받은 자들의 섬'으로 떠나갈 것을 절망적으로 노래했던 때와 거의 동시에,

---

10) Renato Poggioli, *The Oaten Flute: Essays on Pastoral Poetry and the Pastoral Ideal* (Cambridge/M.A.: Harvard UP, 1975), 29쪽에서 재인용.
11) 같은 책, 216~217쪽을 볼 것. 또 Hayden White, *Metahistory: The Historical Imagination in Nineteenth-Century Europe* (Baltimore: Johns Hopkins UP, 1973), 25쪽; Vincent Geoghegan, *Utopianism and Marxism* (London: Methuen, 1987), 제4장 "Golden Ages and Myths", 56~72쪽을 볼 것.

베르길리우스는 통틀어 열 편의 시로 구성된 그의 『목가』 가운데 네 번째 시에서 새로운 황금시대가 시작될 찰나에 있다고 노래한다. 이름 없는 한 소년의 탄생과 더불어 시작될 이 새로운 시대는 모든 것이 예전에 있던 그대로 되돌아갈 것이며, '철기의 백성들'의 시대는 끝나고 바야흐로 '황금의 백성들'이 세계 도처에서 일어날 것이고(8~9행), 악은 사라지고 지상은 '영원한 두려움'에서 자유로워질 것이며(13~14행), '양떼들은 사자들을 무서워하지 않을 것이고'(22행), 대지는 모든 인간의 필수품을 저절로 제공할 것이므로 인간뿐만 아니라 동물도 노동의 저주에서 해방될 것이며(39~41행), 또한 인간은 전쟁의 광란에서 해방될 것이라고 노래함으로써, 그의 낙관주의는 그때까지 황금시대의 신화에 늘 따라붙곤 하던 우울한 감정을 놀랄 만큼 역전시켜놓고 있다.

초기 기독교인들이 하나님의 왕국에 대해서 믿었던 것처럼 베르길리우스는 황금시대를 임박한 미래의 것으로 다루고 있다. 그렇게 함으로써 그는 전통적인 패턴을 뒤집어엎고 목가적인 비전 속에 형이상학적인 비전과 그전까지는 무시되어왔던 메시아적인 비전을 등장시키고 있다. 간단히 말해서 베르길리우스는 신적인 존재가 지상에 도래하는 것에 대한 헤브라이적이고 성서적인 기대와 종류에서 그리 다르지 않은, 비고전적이고 비목가적인 요소를 소개하고 있는 것이다.

황금시대의 주제는 그의 다음 작품 『농경가』와 서사시 『아이네이스』에서 다시 나타난다. 이들 작품에서 베르길리우스는 황금시대의 주제를 신화의 영역에서 끄집어내어 실제 역사적 인물의 통치 아래라는 역사의 상황 속에 옮겨놓음으로써 그 역사성을 한층 끌어올리고 있다.

그러나 베르길리우스는 이 두 작품을 통해 황금시대를 도래시키는 지도자는 옥타비아누스(미래의 아우구스투스 황제)라고 분명히 지칭하고 있지만, 『목가』 네 번째 시에서는 그 지도자, 즉 그 아이가 누구인지를 전혀 밝히고 있지 않다.

2천 년 이상에 걸쳐 『목가』 네 번째 시의 독자들은 베르길리우스의 그 이름 없는 아이의 정체에 대한 관심에서 결코 벗어날 수가 없었다. 그 이름 모를 역사적인 인물에 대한 고대(현대는 말할 것도 없이) 해설가들 사이에서 있던 의견의 불일치는 그 시인의 시대에도 그 쟁점이 전혀 해결되지 못했음을 뜻하는 것이다. 이 아이가 기원전 40년 9월에 베르길리우스가 이 시를 써서 바친 당시 집정관이자 그의 후견인이었던 폴리오의 아이라는 주장에는 반론이 있을 수 있다. 첫째로 명시적이든 함축적이든 간에 폴리오가 그 아이의 아버지이며 폴리오의 처는 어머니라는 것은 어디에도 언급되지 않는다. 그 아이와 관계 있는 어떤 특징도 폴리오와 관련된 특징과는 부합되지 않는다.

그 당시에 나타났던 여러 정황, 날짜, 여러 지적과 부합되는 한 아이가 있기는 하다. 이는 안토니우스와 아우구스투스의 누이 옥타비아 사이에 태어날 것으로 예상되던 아이다. 그들의 결혼은 폴리오와 그의 집정관 시절과 밀접하게 연관되어 있다. 그는 그들의 결혼을 성사시키는 데 부분적으로 책임이 있었으며, 안토니우스의 친구이자 지지자였다. 그 결혼은 브룬두시움 협정에 의해서 표명되었듯이, 아우구스투스와 안토니우스 사이의 '화해'이자 이탈리아 백성들을 위한 '평화'를 보장하는 외적·상징적 행위였다. 그 화해는 내란의 여파에 시달리고 있던 모든 사람에게 평화를 의미하는 것이었기 때문에 모두에게 환영받았다.

무적의 안토니우스가 파르티아인을 패배시키고, 일찍이 4년 전 율리우스 카이사르도 원했던바, 크라수스의 패배에 대해 복수했을 때, 제국은 회복되어 금방이라도 새로운 시대가 도래할 수 있을 것 같았다. 그러므로 이 순간 적지 않은 이들이 그 소년을 곧 안토니우스와 옥타비아 사이에서 태어날 아이라 상상할 수 있었던 것도 무리는 아니다.[12]

---

12) Ian M. Le M. Du Quesnay, "Vergil's Fourth Eclogue", *Papers on Liverpool Latin*

그러나 이와 같은 주장은 정치적인 결혼에 대한 너무나도 과장적인 표현이다. 모든 혁명 시기에 그렇듯이 당시 로마 사람들은 저마다 개인적인 운명과 현실에 대한 인식에 따라 희망과 절망의 양극으로 나뉘어 있었다. 즉 재산을 빼앗기고 쫓겨난 모든 '멜리보이우스'들에게는 때론 희망도 있었고, 때론 절망만 남아 있었다. 특히 앞서 호라티우스의 경우처럼 절망으로만 가득 차 있을 정도로 율리우스 카이사르 암살 이래 내란의 가능성이 줄곧 이탈리아를 위협해왔고, 기원전 40년에는 아우구스투스와 안토니우스 가운데 결국 어느 쪽이 로마를 지배하게 될지 그 누구도 예측할 수가 없었다. 희망과 동시에 긴장과 불안의 연속이 모든 사람의 가슴속에서 떠나지 않았다. 『목가』와 『농경가』에서의 베르길리우스처럼, 한 사람의 마음도 경우에 따라 이 극단적인 양쪽 분위기 사이를 오갔다.

아우구스투스와 필리피에서 안토니우스가 카시우스와 브루투스를 패배시켰던 기원전 42년부터, 아우구스투스가 악티움에서 안토니우스와 클레오파트라를 패배시켰던 기원전 31년까지는, 다른 어떤 불안정한 시절보다 마법·점성술·종말론·통치자 숭배 등이 횡행했으며 신탁을 퍼뜨리는 사람들이 자주 등장했다.[13] 그리스어를 말하는 디아스포라의 유대인들은 '시빌라'적인 신탁을 만들어 삼두정치가 초래한 파멸을 한탄하고 동방의 복수를 예언하면서,[14] 천년왕국을 가져올 아기 메시아를 상기시키도록 했다.

성 아우구스티누스를 비롯한 몇몇 이들이 『목가』 네 번째 시를 그리스도의 도래를 미리 알려주는 메시아적 예언으로 해석했던 것은 놀랄 만한

Seminar (1976), 31~37쪽을 볼 것.
13) Ronald Syme, *Roman Revolution* (Oxford: Oxford UP, 1952), 218쪽, 256쪽, 471~472쪽.
14) R.G. Nisbet, "Horace's *Epodes* and History", Tony Woodman와 David West 공편, *Poetry and Politics in the Age of Augustus* (Cambridge: Cambridge UP, 1984), 1쪽.

일이 아니다. 이따금「이사야서」12장 6~9절을 시빌라식으로 달리 해석한 것으로 평가되는『목가』네 번째 시에서,[15] 베르길리우스가 그 당시 내란의 처참한 현실 속에서는 도저히 불가능한 황금시대에 대한 환상을, 평화를 바라던 자신의 열망에 적용하기 위해 단지 집단적인 희망의 상징으로 그 아이를 설정했을 수 있으리라는 가능성도 배제할 수는 없다.

브룬두시움 협정은 깨지고, 그 정치적인 결혼의 결과는 사실상 두 딸을 출생시켰을 뿐 클레오파트라의 출현으로 인해 남편에게서 버림받고 만 옥타비아의 비참한 말로였다.『목가』네 번째 시는 평화를 보증하는 것처럼 보였던 정치적 화해에 대한 응답이 아니었다. 1편에서 10편에 이르는『목가』전체는 사실상 삼두정치 초기 몇 년 동안 이탈리아인의 생활에 스며들었던 개인적인 불안의식을 표현하고 있는 것이다. 중요한 것은 그 아이가 누구인가가 아니라 베르길리우스에 의해 예언되었던 그 소년의 역할이 아우구스투스에 의해 실제로 이루어진다는 것이다. 이는 그의 최대의 서사시『아이네이스』에서 극명하게 표출되고 있다.

아우구스투스와『아이네이스』

아우구스투스와 안토니우스의 피할 수 없는 적대관계는 기원전 31년 악티움 전투에서 전자가 거둔 승리와 그에 뒤이은 기원전 30년 후자의 자

---

[15]『목가』네 번째 시의 기독교적인 해석에 관해서는 Wendell Clausen, "Virgil's Messianic Eclogue", James L. Kugel 엮음, *Poetry and Prophecy: The Beginnings of a Literary Tradition* (Ithaca: Cornell UP, 1990), 72~74쪽을 볼 것. 그리고 M. Owen Lee, *Death and Rebirth in Virgil's Arcadia* (Albany: State U. of New York Press, 1989), 80~88쪽을 볼 것. 그리고 Andrew Wallace-Hadrill, "The Golden Age and Sin in Augustan Ideology", *Past and Present* 95 (1982), 20~35쪽; Annabel Patterson, *Pastoral and Ideology: Virgil to Valéry* (Berkeley: U of California Press, 1987), 90~92쪽도 역시 참조할 것.

살로 말미암아 끝내 매듭지어지기에 이르렀고, 기원전 29년 아우구스투스가 동방에서 돌아왔을 때에는 모든 권력이 그의 손에 집중되는 새로운 형태의 정부가 들어섰다. 악티움의 전쟁을 승리로 이끈 뒤 얼마되지 않아 아우구스투스는 자신의 업적을 드높이 칭송할 시인을 찾았던 것으로 알려졌다.

서사시들을 통해 훌륭한 무사나 정치가들의 행적을 칭송하는 것이 당시 공적인 관례였듯이, 로마는 이를 위한 서사시인들로 가득 차 있었다. 시인들을 자기 과시와 선전의 전통적인 도구로 이용했던 그리스의 전제자들과 왕들의 전철을 밟았던 로마의 정치가들에게 스스로 자신의 시를 바치는 시인들도 많았다.[16]

당시 잘 알려진 일례는 율리우스 카이사르를 찬미하는 푸리우스 비바클루스라는 시인의 서사시일 것이다. 하지만 시인으로 유명한 프로페리투스도 그의 『비가』 2편 첫 번째 시 19~25행에서 "내가 영웅 서사시를 쓸 수 있는 재능을 가지고 있다면 신화에서 소재를 끌어내는 것에 나의 시간을 낭비하지 않을 것이다…… 나는 카이사르의 전쟁과 업적에 대해서 노래하고 싶다"고 그의 후견인 마이케나스에게 말한 적이 있다.

아우구스투스는 자신을 주인공으로 하여 자신과 자신의 통치 아래에 있는 '위대한' 로마를 찬양할 서사시, 호메로스의 『일리아스』보다 더 훌륭한' 서사시가 베르길리우스에 의해 완성되기를 열망했다. 이 열망은 그가 외교적인 문제로 시칠리아·그리스·소아시아·시리아를 떠나기 바로 직전이었던 겨울, 기원전 22년 팔라티누스에 있는 자택에서 베르길리우스가 쓴 『아이네이스』의 제2편, 제4편, 제6편의 낭송을 들었다는 역사적 사실에 의해 확인될 수 있는 것이기도 하다.

---

16) Jasper Griffin, "Augustus and the Poets: 'Caesar Qui Cogere Posset'", Fergus Millar와 Erich Segal 공편, *Caesar Augustus: Seven Aspects* (Oxford: Oxford UP, 1984), 189~218쪽을 볼 것.

베르길리우스 자신도 아우구스투스의 요청 이전에 이미 그의 업적을 기릴 서사시에 대해 고려하고 있었다. 이는 그의 『농경가』의 세 번째 시의 시작에서 드러나고 있기도 한데, 모두 4편으로 구성된 그의 『농경가』는 농경에 대한 것을 가르치는 교술적(敎述的)인 시로, 『아이네이스』와는 달리 그 주요 동기는 비정치적인 것이었다. 노동, 놀이, 인간과 자연 간의 관계, 또 삶과 죽음, 재생 등, 베르길리우스의 철학적·종교적인 견해를 주로 노래하고 있는 시다.

그러나 결코 어떤 정치적인 함축도 내재하지 않고 있다는 뜻은 아니다. 『농경가』가 마무리되었던 것은 기원전 31년 악티움의 싸움에서 안토니우스가 패배한 다음, 베르길리우스가 『농경가』에서 카이사르로 호칭했던 아우구스투스에게로 로마의 통치권력이 옮겨지던 기원전 29년이었다. 불안과 기대가 교차되던 때였지만, 아우구스투스에 대한 기대가 충만했던 시기이기도 했다. 베르길리우스는 이 교술시 제4편 559~566행에서 로마 제국에 대한 자랑, 곧 로마식 법제의 통치를 세계에 부여시킴으로써 아우구스트적 이상이 어떻게 실현되어질 것인가를 말하고 있으며, 이를 실현시키는 인간에 대한 보상으로 그의 신격화를 예언하고 있다.

그러나 베르길리우스는 그다음 작품 『아이네이스』를 통해 아우구스투스와 아우구스트 아래의 로마 제국에 대해 본격적으로 다루기는 했지만, 결국은 아우구스투스의 선조인 트로이의 아이네아스가 숱한 시련을 겪은 끝에 이룩한 로마의 창업을 노래함으로써 우회적으로 아우구스투스를 칭송하는 방식을 택하기로 결정했다. 기원전 19년에 『아이네이스』가 완성되었을 때 베르길리우스는 그 서사시가 다시 손질되기를 바랐지만 동방을 방문하던 중 아테네 근처에서 병을 얻고, 거기서 만난 아우구스투스와 함께 이탈리아로 되돌아오게 되었다가 이윽고 기원전 20년, 브룬디시움에 도달하기 전에 유명을 달리하고 말았다. 동방을 방문하기 위해 이탈리아를 떠나기 전 그는 친구이자 유언집행자인 시인 바리우스에게 만일 그에게 무슨 일이 일어나면 즉각 그 원고를 불태워줄 것을 지시했지만, 그의 뜻은 아우구스투스에 의해 저지되었다.

『아이네이스』는 시인의 시대보다 천 년이나 앞선 사건들의 이야기를 들려주고 있다. 주인공 아이네아스는 『일리아스』와 『오디세이아』의 주인공들, 즉 아가멤논과 아킬레우스의 동시대인이다. 사실 그의 그리스 바닷길 여행은 오디세우스의 여행과 거의 같은 시간대에 일어났다. 그 서사시는 트로이 전쟁에서 그리스인에 의해 트로이가 함락당한 뒤 트로이 왕가의 왕자인 아이네아스가 로마 창건이라는 신적인 사명을 성취하기 위해서 그의 백성과 아버지, 가족들을 데리고 트로이를 탈출해 서쪽으로 항해하는 가운데 아내와의 사별, 그 후 아버지의 죽음, 항해 중에 만나 사랑을 나눈 카르타고의 여왕 디도의 곁을 떠날 수밖에 없는 사랑의 배신에서 오는 고통, 루툴리아인의 왕 투르누스와 오랫동안 처절한 싸움을 벌여 승리를 거두는 등, 수많은 시련과 절망을 딛고 마침내 그의 백성을 이탈리아로 인도해 세계를 통치하기 위한 새로운 국가 로마를 창건하는 이야기다. 조금 전에 밝혔듯이 아이네아스라는 인물은 아우구스투스라는 인물을 예시(豫示)하기 위해 설정되었고, 그의 행위는 새로운 '일인자'(princeps), 즉 아우구스트 황제의 원형이라는 것을 보여주기 위해 고안되었다.

예형론(豫型論)은 "알레고리와는 달리 인물과 사건 사이의 상응관계를 언어 속에 감춰진 의미에서 찾는 것이 아니라 실제로 역사의 과정에서 찾고 있으며, 예언의 성취에 주목하는 것이 아니라 어떤 패턴의 반복에 주목하는 것이다."[17] 그리스도 탄생 이전에 이 방법은 일부 랍비들에 의해 메시아에 대한 『구약』의 언급을 해석하는 데 이용되었다.

가령 사막에서 방황하는 이스라엘인을 위해 물을 만들어 목마른 그들

---

17) N. Nakagawa, "Typology in NT", *Die Religion in Geschichte und Gegenwart* (1962), 6: 1095쪽. 이는 Jasper Griffin, *Latin Poets and Roman Life* (Chapel Hill: U of North Carolina Press, 1986), 185쪽에서 재인용.

에게 제공했던 바위를 영적인 바위로, 말하자면 그리스도로, 니사의 그레고리가 사막에서 방황하는 이스라엘인을 위해 만든 만나를 하나님의 말씀으로, 또한 모세가 쓰디쓴 물을 쳐서 그것을 달게 만들었던 지팡이를 이전까지는 죄로 괴로웠던 존재를 영적인 존재로 만드는 십자가로, 노아의 방주를 그리스도의 교회로 예형적인 해석을 내렸을 때의 경우나, 한편으로 하갈과 사라를 각각 『구약』과 『신약』의 예형으로, 야곱·이삭·아론·여호수아 같은 인물들을 그리스도의 예형으로 해석한[18] 경우들이 그것이다. 『아이네이스』를 이와 같은 방법으로 해석한다면 트로이는 일종의 로마의 『구약』의 예형이다. 왜냐하면 마치 그리스도의 생애와 그 의의가 『구약』의 예형적인 모델을 초월하고 능가하고 또 대신하듯이, 신(新)로마는 구(舊)로마를 초월하고 능가하고 또 대체하며, 역시 그리스를 능가하고 또 대체하기 때문이다.[19]

베르길리우스는 첫째로는 사투르누스, 둘째로 아이네아스를 아우구스트 황제의 예형으로 제시하고 있다. 『아이네이스』 제8편 314~327행에서 묘사된 사투르누스의 신화는 대충 다음과 같이 요약될 수 있다. 올림푸스로부터 왕위를 잃고 쫓겨난 사투르누스는 라티움에 도착하여 그곳에 살고 있는 원시인을 교화시키고 평화 속에 그들을 통치했다. 그는 자신의 도피를 기념하기 위해 그곳을 '라티움'이라 이름했고, 그의 통치기간은 황금시대였다.

아우구스투스는 고대 황금시대의 왕위 계승자로 설정되고 있다. 아우구스투스와 사투르누스의 상관관계는 『아이네이스』 제6편 791행 이하에

---

18) Jasper Griffin, 같은 책, 185쪽을 참조할 것. Djelal Kadir, *Columbus and the Ends of the Earth: Europe's Prophetic Rhetoric as Conquering Ideology* (Berkeley: U of California Press, 1992), 6~8쪽. 그리고 Erich Auerbach의 고전적 논문 "figura", *Scenes from the Drama of European Literature* (New York: Meridian, 1959), 28~60쪽을 볼 것.
19) Jasper Griffin, 같은 책, 186쪽.

서 가장 분명하게 제시되고 있다. 방금 지적했듯이, 베르길리우스는 로마를 그 고대의 황금시대의 유일한 고향이자 새로운 황금시대의 자연적인 출발점으로 삼기 위해 황금시대의 전통적인 상징인 사투르누스를 라티움으로 도피시켜 그곳의 왕이 되게 한 후 이 사투르누스의 라티움 통치와 아우구스투스의 세계적인 통치야말로 황금시대라고 주장했다. 이것은 "황금시대로 불리는 시대는 그의 통치시대였다"[20]는 구절로 시작되는 『아이네이스』 제8편 324행 이하에 뚜렷하게 나타나고 있다.

베르길리우스에게는 사투르누스를 라티움과 연관시키는 동시에 문명을 소개한 위대한 영웅의 역할을 아우구스투스에게 부여하려는 본질적인 목적이 있었다. 그리하여 그는 아우구스투스의 '로마 통치하의 평화'(pax Romana)를 황금시대의 복귀로, 아우구스투스를 내란에 찢겨진 그의 시대에 평화와 질서를 가져온 황금시대 통치자의 화신으로 파악하는 개념에서 '역사적' 정당성을 제공할 의도를 가졌다.[21]

사실 브루노 교수가 오래전에 지적했듯이, "베르길리우스 이전의 그리스나 로마 그 어떤 문학에서도 이러한 유토피아가 『아이네이스』에서처럼, 또는 그 이전 『목가』에서처럼 역사적인 현실과 아주 밀접하게 얽혀 있었던 적은 없었다."[22]

『아이네이스』에서 아이네아스와 아우구스투스 사이에는 확실한 상관관계가 있다. 가령 둘 다 같은 신의 자손들이고, 신의 사명을 성취하고 죽은 후에 천상에서 신이 되게끔 운명 지어졌다는 것은 따로 두고라도, 아이네아스가 율리우스 혈통의 선조이고 로마의 창건자라면, 아우구스투스

---

20) Vergilius, *Aeneidos* VIII, 324행.
21) Marianne Wifstrand Schiebe, "The Saturn of the *Aeneid*—Tradition or Innovation?, *Vergilius* 32 (1986), 55쪽.
22) Bruno Snell, *The Discovery of the Mind: The Greek Origins of European Thought*, T.G. Rosenmeyer 옮김 (Cambridge/M.A.: Harvard UP, 1953), 295쪽.

는 아이네아스 혈통의 자손이며 로마의 구원자이자 새로운 제국의 창조자, 세계를 위한 새로운 시대의 창조자다. 따라서 "아이네아스라는 인물이 이따금 옥타비아누스를 환기시키려는 의도를 가지고 있음은 분명하다. 사실상 그 인물은 옥타비아누스라는 인물에 대한 베르길리우스의 개념에 근거하고 있음이 가능하다"[23]든가, "아이네아스는 특히 아우구스투스의 원형이다. 왜냐하면 그는 아우구스투스처럼 전쟁 중인 세계뿐만 아니라 서로 갈라져 동족상잔의 싸움을 벌이고 있는 '나라'에 평화를 가져오기 때문이다"[24]라는 예형적인 해석이 나오고 있다.

『아이네이스』의 주인공 아이네아스의 가상 모델인 아우구스투스에 대한 베르길리우스의 시각이 어떠한가를 차례로 살펴보면, 이 서사시에는 아우구스투스와 그의 업적에 관해 예언하는 세 장면이 있다. 그 장면은 제1편 278~296행에서 로마의 위대한 미래에 대해 말해주는 주피터의 예언, 제6편 789~805행에서 시련에 처해 있는 아이네아스가 그의 아버지 안키세스에게 자문을 구하기 위해 하계에 내려갔을 때 그의 아버지 안키세스의 유령이 그에게 말해주는 로마의 미래에 대한 예언, 그리고 제8편 678~728행에서 악티움의 전쟁과 그 전쟁에서 아우구스투스의 승리가 미리 아이네아스의 방패에 그려져 있다는 예언적인 묘사 등이다.

베르길리우스는 이 구절에서 아우구스투스에게 최고의 경의를 표하고 있다. 그는 로마를 구원한 자, 로마 제국을 절정에 이르게 한 자이며, 올림푸스 신들의 비호 속에서 안토니우스와 클레오파트라 그리고 동방의 악마들을 정복한 자, 그리고 평화·정의·질서의 시대를 가져온 자로

---

23) W.A. Camps, *An Introduction to Virgil's Aeneid* (Oxford: Oxford UP, 1969), 2쪽.
24) Brooks Otis, *Virgil: A Study in Civilized Poetry* (Oxford: Oxford UP, 1964), 317쪽. 그리고 R.O.A.M. Lyne, *Further Voices in Vergil's Aeneid* (Oxford: Oxford UP, 1987), 27~32쪽을 볼 것.

묘사되고 있다.

첫 번째 예언을 보면, 아이네아스의 어머니인 비너스가 자신이 생각했던 바와 달리 아이네아스에게 사태가 더욱 악화되어간다고 불평할 때, 여신의 아버지 주피터는 운명의 책을 펼쳐 보이면서 "나는 시간과 공간상 그들 '로마인들'에게 어떤 한계도 가하지 않는다. 나는 그들에게 끝없는 통치권력을 주었다"[25]고 말한다. 이렇게 전망한 다음 그는 로마 역사 그 자체에서 두 사건을 예언하는데, 그 첫 번째 사건은 로마인에 의한 그리스의 정복, 즉 로마인에 의한 아가멤논의 마케도니아의 정복이요, 두 번째는 아우구스투스의 등장과 그 통치 아래의 전쟁, 즉 "사악한 불화"(294행)의 영원한 종결이다. 주피터는 로마의 세계 통치뿐만 아니라 그 후의 평화까지 예언하면서 로마인이 "세계의 주인과 평화의 민족"[26]이 될 것이라고 말한다. 이는 『아이네이스』를 관통하고 있는 로마의 이중적인 사명을 처음으로 확연히 드러내고 있다. 첫째로 군사적인 정복, 그리고 평화, 그러고는 정복당한 자들에게 로마식 삶의 방식 제공이다.

두 번째 예언은 하계에 있는 안키세스가 자기를 찾아온 아이네아스에게 앞으로 다시 태어나기를 기다리는 미래 로마 영웅들의 유형을 묘사하는 가운데 나타난다. 주피터의 예언과 다음에 언급될 아이네아스의 방패 묘사처럼 안키세스는 여기서 아우구스투스를 직접 지칭하고 있다. 그는 아우구스투스가 한때 사투르누스가 통치했던 라티움에서 황금시대를 회복시킬 것이며, 이 황금시대는 로마의 세계제국 건설과 더불어 이루어질 것이라고 예언한다. 또 그는 조각·수사학·천문학에서는 그리스인이 우월하지만, 통치기술에서는 로마인이 그들보다 우월할 것이라고 예언하는

---

25) Vergilius, *Aeneidos* I, 278~279행. 나는 여기서 라틴어 고유의 발음인 유피테르·베(웨)누스 신의 이름 대신에, 우리에게 익숙한 발음인 주피터·비너스로 쓰기로 한다.
26) Vergilius, *Aeneidos* I, 282행.

데, 그 통치기술의 우월성은 세계를 정복한 다음 세계평화를 확립하고(물론 군사적인 정복에 의해서), 그 토대 위에서 로마의 문명을 세우며, 무엇보다도 "정복당한 자들에게 관대하고, 자만에 찬 침입자들에게는 철퇴를 가하는"[27] 통치기술에서 확인되며, 이 모든 위대한 성취의 공로는 아우구스투스에게 돌아가고 있다.

마지막 예언은 비너스가 아들 아이네아스를 위해 만든 새로운 방패에 그려진 악티움의 전쟁과 아우구스투스의 승리에 대한 것이다. 베르길리우스는 내란의 절정에 이른 악티움의 싸움을 묘사하면서, 아우구스투스와 안토니우스 사이의 싸움을 동방 군대에 대항하는 서방 군대의 투쟁으로 규정하고 있다. 안토니우스와 이집트의 여왕 클레오파트라가 이끄는 동방 군대는 단편화되고 규율이 없는 오합지졸——공포에 질려 패주하는 이집트인·인도인·아랍인·사바인을 묘사할 때 그는 안토니우스의 군대가 무질서를 상징하는 야만인의 무리임을 시사하고 있다——이라면 아우구스투스의 군대는 인종적으로 동질적이고 규율이 있는 이탈리아인으로 구성된 통일된 애국 군대다. 서방은 질서의 원리를, 동방은 무질서의 원리를 구현하고 있는 것이다.

전쟁, 특히 내란이라는 폭력 그 자체는 동방의 원리가 되지만 서방 군대는 질서와 평화의 도구로 내세워진다. 따라서 아우구스투스의 승리를 이끌기 위한 선전적인 구성이 일련의 이항적인 대립을 통해 베르길리우스에 의해 의도적으로 이루어지고 있는 것이다.

아우구스투스는 폭력·무질서·야만을 상징하는 무리를 정복하고 그 패배한 동방의 무리에게 질서를 부여하는 평화와 정의의 사도로 부각되고 있다. 아우구스투스에 대한 예언적 묘사의 결론은 아이네아스가 문자 그대로 방패를 어깨에 짊어지는, 상징적으로는 로마의 미래에 대한 책임

---

[27] Vergilius, *Aeneidos* VI, 853행.

을 어깨에 짊어지는 것으로 그 에피소드를 끝내고 있다.[28] 그리하여 아이네아스가 여러 세기 전에 시작했던 황제의 사명은 악티움에서 아우구스투스에 의해서 최종적으로 마무리된다.

역사적 인물 아우구스투스

그러나 베르길리우스에 의해 로마와 세계를 위한 새로운 황금시대를 여는 신적인 인간으로 노래되었던 아우구스투스도 실제 역사적인 인물로서는 로마의 역사가들에 따라 다르게 평가되었다.[29] 다마스쿠스의 니콜라우스에게 그는 모든 미덕을 구비한 인물이었으며, 평화와 질서를 가져옴으로써 세계를 구원한 자였다. 아일리우스 아리스티데스는 로마 제국을 진정한 세계 민주정체로 규정하고, 세계평화와 안정을 보장하는 이 제국의 궁극적인 통치 목적은 문명세계 전체를 망라하는 세계국가의 창조라고 말하면서 아우구스투스를 이 목적을 실현하려던 자로 보았다. 카시우스 디오도 아리스티데스의 입장에 속했다.

한편 일반적으로 로마의 역사가들은 아우구스투스가 주도하는 새로운 정권의 창출로 인해 국사의 주도적 역할을 담당하던 초기의 특권을 빼앗긴 원로원 계급에 속했다. 다시 말하면 이 계급은 내란에서 패배한 계급이었다. 이들은 아우구스트 이전의 정치형태인 공화제의 이상화된 비전

---

28) 아이네아스의 방패에 아우구스투스가 어떻게 부각되는가에 대해서는 Gordon Williams, *Technique and Ideas in the 'Aeneid'* (New Haven: Yale UP, 1983), 155~156쪽을 볼 것.

29) 이에 관해서는 Emilio Gabba, "The Historians and Augustus", Fergus Millar와 Erich Segal 공편, 앞의 책, 61~88쪽을 참조할 것. 또 Zvi Yavetz, "The Personality of Augutus: Reflections on *Syme's Roman Revolution*", Kurt A. Raaflaub와 Mark Toher 공편, *Between Republic and Empire: Interpretations of Augustus and His Principate* (Berkeley: U of California Press, 1990), 25~41쪽을 볼 것.

에 매혹되었던 자들로, 이들 가운데 플리니우스는 아우구스투스에 대해 적의에 찬 논평을 함으로써 원로원 계급 내의 전통주의자들의 집단적 의견을 대신했다. 그는 청년 옥타비아누스의 위선·기만·배신, 권력에 대한 탐욕을 강조했고, 평화의 회복에 대한 그의 공헌은 인정했지만 그의 가문의 추문과 그의 딸 리비아의 타락적인 행위를 정죄하기를 잊지 않았다. 아우구스투스에 대한 통렬한 비난은 원로원의 전통주의적 집단에 속하는 타키투스에 의해서도 이어졌다. 그에게 아우구스투스의 전제정치는 자유·성실·정치참여·역사서술의 종말을 뜻했다. 그러나 우리는 아우구스투스에 대한 타키투스나 플리니우스 등의 부정적인 시각을 충분히 받아들인다 하더라도, 후세인들은 율리우스 카이사르가 아니라 아우구스투스를 이후 로마 황제의 모델로 받아들였을 정도로 그가 훌륭한 평판을 얻었다는 사실을 수용하지 않으면 안 된다.

로마 역사가들의 경우와 마찬가지로 그밖에 다른 나라의 적잖은 이들에게서도 그의 이름은 비판되고 정죄되었다.[30] 초기 근대 유럽에서 아우구스투스라는 인물은 역사가들과 정치사상가들에게 혐오와 때로는 증오의 대상이 되었다. 그의 전제체제의 수립에 의한 공화국의 파괴와 자유의 상실은 마키아벨리에게는 공화국의 종말을 알리는 시발점이었다. 18세기 프랑스 지식인들의 태도도 반(反)아우구스투스적이었다. 몽테스키외와 볼테르는 아우구스투스를 각각 '교활한 전제자' '죄와 미덕에 개의치 않는 자'로 치부했고, 『로마 제국의 쇠망사』의 저자인 기번에게도 그 황제는 교묘한 전제자로 비쳤으며, 그의 정권은 공화국의 모습을 위장한 절대군주제였다.

그러나 이러한 반아우구스투스적인 평가는 철칙이라기보다는 오히려

---

30) 이에 대해서는 Zvi Yavetz, "*The Res Gestae* and Augustus' Public Image", Fergus Millar와 Erich Segal 공편, 같은 책, 20~21쪽을 볼 것.

예외적인 것에 속한다. 단테는 무정부적 상황 속에서 법과 질서를 확립해 낸 아우구스투스를 칭송했으며, 에라스무스는 다른 로마 황제들과는 달리 탁월했던 그의 정치적 지혜·혜안·도덕적 건전성을 높이 인정했다. 괴테가 평가한 아우구스투스는 '지혜와 능력'을 두루 갖춘 훌륭한 통치자였다. 현재 대다수의 학자들도 충동적이고 지혜가 모자랐던 율리우스 카이사르와는 달리 아우구스투스는 신중하고 사려 깊고 균형 잡힌 통치자였으며, 그리스와 동방의 사상과 관습을 좋아했던 "그 불길한 이국적 동방주의"[31]의 안토니우스와 달리 그는 공화국·원로원의 권위 그리고 로마의 과거 전통적인 생활방식을 성실하게 회복하려는 의도를 가졌던 통치자로 보는 것에 의견의 일치를 보이고 있다.[32]

그러나 아우구스투스를 부정적으로 바라보는 견해가 그를 긍정적으로 바라보는 견해와 늘 함께 자리하고 있듯이, 아우구스투스 또한 자신에 대한 동시대인의 초기의 부정적인 시각을 모를 리가 없었다. 율리우스 카이사르의 암살 이후 그는 카이사르의 죽음에 복수하고 이탈리아 전체를 내란으로 뒤흔들 위기에서 공화국을 구하고자 하는 것을 자신의 일차 목적으로 삼았다. 아킬레우스가 친구 파트로클로스의 원수를 갚으려는 강렬한 욕망을 어머니 테티스 신에게 표현하던 구절을 아우구스투스가 호메로스의 『일리아스』에서 직접 인용할 정도로 그는 카이사르의 죽음에 대한 복수에 집착했으며, 다섯 차례의 내란에서 살아남기 위해 모든 수단을 강구하면서 무자비하지 않으면 안 되었다. 그의 잔인한 면은 그가 악티움 전쟁에서 승리를 거두기 전까지 계속되었다.

그 승리 이후, 그리고 기원전 27년 '아우구스투스'라는 칭호를 얻은 이

---

31) 페리 앤더슨 지음, 유재건·한정숙 공역, 『고대에서 봉건제로의 이행』 (서울: 창작과비평사, 1990), 72쪽.
32) 이에 대해서는, Zvi Yavetz, "The Res Gestae and Augustus' Public Image", Fergus Millar와 Erich Segal 공편, 앞의 책, 3~8쪽을 볼 것.

후에야 그는 자비로운 통치자의 이미지를 창조하려고 했다. 그러나 하룻밤 사이에 '가장 자비로운 자'가 될 수는 없었다. 오래전부터 역사가들은 잔인한 전제자에서 '국부'(國父, pater patriae)로 그의 이미지를 변화시키는 것이 아우구스투스의 주된 목적이었음을 인식했다.

통치의 고삐를 짊어지자 그는 자신의 공적인 이미지를 변화시키기 위해 여러 가지 수단을 동원했다. 가령 그에게 불리한 역사적인 자료를 파기한다든가, 그에게 반대하는 자들의 글을 금지한다든가, 그의 공로를 기념하기 위해 만든 주화(鑄貨)에 더 이상 그의 얼굴을 수염으로 가득 찬 모습——이는 한때 율리우스 카이사르의 암살에 대한 그의 슬픔의 표시였다——이 아니라 위대한 인간과 이상적인 무사의 모습으로 등장케 하는 등, 여러 가지 물리적인 조치를 취하기도 했다.

하지만 다른 한편 그의 권력이 탄탄해질수록 아우구스투스는 그의 적들과 반대자들에게 더욱 관대했고,[33] 특히 더 이상 생존해 있지 않아 그의 위치에 위험을 가져올 수 없는 죽은 자들에 대해서는 더욱 그러했다. 그는 손자들에게 키케로를 칭찬했으며, 메디올라움에 브루투스의 조상(彫像)을 세우는 것에 반대하지 아니했다. 그러나 점차적 · 지속적으로 그는 율리우스 카이사르의 기억으로부터 자신을 멀리 했다. 베르길리우스도 내란 발발의 큰 책임을 아무런 불안 없이 카이사르에게 돌렸으며, 리비우스 또한 그의 저서에서 폼페이우스를 칭찬할 수 있었다.[34]

중요한 것은 누가 그를 어떤 각도에서 평가했든 간에 당시 대다수의 로마인은 아우구스투스를 신과 같은 절대적인 존재로 인식했다는 것이다.[35] 아우구스투스에 대한 일반 대중의 봉기는 없었지만 베르길리우스

---

33) Ronald Syme, 앞의 책, 481~486쪽; J.H.W.G. Libesschuetz, *Continuity and Change in Roman Religion* (Oxford: Oxford UP, 1979), 101~108쪽.
34) Zvi Yavetz, "The Personality of Augustus", Kurt A. Raaflaub와 Mark Toher 공편, 앞의 책, 34쪽.

가 죽기 전에도 세 번씩이나 아우구스투스의 생명을 노린 음모가 있기는 했다. 악티움 싸움이 일어나던 해에 레피두스에 의해, 기원전 23년에 판니우스 카이피오와 테렌티우스 바로에 의해, 그리고 기원전 19년에 에그나티우스 루푸스에 의해서였다. 이들은 모두 원로원계급의 구성원들이었다.

또한 그의 통치 기간 중에도 내란 전, 지난날의 공화국에 대한 동경과 향수가 존재했다. 리비우스·폴리오·메살라 등 모두가 과거의 '자유'를 찬미했다. 그러나 안토니우스와 클레오파트라를 패배시키고 내란을 종식시킴으로써, 그리고 이탈리아를 포함하여 내란의 위협을 가장 많이 받았던 속주, 즉 갈리아·에스파냐·시리아 등에 '아우구스투스적' 평화를 가져옴으로써, 아우구스투스는 분명 이탈리아를 비롯한 여러 속주가 그를 칭송하기 위해 주조한 주화에서 신과 같은 존재, 가령 넵투스 신과 같은 존재로 부각되었다.[36] 그는 당시의 대다수 사람들이 일컬었듯이, 실로 '구세주'(救世主)[37]였다.

베르길리우스가 그의 『아이네이스』에서 지도자로서 아우구스투스의 이미지를 이 넵투스 신과 관련하여 각별히 다루고 있는 것은 우연한 일이

---

35) Paul Zanker, *The Power of Images in the Age of Augustus*, Alan Shapiro 옮김 (Ann Arbor: U of Michigan Press, 1988), 298~299쪽: Brooks Otis, 앞의 책, 302쪽, 330쪽. 그리고 J. Pollini, "Man or God: Divine Assimilation and Imitation in the Late Republic and Early Princlpate", Kurt A. Raaflaub와 Mark Toher 공편, 앞의 책, 334~337쪽을 참조할 것. 그리고 특히 S.R.F. Price, *Rituals and Power: The Roman Imperial Cult in Asia Minor* (Cambridge: Cambridge UP, 1984), 54~57쪽을 볼 것.
36) 이에 관해서는 Robert M. Wilhelm, "The Chariot/Ship: Vehicle of Augustan Ideology", *Augustan Age* 3 (1983~84), 73~94쪽을 볼 것. J. Pollini, 같은 글, 346쪽.
37) Paul Veyne, *Bred and Circus: Historical Sociology and Political Pluralism*, Brian Pearce 옮김 (Allen Lane: Penguin Press, 1990), 255쪽.

아니다. 호메로스와 마찬가지로 베르길리우스도 『아이네이스』 제1편 145행 이하에서 이륜전차와 이를 조종하는 넵투스의 이미지를 아우구스투스와 직접 연관시켜 사용하고 있다. 가령 바다의 신 넵투스가 큰 바다 위로 이륜전차를 몰고 갈 때, 종마(種馬) 같은 바다와 기마(騎馬) 같은 바람은 소리를 죽이고 잠잠해진다. 이는 반란에 들끓고 있는 폭도들을 무찌르고 평화와 질서를 가져오는 아우구스투스를 이 신과 비유하기 위해서다. 넵투스와 아우구스투스, 이륜전차를 모는 자와 질서를 회복시키는 자 사이의 연관은 기원전 31년의 악티움 전쟁을 기념하기 위해 조각된 조가비 보석에서도 나타난다. 이 보석에서 아우구스투스는 네 마리 말이 끄는 이륜전차를 바다 위로 모는 넵투스로 그려져 있다.

아우구스투스는 넵투스처럼 로마 질서와 세계평화를 궁극적으로 실현시킨 신과 같은 존재로 나타나고 있다. "아우구스투스는 그의 동료 로마인에게 자신은 단지 한낱 인간에 불과하고" 그러므로 그에게 돌려지는 경배는 마땅히 신을 향해야 한다고 그들을 확신시키려 노력했지만,[38] 모든 전통적인 기준에 따르면 아우구스투스 자신도 스스로를 신과 같은 칭호와 대접을 받을 만한 가치가 있는 자로 여겼다.

따라서 그의 이미지를 높이고, 그의 여러 가지 큰 업적을 실제적으로 돋보이게 하기 위해 가능한 모든 수단을 동원했을 뿐만 아니라 그와 뜻을 같이한다든가 그에게 호의적인 역사가·시인·조각가·건축가를 적극적으로 이용했다. "모든 시인 가운데 가장 관변적인 시인"[39]으로 지칭되고 있는 베르길리우스의 『아이네이스』도 아우구스투스와 그의 통치 아래 로마 제국의 이데올로기를 정당화시키기 위한 정치적인 도구의 역할을 했다고 말할 수 있는 것이다.

---

38) Paul Zanker, 앞의 책, 302쪽.
39) E.R. Curtius, 앞의 책, 5쪽.

오리엔털리즘

지금까지 우리는 베르길리우스가 그의 『아이네이스』를 통해 황금시대의 실현자로 내세웠던 인물인 아우구스투스가 실제 역사적인 인물로서는 어떤 평가를 받았으며 그 시대의 대다수의 로마인은 그를 어떻게 바라보았던가를 살펴보았다. 우리는 이 시인이 단순히 내란의 종결이라는 업적 때문에 그를 칭송하고 있는 것만은 아님을 알고 있다. 시인은 황금시대를 조건적으로 만들고 있다. 말하자면 오직 아우구스투스 황제를 통해서만 황금시대가 '복귀'될 수 있다고 주장함으로써 그 황금시대를 조건적으로 만들고 있는 것이다. 황금시대의 신화는 그리하여 그 황제의 어떠한 통치권력도 정당화시켜줄 수 있는 이데올로기적인 기능을 수행함으로써 모든 로마인으로 하여금 그 황제에게 종속될 것을 강요하고 있다.

또 한편 아우구스투스의 '로마 통치 아래의 평화'를 황금시대의 '복귀'로 규정함으로써, 이 시인은 황금시대의 신화를 아우구스투스와 로마인에 의한 세계정복을 정당화시켜주는 제국주의적인 이데올로기로 이용하고 있다. 세계 패권주의적인 제국주의 입장은 앞서 거론되었던 대로 안키세스가 아이네아스에게 로마의 미래를 예언하는 가운데 『아이네이스』 제6편 851행에서 행한 "로마여, 그대의 통치권력으로 전 세계의 백성들을 다스리는 것을 잊지 말라"[40]는 그의 선언에서도 구체적으로 확인되고 있다.

이 세계 패권주의적인 제국주의의 정당성은 우리가 앞서 다루었던 악티움의 전쟁, 다시 말하면 아이네아스의 방패에 묘사되어 있는바, 아우구스투스와 안토니우스의 싸움에서 거둔 아우구스투스의 승리에 의해 잘 드러나고 있다. 아우구스투스와 안토니우스 간의 싸움인 악티움 전투는

---

40) Vergilius, *Aeneidos* VI, 851행.

이집트와 동방의 군대, 말하자면 "문명을 위협하는 힘"[41]을 상징하는 야만적인 동방의 군대에 대한 로마와 서방의 승리로 나타나고 있다. 동방의 군대에 맞서는 서방의 군대라는 이항적인 대립을 설정함으로써 베르길리우스는 『일리아스』에서 발견되는 서사적 대립의 패턴을 『아이네이스』에서도 구성하고 있다.[42]

이 패턴은 그 이후 아시아·아프리카, 신세계의 백성들과 영토를 정복하는 패권주의적 유럽을 노래한 르네상스 서사시에서 그대로 반복된다.[43] 가령 아리오스토의 기사(騎士)들은 에스파냐·북아프리카·사마르칸드·인도·중국에서 모병된 이슬람 군대를 정복하며, 타소의 무협들은 시리아인·이집트인·터키인으로부터 예루살렘을 구원하고, 카모엔스의 포르투갈 수병들은 모잠비크·인도, 근동에서 경제제국을 구축하기 위한 토대를 마련했다. 또한 우리는 밀턴의 『실낙원』에 등장하는 사탄이 그리스도에 의해 패배당할 수밖에 없는 동방의 이슬람국 군주로 부각되었던 사실을 종종 놓치곤 한다.

정복을 위한 서방의 정당성은 여러 측면에서 뒷받침되었지만, 동방은 서방시라는 '주체'의 창조를 위해 필요한 전제조건인 '타자'—시몬 드 보부아르의 용어를 빌리면[44]—로 설정되어왔다. '타자'는 가치가 결여된, 지적·이성적 능력이 없는, '불투명한' 존재, 인간공동체의 구성원에

---

41) R.O.A.M. Lyne, 앞의 책, 28쪽.
42) Philip Hardie, *Virgil's Aeneid: Cosmos and Imperium* (Oxford: Oxford UP, 1986), 130쪽, 312쪽 이하를 볼 것.
43) David Quint, "Epic and Empire", Comparative Literature 4: 1 (1989), 1~31쪽을 볼 것.
44) "여성은 남성과의 연관 속에서 규정되고 구별되지만, 남성은 여성과의 연관 속에서 규정되고 구별되는 것이 아니다. 말하자면 여성은 우연적인 것, 본질적인 것과는 반대되는 비본질적인 것이다. 남성은 주체적·절대적 존재이지만 여성은 타자이다." Simone de Beauvoir, *The Second Sex*, H.M. Parshley 옮김 (Harmondsworth: Penguin, 1972), 16쪽.

낄 수 없을 만큼 무질서하고, 비조직적이고, 개별적인 개성이 없는 익명의 집단,[45] 바타유의 말을 빌리면 "무수한 우발적인 사건과 우연"에 종속되는[46] 집단으로 파악되어왔다. 사이드의 견해를 거론하지 않는다 하더라도 서방의 제국주의는 그들의 상상 속에 자리하고 있던 동방을 그들의 필요에 따라 신비화시킨 다음 마침내 그곳을 탐험하여 정복·착취해왔다. 동방은 스스로 존재해온 것이 아니라 단지 서방의 자기중심적인 논리에 의해 잘못 해석된 형태로 존재해왔다.

사이드는 오리엔털리즘을 "동방을 지배하고 재구성하여 군림하려는 서방적인 스타일"[47]로 규정함으로써, 서방에 의한 동방의 창조를 권력을 지향하는 서방적인 의지의 부산물로 보고 있다. 최근의 한 탁월한 학자는 '헬레니즘'을, 유럽 문명의 뿌리는 인도-유럽에 있는 것이 아니라 아프리카-아시아에 있다는 인식에 대한 반동으로 태어난 유럽 중심적인 구조물이라고 주장한 바 있다. 이리하여 헬레니즘은 '타자'들——특히 그 형성 단계에서 그리스 문명에 지대한 영향을 미쳤던 이집트인과 페니키아인을 비롯한 그밖의 다른 중동 '흑인'들——의 문화적인 영향력에 맞서 '서양문명'의 인종적·문화적 '순수성'을 유지하고자 하는 이데올로기적인 시도로 규정되고 있지만,[48] 서방문명을 동방문명과 대립시키고, 그리하여 서방문명을 동방문명의 대리자로 설정함으로써 서방은 자신의 힘과

---

45) Albert Memmi, *The Colonizer and the Colonized* (Boston: Beacon Press, 1967), 82~85쪽.
46) Georges Bataille, *Visions of Excess: Selected Writings, 1927~1939*, Allan Stoele 편역 (Minneapolis: U. of Minnesota Press, 1985), 130쪽. '타자'에 대한 포괄적인 논의에 관해서는 Robert Young, 제1장 "White Mythologies", *White Mythologies Writing History and the West* (London: Routledge, 1990), 1~20쪽을 볼 것.
47) Edward W. Said, *Orientalism* (London: Routledge & Kegan Paul, 1978), 3쪽.
48) Martin Bernal, *Black Athena: The Afroasiatic Roots of Classical Civilization* (New Brunswick: Rutgers UP, 1987), 1: 281~308쪽을 볼 것.

자기정체를 획득한다고 사이드는 주장한다.[49] 다시 말하면 오리엔털리즘은 '우리'(유럽인) 대 비유럽인을 규정하는 유럽적인 자기정체의 한 부분이다. 더 나아가서 관찰의 대상이 되는 객체——동방은 이를 관찰하는 주체——서방과는 다른 존재이며, 이 "폭군적인 관찰자"[50]는 객체와 관련하여 초월적인 존재가 된다. 왜냐하면 이 관찰자만이 참된 인간존재이기 때문이다.[51]

우리가 이미 인용했듯이, 『아이네이스』 제1편 278~279행에서 "나는 시간과 공간상으로 그들에게 어떠한 한계도 가하지 않는다. 나는 그들에게 끝없는 통치권력을 주었다"는 주피터의 발언은, 악티움 전투에서의 승리 이후 동방의 끝에서부터 서방의 끝까지 세계 전체를 통치하려 했던 아우구스투스의 야심을[52] 신성한 사명으로 정당화시키려는 베르길리우스의 의도를 대신하는 것이다. 제국이야말로 신들이 로마인에게 내린 운명이라는 이 같은 사상은 『아이네이스』 작품 전체에 흐르고 있는 지배적인 사상으로서, 베르길리우스의 시대에 널리 퍼져 있었던 것이다. 이는 또한 초월적인 존재로 군림했던 서방의 '폭군적인 관찰자'적 시각이 어떠한 것이었던가를 거리낌없이 보여주는 것이기도 하다.

우리가 앞서 살펴보았듯이, 악티움 전투를 묘사한 장면에서 베르길리우스는 서방을 질서의 원리로, 동방을 무질서의 원리로 표상했다. 이는 아우구스투스를 지켜주는 아폴론 신은 이성・질서・도덕・규율을, 안토니우스와 클레오파트라를 지켜주는 디오니소스 신은 그리스적인 동방의 무질서를 표상한다는 사실에서 확인된다.[53] 아우구스투스는 폭력・야

---

49) Edward W. Said, 앞의 책, 3쪽, 8쪽.
50) 같은 책, 310쪽.
51) 같은 책, 97쪽, 108쪽.
52) 아우구스투스가 세계정복자로서의 자신의 이미지를 어떻게 체계적으로 세웠는가에 대해서는 E.S. Gruen, "The Imperial Policy of Augustus", Kurt A. Raaflaub와 Mark Toher 공편, 앞의 책, 395~416쪽을 볼 것.

만·무질서를 상징하는 동방의 무리들을 패배시키고 그 패배한 자들에게 평화와 질서를 안겨준 이후 로마적인, 즉 서방적인 삶의 방식으로 그들을 통치하는 황제로 부각되었다.

아주 흥미롭게도 주체와 객체의 권력관계에서 동방은 여성화되고 있다. 동방과 서방의 대립은 성의 관계로 뚜렷이 특징 지어지고 있다. '타자'로서 클레오파트라의 타성(他性)은 보부아르의 '제2의 성'의 타성으로 그려지고 있다.[54] '서방의 타자로서의 동방'을 여성으로, 서방을 그 이성적(異性的) 연인인 남성으로 파악하는 시각은 동방에 대한 서방인의 모든 사유에 뿌리 깊게 각인되어왔다.[55] 악티움의 싸움에서 안토니우스가 그의 동반자로 '동방의 여성' 클레오파트라를 데리고 있다면, 아우구스투스는 남성의 원리를 대변하는 두 아버지, 아폴론과 카이사르라는 별을 동반하고 있다.

주체를 중심에 놓고 주변적인 '타자'를 일련의 부정적인 성질로 규정하는, 백인 중심적·남성 중심적·유럽 중심적인 지배계급을 특징 짓는 이 "제국주의의 인식론적 폭력"[56]의 세계관을 반영하는 것이 서방의 서사시

---

53) 사실 클레오파트라의 죽음이 그 당시 가장 위대한 무사였던 안토니우스의 악티움에서 패배한 것보다 옥타비아누스의 지지자들에게서 더 큰 환호를 받았던 사실은 의미 깊은 측면이다. Ronald Syme, 앞의 책, 299쪽을 볼 것.
54) 『아이네이스』의 대표적 여주인공인 디도를 포함해 다른 여성들이 '타자'로서 어떻게 주변화되고 있는가에 대해서는 Mihoko Suzuki, 제3장 "Vergil's Aeneid", *Metamorphoses of Helen* (Ithaca: Cornell UP, 1989), 92~94쪽을 볼 것. 그리고 S. Georgia Nugent, "Vergil's 'Voice of the Women' in *Aeneid* V", *Arethusa* 25: 2 (1992), 255~289쪽을 볼 것.
55) Lucy Hughes-Hallett, *Cleopatra: Histories, Dreams and Distortions* (New York: Harper and Row, 1990), 207쪽. 그리고 Edward W. Said, 앞의 책, 6쪽을 볼 것.
56) 이 용어는 Gayatri Spivak에서 따온 것이다. Gayatri Spivak, "Can the Subaltern Speak?", Cary Nelson, Lawrence Grossberg 공편, *Marxism and the Interpretation of Culture* (Urbana: Illinois UP, 1988), 289쪽. 그리고 이 논문 전체를 볼 것.

다. "서구적 규범과 가치가 사유의 보편적 형식과 동일시되는 문화적 헤게모니"[57]를 정당화시켜주는 것이 곧 서방의 서사시다. 아니 "선택된 인간인 강력한 백인 남성을 위한 놀이터"가 되고 있는 이 동방이라는 여성[58]에게 폭력을 가하는 제국주의 이데올로기를 정당화시켜주는 것이 서방의 서사시인 것이다. 발터 벤야민은 "야만의 기록이 없는 문화란 있을 수 없다. 그렇지 않은 경우는 단 한번도 없다"[59]고 주장했다. 서방이 동방에 가했던, 그리고 가하고 있는 "지배는 그 자체를 사회질서로 가장한 폭력"[60]으로서, 서방의 서사시는 역사는 실제로 권력을 장악하고 있는 승리자에게 속한다는 미셸 푸코의 공리를 문자 그대로 구현하고 있다.

따라서 "베르길리우스의 서사시는 제국주의적 승리를 '역사의 원칙'——서방에 부여된 원칙——의 승리로 묘사하고 있다"[61]는 주장 또한 여러 모로 정당화되고 있는 것이다. 민족주의와 제국주의가 그 당시의 '고귀한 원칙'이었기 때문에 베르길리우스의 서사시는 "기원전 1세기의 상황에서 민족주의적·제국주의적 서사시가 아니면 안 되었다"[62] 하더라도, 『아이네이스』와 같은 세계 최대의 서사시가 통치자가 바랄 수 있는 모든 것을 다 포함하고 있다는 사실은 너무도 놀랄 만한 것이다.

오비디우스는 이와 같은 상황을 충분히 인식했기에 아우구스투스에 대

---

57) Benita Parry, "Problems in Current Theories of Colonial Discourse", *Oxford Literary Review* 9: 1~2 (1987), 35쪽.
58) Jane Miller, *Seductions: Studies in Reading and Culture* (Cambridge/M.A.: Harvard UP, 1991), 115쪽.
59) 발터 벤야민, 「역사철학테제」, 반성완 편역, 『발터 벤야민의 문예이론』 (서울: 민음사, 1983), 347쪽.
60) John Brenkman, Culture and Domination (Ithaca: Cornell UP, 1987), 4쪽.
61) David Quint, 앞의 글, 10~11쪽.
62) J.B. Hainsworth, *The Idea of Epic* (Berkeley: U of California Press, 1991), 95쪽.

해 언급하면서 베르길리우스를 "'당신의' 『아이네이스』의 저자"[63]라고 불렀던 것일까? 독일작가 헤르만 브로흐는, 그의 소설 『베르길리우스의 죽음』에서 바로 이러한 까닭에 베르길리우스는 그의 시를 자신의 죽음과 함께 파괴해버리기를 요구했는지도 모른다고 말했다.

---

63) Ovidius, *Tristia* II, 533행.

7

토머스 모어의 『유토피아』

모어

　1535년 국왕 헨리 8세의 이혼에 반대한 결과 대역죄인으로 몰려 런던에서 교수대의 이슬로 사라지고 만 토머스 모어(Thomas More, 1478~1535)는 일찍이 카를 카우츠키에 의해 '유토피아적 사회주의'의 시조 또는 근대 공산주의의 최초의 이론가[1]로, 그리고 최근 그밖의 학자들에 의해 "영국의 윤리적 사회주의의 창시자"[2]로 규정되기 훨씬 오래전에 마르크스는 그의 『유토피아』를 태동기에 있던 프롤레타리아트의 초기 혁명적 노력을 반영한 최초의 이론적인 선언으로 지적한 바 있다. 우리는 '유토피아'라는 용어를 처음으로 그의 작품의 제명으로 등장시켰던 모어가 자신의 이상사회를 어떻게 부각시키고 있으며, 그 의의와 한계는 무엇인가를 차례로 검토해나가기로 하자.

　에라스무스에 따르면 모어의 『유토피아』는 제1부보다 제2부가 먼저 씌

---

[1] Karl Kautsky, *Thomas More and His Utopia*, H.J. Stenning 옮김 (New York: Russell and Russell, 1959), 159쪽.
[2] Norman Dennis와 A.H. Halsey 공저, *English Ethical Socialism* (Oxford: Clarendon Press, 1988), 17쪽.

어졌다.[3] 제1부는 루키아누스적인 풍자를 통해 당시 유럽, 특히 영국의 사회적 병폐와 모순을 공격하고, 제2부는 이에 대한 해결책으로 모어가 제시한 이상적인 사회, 말하자면 유토피아의 여러 제도와 생활방식 등을 묘사하고 있는데, 모어의 이상적인 사회에 대한 접근은 플라톤처럼 "사회 정의의 본질을 먼저 정의한 후 이 원칙에 따라 사회전체를 체계적으로 편성, 조직하는 직접적…… 방식이 아니라…… 반대로 이상사회의 현실에 저해되는 현실 요인이 무엇인가를 찾아 해결하려는 간접적…… 방식"[4]을 따르고 있다.

모어는 『유토피아』를 집필했던 당시, 어떻게 하면 그 시대의 사회 병폐와 모순이 해결될 수 있는가에 대해 근본적으로 깊은 관심을 가졌던 것으로 알려져 있다.[5] 환상적인 이야기의 형식을 따르고 있는 『유토피아』의 제1부는, 헨리 8세의 특사로서 홀란트에 파견되어 안트워프에 머무르고 있던 작중인물 '토머스 모어'와 안트워프 출신으로 당대의 대표적인 휴머니스트였던 실존인물 피터 자일스가 '모어'의 정원에서 미지의 나라를 방문하고 돌아온 허구의 인물 라파엘 히슬로디와 나눈 플라톤적인 대화로 구성되어 있다.

주제의 구성과 전개를 간단히 검토하면, 제1부는 도입부분으로, 구체적인 역사적 상황의 제시로 시간과 장소(1515년의 안트워프), 등장인물('모어', 자일스 라파엘), 이야기의 상황('모어'와 라파엘의 대화) 등이 소개되며, 다음에는 토론부분이 뒤따른다. '모어'와 라파엘의 토론부분에서는 두 가지의 주요한 화제가 다루어지는데, 그 첫 번째 화제는 '철학

---

[3] 이에 관해서는 Alistair Fox, *Thomas More: History and Providence* (New Haven: Yale UP, 1983), 52쪽을 볼 것. 그리고 J.H. Hexter, *More's 'Utopia': The Biography of an Idea* (New york: Harper and Row, 1965), 11~32쪽도 참조할 것.
[4] 김영한, 『르네상스의 유토피아사상』 (서울: 탐구당, 1983), 48~49쪽.
[5] J.C. Davis, *'Utopia' and the Ideal Society A Study of English Utopian Writing 1516~1700* (Cambridge: Cambridge UP, 1981), 48쪽.

자', 즉 휴머니스트-지식인의 정치참여 문제다.[6] 말하자면 철학자는 '왕의 조언자'가 되어야 하는가? 그의 진정한 참여는 어디에 있는가? 이러한 일련의 물음이 제1부의 지배적인 주제 가운데 하나가 되고 있는 것이다.

작중인물 '모어'와 자일스가 유토피아 나라에 5년 간 살면서 유토피아인의 풍속 · 습관 · 법률제도 등에 의해 깊은 감명을 받고 돌아온 라파엘에게 그의 깊은 지식과 경험을 토대로 왕을 위한 훌륭한 조언자가 되기를 요청할 때, 라파엘은 이를 거부하고 조언의 무익성을 토로한다. 그런데 모어가 제기하고 있는 철학자, 또는 지식인의 정치참여 문제는 『유토피아』에서 특별한 자리를 차지하는 플라톤[7]에 의해 일찍이 거론된 바 있기도 하다.

라파엘의 입장은 플라톤의 견해의 재천명으로, 플라톤은 어떤 상황 아래서도 정치적 참여는 유익하지 못한 것으로 보았다. 작중인물 '모어'가 라파엘에게 "당신이 가장 좋아하는 저자 플라톤은 철학자가 왕이 된다든가, 그렇지 않으면 왕 자신이 철학공부에 몸을 바친다든가, 이러한 방법으로 국가는 완전한 행복을 얻는다고 생각하고 있는데, 철학자들이 자기의 훌륭한 조언으로 왕을 가르치려고 하지 않는다면 사실 국가는 이 행복과 얼마나 멀리 떨어져 있어야만 되겠어요"(78쪽)[8]라고 말하면서 궁정에

---

6) 스키너 교수가 지적했듯이, 르네상스의 휴머니스트들은 "그들 자신을 본질적으로 정치적 조언자로 생각하는 경향이 있었다." Quentin Skinner, *The Foundation of Modern Political Thought* (Cambridge: Cambridge UP, 1978), 1: 21쪽.
7) 모어의 『유토피아』의 철학 전통은 플라톤적 전통이고, 그 원형은 최초의 이상국가, 즉 플라톤의 『국가』라고 일컬어질 만큼 모어의 작품은 플라톤의 『국가』를 모방한 것이라고 많은 학자들이 주장하고 있다. 모어와 플라톤의 관계에 대해서는 Thomas I. White, "Pride and the Public Good: Thomas More's Use of Plato in *Utopia*", *Journal of the History of Philosophy*, 20: 4 (1982), 329~354쪽; George M. Logan, *The Meaning of More's "Utopia"* (Princeton: Princeton UP, 1983)를 참조할 것.

들어가 조언하는 것이 참된 의무라고 그를 확신시키려 할 때, 라파엘은 왕 자신이 진정 철학 공부에 마음을 두지 않고는 철학자들의 충고를 진심으로 받아들이지 않는다는 사실을 직접 체험했던 플라톤의 경험을 상기시킨다. 그러면서 도덕적으로나 지적으로 통치에 참여할 준비가 되어 있더라도, 그 통치자가 거짓된 가치와 방법 등에 지배당한 채 그들의 조언을 제대로 받아들이지 않는 한, 철학자와 지식인들의 정치참여는 현명치 못한 행동이라고 밝힌다. 말하자면 하나의 전체로서『유토피아』의 제1부는 플라톤의 '일곱 번째 서한'의 기조, 즉 통치자가 진정으로 좋은 충고를 원치 않는 한 어느 누구라도 정치에의 참여는 무익하다는 사상을 다시 천명하는 것이다.

플라톤에게 그 딜레마는 오직 철학자가 통치자가 될 때, 곧 통치자가 철학자가 될 때에만 풀릴 수 있다.[9] 철학자의 공적인 역할은 직접 정치에 참여하지 않고 철학의 참다운 지식을 전함으로써 도덕적·지적 변화를 유도하는 것이라는 점이 플라톤의 입장인데, 이러한 배경을 고려한다면 조언의 문제에 대한 라파엘의 태도는 더 이상 설명을 요하지 않는다. 라파엘의 플라톤적 입장에 대한 작중인물 '모어'의 비판은 그 개인적 불편과 무익함에도 불구하고 국가에 이바지하는 것보다 더 훌륭한 의무는 없다는 것이며,[10] 바람을 통제할 수 없다고 해서 폭풍우 속에 방향을 잃은 국가라는 '배'(91쪽)를 포기해서는 안 된다는 것이다.

---

8) 모어의『유토피아』에 나오는 모든 인용문은 나종일 옮김,『유토피아』(서울: 박영사, 1976)에서 따온 것이지만 그의 번역 문장은 필자에 의해 다듬어진 부분도 있다. 그리고 본문 괄호 속의 쪽 표시도 이 한글 영역판에 기초하고 있다.
9) 플라톤,『국가』 V, 473c-e.
10) 작중인물 '모어'의 이러한 입장은 모든 면에서 정통적인 휴머니스트들의 입장이다. 13세기와 14세기 이탈리아에서 휴머니스트들의 정치사상은 그 시작부터 사적인 이익에 우선하는 공적인 이익 추구의 중요성을 강조했다. George M. Logan, 앞의 책, 42쪽; Quentin Skinner, 앞의 책, 38~48쪽을 볼 것.

스키너가 상세하게 밝히고 있듯이, 라파엘의 입장은 르네상스 시대에 광범위하게 공유되었던 '플라톤적' 휴머니스트들의 입장을 대변하는 반면, '모어'의 입장은 '키케로적' 휴머니스트들의 입장을 대변하고 있다.[11] 작중인물 '모어'의 입장은 저자 모어가 왕의 특사로 홀란트와 영국 간의 무역관계를 협상하기 위해 안트워프에 머무르다 1515년 영국으로 돌아왔을 때, 헨리 8세와 재무대신 울지 추기경에 의해 왕의 고문으로 일할 것을 제의받았을 당시 개인적인 딜레마의 생생한 고백이기도 하다.[12]

이와 같은 찬반 논쟁은 제2부를 통해 그 해답이 제시되나 제1부에서는 미해결의 문제로 남는다.

토론부분의 두 번째 화제는 이른바 '영국의 상황' 문제다. 라파엘은 작중인물 '모어'와 철학자의 정치참여에 대한 토론을 벌이던 가운데 당시의 실존인물, 대주교이자 헨리 7세의 최고 고문이었던 존 모튼의 집에 한때 머무르면서 그의 식탁에서 가졌던 대화, 특히 공식 이데올로기를 대변하는 자들, 가령 변호사와 가졌던 대화를 이 화제에서 다시 소개하고 있다. 『유토피아』가 모어의 자서전적인 작품으로 인식되는 것도 무리는 아닌 것이, 그는 라파엘의 목소리를 빌려 당시 영국 사회의 악과 병폐에 대해 스위프트식의 근본적인 포괄적 비판을 가하고 있다.

라파엘은 제도적 모순이 해결되지 않는 한, 설사 훌륭한 조언으로 군주

---

11) Quentin Skinner, "Sir Thomas More's *Utopia* and the Language of Renaissance Humanism", Anthony Pagden 엮음, *The Languages of Political Theory in Early Modern Europe* (Cambridge: Cambridge UP, 1987), 123~157쪽을 볼 것.
12) 모어의 사상에 깊은 영향을 미친 에라스무스는 그에게 정치참여에 반대하는 충고를 했다. 그런데 모어는 이 충고에 공감하기는 했지만, 그보다는 권력에 대한 열망이 좀더 깊었기 때문에, 결국 그들의 제의를 받아들였던 것 같다. 결국 모어가 1535년에 반역이라는 어처구니없는 죄목으로 교수형에 처해졌지만, 그는 엄격한 의미에서 영국 정부에 직접 참여하려 한 최초의 철학자였다. A.L. Morton, *The English Utopia* (London: Lawrence and Wishart, 1952), 51쪽을 볼 것.

를 계도하는 것이 가능하다 할지라도 유럽, 특히 영국이 안고 있는 사회적인 병폐는 극복될 수 없음을 지적한다. 첫째로 절도 등 중죄를 범한 사람들에게 거의 교수형을 언도하는 유럽의 형벌제가 갖는 철저한 보복심리와 비인간성에 대해 신랄한 공격을 가한다. 잔악한 형벌에 의해 절도 등의 여러 가지 사회 범죄가 격감되기는커녕, 도리어 "어느 곳에나 도둑이 들끓고 날뛰게 되는"(52쪽) 상황을 개선시켜 곤궁과 궁핍에 시달리는 사람이 하나도 없도록 구제하는 제도 장치가 더 요구되는 형편이라고 역설한다.

모어는 플라톤이 그의 『국가』에서 소개했던 과두정치의 성격을 모방하여, 라파엘을 통해 그것을 그가 문제시하고 있는 당시 영국과 유럽 사회의 특징과 동일시하고 있다. 플라톤(그리고 아리스토텔레스)에게 과두정치는 금권(金權)정치를 의미했다. 금권정치사회는 "부가 중요시되고……정치권력은 부유한 자들의 손에 있으며, 가난한 자들은 그 권력을 공유하지 못하는 사회"[13]다. 『국가』에서 소크라테스는 그 같은 사회를 부자와 빈자로 나뉘어 서로가 상대방에 대한 음모를 꾸미는 사회라고 규정하는데, 라파엘은 영국과 유럽을 이러한 금권정치에 지배되는 사회로 보고 있다.

라파엘이 제2부의 「머리말」에서도 말하고 있듯이, 현존하는 모든 나라는 "국가(공공의 복지)라는 이름 아래 자기 자신의 편익을 도모하는 부유한 자들의 음모 외에 아무 것도 발견할 수 없는"(222쪽)나라로 비춰지고 있다. 귀족들은 "수펄마냥 아무 일도 하지 않고 남이 노동해서 얻은 물건으로 살아가고, 살아가는 것만으로 만족할 수 없어 소작료를 올림으로써 이른바 소작인들의 생살까지 깎아내고"(54쪽) 있으며, 부자들은 온갖 부정한 방법으로 재산을 긁어모으기 위한 법률을 제정해놓고 공익을 위한

---

13) 플라톤, 『국가』 VIII, 550쪽.

다는 구실 아래 이를 선포한 후, "날마다 가난한 자의 일상생활의 일부를 착취해가고"(222쪽) 있다. 이 부분에서 모어는 기본적인 계급관계를 분명히 의식하고 있는 듯하며, 가진 자들의 그러한 태도는 마르크스의 이론에 비춰볼 때 잉여가치의 착복에 비교될 수도 있다.

모어는 라파엘을 통해 이러한 사회에서 그 희생이 가장 컸던 농민들의 비극, 즉 궁핍과 그로 인한 절도, 그에 뒤따르는 중형과 사형 등을 조명한다. 특히 다른 무엇보다도 15세기 후반에 시작하여 1540~55년 사이에 최고조에 달했던 농경지의 목축지 전환이라는 토지제도의 한 유형, 이른바 '인클로저'에서 그 근본적인 원인을 구체적으로 찾고 있다. 이 토지제도와 관련하여 라파엘이 모튼의 집에서 대화를 나눴던 것은 1515년의 일이지만, 여기서 그는 당시 엄청난 사회악을 가져 왔던 1497년의 '인클로저'에 대해 말하고 있다.[14]

여태까지는 공동경작지였던 땅을 분할한 다음 생울타리를 쳐 개인 소유지로 만든 후, 이를 목축지로 바꾸어 귀족·대지주, 심지어 수도원장까지 양을 사육하게 하는 바람에 농민들은 농토에서 추방될 수밖에 없었다 (58~59쪽). 영국 전역에서 그 분할은 실시되었고, 대부분의 경우는 폭력에 의해 이루어졌다. "다수의 교구에서 곡물재배는 소나 양 사육으로 대체되었다. 많은 농장과 오두막이 철거되거나 폐허가 되었다. 래티머 주교는 '아주 많은 농민이 살던 곳에 이제는 목동 한 사람과 그의 개밖에 없는' 사실을 통탄했다."[15]

농민들이 자기 땅에서 쫓겨나면서부터 기근과 실업과 절도가 뒤따랐고, 모어의 눈에는 굶주림에 찬 양이 인간을 삼켜버리는 극한상황(이 상

---

14) Peter New, *Fiction and Purpose in "Utopia", "Rasselas", "The Mill on the Floss", and "Women in Love?"* (London: Macmillan, 1985), 24쪽.
15) 폴 망투, 『산업혁명사(상)』, 정윤형·김종철 공역 (서울: 창작과비평사, 1987), 179쪽.

황을 묘사하는 58쪽은 마르크스가 그의 『자본론』에서 인용할 정도로 유명하다16))까지도 비쳤다. 이러한 사태를 몇몇 사람의 지나친 욕심, 말하자면 "가장 간악하고 사악하기 이를 데 없는 무리들의 만족할 줄 모르는 탐욕"(222쪽)의 탓으로 돌리면서 저자 모어는 라파엘을 통해 그 당시 문학에서 유례를 찾을 수 없을 정도로 깊은 통찰력으로 영국에 대한 신랄한 비판을 가하고 있다.17) 어떤 의미에서 『유토피아』는 모어의 "16세기 초 비도덕적인 정치에 대한 공격"18)이라는 챔버스의 언급은 실로 타당하다.

라파엘을 통해 모어는 정의로운 사회 건설에 이르는 첩경은 통치자나 지배계층으로 하여금 미덕을 추구케 하고 훌륭한 조언을 받아들이도록 가르치는 것이 아니라 신분이나 부에 기초를 둔 기존의 사회구조를 변형시키는 것에 있음을 보여주려고 한다. 당시의 금권정치가 노출시키는 모순을 극복하는 길은 공공의 복지에 위협이 되는 사유재산과 화폐제도의 폐지, 효과적인 분배제도 실시에 있음을 라파엘은 조언의 무익성을 토로한 후에 비로소 밝힌다. 그의 개혁의 권고는 결국 제도적인 변화를 요구하는 것이다.

모어의 『유토피아』 연구 권위자인 헥스터를 비롯한 대부분의 학자들은 『유토피아』가 사실상 에라스무스적 휴머니즘의 재천명이라고 논의하지

---

16) Karl Marx, *Capital*, Ernest Mandel 엮음, Ben Fowkes 옮김 (Harmondsworth: Penguin, 1990), 1: 880쪽.
17) 마르크스와 다른 사회 이론가들이 지적했듯이, 모어 시대의 대규모 '인클로저'는 근대 영국 국가의 대두와 함께 제국 강화의 전조가 되었다. '인클로저'의 역사와 그 미친 영향에 관해서는 Redney Hilton, *Class Conflict and the Crisis of Feudalism* (London: Hambledon Press, 1985); Chistopher Dyer, *Lords and Peasants in a Changing Society* (Cambridge: Cambridge UP, 1980); Roger B. Manning, *Village Revolts: Social Protest and Popular Disturbances in England, 1509~1640* (Oxford: Clarendon Press, 1988)를 참조할 것. 역시 고전적인 비평서인 Raymond Williams, *The Country and the City* (New York: Oxford UP, 1979)를 볼 것.
18) R.W. Chambers, *Thomas More* (London: Jonathan Cape, 1935), 117쪽을 볼 것.

만[19] 사실 휴머니스트들은 국가 공공의 복지가 정치 지도자들의 인격, 교육, 훌륭한 조언을 행하는 신하들의 선택 여하에 있다고 주장했지, 제도의 중요성 같은 비인격적 요소를 강조하지는 않았다. 헥스터도 간파했듯이, 휴머니즘의 낙관주의를 표방했던 그들과 달리 모어는 국가의 공공 복지가 제도의 변화에 달려 있음을 강조했다.

그는 동시대의 사회 병폐를 종교적·사회적·정치적 문화의 도덕적인 파산으로 분석했던 기독교적 (또는 에라스무스적) 휴머니즘 개혁의 개념이 갖는 불철저성과 그 이데올로기로서의 나약성을 폭로하는 동시에 인간의 불행의 원인은 인간의 마음뿐만 아니라 금권정치가 추구하는 거짓된 가치, 즉 권력·부·신분을 높이 평가하는 사회제도 자체에도 숨어 있음을 호소했던 것이다.

근원적인 사회 내부의 도덕적 변화——마음의 변화——를 필요로 함에 그치지 않고 구조적 변화——사회적·정치적 제도의 변화——에 대한 필요성 또한 부각되었기 때문에, 『유토피아』는 휴머니즘 개혁의 문학 장르에서 독특한 위치를 차지하는 것이다. 달리 말하면 사회개혁의 도구, 전략으로서 구조적인 변혁에 그 일차적인 관심을 두었다는 점에서 『유토피아』는 정치이론서로서 "모더니티의 가장자리"[20]에 놓인다.

라파엘은 사유재산이 있는 곳에서 "국가가 올바르게 다스려지고 번영하기란 어려운 일이며…… 소유권이 추방되고 폐지되지 않는 한 물건의 평등하고 정당한 분배란 이루어질 수 없으며 사람들 사이에 완전한 행복도 있을 수 없다"(96~97쪽)고 주장함으로써, "모든 사물 간의 평등이 이

---

19) Edward Surtz, S.J.J.H. Hexter 공편, *The Complete Works of St. Thomas More* IV (New Haven: Yale UP, 1965), "Introduction", xlv-cv쪽을 볼 것. 이후 Yale *Utopia*로 부르겠음.
20) Brendan Bradshaw, "More on Utopia", *The Historical Journal*, 24: 1 (1981), 4쪽.

루어지고 또 확립된다면 이것이야말로 민중의 복지에 도달하는 유일한 길임을 쉽사리 예견했던"(96쪽) 플라톤[21]의 입장을 계승하고 있다. 사회를 개선하는 단 하나의 가장 중요한 제도는 재산의 공유제 또는 공산제라는 플라톤의 이념을 옹호함으로써, 말하자면 정의란 물건의 평등한 분배이며, 이러한 분배는 국가 번영의 관건임을 확신시키려 하는 것이다.

그러나 작중인물인 '모어'가, 만일 각 개인들이 자신의 이익을 위해 일하려 들지 않고 남의 노력에만 기대려 하게 될 때 과연 어떻게 재화나 그 밖의 모든 물자가 풍부해질 수 있겠으며, 또 "자기 손으로 일해서 얻은 것을 법률상 자기 것이라고 떳떳이 주장할 수 없다면 필경은 끊임없는 폭동과 유혈이 일어날 게 아닌가요?"(98쪽)라고 반문하면서, "모든 것이 공유인 곳에서 인간은 절대로 행복하게 살 수 없을 것"(98쪽)이라는 주장으로 공유제에 반대할 때, 이는 결코 그가 사회의 불평등한 부의 분배에 대한 정당성을 오랫동안 제공해왔던 귀족계급의 이데올로기를 공격하는 라파엘의 입장을 받아들일 수 없었기 때문에 공유제 또는 공산제에 반대하고 있는 것이 아니다. 말하자면 그는 귀족들의 특권을 침범하는 공산제에 반대하는 것이 아니라, 경제적인 자극·능률적인 생산·사회적인 조화면에서 불합리한 공산제에 반대하는 것이다.

라파엘 또는 작중인물 '모어'의 어느 입장을 고려하더라도 『유토피아』에는 귀족계급을 옹호하는 대변인이 없으며, 그러한 점에서 이 작품은 당시의 지배계급인 귀족계급에 대한 신흥 중산계급, 즉 튜더 왕조의 부유한 런던 상인계급의 대변인인 모어의 공격이라는 해석도 나온다.[22]

제1부의 토론 부분은 사유재산제를 폐지하고 자신이 이상적인 사회의 기반으로 보았던 공산제를 수립할 것을 주장하는 라파엘의 입장과 그에

---

21) 사실 플라톤은 이 말을 하지 않았지만, 모어는 그의 저서에서 플라톤의 말을 잘못 인용하고 있다.
22) 특히 Karl Kautsky, 앞의 책, 126~130쪽을 볼 것.

대한 작중인물 '모어'의 유보로써 끝나지만, 사유재산제를 옹호하는 '모어'의 반격은 의도적으로 미약하고 분명 가면을 쓰고 있다. 그러므로 작중인물 '모어'의 그 같은 입장을 염두에 둔 채, 저자 모어가 유럽 사회의 병폐에 대한 해결책으로서 실제로 공산제를 제창하지는 않았노라고 주장하는 것[23]은 『유토피아』의 전체 목적을 오해하는 것이다. 이 작품의 제1부는 라파엘이 작중인물 '모어'와 자일스에게 자신이 5년 이상 유토피아에 살면서 직접 목격하고 경험한, 사유재산제와 화폐제가 폐지되고 공산제가 이상적으로 실현되고 있는 그곳에 대해 들려줄 것을 약속하는 것으로 끝난다.

유토피아

한편 『유토피아』의 제2부는 라파엘이 그곳에서 경험했던 여러 가지 사회제도·관습·생활방식 등을 주로 다루고 있다. 사유재산제와 화폐제도를 폐기하고 공산제를 그 사회의 근간으로 삼고 있는 유토피아란 대체 어떤 사회인지를 하나씩 살펴보기로 하자.

이 섬에는 54개의 시가 있는데, 이들은 "모두 같은 언어, 같은 풍습, 제도, 법률"(104쪽)을 가지며, 그러므로 "그들의 시에 관한 것은 그중의 하나만 알면 나머지는 다 알게 된다"(108쪽). 유토피아인이 입고 있는 의복은 "이 섬의 어디를 가나 다 같은 모양이며, 이 모양은 항상 불변"(115쪽)이다.[24] 외투 또한 "섬 전체 어디를 가나 한 가지 색깔이다"(122쪽).

---

23) 가령 R.W. Chambers, 앞의 책; Edward Surtz, S.J., *The Praise of Pleasure: Philosophy, Education, and Communication in More's Utopia* (Cambridge/M.A.: Harvard UP, 1957) 등이 그렇다.
24) 이처럼 모어가 유토피아인의 복장이 한 가지로 통일되어 있었음을 보여주는 것은, 그가 "허식(虛飾)뿐만 아니라 튜더 왕조의 복장에 반영된 (그리고 합법적으로 규정된) 신분과 직업의 정교한 구별에 반대"함을 보여주는 것이다. 말하자면 영국 귀

사람들은 공동소유 주택에 거주하는데, 집은 3층으로 지었고, 집집마다 문에는 열쇠가 없으며, 집 안에는 그 어떤 개인적인 소유물도 존재하지 않도록 하기 위해 "10년마다 제비를 뽑아 서로 집을 바꾼다"(110쪽).

식료품은 각 가족의 인원수에 따라 평등하게 분배되며, 모든 물건은 평등하게 나뉘므로 이곳에는 "가난하거나 부유한 사람이 따로 있을 수 없다"(134쪽). 유토피아인은 "자신들에게 풍족한 물건을 아무 대가 없이 이웃 시에 넘겨주는 것과 마찬가지로 자신들에게 필요한 물건을 다른 시로부터 받을 때에 역시 아무 대가도 지불하지 않는다." 그리하여 섬 전체는 마치 "한 가족, 한 가정"(135쪽)과 같다.

여기서 저자 모어는 이상적인 사회는 가능한 한 제도에 의해, 말하자면 공산제에 의해 단일체를 이루는 사회이며, 이러한 사회는 일종의 가족과 같다고 묘사했던 플라톤의 사상을 이어받고 있다.

이 섬에서는 일반남녀 누구나 할 것 없이 농업에 종사하며, 농업은 54개의 시 주변에서 공동관리된다. 그리하여 유토피아 경제의 주된 토대는 농업이며, 그다음은 수공업이다. 천한 일들을 노예가 담당하는 것을 제외한다면 계층이나 성의 구별 없이 누구나 노동을 행한다. 유토피아에서는 전체 인구의 99%가 열심히 일하지 않으면 안 되며, 인구의 1%에 속하는 공무원·사제·학자만이 법에 의해 육체노동에서 면제된다.[25]

각 30세대가 해마다 '시포그란트'라고 불리는 한 사람의 공무원을 선출하는데, 이 공무원의 "주요 임무, 그리고 거의 유일한 직무는 아무도

족계급이 복장을 사회 지배의 한 형식으로 이용하고 있음을 인식한 모어는, 그 복장이 표상하는 약호를 타파함으로써 계급제도를 타파하는 것을 도와준다. Stephen Greenblatt, *Renaissance Self-Fashioning: From More to Shakespeare* (Chicago: U of Chicago Press, 1980), 41쪽. 그리고 Richard Halpern, *The Poetics of Primitive Accumulation: English Renaissance Culture and the Genealogy of Capital* (Ithaca: Cornell UP, 1991), 148쪽을 볼 것.

25) 기대에 미치지 못하는 생활을 할 때 학자들은 노동자로 일하게끔 된다.

노는 사람이 없도록, 누구나 열심히 자기 생업에 종사하도록 감독하고, 주의시키는 일"(116쪽)이다. 그러나 '시포그란트'들은 자신들이 비록 노동에서 법적으로 면제되어 있기는 하지만, 결코 이러한 특권을 이용하지 않는다. "오히려 자신들이 모범을 보임으로써 다른 사람들을 장려하려는 마음에 자진해서 그 면제특권을 거절한다"(120쪽).

이처럼 유토피아 사회에서는 심지어 의복에 이르기까지도 모든 사람의 평등이 그 최고 원리다. 사유재산제에 토대를 둔 사회와 달리 유토피아에서는 소유에서 오는 오만이 일체 말살되고 있다. 모어가 『유토피아』에 제시한 공산제는 인간의 오만을 극복하려는 시도에서 나온 것으로 평가될 만큼[26] 이 작품에서뿐만 아니라 다른 글에서도 오만은 그의 진지한 관심의 표적이 된다.

모어에게 오만은 죄의 영역에서 가장 중심적인 것이다. 그는 사탄의 타락과 인간의 타락 모두가 오만에서 비롯된 것이라고 말한다. 『유토피아』의 끝부분에서 라파엘은 오만을 가리켜 "모든 불행의 공주이자 어머니"(224쪽)로 규정하며, 이러한 자세는 모어의 다른 저술 속에서도 자주 나타나고 있다. "오만은 바로 모든 죄의 원천이자 뿌리이며…… 모든 악의 짓궂은 어머니"로, 또 "모든 죄 중의 왕자"[27]로 일컬어지고 있다.

이처럼 오만을 모든 죄의 어머니로 인정하는 점에서 모어는 아우구스티누스를 따르고 있는데, 많은 악이 비록 처음에는 오만과 직접 연관되지 않는다 할지라도, 모어는 오만이 악의 원인이며 공공의 복지에 가장 큰 위협이라 믿고 있다.

그러나 모어는 개인에게서 오만을 뿌리 뽑는다는 것은 사실상 불가능하다고 생각한다. 그리하여 그는 오만을 통제하는 수단으로서 사회제도

---

[26] 이 문제에 대해서는 Thomas I. White, 앞의 글, 329~354쪽을 볼 것.
[27] W.E. Campbell 엮음, "Four Last Things", *The Complete Works of Sir Thomas More* (London: Eyre and Spottiswoode, 1931), 477쪽.

에 주목하고 있다. 인간의 오만을 모든 사회악의 근본으로 인식하고 있을 뿐만 아니라 현존하는 사회제도들, 특히 사유재산제는 대부분의 사람들에게 뿌리칠 수 없는 유혹을 끊임없이 제공한다고 믿는 것이다.

많은 글을 통해 모어는 소유의 욕망에 가득 찬 개인들을 향해 그들은 "자신의 재산을 그들의 신"[28]으로 삼고 있다고 반복적으로 비난하고 있는데, 우리는 그가 『유토피아』에서 오만을 물질적, 특히 경제적 측면으로 정의하고 있음을 놓쳐서는 안 된다. 제2부의 마지막 쯤에서 라파엘은 "오만이라는 부인은 자신의 편의가 아니라 타인의 비참과 불편으로 행복과 번영을 측정하지요"(224쪽)라고 말한다. 모어의 입장에서 숱한 악의 원인인 소유의 오만을 제거하기 위해서는 사회제도들이 근본적으로 변하지 않으면 안 되는 것처럼 느껴졌다. 그러므로 우리는 어째서 모어가 이를 위한 가장 중요한 제도로서 공산제를 염두에 두었는가를 이해할 수 있다.[29]

사유재산제와 같이 현존하는 제도에 의해 야기되는 죄의 유혹을 공산제가 뿌리 뽑을 수 있다고 믿었다는 점에서, 모어는 이 제도를 경제적인 불평등을 제거하기 위한 분배제도뿐만 아니라 도덕적인 지상명령으로도 주창하고 있다고 보는 것이 타당하다. 이러한 점에서 『유토피아』에서의 공산제는 경제적인 목표가 아니라 "도덕적 수단"[30]이라는 주장은 부분적으로 옳다. 이로써 모어는 오만의 본질을 타인의 희생을 전제로 하는 자기애(自己愛)로 못박고 이의 극복을 위한 가장 본질적인 제도로서 공유제를 제창했던 플라톤의 입장에 찬동하고 있다.

『유토피아』의 공산제는 의심할 바 없이 플라톤의 사상에 대한 찬사, 즉

---

28) 같은 글, 같은 책, 490쪽.
29) 오만과 공산제의 연관에 관해서는 J.H. Hexter, 앞의 책, *More's Utopia: The Biography of an Idea*, 80쪽을 볼 것.
30) Peter New, 앞의 책, 66쪽.

훌륭한 사회에서 재산은 공동으로 소유되며,[31] 사유재산제의 추방은 사회로부터 갖가지 악, 즉 사치·나태·인색·폭력·경쟁·시기[32]를 제거하는 길이라는 플라톤의 사상에 대한 찬사다. 라파엘은 플라톤적 공산제야말로 공공의 복지에 이르는 유일한 길이라고 분명히 말하며(96쪽), 또 사유재산과 더불어 수많은 악, 가령 사기·절도·약탈·언쟁·싸움·소요·살인·배반·독살·공포·근심·슬픔·노고·불면·가난 등(223쪽)은 사라지리라 제시하고 있기 때문이다.

'시포그란트'는 섬 주민 모두가 생업에 열심히 종사하도록 감독하는 한편, 시민 누구도 "고역을 맞는 짐승들처럼"(116쪽) 아침 일찍부터 저녁 늦게까지 일을 계속하지는 못하게끔 한다. 라파엘이 말하고 있듯이, 유토피아 이외에 다른 나라라면 거의 어디서나 "불쌍한 노예들의 상태만도 못한"(116쪽) 비참한 노동행위가 자행된다. 1년 중 26일의 휴일을 즐기는 유토피아인은 그밖의 329일 동안 그들의 나날을 다음과 같이 보낸다.

그들은 해가 뜨기 전에 일어나되, 아침식사 후부터 점심때까지 3시간을 일한다. 점심식사 후에도 세 시간을 일하고, 그다음 저녁식사를 한다. 8시에 자러 가고 여덟 시간 잠을 잔다. 오전에 세 시간, 오후에 세 시간 일하는 유토피아인의 하루 여섯 시간의 노동시간은 영국 튜더 왕조의 법령에 따라 정해진 노동시간의 기준에 견주어볼 때 놀랄 만큼 짧다. 당시 영국에서는 9월 중순에서 3월 중순까지는 새벽부터 밤까지, 3월 중순에서 9월 중순까지는 오전 5시부터 오후 8시까지 일하도록 규정되었다.[33]

반면 유토피아인은 하루 여섯 시간의 노동시간과 잠자는 시간, 식사하는 시간을 뺀 나머지 자유시간을 자신의 취향에 맞는 다른 일을 하는 것으로 보낸다. 가령 자신의 적성에 따라 아침 일찍 행하는 강의 가운데 하

---

31) 플라톤, 『법』, 739b-c.
32) 플라톤, 같은 책, 679b-c.
33) Stephen Greenblatt, 앞의 책, 264쪽의 주45).

나에 참석한다든가, '고등지식'을 배우고 싶더라도 능력의 한계를 깨달아 차라리 자기의 정규적인 일을 자발적으로 계속한다든지 하는 것이다. 말하자면 "국가에 필요한 직업과 업무를 수행하고, 나머지 시간이 조금이라도 있으면 그 시간에는 모든 시민들이…… 정신의 자유와 수양에 힘쓰는 것"(123쪽)이다.

유토피아 사회의 기본적인 단위는 가족이다. 가족은 대부분 혈족으로 이루어지고, 핵가족이 아닌 확대가족의 형식을 취하며, 가장 나이가 많은 아버지 또는 세대주가 가족들을 다스린다. 이는 왕이 신하를 통치하던 르네상스 시대의 정치적인 위계질서와도 상통하는 소우주로서의 가족에 대한 모어의 시각을 표출해주고 있다. 부인은 남편을 보좌하고 아이들은 양친을 보좌한다. 소녀가 자라 결혼하게 되면 그녀는 남편의 가족과 동거하게 되며, 이러한 관습은 결코 의문시되지 않는다. 성별과 세대 간의 서열상의 차별은 분명히 존재한다. 이러한 의미에서 헥스터가 설득력 있게 논의하듯이, 유토피아 사회는 그 구조상 엄격한 가부장제 권위사회다.[34] 모어는 이 같은 가부장적인 질서와 권위는 신이 하사한 것으로 높이 평가했다.[35]

유토피아의 각 시는 4개의 구로 나뉘어 있으며, 각 구의 한복판에는 여러 가지 물건을 사고 파는 시장이 있는데, 각 가정은 각자가 시장에 내놓기 위해 생산한 물품 가운데 아버지 또는 세대주 손으로 자기와 가족에게 필요한 것을 무엇이든 무료로 취한다. 화폐가 사용될 필요가 없으며 설령 있다손 치더라도 쓸모가 없다. 모든 물자가 풍부하므로 필요 이상 그것을 가져가는 사람은 아무도 없으며, 동물세계와 달리 인간사회의 "탐욕과 약탈의 원인"(126쪽)이 되는 오만과 자기과시도 유토피아인에게는 존재

---

34) Yale Utopia, "Introduction", xli쪽.
35) Timothy Kenyon, *Utopian Communism and Political Thought in Early Modern England* (London: Pinter Publishers, 1989), 88~90쪽을 볼 것.

하지 않는다. 모든 것을 공유하기 때문에 그들은 아무것도 가진 것은 없으면서 또한 모두가 부유한 것이다.

따라서 그들은 과도한 물질적인 부에 대해 그들 특유의 경멸을 보낸다. 가령 이용가치가 없는 금·은 같은 귀금속은 멸시의 대상이 된다. 유토피아에서 금·은은 "요강이나 그밖의 아주 천한 용도로 소용되는 기물" (138쪽), 예컨대 노예를 묶는 큰 사슬과 족쇄로 이용된다. "명예를 손상할 만한 죄를 범한 사람이라면 누구나 귀에 금고리를 달고, 손가락에 금가락지를 끼고, 목에는 금사슬을 걸고, 그리고…… 머리를 금으로 동여매듯이"(138쪽), 금·은은 "비방과 불명예"(138쪽)의 표시가 된다. 절대가치뿐만 아니라 절대권력의 표상이 곧 중세 후기 봉건제 화폐의 본질이었음을 염두에 둔다면, 모어의 이러한 묘사는 화폐의 가치를 평가절하하는 것으로, 이러한 묘사를 통해 사실상 그는 "가치형식으로서의 화폐, 권력형식으로서의 화폐"[36]를 공격하고 있다.

한편 진주·다이아몬드·홍옥 등도 아이들의 장난감 구실밖에는 하지 못한다. 유토피아인에게 사치스러운 의복은 결코 존경을 받지 못하며, 비단옷은 비난의 대상이 된다. 가령 이웃나라의 사절들과 달리 처음 이곳에 파견된 아네몰리아의 사절들이 화려한 의복을 걸치고 온갖 귀금속으로 장식한 채 자기과시를 하며 유토피아에 왔을 때, 유토피아인은 그들 가운데서 가장 미천하고 지위가 낮은 사람을 중요한 인물로 생각해 가장 정중히 대접한 반면, 정작 사절들에게는 그들이 금사슬을 지니고 있었던 까닭에 노예로 대우했다. 이처럼 금과 보석, 화려한 옷을 경멸하는 유토피아인의 태도에 아네몰리아의 사절들이 수치심에 어쩔 줄 몰라했던 사실을 라파엘은 작중인물 '모어'와 자일스에게 전해주고 있다.

---

[36] Christopher Kendrick, "More's Utopia and Uneven Development", *Boundary 2*, 13: 2~3 (1985), 255쪽.

집에서 식사하는 게 금지되어 있는 것은 아니지만, 유토피아인은 주로 집 가까이 있는 회관에서 다 함께 식사를 한다. 부엌일같이 힘든 일은 노예들이 맡아 하지만, 여자들은 공회 식당에서 식사를 준비한다. 식탁 심부름은 아직 결혼연령에 이르지 않은 소년, 소녀들이 맡아 하며, 식탁의 상석을 차지하는 식당의 맨 안쪽은 '시포그란트' 부부가 차지하고, 그 '시포그란트' 관할구에 교회가 있을 때는 성직자 부부가 '시포그란트'와 나란히 앉는다. 그들 양쪽에 젊은 사람들이 앉고 다음에는 다시 나이 많은 사람들이 앉는데, 연령층이 서로 다른 사람들과도 뒤섞여 짝지어 앉는 것은 연장자들의 신중하고 경건한 태도를 본받게 함으로써 젊은이들로 하여금 무례한 언동을 삼가하게 하기 위해서다.

부인들은 갓난아이들에게 젖을 줄 육아실로 빨리 갈 수 있도록 식탁의 바깥쪽에 앉는다. 플라톤의 경우와는 달리 단체 양육은 실시되고 있지 않기 때문이다. 음식의 종류나 양에는 연령이나 성의 구별에 따르는 차별이 없으며, 공평한 편익이 각자에게 고루 분배된다(131쪽). 올바른 예법이나 미덕에 관해서 쓴 글을 읽는 것으로 식사가 시작되며, "음악 없이 저녁식사가 끝나는 일은 없다"(131쪽).

다같이 공동체의 이익을 위해 생활하므로 유토피아인에게는 빈들거리고 지낼 자유나 구실이 제약되어 있다. 따라서 이곳에는 술집이나 창가(娼家)가 없으며, 못된 짓을 할 기회, 불법적인 모의나 집회를 할 만한 장소는 없다. 모든 정치적인 토론은 공회소에서 공개적으로 이뤄지며 사적인 정치토론은 중형의 벌을 받는데, 이는 특히 공공의 이해(利害)와 관련되는 문제에 한한다. 이처럼 유토피아 전체가 엄청난 획일성에 의해 지배되고 있음을 볼 때, 우리는 모어가 얼마나 급진적인가를 짐작해볼 수 있다.

그들의 결혼에 대해 살펴보자. 여자는 18세 이전에, 남자는 22세 이전에는 결혼하지 못하는데, 만일 남녀 가운데 어느 한쪽이 결혼 전에 딴사람과 놀아난 것이 확인되면 죄를 범한 쪽은 엄한 처벌을 받는다. 범죄자는 양쪽 모두 그들 생전에 다시는 결혼할 수 없게 된다. 결혼은 일부일처제이며 또 철칙으로, 사제들에 대해서도 예외는 있을 수 없다. 죽음 때문이 아니라면 혼인이 깨어지는 경우란 있을 수 없다. 다만 간통의 경우, 또는 어느 한쪽이 참을 수 없을 정도로 난잡하게 행동하는 경우에는 이혼도 가능하다. 간통은 금물이다. 그것은 "가장 무거운 노역형(型)으로 처벌되고", 같은 죄를 두 번 저지른다면 죽음밖에는 딴 길이 없다. 이는 유토피아인이 "만일 악덕을 행하기를 억제하지 않는다면 애정 깊은 결혼생활 속에서 함께 살아갈 수 있는 사람은 아주 적을 것이라는 것", 그러나 사람은 그러한 애정 속에서 일생을 살아가야 하며, 그에 따르는 고통이나 불행 또한 참고 견뎌나가야만 할 것'(170~171쪽)임을 깨닫고 있기 때문이다.

유토피아에서 결혼은 성생활을 토대로 한 남편과 아내 사이의 애정의 결합을 추구하는 것은 아니다. 아내는 아이를 출산하는 것으로 만족하며, 이는 가족의 특별한 이해(利害)보다는 공동체의 이해에 더 부합되는 것이다. 어떠한 가족도 "열네 살 또래의 아이를 한꺼번에 열 명 이하 또는 열여섯 명 이상 가져서는 안 되며"(124쪽), 이 같은 가족의 정원은 이를 초과한 인원수만큼 이에 미달하는 가족으로 옮김으로써 지켜진다. 따라서 가문이나 혈통의 순수함에 대한 관심은 없다.[37]

이와 마찬가지로 가족의 유산, 결혼시 재산 이전, 가족의 미래에 대한 걱정이나 계획도 전혀 없다. 대개의 아이들은 그들 아버지의 기술을 배우면서 자라고, 대체로 그 방면에 마음을 두게 되는데, 이는 실제적인 편리에 지나지 않는다. "혹 다른 기술에 마음이 쏠리는 사람은 자신이 좋아하는 직업을 가진 가정에 양자로 들어가게 된다"(116쪽).

---

37) Stephen Greenblatt, 앞의 책, 43쪽.

유토피아인이 교육을 잘 받고는 있지만 모어는 교육과정에 대해서는 거의 아무것도 말하지 않는다. 다섯 살에 아이들은 보육학교를 떠나 본래의 가정으로 돌아와서 양친과 사제의 가르침을 받는데, 주로 어린아이들과 젊은이들의 교육은 사제에게 맡겨지지만, 그 후 그들은 무엇보다도 각자에게 주어진 자유시간을 혼자의 힘으로 이용하여 자기 발전을 도모하기에 주력한다. 그러므로 유토피아의 공무원과 학자는 일상적인 노동자의 신분에서 출세한 자다.

유토피아에서의 노예층은 주로 간통 등의 심한 비행으로 벌을 받는 사람, 중죄로 인해 사형선고를 받는 사람, 전쟁포로, 유토피아에서 노예로 살기를 선택한 타국의 가난한 노동자들로 이루어져 있다. 그러나 플라톤과 아리스토텔레스의 이상국가와는 달리 유토피아에서는 노예들의 생활까지도 영원한 조건은 아니므로 그들은 행복의 가능성을 가질 수 있다. 오랫동안의 비참한 노예생활을 통해 개전의 징후를 나타내고, 벌을 받고 있음을 불행하게 생각하기보다는 자신의 잘못을 후회하는 자세를 보인다면, 대권에 의해 또는 시민의 요청과 동의에 의해 그들의 노역은 경감될 수도, 또 완전히 면제되거나 용서받을 수도 있는 것이다. 외국에서 자원한 노예들도 그들이 원한다면 그곳을 떠날 수가 있다.

한편 노예들이 맡은 노역이란 것도 단지 일반적으로 사람들이 꺼리는 사냥, 도살, 그밖의 천역에 불과하다. 유토피아에 노예제도가 존재하는 것은, 플라톤의 이상국가처럼 특권계급에게 여가를 제공하기 위한 것이 아니라 비도덕적인 행위에 벌을 가하기 위해 존재하는 것이다. 유럽과 영국의 가혹한 형벌이 오히려 범죄를 증가시키고 있음을 경험했던 모어는, 형벌을 노예노동으로 대치함으로써 범죄의 방지와 형벌의 개선을 이룩하고자 했다. 사실 모어는 소수의 사람들에게 행복한 삶을 한정시킨다는 점에서는 아리스토텔레스를 따르지 않았지만, 오직 그 소수만이 국가를 통치해야 한다는 점에서는 아리스토텔레스를 따르고 있다.

선거제도는 간접선거이며 한 가정이 하나의 투표권을 행사한다는 원칙에 토대를 두고 있다. 각 시로부터 대표로 선출된 '나이 많고 경험이 많은' 이들이 국사를 논하기 위해 해마다 수도에서 모임을 갖는다. 대표로 선출되어 사회를 통치하는 공무원과 사제 집단은 학자로만 구성되어 있으며, 그들의 주된 직무는 경제를 관리하는 일이다. 이같이 모어가 소수의 엘리트에 의해 통치되는 귀족정치를 최고의 형태로 인정했던 것은 일찍이 아리스토텔레스에 의해 고무된 결과다.[38]

유토피아에서 노약자와 병인은 집이 아닌 병원 등에서 공공의 보호를 받으며, 병든 사람에게는 안락사도 허용된다. 또한 종교의 자유도 무제한 허용된다. 각 시의 여러 지역에는 다양한 종류의 종교가 공존한다. 누구나 자기가 믿는 종교의 교리를 설교할 수 있지만, 이로 인해 처벌되는 법은 없으며, 다른 종교를 경솔하게 또 고의적으로 비방하거나 매도하지도 않는다. "각 개인에게 자기가 바라는 것을 믿을 자유와 그것을 선택할 자유를 부여했다"(203쪽). 각 종파에 특유한 종류의 어떤 의식이 있을지라도 그것은 제각기 집에서만 행해지며, 공동의식은 어떤 개별적인 의식이나 종파에 빠지거나 치우치지 않도록 마련되어 있다.

유토피아인은 이 세계가 신의 섭리에 의해서 지배되는 것으로 믿고 있다. 그리고 그들이 "죽은 뒤에 악덕은 극형으로 처벌당하고, 미덕은 푸짐하게 보상받는다"(204쪽)고 믿는다는 점에서, 모어는 영혼의 불멸성, 즉 사후에 이르러 덕은 보상받고 악덕은 처벌을 받는다는 플라톤 사상을 이어받고 있다. 『국가』에서 소크라테스는 영혼의 불멸과 사후의 상벌을 믿고 있기 때문이다.[39]

유토피아에서는 사후의 보상과 벌에 대해 반대 의견을 가진 자들을

---

[38] Paulo Oskar Kristeller, "Aristotle and Utopia", *Renaissance Quarterly* 29: 4 (1976), 662쪽 이하.
[39] 플라톤, 『국가』 X, 608d, 613e~614a.

"인간 영혼의 고상한 본성을 야수의 육체처럼 미천한 것으로 격하시키는 자"로 간주하므로, 그들은 "모든 명예를 박탈당하고 모든 공직에서 제외될 뿐 아니라, 국가의 모든 공공업무에서 거부당하며"(204쪽), 야비한 성질을 지닌 자라 하여 모든 사람에게 경멸당한다. 그러나 그들을 법적으로 처벌하는 제도는 없다. 따라서 유토피아인의 신앙의 토대가 되는 것은 무엇보다도 사후의 행복이 "부지런한 노동과 착한 행실"(208쪽)에 의해 획득된다고 믿어 이를 실천함에 있다. 말하자면 유토피아인은 인간이 무엇을 믿는가에 대해서보다 무엇을 행하는가에 더 관심을 가진다. 이러한 점에서 모어는 유토피아인을 진정한 기독교인으로 생각한다.

미덕을 추구하기보다 요란한 의식을 치르는 데 골몰하는 기독교의 유럽 국가들과 달리, 기독교적인 의식의 부족에도 불구하고 소박한 미덕을 추구하는 유토피아인의 생활방식 속에 기독교의 진정한 실체가 자리하고 있음을 인식하고, 모어는 그들이야말로 진정한 기독교인이라 여기고 있는 것이다. 헥스터 교수가 『유토피아』 제2부는 이교도 국가라기보다 오히려 이상적인 기독교적 국가를 묘사하기 위해 의도된 것이라고 가정하는 것도[40] 무리가 아니다. 모어에게 기독교적 사회의 기준은 제도적인 것이 아니라 도덕적인 데 있다. 사회적 정의——공공의 복지——를 토대로 하여 세워졌고, 그 정의에 의해 존재하는 유토피아는 비록 기독교적 제도가 결여되었다 할지라도 분명 기독교적인 국가인 데 반해, 이기주의·권력·부를 토대로 세워져 그에 의해 존재하는 기독교의 유럽 국가들은 결코 진정한 기독교 국가가 될 수 없다는 것이 모어의 입장이라고 헥스터는 주장한다.

헥스터에 따르면, 에라스무스는 물론, 그에게 강한 영향을 받았던 모어도 당시 휴머니즘 운동 전체의 가장 중심적인 문제는 "기독교인이 된다

---

40) Yale Utopia, "Introduction", xlv-cv쪽.

는 것은 과연 무엇을 뜻하는 것인가"[41]였다. 이에 대한 그들의 대답은 그것은 본질적으로 삶의 방식에 속한다는 것이었으며, 이는 곧 그리스도의 가르침 가운데 생각하고 실천하는 것은 그것이 무엇이든 간에 기독교적이라는 뜻이다. 또 그렇게 생각하고 행동하지 못하면 그것은 기독교적일 수 없다는 뜻이다. 헥스터에 따르면 이 같은 모어의 주장은 유토피아인이야말로 진정한 기독교인이라는 주장 그 이상의 아무것도 아니다. 그러므로 모어는 지상에서 진정한 기독교 왕국을 세우기 위해 의도된 정치조직이 곧 유토피아임을 암시하고 있다는 것이다.[42]

종교와 사회에 대한 자세, 동시대의 기독교에 대한 비판, 기독교의 본질적인 실체에 대한 개념 등에 비추어볼 때, 『유토피아』는 전형적인 기독교적 휴머니즘에 입각한 텍스트로서, 이는 중세 후기의 기독교에 대한 휴머니스트의 비판일 뿐만 아니라 동시에 사회·정치제도의 변화의 필요성을 인식하지 못하고 있던 기독교적인 휴머니즘에 대한 사회개혁가의 비판이기도 하다고 본 헥스터의 입장은 관점에 따라 충분한 타당성을 지닌다.

기독교적인 휴머니즘의 중심을 이루는 기조 중의 하나는, 진정한 기독교는 도덕적인 생활방식 속에 그 본질이 있는 것이지, 당시 15세기 후반의 교회중심적인 종교로서 특징 지어졌던 의식주의(儀式主義)에 그 본질이 있는 것은 아니라는 점이다. 모어가 경험했던 동시대 유럽의 기독교는 기독교 종교의 본질적인 것, 즉 도덕적인 삶은 무시한 채 어느 모로 보나 비본질적인, 종교의식 등에 관심을 집중하고 있었다.

그러나 우리가 이렇게 말한다고 해서 이것이 곧 모어가 기독교의 참된 본질은 오직 미덕을 행하는 것에만 있다고 주장할 만큼 배타적인 인물이

---

41) 같은 책, ixviii쪽.
42) 같은 책, cii, civ쪽.

었다는 뜻은 아니다. 모어가 『성서』· 성사 · 예수 그리스도의 찬송 등을 진정한 기독교의 본질적 요소로 간주하지 않았다는 뜻도 아니다. 기독교적인 휴머니스트들은 도덕적인 삶을 '실천하는 것'을 기독교의 궁극적인 본질로 강조했지만, 또한 그들은 그 실천이 기독교에 대한 참다운 지식을 가졌을 때만 가능하다고 믿고 있었다. 이러한 지식의 독특한 원천은 『성서』속에 나타난 예수의 삶과 그의 가르침이었다.

모어가 자기 자신과 모든 인류에게 그리스도를 본받기를 설파했던 것[43]을 보면, '덕은 그리스도다'라는 등식은 그 누구보다도 모어에게서 성립될 수 있었음을 알 수 있다. 평등주의에 입각한 사회 복음을 『신약』의 도덕적인 가르침과 연결시킴으로써 『유토피아』는 근대 기독교적인 사회주의의 원천을 이룬다[44]는 주장까지도 나오고 있다.

에라스무스가 비록 『성서』와 역사적 예수에 대해 아무것도 모른다 할지라도 스스로 미덕을 실행한다면 "자신의 마음속 깊이 그리스도 가운데서 하나님을 섬기는 것"[45]이라고 주장하기는 했지만, 그렇다고 해서 그가 오직 미덕을 실행하는 데만 기독교적 삶의 본질이 있다고 보았던 것은 아니다. 그에게 (그리고 모어에게) '그리스도에 합당한 인간'이란 악과의 끝없는 싸움을 통해 기독교적인 삶의 완성을 이루는 자로서, 이는 기도와 지식을 통해 이뤄지는 것이었다. 그는 기독교인의 형성에서는 기도가 더 강력한 것이지만, 그 성과는 지식에 의해 얻어지는 것이며, 기도나 의식(儀式)은 유대교 사제의 원형인 아론에 의해, 지식은 율법의 수여자인 모세에 의해 상징되는 것이라 보았다.[46]

---

43) Frank E. Manuel와 Fritzie P. Manuel 공저, *Utopian Thought in the Western World* (Oxford: Basil Blackwell, 1979), 141쪽.
44) Brendan Bradshaw, 앞의 글, 18쪽.
45) Yale *Utopia*, "Introduction", lxxvi쪽에서 재인용.
46) Brendan Bradshaw, 앞의 글, 11쪽.

이는 에라스무스가 플라톤적인 전통을 따라 지식을 순전히 지적인 것만이 아니라 도덕적인 것으로도, 즉 지식의 대상을 덕으로 여겼기 때문이다. 에라스무스는 마치 종교와 도덕이 완전히 분리된 것처럼 보이는 이 세계에서 그 둘 사이의 통합을 주장하는 것이다. 그는 기독교적 삶의 중심으로 도덕적인 노력을 회복하는 데 관심을 두었지만, 결코 아론에 의해 표상되는 의식과 기도, 모세에 의해 표상되는 복음, 곧 지식을 무시하지는 않았다.

모어도 그와 크게 다르지 않았다. 어쩌면 그렇기 때문에 모어가 유토피아를 기독교적인 복음에 대한 지식을 갖지 못한 공동체로, 즉 유토피아인을 복음의 전파를 경험하지 못한 이교도인으로 묘사했을 때, 그에게는 유토피아를 진정한 기독교 국가의 모델로 상정할 의도가 전혀 없었으며, 유토피아는 텍스트가 말하는 바로 그것, 즉 이성(理性)의 빛에 의해 지각된 인간적인 가치를 토대로 조직된 비기독교 공동체라는 주장도[47] 나오는지 모른다. 헥스터의 주장을 인정하든 않든 간에, 모어의 작품 전체를 관통하는 핵심적인 아이러니가 바로 이곳에 등장한다. 제2부의 핵심적인 아이러니는 비기독교적인 이교도국이 더 기독교적(인도주의적이라는 의미에서)이며, 오히려 기독교적인 유럽 국가들보다 더 훌륭한 제도를 갖고 있다는 점이다.

유토피아인의 전쟁관은 어떠한가? 유토피아인들은 전쟁을 싫어한다. 그들은 전쟁을 야만적인 행위, 진정 인간 이하의 행위로 간주한다. "그들은 다른 모든 국민들의 풍습과는 달리, 전쟁에서 얻은 명예만큼 명예의 본질에 어긋나는 것도 없다고 생각한다"(183쪽). 그러므로 일단 유사시를 대비하여 "남자만이 아니라 여자까지도 평상시 일정한 날에 전쟁 훈

---

[47] S. J. Surtz, Yale *Utopia*, 463쪽. "유토피아는 철학가의 이성에 의해서 창조될 수 있는 최상의 형식의 국가를 표상한다."

련을 실시하기는 하지만, 자기 나라를 지킨다든가, 우방국가를 침략한 적을 그 나라에서 몰아낸다든가, 혹은 전체적인 명예나 질곡으로 억압당하고 있는 사람들을 그들 힘으로 구원한다든가 하는 그런 일이 아니라면 절대로 전쟁에 참가하지 않는다"(183쪽). 그리고 그들은 전쟁시에 남편을 따라나서는 여자들에게 이를 금지하거나 방해하지 않는다. 오히려 그들을 칭찬함으로써 이를 권장한다. "아내 없이 남편만, 혹은 남편 없이 아내만, 그리고 아버지 없이 자식만 돌아온다는 것은 크나큰 수치이자 불명예"(193~194쪽)인 것이다.

유토피아인은 다른 나라 사람들이 사기나 기만적인 수법으로 그들의 물품을 사취(詐取)해 간다 하더라도 결코 그들에게 육체적 폭력을 가하지 않으며, "그들의 마음이 풀릴 때까지 그 나라와의 교역을 중지하는 것으로써 그 분풀이를 한다"(185쪽). 그들은 "유혈을 통해 승리를 얻는다는 것을 심히 유감스럽게 생각할 뿐만 아니라 수치로 여기기"(185쪽) 때문이다. 무력으로 점령한 도시를 약탈하거나 노략질하는 일이 없을 뿐 아니라, 노획품의 일부나마 차지하려는 사람이 한 사람도 없으며, 전투가 끝난 뒤 그들이 지출한 모든 비용 가운데 단 한 푼이라도 그들의 우방에게 부담시키지 않는다. 그들은 이것을 패전국에게 부담시키며, 이때는 돈으로 그 배상을 요구한다든가, 또 일부는 "수입이 많은 영토를 요구하여 해마다 그 수입을 자기들에게 바치도록"(197쪽) 하는 방식에 따른다.

유토피아인은 이러한 종류의 수입을 여러 나라에서 거둬들일 뿐 아니라 사용하지 않고 내버려두는 땅을 다른 사람들이 사용하고 소유하려 할 때 이를 금한다면, 이에 전쟁을 일으키는 것은 자연법에 의해서 정당화된다고 생각함으로써 그들의 식민지 정책을 합리화하고 있다. 이러한 유토피아의 대외정책은 사실상 제국주의와 구별하기 어려운 것으로서, 이를 강조하는 것이 독일 학자들이 내린 해석의 전통에서 중심적인 주제로 등장하고 있는 것도 사실이다. 유토피아는 "제국주의 특유의 '현실주의 정치'를 옹호하는 영국식의 윤리적인 정당화의 원형"[48]으로 부각되었다. 이와 같이 독일학자들이 영국의 제국주의에서 유토피아적 정책과의 유사성을 발견하고 있다면, 흥미롭게도 영국학자들 쪽에서는 "모어가 계획했던 국가는 세계평화에 대한 하나의 위협이었다. 그것은 히틀러의 독일과 매우 흡사하다"[49]고 말하고 있다.

전쟁에 관한 한, 유토피아는 이와 같은 부정적인 시각에서 벗어날 수 없다. 일반적으로 유토피아인은 극히 비기사도적인 태도를 취하며, 그들의 보편적인 형제애에도 불구하고 우방국을 포함한 다른 모든 나라 사람들의 생명을 그들 자신의 것보다 훨씬 낮게 평가한다. '육체적인 힘'에 의해서보다는 책략과 속임수(이를 그들은 지혜와 이성에 기초를 둔 것이라고 하지만)로 적을 굴복시키는 것을 좋아하며, 이와 같은 것을 "남자다운 행위"(186쪽)인 것처럼 여겨 승리를 기념하는 비석을 세운다. 그들은 복병의 매복, 교묘한 전쟁도구의 고안 등으로 전쟁의 승리를 꾀하는가 하면, 적의 고위층을 충동하여 "왕국을 찬탈할 뜻을 품게 함으로써 적들 사이에 분쟁과 불화를 심을 기회를 노리며"(188쪽), 이것이 여의치 않을 때는 적의 이웃 나라 사람들을 교사해 어떤 구실을 만듦으로써 그들로 하여금 적과 직접 대면케 한다.

그들은 외국인 용병을 사들여 가능한 그들의 전쟁을 대신케 하며, 적국의 일반 시민을 향한 동정심에도 불구하고 항복을 거부하거나 방해한 자는 무조건 사형에 처하며, 그밖의 병사들은 노역형에 처한다. 또한 그들은 자신이 직접 참전한 전투에서 사로잡은 포로들은 모두 노예로 삼는다.

유토피아인의 이러한 모습은 유토피아를 유럽의 귀감으로 평가하는 이

---

48) Russell Ames, 앞의 책, 164쪽; Schlomo Avineri, "War and Slavery in More's *Utopia*", *International Review of Social History* 7 (1962), 211~262쪽을 볼 것.
49) John D. Mackie, *The Earlier Tudor, 1485~1558* (Oxford: Clarendon Press, 1952), 263쪽.

들을 당황스럽게 만든다. 전쟁에 관계되는 이 부분을 모아 시대의 전쟁 분위기에 대한 단순한 풍자로밖에 보지 않는 이가 있는가 하면,[50] 아이러니 또는 동시대의 유럽 국가들의 전쟁에 대한 명백한 패러디로 보는 이도 있다.[51] 유토피아인의 그 비열한 행동이 동시대 유럽 국가들의 그것과 부합되고 있음을 볼 때,[52] 이를 일종의 패러디로 보는 것도 지나친 것은 아니다.

유토피아인은 인간의 모든 행위, 그중에서도 미덕을 행하는 궁극적인 목적은 쾌락에 있다고 믿는다. 따라서 유토피아인은 쾌락에 대단히 높은 가치를 둔다. "그들은 인간 행복의 전부 또는 대부분이 쾌락에 있다고 단정"(145~146쪽)한다. 그러나 그들은 모든 종류의 쾌락을 다 포용하는 것이 아니라, 한정된 만큼의 쾌락, '적당한' 쾌락만을 포용한다. 이때 인간의 이성은 쾌락의 주인공일 뿐만 아니라 쾌락의 안내자 역할 또한 담당한다. 유토피아인은 철저한 쾌락주의자다. 유토피아 윤리이론의 기초를 이루는 이러한 쾌락주의는 에피쿠로스의 그것에 가깝다. 에피쿠로스 역시 인간을 쾌락을 좇는 자기 본위적인 존재로 보기 때문이다.[53]

유토피아인은 공공의 이해(利害)에 앞서지 않는 한, 쾌락은 마땅히 추구되어야 한다고 생각하며, 심지어 자아통제라는 이름으로 쾌락을 멀리하는 자들을 비난하여, 그러한 행위를 "자학적인 마음을 가진 사람, 자연에 대해 불손한 마음을 가진 사람의 증표"(161쪽)로 받아들인다. 유토피아인에게 가장 즐거운 삶은 미덕을 추구하는 삶이다. 인간을 쾌락을 추구

---

50) 가령 Karl Kautsky, 앞의 책, 232쪽.
51) 가령 H.W. Donner, *Introduction to Utopia* (London: Sidgwick and Jackson, 1945), 44쪽.
52) Edward Surtz, S.J, *The Praise of Wisdoms* (Chicago: Loyola UP, 1957), 289~297쪽을 볼 것.
53) Edward Surtz, S.J., 앞의 책, *The Praise of Pleasure: Philosophy, Education, and Communism in More's Utopia*, 28~33쪽을 볼 것.

하는 자기본위적 존재로 인식하는 유토피아인은 신의 존재, 영혼의 불멸성에 대한 인식 없이는 미덕을 추구하는 삶을 어떻게 해도 합리적으로 인정할 수 없다는 점에 의견의 일치를 보인다. 그들의 쾌락주의와 종교와의 결부는 이상하게 보인다. 라파엘의 다음과 같은 말을 주목하자. "미묘한 쾌락설의 근거를, 그들은 진지하고 엄격하며 준엄하고도 가혹한 그들의 종교에서 끌어내고 있습니다. 왜냐하면 그들은 행복이라든가 축복이라든가를 논의할 때는 반드시 종교에서 끌어낸 어떤 원칙을 철학이론에 결부시키며, 참다운 행복을 추구하기 위해서라면 그 같은 원칙 없이는 이론 자체가 박약하며 불완전하다고 생각하기 때문이지요."(146쪽)

비록 유토피아인이 여러 가지 문제를 판단할 때 이성을 그 주요한 표준으로 삼는 것은 사실이지만, 그들은 행복의 본질에 대한 어떠한 논의도 종교적인 원칙과의 결부 없이는 불가능하다고 생각한다. 그들의 근본적인 원칙은, 영혼은 불멸이므로 미덕이나 선행에는 사후의 보답이 뒤따르고 악행에는 벌이 따른다는 믿음이다. 유토피아인은 만일 이 믿음이 없다면 사람들은 "수단 방법을 가리지 않고 어떻게 해서든지 쾌락만을 얻으려고 온갖 힘을 다하게 될 것"이라 생각하며, 또 이 믿음이 없다면 사람들이 "엄격하고 고된 미덕을 추구하느라 인생의 쾌락을 멀리할 뿐 아니라 슬픔까지도 달게 받아들인다는 것은 완전히 미친 짓"(146~147쪽)일 것이라 단정한다.

말하자면 유토피아인은 미덕이란 곧 자연에 순응해서 살아가는 생활이라고 규정하기는 하지만, 미덕의 최종적인 보상, 즉 영혼의 최종적인 행복은 사후에 있다는 데 그 초점을 맞추고 있다. 그러므로 그들은 이러한 원칙을 언급하지 않고 지상(地上)의 행복을 논의하지 않는다.

가장 즐거운 삶이란 곧 미덕을 추구하는 삶이라는 유토피아적인 논의는, 인간은 한편으로는 영적이되 다른 한편으로는 육체적 존재라는 사실에서 그 출발점을 찾는다. 유토피아인은 참다운 쾌락을 여러 종류로 나누고 있는데, 이는 그들이 "어떤 쾌락은 영혼에 달려 있고, 또 어떤 쾌락은 육체에 달려 있다고 생각"(155쪽)하기 때문이다. 이 양쪽의 범주에서 참된 쾌락을 구별해내는 것이 중요한 것이다. 거짓 쾌락은 "헛된 상상을 빌어 억지로 즐거운 것인 양 생각하는 것들"(150쪽)로서 세 가지 기준에 따라 참된 쾌락과 구별된다. 참된 쾌락은 "어떤 부정수단이나 권리침해 행위 없이, 더 큰 쾌락을 방해하거나 고통스러운 노동을 유발하는 일도 없이······ 자연적으로 즐거운 것이라면 무엇이든지"(150쪽) 포괄한다. 아마도 이 세 가지 기준에 의해서 유토피아인은 불필요할 만큼 과도한 재물의 소유나 "이익도 없는 헛된 명예"(152쪽)의 소유에 기반을 둔 오만을 그 거짓 쾌락에 포함시킨다.

그들은 참된 쾌락과 거짓 쾌락을 구분할 뿐 아니라, 참된 쾌락 가운데서도 그 서열을 자리매긴다. 모어는 이처럼 쾌락을 세분할 뿐만 아니라 플라톤과 아리스토텔레스로부터는 쾌락이 그 등급에 따라 분류될 수 있다는 사상까지 빌리고 있는데,[54] 그에 따르면 유토피아인은 정신적인 쾌락을 "그 무엇보다도 중요하고 근본적인 것"(158쪽)으로 여긴다. 다만 플라톤 역시 정신적인 쾌락을 가장 중요하고 근본적인 것으로 보았지만, 그에게는 진리를 순수하게 철학적으로 명상하는 것이 최고의 쾌락이었던 반면, 유토피아인에게는 "주로 미덕을 실천하고 선량한 생활을 하"는 (158쪽) 양심적인 행위에서 우러나오는 기쁨이야말로 진정한 정신적인 쾌락이라는 점에서 다소의 상이점이 나타나고 있기는 하다.

건강을 육체가 주는 쾌락 가운데 제일로 꼽는다는 점에서도, 반드시 유토피아인이 플라톤과 의견을 함께하지는 않는다. 그러나 사실 그들은 어떤 의미에서는 건강을 가장 근본적인 것으로 받아들인다. 정신적인 쾌락이 육체적인 쾌락보다 더 우월한 것이기는 하지만, 건강은 그 자체뿐만

---

[54] George M. Logan, 같은 책, 168~175쪽을 볼 것.

아니라 정신적인 쾌락(또 다른 육체적 쾌락)의 전제조건으로서도 매우 바람직한 것이다. 유토피아인들은 "모두 이것(건강)이 참다운 최고의 쾌락, 말하자면 모든 쾌락의 기초이며 근본"이라 인정하고 "이것만 있으면 생활 상태와 생활 환경을 유쾌하고 즐겁게 만들 수 있으나, 이것이 없어지는 날에는 다른 어떤 쾌락도 들어갈 자리가 없다"(156~157쪽)고 믿는다. 결론적으로 말하자면 최고의 쾌락적인 삶을 성취하는 길은 건강과 같은 육체적인 쾌락을 얻기 위해 전력을 다하고 그 위에 정신적인 쾌락을 얻는 것, 특히 최고의 쾌락을 낳는 길, 즉 미덕을 실천하는 데 집중하는 것이다.

최고의 쾌락적인 삶——유토피아인에 따르면 최상의 삶——은 미덕을 추구하는 삶이다. 바로 이 점에서 유토피아인과 그리스 철학가들, 즉 플라톤과 아리스토텔레스는 상당한 일치를 보였지만 다음과 같은 점에서는 큰 차이가 있다. 그리스 철학가들에게 미덕을 추구하는 삶이란 특별한 계급에만 허용되어 있었기 때문에 거기에는 사회적 불평등이 전제되고 있었다. 『국가』의 이상적인 폴리스에서 즐거운 삶의 가장 기본적인 요소였던 철학적인 명상은 지배계급인 '보호관'들에게 한정되어 있다. 노예계급은 말할 것도 없지만 완전한 시민에 속하는 자들, 가령 기공(技工)까지도 그와 같은 생활에서는 배제되어 있다. 사실 노예계급의 존재는 '보호관'들의 철학적인 명상의 여유를 위해서는 필수불가결한 조건이었던 것이다.[55]

이와는 달리 유토피아인은 개인적인 행복이 소수의 특권과 양립될 수는 없다고 주장한다. 이성은 "우리가 아무 걱정 없이 즐겁고 유쾌하게 살아갈 수 있도록 우리를 고무, 격려해줄" 뿐만 아니라 "다른 사람들도 같은 행복을 누릴 수 있도록 우리 스스로가 도와 주고 격려하게끔 만든다"

---

[55] George M. Logan, "The Argument of Utopia", John C. Olin 엮음, *Interpreting Thomas More's Utopia* (New York: Fordham UP, 1989), 24~25쪽을 볼 것.

(129쪽)고 유토피아인은 말한다. 이미 지적했듯이 유토피아에서 노예제는 시민을 위한 여가를 제공하기 위해서가 아니라 비도덕적인 행위에 벌을 가하기 위해 존재하는 것이다. 유토피아인은 모든 시민이 공정하고 정당하게 쾌락의 향유에 참여하게 하기 위해서라도 사유제보다는 공산제를 선호할 수밖에 없다. 그 구성원들로 하여금 최대한의 쾌락을 얻도록 하는데 국가의 목표가 있다면, 다른 모든 쾌락의 조건이 되는 건강이야말로 가장 중요한 쾌락이므로, 국가의 일차적인 목적은 모든 시민의 건강을 한결같이 유지시키는 데 있지 않으면 안 되는 것이다. 이 목적을 위해서라면 적절한 의식주는 물론 의료혜택도 균등하게 배분되어야 한다고 유토피아인은 믿고 있다. 이러한 이유에서라도 유토피아에서의 공산제는 불가피한 것으로 부각되고 있다.

모어의 이상국가

우리는 지금까지 작중인물 '모어'와 자일스를 향한 라파엘의 보고를 통해 유토피아가 어떤 나라인지를 살펴보았다. 라파엘이 "이 나라야말로 최상의 나라일 뿐 아니라, 오직 이 나라만이 정말로 국가라는 이름을 주장하고 지칭할 권리가 있다"(226쪽)는 말로 이야기를 끝냈을 때, 작중인물 '모어'는 그에 대해 "나는 우리나라의 도시 가운데 그런 것이 있었으면 하고 바라기는 하나, 도저히 기대할 수 없는 여러 가지 것들이 유토피아 국에는 무수히 많다는 사실을 고백하지 않을 수 없으며 또 인정하지 않을 수도 없다"(226쪽)고 말하고 있다.

작품의 마지막을 장식하는 작중인물 '모어'의 이 같은 발언은 유토피아인이 행하는 여러 가지 관습의 타당성에 의심을 품는 동시에 라파엘의 지혜에도 의혹의 여지를 보이고 있다. 작중인물 '모어'는 사실 의심하는 저자 토머스 모어로 보인다. 그러나 작중인물 '모어'의 회의주의는 그가 설복당하지 않고 있음을 고집하려 애쓰고 있음에도 불구하고 라파엘의 논의에 쉽사리 압도되고 마는 인상을 주는 데 반해, 저자 모어는 그의 가장 깊은 신념을 그 자신, 즉 작중인물 '모어'의 입을 통해서가 아니라 그의 또 하나의 분신인 "특별한 인물"56) 라파엘을 통해 토로하고 있는 것이다.

현존하는 모든 정치적인 공동체가 열망하지 않으면 안 될 정의로운 사회의 이상을 제공하기 위해, 모어는 플라톤과 마찬가지로 하나의 패러다임을 제시하려고 한다. 엄격한 의미에서 '이데아'의 세계에서만 존재할 수 있는 이상적인 국가를 세우려다 마음을 바꿔 불완전한 세계인 역사적 현실 세계 속에 그 국가를 세운 플라톤처럼, 모어 또한 전쟁·노예·질병 등이 사라지지 않는 역사적 현실 속에 그의 이상적인 국가를 투영하려고 한다.

역사적 현실 세계는 목가적인 세계와는 달리 그 자체가 불완전한 세계다. 따라서 모어의 유토피아가 그 나름대로의 모순과 한계를 지니고 있는 것도 당연하다. 우리가 일찍이 주목했듯이, 유토피아의 대외정책은 제국주의의 현실주의적 정치행태를 그대로 보여주고 있으며, 또한 이 나라는 히틀러의 나치 독일과 극히 유사한 것으로 나타났다. 일상생활의 엄격한 규제, 결혼과 이혼의 엄격한 통제, 허가 없이 행정구역을 두 번 이상 이탈하게 되면 노예가 되고 마는 형벌의 가혹성, 간통의 경우에는 노예형 또는 사형까지 처하게 되는 그곳의 상황을 들어 어떤 학자는 "과연 어느 때, 어느 국가가 이렇게까지 공포 정치를 행했는지"57) 의문을 제기했을 정도로 전체주의적 독선을 비롯하여 모어의 유토피아는 전체주의 국가들이 일반적으로 그러하듯이 개인에 대해서는 무자비한 국가로 등장한다. 따라서 유토피아는 바람직한 이상적인 국가로서가 아니라 하나의 경고로

---

56) R.S. Sylvester, "Si Hythlodaeo Credimus: Vision and Revision in Thomas More's *Utopia*", *Soundings* 51: 1 (1968), 281쪽.
57) R.W. Chambers, 앞의 책, 137쪽.

서, 즉 결코 존재해서는 안 될 사회상의 하나로 작가에 의해 의도된 것으로, 결국 헉슬리와 오웰이 창조한 반(反)유토피아, 즉 오늘날 전체주의적 국가들에서 나타나고 있는 사회의 모델로 부각되기도 한다.[58]

우리가 모어의 유토피아에서 가족제도가 그 구조상 엄격히 가부장적이라는 것을 지적하기도 했지만, 플라톤 이래 많은 사람들은 이상적인 사회를 그릴 때면 한결같이 여성의 지위를 격하시키기를 잊지 않았다. 모어도 결코 예외는 아니었다. 비록 모어가 여성도 사제가 되는 것을 허용하는 등, 다소 전향적인 자세를 보여주기는 했지만, 여성 문제에 관한 한 그의 선배인 플라톤도 모어를 따라가지는 못한다. 플라톤과 달리 모어는 통치자의 아내로서 능력이 없는 한 여성에게는 통치자가 될 기회조차 주지 않고 있기 때문이다. 『유토피아』에서 여성은 아이들을 키우고 남편을 보살피는 전통적인 역할을 떠나서는 그 어떤 역할도 부여받지 못하고 있는 것처럼 보인다.

다음과 같은 라파엘의 보고를 접할 때 우리는 여성에 대한 모어의 시각이 과연 어떠했는가를 직감할 수 있다. "교회로 나가기 전에 각 가정에서 아내는 남편의 발밑에 엎드리고…… 자신이 실제로 행한 어떤 행위로 인해서든, 아니면 자기 임무의 태만으로 인해서든 여하의 죄를 지은 자임을 자백하고 그 죄를 용서해주기를 빕니다"(215쪽).

여성에 대한 모어의 이러한 입장을 제외하고라도 우리는 그의 이상사회가 안고 있는 많은 모순을 지적해낼 수 있다. 가령, 그 사회를 가리켜 음악은 있지만 그밖의 다른 예술, 즉 문학과 미술 같은 것은 존재하지도 않는 사회이며, 프로이트식의 '현실원칙'만이 강조되고 '쾌락원칙'은 인정되지 않는 사회일 뿐 아니라, 술집을 비롯한 어떤 종류의 오락시설도 존

---

[58] 유토피아가 전체주의 국가를 표상한다는 견해에 대해서는 S. Avineneri, 앞의 글, 260~290쪽을 볼 것. 유토피아의 외국 정책에서 부정적인 측면에 관해서는 George M. Logan, 앞의 책, 27~28쪽을 볼 것.

재하지 않는, 삭막하기 짝이 없는 사회라고 비난할 수 있는 것이다.

그렇지만 여러 가지 부정적인 요소에도 불구하고, 모어의 유토피아는 그 이전, 그 누구의 이상적인 사회보다 진지하면서도 급진적이다. 노예제 자체가 유토피아에서도 완전한 평등은 불가능하다는 것을 보여주고는 있지만, 평등이 아마도 진정한 정의라는 것이 『유토피아』에서 모어가 가졌던 핵심사상이다. 모어는 경제적인 평등과 공산제를 모든 시민에게 확장하고 있다는 점에서 플라톤과 확실히 구별되며, 시민권을 모든 거주자(외국 출신의 노예들은 제외)에게까지 확장하고 있다는 점에서도 플라톤이나 아리스토텔레스와는 다르다.

우리는 모어가 추구하고 있는 이상적인 사회가 무엇보다도 사유재산제와 화폐제도를 탈피하고 있다는 점에서 특유한 사회라고 주목했다. 그 사회는 "착취가 없는", 따라서 "계급이 없는 사회"[59](노예조차 그 노예의 신분에서 해방될 수 있다는 면에서)다. 모어는 공산제 또는 공유제야말로 인간을 궁핍에 대한 불안과 두려움에서 자유롭게 할 뿐 아니라 사회정의에 이르게 하는 유일한 길임을 믿고, 생산수단의 공동소유뿐만 아니라 재화의 공동분배에 기초를 둔 계급 없는 사회를 구축했다는 점에서 최초의 공산주의 이론가로 불리기도 했다. 1887년 카우츠키가 『토머스 모어와 그의 유토피아』를 출간한 이래, 근대 공산주의 최초의 이론가로서 모어의 위치는 어느 정도 확고한 것처럼 보이기도 했다.[60]

우리시대의 유토피아 전통에서 지도적인 철학자였던 블로흐도 모어를 "공산주의의 가장 고결한 선구자 가운데 한 사람"[61]으로 일컬으면서 "그

---

59) A.L. Morton, 앞의 책, 54쪽.
60) 카를 카우츠키의 『토머스 모어와 유토피아』에 관한 논의는 Peter Schwartz, "Imagining Socialism: Karl Kautsky and Thomas More", *International Journal of Comparartive Sociology*, 30: 1~2 (1989), 44~55쪽을 볼 것.
61) Ernst Bloch, *Das Prinzip Hoffnung* (Frankfurt a. M: Suhrkamp Verlag, 1959), 601쪽.

모순에도 불구하고 『유토피아』는 민주주의적 공산주의의 꿈과 욕망을 그린 최초의 근대 작품이었으며 또 지금도 그러한 작품으로 남아 있다"[62]고 지적하기까지 했다.

그러나 마르크스주의자들도 재빨리 간파했듯이, 모어의 공산제는 근대 공산주의가 내세우는 이론·실천과는 근본적으로 다르다. 다른 무엇보다도 모어의 공산제는 피할 수 없는 민중혁명의 역사적인 과정의 결과로서가 아니라 전적으로 위에서부터 부과된 제도로 보여지기 때문이다. 공산제를 비롯해 "유토피아가 경험했던 최초의 변혁은 한 집단의 힘에 의하여 이루어진 것이 아니라, 초인간적인 한 사람, 즉 유토피아 출신이 아닌 외지에서 나타난 유토퍼스 왕에 의해······ 이룩된 것이라는 사실"[63]이 이를 단적으로 말해주고 있다.

비록 "발전된 단계의 공산주의사회"[64]에 가까운 것은 아니라 할지라도, 모어의 『유토피아』는 플라톤의 귀족주의적 공산제, 중세의 원시공산제와, 19세기와 20세기의 과학적 공산주의사회를 연결시켜주는 것으로서, 사유재산제가 초래하는 탐욕·궁핍·착취와 사회적 계급의 불평등에서 해방된 공동체를 그려낸 최초의 위대한 작품이다. 플라톤과 아리스토텔레스는 자신들의 이상국가의 제도들이 본질적으로 변화를 불허할 정도로 완벽한 것이라 보았다. 그러나 그들보다 더 정의로운 사회를 제시했던 모어는 결코 유토피아의 제도들이 항구적으로 완벽한 것이라고는 말하지 않는다.

비록 유토피아인은 그들의 제도에 대해 만족하고 있지만, 언제라도 그 개선을 위한 의견을 받아들일 자세가 되어 있다고 그는 강조하고 있는 것이다. 니체가 주장했듯이 "진정한 세계는 현실세계의 모순 위에서 구축

---

62) 같은 책, 603쪽.
63) 이종숙, 「역사 속의 유토피아」, 『외국문학』 13 (1987, 가을호), 194쪽.
64) A.L. Morton, 앞의 책, 46쪽.

되어왔으며",[65] 그렇기 때문에 불완전한 것은 그 자체로도 분명 의미 있는 것이다. 그것은 이상적인 사회를 모색하는 모든 이에게 언제나 극복되어야 할 하나의 도전으로, 따라서 사회의 변혁에는 언제나 필요한 하나의 역동적인 동인으로 남아 있기 때문이다.

---

65) Friedrich Nietzsche, *Twilight of the Idols*, A.M. Ludovici 옮김 (London, 1927), 34; Terry Eagleton, *The Ideology of the Aesthetic* (Oxford: Basil Blackwell, 1990), 240쪽에서 재인용.

8

낭만주의와 유토피아

'낭만주의'

낭만주의라는 문학 현상은 어떠한 과학적인 분석으로도 그 실체를 파악할 수 없는 것처럼 보인다. 일찍이 A.O. 러브조이는 "'낭만주의적'이라는 말은 너무나 많은 것을 의미하므로 결국 아무것도 의미하지 않는 말이 되었으며, 따라서 더 이상 언어 기호의 기능을 수행하지 못한다"는 주장에 뒤이어 '낭만주의'라는 말 자체는 '낭만주의들'이라는 복수의 말로 대체해야 하며, 또한 '낭만주의'는 "아주 뚜렷한 사상 복합체"[1]로 터득되지 않으면 안 된다고 강조한 바 있다. 이 유명한 관점을 굳이 더 소개할 필요까지는 없다 하더라도, 다양한 낭만주의적 현상이 낭만주의 고유의 공통분모를 찾으려는 일체의 노력을 좌절시키고 있다는 것은 사실이다. 무엇보다도 낭만주의적 현상은 스스로 그 자체의 모순적인 성격을 표출하고 있다는 사실 때문에 이 좌절은 한층 심화되고 있다.

---

1) Arthur O. Lovejoy, "On the Discrimination of Romanticisms", Robert F. Gleckner와 Gerald E. Enscoe 공편, *Romanticism: Point of View* (Englewood Cliffs: Prentice-Hall, 1979), 66쪽, 68쪽. 이 논문은 처음에 *PMLA* 29 (1924), 229~253쪽에 게재되었다.

가령 혁명적이면서도 반(反)혁명적, 세계주의적이면서도 민족주의적, 현실주의적이면서도 환상주의적, 복고주의적이면서도 유토피아적, 민주주의적이면서도 귀족주의적, 공화주의적이면서도 군주주의적, 신비주의적이면서도 감각주의적 등등 상반되는 양면의 공존이라는 특성은 하나의 전체로서의 낭만주의운동뿐만 아니라 동시에 한 문학가의 개인적인 삶과 그 작품 속에, 또 때로는 개별적인 작품 하나하나 속에도 깃들어 있기 때문이다. 그럼에도 불구하고 낭만주의를 정의할 때 가장 흔히, 그것도 일차적으로 사용되는 방식은 다른 운동, 즉 고전주의와의 일반적인 대비를 통해서라는 것 또한 잘 알려진 사실이다. 가치판단을 떠나서 우리는 고전주의와 낭만주의가 각기 독특하게 표상하고 있다고 일컬어지는 그 대조적인 성격을 일단 다음과 같이 도식으로 정리해보는 것이 좋을 듯하다.

일반적으로 낭만주의는 전통에 대한 반동과 연관이 있다. 여기서 반동이란 바로 전(前)시대의 고전주의(이 경우 17세기 중엽에서 18세기 말까지의 신고전주의)에 대한 반동을 의미한다. 그러나 구체적으로 나타난 낭만주의 현상, 특히 각각의 유럽 국가에서 나타난 현상을 분석할 때, 반동이라는 관점이 항상 타당한 것은 아니다. 프랑스 고전주의에 대한 프랑스 낭만주의의 태도에서는 대립의 관계가 성립되지만, 독일 고전주의에 대한 독일 낭만주의의 태도에서는 이 관계가 성립되지 않으며, 영국·이탈리아·에스파냐 등의 낭만주의자들의 태도에서도 전적으로 대립관계가 적용된다고 볼 수는 없다.

낭만주의적 현상은 그 자체가 모순적인 성격을 내포하기 때문에 앞의 도식은 무너지기가 쉽고, 고전주의의 반대라는 측면에서도 곧잘 문제가 제기되므로 낭만주의를 정의하려는 노력은 출구가 없는 미로처럼 보인다. 그럼에도 범유럽적인 낭만주의의 보편성을 주창한 르네 웰렉 같은 이는 앞의 러브조이의 입장에 반대하며 낭만주의는 고전주의 이후에 등장

고전주의	낭만주의
이성	감정(비이성적), '창조적 상상력'
지성주의	감성주의(선정적 열정)
객관성	주관성
소박—실러적 의미에서	감성적—실러적 의미에서
찬—레비-스트로스적 의미에서	더운—레비-스트로스적 의미에서
낮	밤
억제	충동
아폴론적—니체적 의미에서	디오니소스적—니체적 의미에서
남성적	여성적—마리오 프라즈
권력에의 의지	사랑에의 의지
구심성	원심성
기계적	유기적
유한성	무한성
고정적	유동적
전형성-보편성	개별성-독창성
거울—에이브럼스	램프(자율적 자아, 창조적 주관성의 상징으로서)—에이브럼스
모방론	표현론
현실을 객관화-외면화	현실을 주관화-내면화
지성적 세계인식	감성적 세계인식
정적 기계론	동적 유기체론
다소 귀족적	다소 부르주아적
가톨릭(영국 시인들의 경우)	프로테스탄트(영국 시인들의 경우)
이상적 세계—그리스 (주로 독일 시인들의 경우)	이상적 세계—중세 (주로 독일 시인들의 경우)

한, 그리고 고전주의에 대립되는 새로운 문학이라고 규정하면서, 유럽의 낭만주의는 상상력을 시의 창조적 능력으로, 자연을 유기적인 전체로, 상징과 신화를 시적 양식의 주요한 결정 요소로 파악한다는 점에서 공통분모를 가지고 있다고 주장한다.[2] 또 한편 낭만주의를 하나의 '세계인식'으로 고려함으로써 낭만주의적 세계관을 계몽주의에 대한 반발, 즉 계몽주의의 추상적 합리주의에 대한 거부로 정의하는 이들(주로 독일)도 있다.

그러나 그들은 왜 낭만주의가 일정한 역사의 산물이며, 그 사회적인 의의는 또 무엇인가에 대해 거의 만족스러운 설명을 하지 못하고 있는 듯하다. 정치적·경제적 현실 등 구체적인 사회 조건과 관련하지 않고 낭만주의를 논한다면 추상적인 여러 범주만 나열시킴으로써 어떤 범주에 대해 반대되는, 또는 어떤 범주와 구별되는 문화적인 범주로써만 낭만주의를 설명할 뿐 그 본질적인 요소를 포착하기는 어렵다. 낭만주의 현상을 18세기 후반 훨씬 이전에 나타난 것으로 보는 이들도 많지만, 엄격한 의미에서 유럽의 낭만주의는 무엇보다도 프랑스 혁명과 산업혁명을 경험한 문학 세대의 반응으로서 그들의 세계관과 직접적으로 연관된 구체적인 역사적인 현상이다. 이 두 혁명의 긍정적·부정적인 측면을 직접 경험한 낭만주의자들이 추구했던 유토피아, 그리고 그들의 동경은 무엇이었으며, 그 한계와 의의는 또 무엇이었는가를 밝히는 것이 이 글의 초점이 된다.

프랑스 혁명과 그 반응

영국의 시인 셸리가 바이런에게 보낸 편지에서, "우리가 살고 있는 시대의 지배적인 주제"[3]라고 부르짖었을 정도로 프랑스 혁명은 낭만주의 시인들에게 지대한 영향을 미쳤다. 낭만주의자들의 역사적 체험은, 프랑스 혁명에 대한 지나친 신뢰와 그에 뒤따르는 환멸이라는 이중적인 체험으로 나타난다. 프랑스 혁명을 휴머니티의 구원을 위한 동인(動因)으로 보았던 하이네가 "자유는 새로운 종교, 우리 시대의 종교…… 프랑스인

---

2) Rene Wellek, "The Concept of Romanticism in Literary History"(1949), *Concepts of Criticism* (New Haven: Yale UP, 1963), 161쪽. 르네 웰렉의 이와 같은 규정에 강력하게 반대하는 *The Romantic Ideology*의 저자 Jerome McGann의 최근의 논문 "Rethinking Romanticism", *ELH* 59: 3 (1992), 735~740쪽을 볼 것.
3) Frederick L. Jones 엮음, *The Letters of Percy Byssche Shelley* (Oxford: Clarendon Press, 1964), 1: 504쪽.

은 선택된 백성…… 파리는 새로운 예루살렘"[4)]이라고 부르짖었듯이, 프랑스 혁명은 그것이 처음 발발했을 당시 유럽인에게 하나의 역사적 변혁, 즉 유토피아적 미래의 도래를 알리는 중대한 사건이었다.[5)]

각 나라의 시인들은 이 사건을 어둠에 맞서는 빛의 싸움으로 규정했으며, 그들 문학세계의 지배적인 주제 가운데 하나로 등장했던 '태양신화' 또한 그 혁명의 여파에서 태어난 것이었다.[6)] 가령 새로운 시대의 도래를 환영하는 취지를 담고 있던 피히테의 1793년 정치 팸플릿 속표지는 '암흑의 마지막 해에, 태양의 도시'라는 표어를 내걸고 있으며, 이와 비슷하게 블레이크는 그의 서사시 「프랑스 혁명」(1791)에서 구름에 가려진 낡은 태양 위로 새로운 태양이 떠오르는 광경을 묘사하고 있다.

이 시에서 블레이크가 "태양의 빛은 밤을 정복하고/어둠의 세력들은 빛에 무릎을 꿇었노라"라고 노래했듯이, 혁명으로 절대왕정을 타도한 프랑스는 물론 산업혁명이 한창 진행되고 있던 영국을 비롯하여 가장 늦게 산업혁명의 단계에 돌입하여 자본주의의 발전이 늦었던 독일에서도, 혁명 이후 40년이 지난 다음 괴테가 그 시대를 경이로운 여명에 비교했을 만큼 혁명이 미친 영향력은 대단했다.

---

4) W. Rose, *Heinrich Heine: Two Studies of his Thought and Feeling* (Oxford: Oxford UP, 1956), 16쪽에서 재인용.
5) M.H. Abrams, *Natural Supernaturalism: Tradition and Revolution in Romantic Literature* (New York: Norton, 1971), 327~372쪽을 볼 것.
6) '태양신화'에 대해서는 Jean Starobinski, "The Solar Myth of the Revolution", *1789: The Emblems of Reason* (Charlottesville: UP of Virginia, 1982), 43~51쪽, 61쪽 이하를 볼 것. 그리고 Ronald Paulson, *Representations of Revolution, 1789~1820* (New Haven: Yale UP, 1983). 43~47쪽, 102쪽을 볼 것. 그리고 Maurice Agulhoon, *Marianne into Battle: Republican Imagery and Symbolism in France, 1789~1880*, Janet Lloyd 옮김 (Cambridge: Cambridge UP, 1981), 15쪽도 참조할 것.

정치적인 특수성 때문에 독일에서는 근대 시민사회의 성립이 다소 늦었다는 점은 잘 알려진 사실이다. 해양무역이 낙후되고 상공업도 미진하게 발달하여 자본주의체제의 발전은 느렸지만, 정치적인 억압과 귀족계급의 압박 속에서도 18세기 중반에는 시민계급이 성립되어 있었다. 일반 독일 국민들은 특이할 만큼 정치 순응적이고 국가에 복종적이었다. 창의성과 개인주의보다는 안정·충성·복종과 같은 소극적인 덕목이 강조되었으며, 통치자들에게 별다른 반대 없이 순종한다는 것이 그들의 뿌리 깊은 전통이었다. 그러므로 대다수의 독일인들이 1789년의 프랑스 혁명에 무심했던 것도 놀랄 만한 일은 아니다. 흥미를 갖고 이를 지켜보았다 하더라도 그들은 자신의 삶과 혁명의 관련성을 파악하지 못했다.

그러나 지식인 계층에서는 사정이 그와 달랐다. 1760년대의 이른바 '질풍노도운동'은 근본적으로는 이러한 소시민적 태도를 벗어나지 못했지만, 그럼에도 반계몽적, 반시민적인 태도를 확대시켜 보여주었다. 곧바로 이어진 독일의 고전주의 시대에 프랑스 혁명이 발발했으므로 본질적으로 독일 내부의 상황은 결코 프랑스와 같은 혁명적인 상황은 아니었지만, 지식인들의 경우 그 여파는 1793년 피히테가 "나에게 프랑스 혁명은 전인류에게 영향을 주는 것 같다"[7]고 토로했을 뿐 아니라 슐레겔이 그 혁명을 "전 세계적인 지진"[8]이라고 말했을 정도로 만만치 않은 영향력을 행사했다.[9]

낭만주의 시인들을 포함하여 독일 지식인들이 프랑스 혁명에 대해 보였던 반응은 실로 다양했고, 혁명의 진행 과정에 따라 그들이 보였던 태

---

7) Jean Starobinski, 같은 책, 44쪽에서 재인용.
8) Friedrich Schlegel, 'Athenäums-Fragment', *Kritische Ausgabe*, Ernst Behler 엮음 (Munich: Schöningh, 1958~87), 2: 247~248쪽.
9) 프랑스 혁명이 독일에 미친 영향에 관해서는 Michael Hughes, *Early Modern Germany, 1477~1860* (Philadelphia: U of Pennsylvania Press, 1992), 167~188쪽을 볼 것.

도의 변화 또한 다양했다.[10] 괴테는 프랑스 혁명에 대해 회의적인 시각을 가진 채 그 평가를 유보했고, 실러 또한 자유로운 사회가 도래하리라는 것을 의심했지만, 칸트는 마르크스에 의해 '프랑스 혁명의 철학자'로 지칭되었을 정도로 프랑스 혁명을 열렬히 환영했다. 프랑스 혁명이 발발했을 때 비록 그의 나이가 65세로 연로했음에도 불구하고 칸트의 열광은 젊은 사람들 못지않았다. 그는 그 혁명을, 역사에는 진보가 있다는 자신의 오랜 신념의 확증으로 보았다. 루이 16세의 처형에 대해서는 강력한 비난의 목소리를 높였지만, 프랑스 혁명의 근본 원칙에 대한 칸트의 믿음은 결코 흔들리지 않았다.[11] 헤겔과 그 세대에 속한 지식인·시인, 가령 셸링·휠덜린·F. 슐레겔·훔볼트·슐라이어마허·노발리스·티크 등에게 프랑스 혁명은 "이전의 전 세계의 구조"[12]가 급진적으로 변할 수 있다는 역사적인 가능성을 보여주었다.

프랑스 혁명은 피히테에 의해 귀족들을 포함한 상류 계층의 법적 특권 및 귀족 칭호의 폐지와 교회 재산의 국유화 등으로 옹호를 받았고, 낡아빠진 사회·정치제도들을 청산하고 그 대신 사회적 평등과 입헌 의회주의 정체를 창출했다는 이유로 헤겔에게 환영을 받았다.[13]

---

10) 이에 관해서는 Frederick C. Beiser, *Enlightenment, Revolution, and Romanticism: The Genesis of Modern German Political Thought, 1790~1800* (Cambridge/M.A.: Harvard UP, 1992)를 볼 것.

11) Peter Burg, *Kant und die Französische Revolution* (Berlin: Duncker und Humbolt, 1974), 19쪽 이하를 볼 것. Frederick C. Beiser, 위의 책, 36~38쪽을 볼 것. 그리고 Bernard Yack, *The Longing for Total Revolution: Philosophic Sources of Social Discontent from Rousseau to Marx and Nietzsche* (Berkeley: U of California Press, 1992), 114~116쪽을 볼 것.

12) 셸링이 헤겔에게 1795년 2월 4일자로 보낸 편지를 참조. G.W.F. Hegel, *Brief von und an Hegel*, J. Hoffmeister 엮음 (Hamburg: Meiner, 1952~60) 1: 21쪽; Reinhart Koselleck, "Historische kriterien des neuzeitlichen Revolutionsbegriffs", *Vergangene Zukuft zur Semantik geschichtlicher Zeiten* (Frankfurt am Main: Suhrkamp Verlag, 1979)를 참조할 것.

따라서 헤겔 세대에 속하는 시인들은 프랑스 혁명의 이러한 성취를 구체적으로는 계몽주의의 실현으로, 일반적으로는 인간 최고의 능력으로서 이성의 성취로 여겼다. 프랑스 혁명에 대한 이와 같은 평가 때문에, 1792년 프랑스와 독일 군주들 사이에 전쟁이 발발했을 때 그들은 구체제의 전복을 가져올 프랑스의 승리를 열렬히 염원했다. 셸링은 그의 동료 학생들을 위해 프랑스 국가(國歌)를 번역했고, 헤겔은 같은 신학교에 있는 프랑스 학생들과 혁명적인 표어를 교환했으며, 횔덜린은 그의 누이에게 독일 군주들과 싸우는 "인간 권리의 옹호자인 프랑스인을 위해 기도할 것"을 요구했다.[14]

그러나 1790년대 대부분의 낭만주의자들은 스스로 공화주의자를 자처하고 있었음에도 불구하고, 그들 자신은 혁명가가 아니었다. 횔덜린의 경우를 제외한다면 그들은 고국에 혁명이 가능하다고도, 바람직한 것이라고도 결코 느끼지 않았다. 오히려 프랑스 혁명의 영향으로 자국에 혁명이 발생하여 무정부 상태와 유혈 싸움이 초래되지 않을까 두려워했으며, 따라서 혁명보다는 점진적인 변화의 필요성을 역설했다. 독일의 대다수 온건파들과 마찬가지로 낭만주의자들은 독일에서의 급진적인 정치 변화가 초래할 수 있는 주된 위험을 공화제를 맞을 준비가 미처 되어 있지 않던 민중에게서 찾았다.[15]

그렇기 때문에, 애당초 혁명의 시작부터 정치적 혁명에 대한 그들의 공감과 열성적 반응은 윤리적·문화적 삶의 좀더 일반적이고 근본적인 변

---

13) G.W.F. Hegel, *The Philosophy of History*, J. Sibree 옮김 (New York: Dover, 1956), 446~447쪽.
14) John Edward Toews, *Hegelianism: The Path toward Dialectical Humanism, 1805~1841* (Cambridge: Cambridge UP, 1980), 31~32쪽; Piérre Bertaux, *Hölderlin und die Französische Revolution* (Frankfurt am Main: Suhrkamp Verlag, 1969), 49~63쪽을 볼 것.
15) Frederick C. Beiser, 앞의 책, 228~229쪽.

화라는 문제와 깊이 연관되어 있었다. 몇 년이 지난 후 베를린 대학 교수 시절의 헤겔이 프랑스 혁명의 영향을 "영광스러운 정신적 여명" "세속적인 것과 신적인 것 사이의 화해"[16]라고 일컬었던 것도 바로 그 연관성 때문이었다. 그가 프랑스 혁명을 '영광스러운 정신적 여명'으로 일컬었던 것은, 그 혁명을 유럽 역사상 일어났던 어떤 단순한 사건으로서가 아니라 압박과 예속에서 인간을 해방시킬 하나의 묵시적인 '계기'로 바라보았기 때문이다.[17]

독일 지식인들과 시인들에게 자유와 사회적 정의의 황금시대를 표상했던 프랑스 혁명이 전쟁, 국왕의 처형, 공포정치로 치달으면서부터 그들이 애초에 가졌던 '영적인 열광'은 점차 스러져 갔지만, 그들은 혁명이 불러일으켰던 묵시적인 희망을 포기하지 않았다. 프랑스 혁명과 연관하여 그들에게, 특히 헤겔에게 역설적이었던 것은, 그 혁명이 부정적인 결과를 가져왔음에도 불구하고 여전히 어떤 바람직한 목표, 즉 인간으로 하여금 자유를 향해 더 가까이 다가가도록 하는, 역사의 '진보적'인 힘으로 인식되었다는 것이다.[18]

더욱 역설적인 것은 바로 그 혁명의 실패가 그들의 희망을 실현시키기에 필요한 역사적인 목적을 제공했다는 것이다. 그들은 '세속적인 것과 신적인 것의 화해'를 궁극적으로 성취시킬 수 있는, 세계사의 역사적 산파(産婆)가 되는 것이야말로 혁명정신의 이념을 계승하는 것이라 생각했

---

16) G.W.F. Hegel, 앞의 책, *The Philosophy of History*, 447쪽.
17) 헤겔과 프랑스 혁명의 관계에 대해서는 Steven B. Smith, "Hegel and the French Revolution: An Epitaph for Republicanism", Ferenc Fehér 엮음, *The French Revolution and the Birth of Modernity* (Berkeley: U of California Press, 1990), 219~239쪽; Toews, 앞의 책, 30~47쪽. 그리고 요아힘 리터, 『헤겔과 프랑스 혁명』, 김재현 옮김 (서울: 한울, 1983), 55~56쪽을 볼 것.
18) G.W.F. Hegel, *Lectures on the Philosophy of World History: Introduction*, H.B. Nisbet 옮김 (Cambridge: Cambridge UP, 1975), 54쪽을 볼 것.

다. 1794년과 1795년 사이의 그들의 편지에서, 헤겔 · 횔덜린 · 셸링은 '이성과 자유'라는 칸트적 이념을 역사적으로 현실화하고 지상에서 '신의 왕국'을 창조하는 일에 참여하는 '보이지 않는 교회'의 일원으로 그들 자신을 묘사했다.[19]

종교적인 형식에서뿐만 아니라 세속적인 형식에서도 그들의 이 같은 묵시적인 희망은 독일 지적 전통의 특징적인 요소였으며, 그들은 이러한 희망이 교육 과정을 통해 실현될 수 있는 것이라 믿었기 때문에 사회의 영적 · 윤리적 '교사'로서의 자신들의 역할을 확인했다. 헤겔과 그 세대의 지식인, 시인들은 결국 프랑스 혁명이 가져다 준 특별한 정치적인 충격을 그들이 보다 근본적인 '정신혁명'이라고 여겼던 것의 범주에 포함시켰지만, 정치적 해방이 문화혁명의 필수적인 부분이라는 믿음까지 포기하지는 않았다.[20]

여하튼 슐레겔이 프랑스 혁명을 "초월적 이상주의 체계의 탁월한 알레고리"[21]라고 일컬었던 것도, 횔덜린의 「휘페리온」, 실러의 「빌헬름 텔」과 같은 극소수의 작품을 제외하고는 독일 고전주의 및 낭만주의 문학가들이 '혁명문학'[22]의 걸작을 전혀 내놓지 못했던 것도 어쩌면 이 때문이었는지 모른다. 즉 독일 지식인들에게 "사회혁명은 곧 정신혁명으로 전위"[23]되었고, 슐레겔이 '미적 혁명'[24]을, 실러는 '미적 국가'[25]를 제창

---

19) 1795년 1월에 헤겔이 셸링에게 보낸 편지와 1794년 7월 10일자로 횔덜린이 헤겔에게 보낸 편지를 볼 것. Hegel, *Brief*, 1: 18쪽, 19쪽.
20) Toews, 앞의 책, 32~33쪽.
21) Friedrich Schlegel, 앞의 책, 2: 366쪽.
22) Gerhard Schulz, *Die dautsche Literatur zwischen Franz sischer Revolution und Restauration* (Munich: Beck, 1983), 90~106쪽을 볼 것.
23) 임정택, 「프랑스 혁명과 독일 문학」, 안삼환 · 임정택 공편, 『프랑스 혁명과 독일 문학』 (서울: 열음사, 1990), 31쪽.
24) Friedrich Schlegel, 앞의 책, 1: 269쪽.
25) Friedrich Schiller, *Werke: Nationalausgabe* (Weimar: Böhlau, 1943), 20쪽, 41쪽.

했듯이, 혁명은 진정 상상력의 영역에서만 가능할 수 있었던 까닭에 마르크스는 그들을 단적으로 "'역사적' 동시대인들"이 아닌 "'철학적' 동시대인들"[26)]이라고 지칭했다.

이러한 시각에서 볼 때 20세기 대부분의 마르크스주의자들, 또는 마르크스의 영향을 받은 대부분의 비평가들이 낭만주의, 특히 그 가운데에서도 독일적인 요소를 띤 낭만주의를 가리켜 반동적·반혁명적 경향이라 몰아세웠던 것에도 일리는 있다. 그들에게 독일 낭만주의가 한층 더 반동적인 것으로 보였던 것은, 그것이 어떤 점에서는 프티 부르주아지라는 계층의 이해(利害)를 표명했다 할지라도[27)] 실상은 귀족계급의 이데올로기를 내재시킨 채 사실상 낡은 지배계급·귀족·길드 교회의 이익에만 복무했기 때문이다.[28)] 이렇게 볼 때 독일 낭만주의의 일반적인 성격은 '프랑스 혁명과 나폴레옹 정복의 원칙'에 대한 독일 지식인계급의 반동, 즉 기독교적 중세 문명의 회복을 동경하는 반동이라 규정될 수도 있다.

그러나 횔덜린·뷔히너·하이네 등을 비롯한 다른 젊은 급진주의자들이 일부 영국 시인과 마찬가지로 프랑스 혁명을 황금시대를 여는 여명으로 끝까지 옹호했던 것을 본다면 독일 낭만주의는 그렇게 반동적인 것만은 아니었다. 당시 독일 지식인들의 반응을 획일적으로 규정하려는 것은 문제를 지나치게 단순화시키는 것이다. 사실 프랑스 대혁명에서 시작, 나폴레옹의 등극을 거쳐 빈 회의에 이르기까지 일련의 정치적인 사건들에

---

26) Karl Marx, 'Contribution to the Critique of Hegl's Philosophy of Law: Introduction', Karl Marx·Friedrich Engels, *Collected Works* (New York: International Pubishers, 1976), 3: 180쪽.
27) Gerda Heinrich, *Geschichtsphilosophische Positionen der deutschen Frühromantik* (Berlin: Akademie Verlag, 1976), 60쪽.
28) Jacques Droz, *Le Romanticisme allemand et l'Etat, Resistance et Collaboration en Allemagne napoléonienne* (Paris: Payot, 1966), 28~29쪽. Robert Sayre, Michael Löwy 공저, "Figures of Romantic Anti-Capitalism", *New German Critique* 32 (1984, 봄/여름호), 88~89쪽.

대해 독일 낭만주의 시인들이 보여주었던 다양한 반응이야말로 그 시기 낭만주의의 주된 경향이었으므로, 사회적·정치적인 관점에서 독일 문학사를 다시 쓰는 유행이 생겨난 것은 실로 자연스러운 현실이라 할 것이다.

당시 독일의 극소수 무명의 자코뱅주의자들을 제외한다면[29] 독일 지식인들의 대부분은 프랑스 혁명을 정치참여의 문제가 아니라 영적 재생을 위한 자극으로 받아들였지만, 가령 일부 프랑스 학자들이 피히테나 횔덜린을 자코뱅주의자로, 장 파울을 거의 마르크스주의적인 혁명가로 평가 내리는 것을 보아도[30] 마르크스주의적 시각과는 달리 독일 낭만주의는 그렇게 반동적인 것만은 아니었다는 것을 알 수 있다. 하이네의 경우 그는 후기 독일 낭만주의의 궁극적인 대변인이라는 평가와 동시에 급진주의적인 혁명작가, 프랑스 혁명 이상의 거침없는 제창자라는 대조적인 평가를 늘 함께 받아왔다.[31] 그러나 우리는 하이네의 「이데아」에서, 치욕적인 정치적 억압 아래서 인내의 미덕을 강조하는 반동적인 '낭만주의적' 세계관에 지배당하던 독일인을 혁명화시키려는 시도를 읽을 수 있으며, 「낭만주의학파」에서는 이념을 억압하려는 '정부의 목표와 손을 맞잡고' '그 시대의 흐름을 타는' '반동적' 낭만주의 문학가들을 비난하고 정죄하는 모습을 더한층 인상 깊게 읽을 수 있는 것이다.

정작 혁명이 발생한 프랑스 내에서 낭만주의 문학가들의 혁명에 대한

---

29) Gerhard Schulz, 앞의 책, 95~104쪽을 볼 것.
30) Piérre Bertaux, 앞의 책을 볼 것.
31) 하이네에 관한 전후의 대조적인 평가에 대해서는 Jost Hermand, *Streitsobjekt Heine ein Forschungsbericht 1945~1975* (Frankfurt: Athemäum Fischer Tagchenbuch, 1975)를 볼 것. 그리고 동시대인 가운데 마르크스가 그 누구보다도 하이네에게서 가장 명백하고 가장 깊은 영향을 받았던 사실에 대해서는 Renate Schlesier, "Homeric Laughter by the Waters of Babylon", *New German Critique* 58 (1993, 겨울호), 25~44쪽을 볼 것.

반응은 영국이나 독일의 경우와 비교할 때 오히려 너무나 소극적이었다. 이는 낭만주의의 제1세대에 속하는 당시 대표적인 문학가, 즉 샤토브리앙·콩스탕·라마르틴 등이 모두 귀족가문 출신으로 귀족주의적 이해 관계에서 결코 벗어날 수 없는 인물이었기 때문일 수도 있는데, 이는 낭만주의 제2세대에 속하는 위고·비니 등에서도 크게 다르지 않다.

18세기 프랑스 귀족들은 그들 간의 정치연대를 하나의 신분으로 확립하지 못했으므로, 상대적으로 우월성을 박탈당한 지방귀족이나 절대왕권의 특권에서 배제되었던 군소귀족들은 혁명이 시작되었을 때 그 이념과는 관계없이 혁명에 동조했다. 샤토브리앙·콩스탕·라마르틴 등은 모두 특권이 배제된 귀족가문의 출신이었다. 샤토브리앙이 끝까지 왕조주의자로 남았던 반면 콩스탕은 자유주의적 좌파로, 라마르틴은 노동자시인을 높이 평가하는 가운데 사회개혁을 지향하는 다소 진보적인 시인으로 자리 잡았지만, 그들의 혁명에 대한 지지는 그 혁명이 국왕과 절대왕정의 전제정치에 반기를 든 귀족들의 혁명으로 존재하는 동안만 지속되었을 뿐, 혁명이 그들을 포함한 전체 귀족의 이익에 반하는 방향으로 돌아서자 그들 또한 곧바로 혁명세력에서 등을 돌렸다.

라마르틴은 예외로 한다손 치더라도, 샤토브리앙·콩스탕은 부르주아지의 정치적인 요구가 자신이 속한 계급의 요구와 일치하는 동안만 혁명세력과 손을 잡았으며, 노동자계급의 사회적 평등화에 대해서는 일절 무관심했다. 그들의 귀족주의적인 태도는, 그들이 입헌군주제가 최상의 정체이며 귀족계급은 계속 유지되어야 한다는 신념을 일생에 걸쳐 견지했다는 점에서 확연히 드러나는 것이기도 하다.[32]

여하튼 1830년대의 프랑스 낭만주의운동은, 처음에는 어느 정도 혁명

---

32) Ellie Nower Schamber, *The Artist as Politician: The Relationship between the Art and the Politics of the French Romantics* (Lanham: UP of America, 1984), 21~110쪽을 볼 것.

적인 태도를 취하다가 나중에는 반동으로 향했던 독일 낭만주의와는 달리, 일반 여론이 자유주의로 돌아섰던 당시의 추세에 따라 초기의 왕조주의적·보수주의적인 입장을 버리는 대신 정치적으로는 자유주의를, 문학적으로는 부르주아지를 그 주제로 다루는 방향으로 나아갔다. 그 전형적인 예가 낭만주의 제2세대에 속하는 빅토르 위고다. 프랑스 혁명의 발발과 그 진행과정에서 그가 보여준 변모는 프랑스 낭만주의 문학가들 대부분의 변모과정을 축약해주기 때문이다.

"처음에 그는 부르봉 왕가의 충실한 지지자였고, 다음에는 7월혁명에 참가하며 7월왕조에 헌신적으로 봉사했으며, 마지막에는 루이 나폴레옹의 노력을 지지하다, 대다수의 프랑스 부르주아지가 이미 자유주의적·반왕조주의적이 되고 난 다음에야 과격한 공화주의자가 되었다. 그의 나폴레옹에 대한 관계 역시 이러한 일반적인 분위기의 변화와 보조를 같이 하고 있는 데 불과하다. 1825년의 그는 아직도 나폴레옹의 철저한 반대자로서 그를 기억하는 것도 저주했지만 1827년에는 태도를 바꾸어서 나폴레옹의 이름과 결부된 프랑스의 영광을 말하기 시작했다. 드디어 보나파르트주의의 가장 대표적인 대변자가 되었다."[33]

영국의 낭만주의 시인들은 프랑스 혁명을 그 어느 나라보다도 충격적으로 받아들였다. 1790년 이후의 40년을 가늠하며 역사가들이 명명한 이름이 바로 '낭만주의시대'이듯이,[34] 그 격동기를 경험한 많은 문학가들의 작품 속에는 그 '시대정신'을 말해주는 뚜렷한 특성이 자리 잡고 있다. 1790년대의 '시대정신'이란 곧 프랑스 혁명이 약속했던 새로운 세계에

---

33) A. 하우저, 『문학과 예술의 사회사』(근세편 하), 염무웅·반성완 공역 (서울: 창작과비평사, 1984), 229쪽.
34) 영국 낭만주의 시인들은 그들이 죽은 후 19세기 말에 문학사가들이 '영국 낭만주의자들'이라는 말을 만들어냈기 때문에 그들 스스로 이러한 칭호를 알지 못했다. Manilyn Butler, *Romantics, Rebels, and Reactionaries* (Oxford: Oxford UP, 1981), 178~187쪽을 볼 것.

대한 묵시적인 희망이었다.[35] 당시의 문학 비평가 윌리엄 해즐릿이 '호반파'(湖畔派)는 "그 기원이 프랑스 혁명에서부터 비롯되었다"[36]고 주장했듯이, 프랑스 혁명은 낭만주의 시인들이 살았던 시대의 '지배적인 주제'[37]였다. 그 시대의 시인들에 의해 한결같이 밀턴 이후 최고의 시인이자 그 시대를 대표하는 시인으로 높이 평가받았던 워즈워스는, 1790년과 1791~92년에 걸쳐 두 차례 프랑스를 여행하면서 혁명을 직접 체험했던 인물이었다. 해즐릿은 워즈워스의 「서정담시」(抒情譚詩)를 가리켜 "우리 시대의 혁명운동"을 반영하고 있으며, 그의 시적 실험을 위한 모델은 "당시의 정치적 변화"[38]라고 주장한 바 있다. 그런데 사실 워즈워스 본인도 혁명 초기의 축제적인 분위기에 젖어 있던 프랑스를 처음 찾았을 당시 영국뿐만 아니라 독일의 그 많은 동시대 급진주의적 비국교도들과 마찬가지로 프랑스 혁명을 '새 하늘과 새 땅' '새로운 희망의 세계'를 예고하는 일종의 묵시적인 사건으로 보았다.

워즈워스뿐만 아니라 블레이크의 생애에서도 가장 중요한 역사적인 사건은 프랑스 혁명이었다. 영국 시인들 가운데 "가장 위대한 급진주의적 시인"[39]이었던 블레이크는, 그 혁명을 낡고 타락한 역사가 사라지는 가운데 "압제적 전제 지배와 그것을 지탱해온 제도로서의 종교와 신이 소멸되고, 그 대신 새로운 역사와 그것을 담당할 주체가 부상하는 역사적 계기"[40]로 보았다. 자코뱅 당원의 붉은 모자를 쓰고 런던 거리를 활보하

---

35) 이에 관해서는 약 46년 전에 유명한 글을 남긴 M.H. Abrams, "English Romanticism: The Spirit of the Age", Northrop Frye 엮음, *Romanticism Reconsidered: Selected Papers from the English Institute* (New York: Columbia UP, 1963), 26~72쪽을 볼 것.
36) P.P. Howe 엮음, *The Complete Works of William Hazlitt* (New York: Ams Press, 1967), 5: 161쪽.
37) 주4)를 참조할 것.
38) P.P. Hewe 엮음, 같은 책, 11: 87쪽.
39) Edward Lardssy, *William Blake* (Oxford: Basil Blackwell, 1985), 3쪽을 볼 것.

곤 하던 블레이크[41]는 로베스피에르와 나폴레옹의 몰락 이후에도 "묵시의 잠재적인 임박에 대한 믿음을 결코 포기하지 않았으므로, 워즈워스나 콜리지와는 달리 자신의 사상에서 그 본질이라 할 혁명적인 패턴을 결코 변경하지 않았다."[42]

반면 정치에서의 급진주의뿐만 아니라 종교의 급진주의에도 매혹되었던 콜리지는, 워즈워스와 마찬가지로 말년에는 공포정치와 나폴레옹 전쟁에 대한 환멸을 안은 채 우파로 돌아섰지만 애초에는 프랑스 혁명의 원칙에 열렬한 지지를 보냈다. 그는 「종교적 명상」(1794)이라는 시에서, 마치 「요한 계시록」에서의 예언을 반향이라도 하듯, 악에서 벗어나 '낙원'에 필적할 만큼 '축복받은 미래'를 향해 나아가는 인간 역사 전체에 대한 비전을 제시하면서 이 같은 미래로 도달할 순서를 '현재의 사회적 상태—프랑스 혁명—천년왕국—보편적 구원—결론'으로 요약하고 있다. 콜리지에게 프랑스 혁명은 「요한 계시록」이 담고 있는 묵시의 격렬한 예언을 성취하는 것으로 부각되었던 것이다.[43]

낭만주의 제2세대에 속하는 바이런·셸리·키츠 등도, 정도의 차이는 있지만 혁명에 열띤 지지를 보냈던 것은 앞선 시인들과 마찬가지였다. 특히 셸리는 1816년 9월 29일자 편지를 통해 "인류의 관심을 끌고, 인류를 가르치기에 가장 적합한…… 주제"[44]로 프랑스 혁명을 바이런에게 권유했다. 혁명이 그의 기대에 어긋나는 방향으로 진행되었을 때에도 셸리는

---

40) 정혜경, 「Blake의 Revolutionary Discourse」, 연세대학교 대학원 박사학위논문 (1991), 27쪽.
41) George Woodcock, "The Meaning of Revolution in Britain, 1770~1800", Ceri Crossley와 Ian Small 공편, *The French Revolution and British Culture* (Oxford: Oxford UP, 1989), 8쪽.
42) Northrop Frye, *Fearful Symmetry: A Study of William Blake* (Princeton: Princeton UP, 1947), 217쪽.
43) M.H. Abrams, *Natural Supernaturalism*, 338쪽을 볼 것.
44) Frederick L. Jones 엮음, 앞의 책, 1: 508쪽.

복수에 가득 찬 폭력과 억압을 정죄했을 뿐 혁명의 원칙과 이념은 결코 저버리지 않았다. 워즈워스·콜리지·블레이크·횔덜린과 마찬가지로, 셸리는 프랑스 혁명을 "회복된 낙원과 다시 찾은 황금시대의 모습을 하나로 통일시키는 새로운 세계에 거주할, 새로이 태어날 인간의 출현을 예고하는 사건"[45]으로 보았던 것이다.

당시 프랑스 혁명의 영향을 받아, 영국적인 자유주의 전통에 적합한 사회 변혁을 모색했던 대표적인 급진주의자들은 대략 다음과 같은 4개의 유파로 나눌 수 있다. 첫 번째 유파는 급진주의적인 민권당원들을 비롯하여 당시 휘그파의 한 사람이었던 찰스 제임스 폭스의 추종자들이다. 두 번째 유파는 비국교도적 지식인들과 그 추종자들이며, 이 집단의 대표적인 지도자들로는 뒤에 가서 살펴볼 조셉 프리스틀리와 리처드 프라이스를 들 수 있다. 세 번째 유파는 프랑스 혁명에 고무되었으나 이따금은 환멸을 토로했던 지식인들로, 낭만주의운동에 지적 자극을 제공했던 급진주의적인 저자들이다. 비평가 해즐릿, 당시 프랑스 혁명을 격렬하게 비난했던 보수파의 대표적인 논객인 에드먼드 버크에 맞서 열띤 논쟁을 벌였던 톰 페인, 셸리를 비롯한 다수의 낭만시인들에게 영향을 미친 윌리엄 고드윈, 콜리지 등이 이 집단에 포함되었으며, 비록 비국교도적 전통 밖에 머물러 있었지만 그들과 마찬가지로 프랑스 혁명의 이념에 동조했던 워즈워스, 뒤이어 낭만주의 제2세대를 형성했던 셸리와 바이런 등도 여기에 속했다. 이처럼 낭만주의 시인들은 그 누구보다도 적극적으로 급진주의적인 '진보'의 신화에 동참했던 지식인들이었다.

마지막 네 번째 유파는 급진주의적인 노동자들, 특히 숙련공들이었다. 이들은 당시 경제학자 제롬 아돌프 블랑키——프랑스 신자코뱅파의 한 사람이었던 루이 오귀스트 블랑키의 형제——가 처음으로 명명했던 이른바

---

45) M.H. Abrams, *Natural Supernaturalism*, 332쪽.

'산업혁명'의 부작용을 경험하기 시작하고 있었다. 정치적으로 각성한 노동자계급에 의해 뒷날 영국에서 노동운동의 모델 역할을 할 수 있는 조직체들을 그들 스스로 통제하면서 발전시킬 수 있었던 것도 프랑스 혁명의 영향이 살아 있던 1790년대 동안이었다.

이들을 비롯한 대다수의 영국인들에게 1789년 프랑스 혁명 이후에 일어난 가장 중요한 변화의 하나는 혁명에 대한 인식의 변화였다. 종래의 영국인들에게 혁명은 이상적인 과거, 가령 알프레드 왕 시절의 원시적인 민주정체 등으로의 복귀를 의미했지만, 프랑스 혁명 이후 혁명은 잃어버린 과거의 회복이 아니라 과거의 그 어떤 것과도 절연된 미래를 향해 나아가는 새로운 현재의 창조를 뜻하게 되었다.

영국의 경우 '진보'의 신화는 일찍이 17세기 내전 당시 급진주의적인 천년왕국론자들의 주장 속에 표명된 적이 있었지만, 혁명이란 그런 급진적인 변혁이 아니라 과거의 회복이라는 '복귀' 신화의 후광에 가려진 채 오랜 침묵 속에 묻혀 있었다. 그러나 프랑스 혁명의 직접적인 영향은 마침내 그 오랜 침묵을 깨뜨렸고, 그리하여 천년왕국적인 '진보'의 신화가 급작스러운 강한 힘으로 고개를 쳐들게 되었다.[46] 명예혁명 이후 영국은 의회 중심의 개혁을 지속적으로 추진해왔지만, 그럼에도 18세기 말의 영국 의회는 여전히 귀족 중심의 체제를 유지하고 있었다. 그러던 차에 프랑스 혁명의 여파에 의해 천년왕국 신앙은 권력의 중심부에서 배제당한 런던의 자코뱅파들과 비국교들뿐만 아니라 영국 곳곳의 노동자와 농민 사이에서도 광범위하게 확산되기 시작했다.[47]

1790년대 영국의 경우 하원은 극소수의 평민에 의해 선출되었을 정도로 선거권이 한정되어 있었기 때문에, 국가 회의를 통한 공식적인 발언권

---

46) E.P. Thompson, *The Making of the English Working Class* (New York: Pantheon Books, 1964), 50쪽과 제2장을 참조할 것.
47) 같은 책, 50쪽.

을 갖지 못했던 일반인들은 폭동과 같은 대규모의 직접적인 행동으로 자신들의 의지를 관철시켰다. 특히 흉작으로 인한 기근현상이 나타낼 때면 식량 폭동이 매우 빈번했고, 공유지의 사유지화에 반대하는 폭동도 간혹 있었지만, 특히 1770년대에는 임금 인하에 항의하여 3천 명의 선원들이 리버풀 거리를 점령하고 두 개의 대포를 탈취하여 증권거래소를 공격하는 대규모의 폭동이 있었다.

산업 지대에서는 1720년대부터 줄곧 새로운 공업기술의 도입에 반대하는 폭동이 있었고 그때마다 광산 노동자들과 직공들의 기계 파괴를 비롯한 격렬한 소요가 뒤따랐다. 이러한 상황을 목격한 작가 호러스 월폴은 "낮은 계층의 사람들 속에 자리 잡고 있는 반항과 불만의 일반적인 풍조"가 반란과 내란의 위기를 가져올 수 있다고 우려했다.[48] 소요가 일어났던 대부분의 산업지대들은 보통 단일 산업에 주력하는 상대적으로 작은 규모의 공동체사회였으나, 19세기 말까지 유럽에서 가장 큰 도시로서 75만 명에 이르는 인구를 자랑하던 런던의 경우에는 사정이 그와 달랐다.

우세한 단일산업이 없는 대신 불만에 가득 찬 견습공들과 빈민들의 무리를 포함해서 각계각층의 다양한 급진파 세력으로 북적대던 런던은, 어느 순간 그들의 감정을 행동으로 폭발시킬 수도 있는 무서운 사회적인 화산으로 변모해가고 있었다.

가령 당시 갓 수상의 자리에 올랐던 윌리엄 피트(1759~1806)의 마차가 찰스 제임스 폭스의 과격한 추종자들에게 폭파당해 수상이 겨우 목숨만 건졌던 것이 하나의 예이며, 1795년 국왕 조지 3세의 마차가 성난 군중의 돌 세례를 받았을 적에 왕이 처했던 위기의 순간도 그 하나다.[49] 그러나 이러한 예들이 프랑스 혁명 기간 중 영국의 곳곳에 반란의 요소들이

---

48) George Woodcock, 앞의 글, 11쪽에서 재인용.
49) 같은 글, 10~13쪽.

숨어 있었음을 입증하는 것은 분명 사실이지만,[50] 대부분의 영국 국민은 기존 질서에 충실했다.[51]

프랑스 혁명과 때를 같이하여 영국에서 가장 급진주의적이고 묵시적인 자세를 취했던 이들은 조셉 프리스틀리와 리처드 프라이스에 의해 주도되었던 비국교도들, 말하자면 유니테리언파의 지식인들이었다. 대부분의 영국 급진주의자들은 비국교도들이었으며, 프랑스 혁명은 이들에게 영국 내란 당시 그들의 좌파 청교도 선조들이 신봉했고 올리버 크롬웰과 밀턴 같은 온건파들까지도 포용했던 천년왕국 신앙을 다시 불러일으켰다.

그들은 역사의 사건을 「요한 계시록」에 비추어 해석했으며, 프랑스 혁명 직전 영국에서 발간된 「익명의 팸플릿」은 교황을 그리스도의 적(敵), 구(舊)정체의 프랑스를 그리스도의 세속적인 적으로 묘사한 뒤, 이 그리스도의 적들은 혁명으로 멸망하고 프랑스는 원시 기독교로 개종할 것이라고 선언했다. 이러한 분위기 속에서 프랑스 혁명의 발발은 많은 사람에게 민중의 열망을 반영하여 혼란스러운 현실을 딛고 구축될 천년왕국이 도래한 것이나 다름없는 것으로 여겨졌다. 프라이스와 프리스틀리는 그 누구보다도 프랑스 혁명을 열렬히 환영하며 감격적으로 그들의 묵시적인 희망을 토로했다.

프라이스 박사는 프랑스 혁명이 압제적인 군주 지배를 종결시킴으로써 마침내 민중이 주인이 되는 세상을 실현시킬 것이라고 설교했고, 프리스틀리는 그밖의 다른 설교자들과 함께 프랑스 혁명을 "천년왕국의 사자(使

---

50) Roser Wells, "English Society and Revolutionary Politics in the 1790s: the Case for Insurrection", Mark Philip 엮음, *The French Revolution and British Popular politics* (Cambridge: Cambridge UP, 1992), 188~226쪽을 볼 것.
51) Ian R. Christie, "Conservatism and Stability in British Society", Mark Philip 엮음, 같은 책, 169~187쪽을 볼 것. 이러한 증거로 이 논문은 1797년과 1804년 사이에 영국 전체 성인의 6명 가운데 하나, 또는 5명 가운데 하나가 자원군, 다른 국방군이나 정규군으로 입대했으며, 그 당시 40만 명 이상이 그들의 손에 무기를 가졌

者)"⁵²⁾로 간주, "프랑스 혁명은 새 하늘과 새 땅이 펼쳐지는 묵시의 전(前) 단계인 천년왕국에 앞서 나타나는 고통의 시기"로 해석되어야 한다고 설교했다. 이 두 목사에게 공화정체와 천년왕국은 결코 별개의 것이 아니었으므로 공화정체의 도래는 천년왕국의 시작과 일치했다. 오랜 『성서』 연구를 통해 프리스틀리는 묵시의 위대한 예언들이 먼 미래가 아닌 자신의 시대 또는 적어도 그 직후에 성취될 것이라는 결론을 내리면서, 대부분의 전통적인 천년왕국파들과 마찬가지로 그리스도의 재림 전에는 그 예고로서 일련의 사건들이 일어나지 않으면 안 된다고 믿었다. 그는 프랑스 혁명이 초래한 카오스와 이에 잇따르는 전쟁 등의 사태를 천년왕국이 도래하기 직전의 산고(産苦)로, 나폴레옹을 그리스도의 복귀를 알리기 위해 임명된 사자(使者)로 받아들였다.

프리스틀리의 문하생이었던 해즐릿, 비록 독창적이지는 않았지만 오랜 전통을 가진 비국교도의 묵시적인 비전을 진정한 목소리로 공명(共鳴)시켰던 블레이크,⁵³⁾ 한때 자신을 프라이스·프리스틀리 등의 계승자로 생각했던 콜리지⁵⁴⁾ 등 낭만주의의 대표적인 비평가와 시인들이 누구나 예

지만 그들 가운데 국가를 향해 그들의 무기를 돌린 무리는 없었다고 주장한다. 같은 글, 170쪽.
52) Clark Garrett, *Respectable Folly: Millenarians and the French Revolution in France and England* (Baltimore: Johns Hopkins UP, 1975), 137쪽. 프리스틀리에 관해서는 같은 책, 126~143쪽. 그리고 천년왕국설과 관련된 당시의 영국 상황에 대해서는 같은 책, 7~9장을 볼 것.
53) E.P. Thompson, 앞의 책, 52쪽. 블레이크와 급진적인 프로테스탄트 학자들 간의 관계에 대해서는 Barton R. Friedman, 제2장 "Through Forests of Eternal Death: Blake and Universal History", *Fabricating History: English Writers on the French Revolution* (Princeton: Princeton UP, 1988), 38~66쪽을 볼 것. 블레이크와 프리스틀리, 프라이스와 페인의 관계에 대해서는 Marilyn Butler, 앞의 책, 44~45쪽을 참조할 것.
54) Nicholas Roe, *Wordsworth and Coleridge: The Radical Years* (Oxford: Clarendon Press, 1988), 13쪽; David G. Riede, *Oracles and Hierographants: Constructions of Romantic Authority* (Ithaca: Cornell UP, 1991), 177쪽 이하.

외 없이 직간접으로 비국교도의 오랜 전통과 프리스틀리의 묵시적인 비전에 영향받았다는 사실은 당시 낭만주의 시인들의 세계인식을 보여주는 핵심적인 사실이다.

그러나 혁명을 보는 천년왕국적 시각이 낭만주의에서 비롯된 것은 아니다. 프랑스의 낭만주의적 급진주의가 계몽주의의 전통 위에 선 것이라면, 영국의 그것은 우리가 주목했듯이 17세기 청교도 혁명 이래 비국교도파의 전통 위에 선 것이다. 영국 역사상 프로테스탄트 혁명은 바로 영국이라는 땅 위에 기독교적인 왕국을 세워보려는 급진적인 혁명이었고, 밀턴은 이를 대변하는 역동적인 시인이었다.

이런 점에서 프로테스탄트들은 혁명정신을 끌어안은 낭만주의자들의 선배라고 할 수 있지만, 둘 사이의 차이는 분명하다. 프로테스탄트들이 모든 문화와 제도는 신이 세운 것임을 믿어 그를 신봉하는 태도에서 벗어나지 않았다면, 낭만주의에 와서 모든 문화 전통은 인간에 의한 피조물이며 또 앞으로도 인간이 구축해 나갈 수 있는 것으로 여겨졌다. 낭만주의자들은 프로테스탄트의 혁명정신의 전통을 이어받으면서도 그것을 철저히 '인간화-세속화'시켰던 것이다. 그러므로 낭만주의자들이 희구했던 천년왕국은 인간을 위한 인간의 천년왕국이었다.

낭만주의 시인들, 특히 블레이크와 셸리에게 이와 같은 비전을 한층 뚜렷이 부각시켰던 사람은 톰 페인이었다. 페인의 천년왕국적인 비전은 『성서』의 예언서도 그리스도도 없는, 세속화된 천년왕국적 비전이었다.[55] 페인은 인간이 그들 자신의 행동과 지혜, 자신의 행동을 이끌어내는 이성적인 능력을 통해서 이러한 비전을 스스로 실현시키지 않으면 안 된다고

229쪽을 볼 것.
55) 이에 관해서는 Jack Fruchtman, Jr., "The Revolutionary Millennialism of Thomas Paine", *Studies in Eighteenth-Century Culture*, 13 (1984), 65~74쪽을 볼 것.

생각했다. 인간의 이성을 신이 하사한 선물로 생각하여 이는 독재와 불의를 타도하는 싸움에서 승리하게끔 이끌어주는 도구라 믿었던 페인은, 지상에서 신의 뜻이 이루어지도록 이성적인 인간을 설득시키는 것이야말로 신이 자신에게 내린 임무라고 확신했다. 버크와 맞선 격렬한 논쟁에서 그가 프랑스 혁명을 정당화시켰던 것은 이와 같이 흔들리지 않는 신념 때문이었다.

「인간의 권리」라는 글에서 페인은 자신은 신의 뜻에 부합되게끔 "인류를 화해시키고, 그들의 조건을 만족스럽게 하고, 지금까지 서로 적이었던 국가들을 하나가 되게 하고, 무서운 전쟁 행위를 뿌리 뽑고, 예속과 억압의 사슬을 끊는 노력"[56]을 계속할 것이라고 주장했다. 프리스틀리와 마찬가지로, 그는 선과 악 사이에 벌어지는 싸움이 우주적인 규모로 일어날 장소는 바로 이 세계라고 보았다. 프리스틀리와 마찬가지로 그는 이 싸움의 결과는 묵시적인 것이며 모든 사람이 자유·정의·행복 속에 거주할 천년왕국적, 공화주의적인 낙원은 이 지상에서 창조될 것이라고 믿었다. 그러나 이는 무엇보다도 인간들의 이성적인 능력과 실천을 통해 실현될 수 있는 것이었다.

계몽주의와 낭만주의

인간의 능력에 대한 이러한 낙관적인 신화는 이미 계몽주의 시대부터 유럽에서 화려하게 꽃피었다. 18세기는 계몽의 시대 또는 이성(理性)의 시대로 잘 알려져 있는데, 그 시대가 무엇보다도 이성의 시대였다는 것은 미셸 푸코와 같은 급진적인 사상가들까지도 공감하는 견해다. 계몽주의자들은 인간의 최고 능력에 속하는 이성이 발휘할 무한한 가능성에 깊은

---

56) Jack Fruchtman, 앞의 글, 6쪽에서 재인용.

신뢰를 두었다. 그러므로 현실의 모든 악은 무지에서 비롯되는 것으로서, 교육을 통해 악과 무지는 점차 궁극적으로 추방될 수 있으리라 믿었다. 따라서 볼테르와 백과전서파 학자들에게 주어진 당면 과제는 당연히 계몽이었고, 이를 통해 과학과 기술이 발달하게 되면 현실과 이상 사이의 조화는 저절로 이루어지리라 생각했다.

"계몽주의자들은 계몽이 새로운 시대를 선도하리라는 것, 말하자면 금후 인류는 이상을 향해 좀더 빠르게 진보하리라는 것을 의심할 어떤 근거를 발견하지 못했다.'[57] 이러한 점진적 진보주의의 역사관은 인간의 이성에 확신을 둔 낙천주의로, 만하임의 『이데올로기와 유토피아』에 따르면, 이는 자유-인도주의적인 유토피아와 밀접한 관계가 있다.[58] 여기서 진보의 길은 외부의 사상(事象)이나 혁명을 통해 나타나는 것이 아니라 인간의 내면적인 상태나 내면적인 변화 속에서 그 모습을 드러내는 것이다. 이 유토피아는 '옳지 못한' 현존 질서에 대응하는 '올바른' 합리적인 반대상을 제시하지만, 결코 현실을 파괴하거나 역사를 급변시키지 않으며 완전한 이상의 충족은 먼 장래에 이뤄진다고 본다.

이와 같은 맥락에서 계몽주의는 현실을 비판하면서도 그 지속적인 부조리와 잘못을 정상적인 역사의 한 과정으로 정당화하고 이해함으로써 있는 그대로의 현실을 수용할 위험이 있었다. 즉 현실은 개선을 향한 하나의 잠정적인 조건이었던 것이다. 볼테르가 경제적 · 정치적 평등을 오히려 부자연스러운 것으로 바라보는 정치적인 보수주의자로 기울어졌던 것은 이를 단적으로 보여주는 한 예다.

---

57) Maurice Mandelbaum, *History, Man and Reason: A Study in Nineteenth-Century Thought* (Baltimore: Johns Hopkins UP, 1971), 52쪽.
58) Karl Mannheim, *Ideology and Utopia: An Introduction to the Sociology of Knowledge*, Louis Wirth와 Edward Shils 공역 (New York: Harvest Book, 1936), 219~221쪽.

이는 평화적인 개혁을 기대했던 뒤르고·콩드르세·미라보, 그밖의 볼테르 추종자들을 비롯한 자유사상가의 공통된 견해이기도 했지만, 현실에서의 자유와 평등을 요구했던 피억압자들을 만족시킬 수는 없었다. "정신의 혁명"[59]을 주창했던 그들은 결코 민주주의적 혁명가들이 아니었다. 그들은 위에서부터 가해지는 개혁을 지지했다.

사실 계몽주의의 가장 근본적인 특징은 무엇보다도 그것이 "자유주의적, 비권위주의적 운동"[60]이라는 점이었다. 유럽의 계몽주의 주창자들은 전제적 권위와 과거의 억압적인 관습으로부터 인간을 해방시키려는 공동의 목표를 향해 함께 노력하는 것으로 스스로를 평가했다. 그러나 억압적인 전제정치에 반대하는 입장이었는데도 계몽주의는 민주주의에 대해 늘 모호한 입장으로 남아 있었다. 한 사람의 독재만큼이나 민중의 통치 또한 두려워했던 계몽주의 정치개혁자들은 로마의 공화정체와 플라톤의 이상 국가를 선호했다. 볼테르는 '계몽된' 군주가 다스리는 전제 정치를, 벤담은 홉스적인 정치체제를 옹호했다. 계몽주의 사상가들, 특히 영국의 흄은 백인국가를 제외하고는 계몽된 국가란 없으며 과학·철학·예술에서도 백인만큼 뛰어난 개인은 없다고 주장했다. 그렇기 때문에 그들이 노예제도와 19세기 아프리카·아시아 식민지 정책에 부분적으로 기여했다는 것은 더욱 주목할 만한 점이다.

계몽주의와 낭만주의를 연결하는 중요한 과도기적인 위치에 서 있던 인물은 루소였는데, 태동기의 낭만주의를 대표했던 루소는 계몽주의자들의 관점도 전적으로 부정하지 않았다. 루소를 포함한 초창기의 낭만주의

---

59) Bernard Yack, 앞의 책, 44쪽.
60) Henry Vyverberg, *Human Nature, Cultural Diversity, and the Enlightenment* (New York: Oxford UP, 1989), 4쪽. 18세기의 지배적인 가치에 관한 자세한 논의는 Georges Gusdorf, *Les Sciences humaines et la pensée Occidentale: Les Principes de la pensée au Siècle des lumières* (Paris: Payot, 1971), 4: 293~461쪽을 볼 것.

8 낭만주의와 유토피아 *337*

자들, 이른바 '전(前) 낭만파'들은 계몽주의 철학자들에게 등을 돌리기보다는 오히려 그들과 합세하여 과거부터 내려온 권력, 즉 군주제 · 귀족제 · 교회 등의 억압과 당시의 두드러진 현상으로 부각되었던 새로운 부르주아지의 억압, 이 양쪽에 대해 급진적인 비판을 가했다. 이 때문에 낭만주의를 가리켜 계몽주의의 연장으로 보는 것이 가장 적합하다고 주장하는 과장된 견해도 있지만, 초창기 낭만주의자들의 이러한 특징은 낭만주의가 전적으로 계몽주의의 안티테제는 아님을 분명히 보여주는 것이다.

그러나 볼테르와 달리 루소는 이성을 그다지 신뢰하지 않았다. 『인간 불평등 기원론』을 보면 알 수 있듯이, 그가 문명과 제도에 반대하여 자연으로 돌아가라고 말했을 때 그의 사상은 곧 혁명적인 성격을 띠고 있었다. 카시러가 지적했듯이, 루소는 볼테르와 그 추종자들이 지지했던 '인간 정신의' 점진적인 '진보' 대신에 급진적인 정치 · 윤리혁신을 요구했다.[61] 재산의 불평등과 경제적 · 사회적 불평등을 고착화시키는 법률을 폐지한다면 인간은 평등과 정의가 지배하는 세계에서 살 수 있을 것이며 악은 결국 군주제와 사회제도에서 기인한다는 그의 이론은, 계몽을 통해 사회가 진보될 수 있다는 계몽주의에서 한 단계 더 나아간 적극적인 현실개혁의 의지를 수반하는 것이었다. 이러한 까닭에 횔덜린은 루소를 가리켜 폭풍이라는 혁명을 맞이하기 위해 하늘로 솟구치는 독수리에 비유하지 않았던가.[62]

---

61) Ernst Cassirer, *The Question of Jean-Jacques Rousseau*, Peter Gay 편역 (New York: Beacon Press, 1954), 67쪽.
62) Jean Starobinski, *Jean-Jacques Rousseau: Transparency and Obstruction*, Arthur Goldhammer 옮김 (Chicago: U of Chicago Press, 1988), 265쪽. 프랑스 혁명에 미친 루소의 영향에 관해서는 Andrew Levine, 제3장 "Rousseau and Revolution", *The End of the State* (London: Verso, 1987), 50~66쪽을 볼 것. 로베스피에르에게 미친 루소의 영향에 관해서는 Bronislaw Baczko, "Enlighten-

인간의 유토피아를 희구한다는 점에서 본다면 낭만주의는 분명 계몽주의의 인본주의적 자기확신에서 지대한 영향을 받았지만, 이성의 기계적인 작용이 아니라 감성과 상상력의 힘을, 사회적 제도보다는 개인적인 삶의 우위를, 개선보다는 혁명을 선호했다는 점에서 낭만주의는 계몽주의의 보수주의에 대항하는 성격을 띠었다. 그러나 낭만주의가 '지금 여기서'의 천년왕국적인 이상만을 꿈꾸었을 뿐 구체적인 역사의식은 결여되어 있었다는 뜻은 아니다. 낭만주의시대는 어느 시대 어느 사조보다도 더 역사에 관심을 가졌던 시대였다.

 계몽주의는 현실과 역사를 영구불변한 이성의 전개로 보았지만, 프랑스 혁명의 파란을 겪은 낭만주의자들은 인간과 사회의 본질이 근본적으로 동적인 것임을 파악하기 시작했던 것이다.[63] 이러한 인식은 후대의 역사주의를 발달시키는 중요한 전기로 작용하게 되는데, 잘 알려져 있듯이 역사주의란 역사상 각 시대는 다른 모든 시대와 유기적으로 연관되어 있을 뿐만 아니라 어떤 역사 시대도 전체로서의 역사와 관련을 맺지 않고는 그 자체로 평가될 수 없다는 주의다.

 진보론이 역사시대 전체를 개관하는 포괄적인 역사철학이었다는 점에서 본다면 계몽주의도 어떤 면에서는 이러한 역사주의적인 측면을 보여주었다. 하지만 계몽주의자들은 인류의 업적을 평가하는 데 보편적으로 타당한 기준이 있다고 믿었으며 그와 같은 기준이 어느 시대, 어느 곳에서나 동일하게 적용되는 것으로 보았다. 반면 역사주의자들은 어떤 업적과 오류를 평가할 수 있는 영속적인 기준은 존재하지 않으며 그러한 기준은 오직 역사발전의 과정 속에서만 찾을 수 있다고 주장했다. 계몽주의자들이 말하는 보편 타당한 기준, 즉 이성에 바탕을 두고 이성에 부응하는

---

ment", François Furet, Mona Ozouf 공편, *A Critical Dictionary of the French Revolution* (Cambridge/M.A.: Harvard UP, 1989), 665쪽 이하를 볼 것.
63) A. 하우저, 앞의 책, 『문학과 예술의 사회사』(근세편 하), 198~199쪽.

사회는 일찍이 존재한 적이 없었으므로(그들 자신의 시대조차 그 기준에 따라 조직된 사회는 아니었지만) 콩도르세와 같은 이는 전(前)시대의 모든 문화를 실패로 간주하는 동시에 18세기 문화의 절대우위를 강조했으나,[64] 반면 역사주의자들은 현재는 반드시 과거 및 미래적 희망과의 관련 아래서만 해명될 수 있는 것이라고 강조했다.

암흑시대로서 과거 속에 매장되어 있던 중세를 캐내어 그것을 자기시대 이상(理想)의 전(前) 단계로 보고, 다가올 천년왕국의 미래적인 이상에 맞추어 혁명과 격동의 현시대를 천년왕국이 도래하기 전에 겪어야만 할 고통의 시기로 간주했던 낭만주의자들은, 말하자면 이 역사주의적 시각을 보유했던 자들이다. 낭만주의는 역사의 흐름에 따른 옛 문화의 몰락과 새로운 문화의 생성을 자기 자신의 운명으로 체험했기 때문에, 모든 것을 역사적인 전제 조건과 가변성에 결부시킬 수밖에 없었던 것이다.

프랑스 혁명과 낭만주의 시인들의 반동적 자세

혁명 이후의 시대는 대체로 환멸의 시대였다. 1789년 프랑스 대혁명이 마침내 종결되고 전권은 루소의 추종자였던 로베스피에르 일파의 손으로 넘어가 이른바 공포정치가 선포되자, 정치적인 전망은 차츰 어두워졌고 낭만주의 문학가들이 가졌던 유토피아적 희망과 천년왕국적 약속에 대한 기대도 점차 흔들리기 시작했다. 혁명의 진행과정이 폭력적으로 변해감에 따라 혁명 어록도 점차 폭력적이고 불길한 색채를 띠어갔다. "1800년에 이르러 대부분의 묵시적인 발언은 떠오르는 태양의 이미지, 더러움을 씻어내는 불의 이미지에서 파괴의 창녀, 파괴의 짐승 이미지로 탈바꿈했다."[65]

---

64) Maurice Mandelbaum, 앞의 책, 51~61쪽을 볼 것.

프랑스 혁명은 엄청날 정도로 파괴적이고 폭력적인 사건으로 역사에 기록되었다. 이 혁명 기간 동안 나폴레옹 전쟁의 희생자들을 포함한 2백여 만 명의 사람들이 죽어간 것으로 보고되고 있다.[66] 로베스피에르의 공포정치 기간(1793~94) 동안 약 1만 6천 명이 '재판에 의해' 처형되었다[67]는 주장에서부터 짐작되듯이, 이에 따른 좌절과 실망도 극심했다.

초기에는 프랑스 혁명의 이념에 반대하는 왕조주의적·보수적인 입장을 취하다가 나중에는 자유주의로 기울었던 프랑스 낭만주의 시인들을 구태여 혁명에의 환멸과 관련시켜 다룰 필요는 없겠지만, 한편 프랑스 낭만주의자들과는 달리 프랑스 혁명의 열렬한 동조자였던 독일 초기 낭만주의자들은, 휠덜린·뷔히너·하이네 등을 제외하고는 혁명의 진행과정뿐만 아니라 그에 잇따른 나폴레옹 시대의 정책에 더욱 환멸을 느껴 나폴레옹에 저항하는 독일의 배타적인 애국심을 고취시키는 보수적인 낭만주의로 변모해가는 등 뚜렷한 인상을 남겼다.

그러나 어느 나라의 시인들보다도 혁명에 대해 더 높은 기대를 품었던 영국의 낭만주의 시인들에게는 그 환멸도 기대만큼 지대했다. 정확한 의미에서 훌륭한 낭만주의 시들은 "혁명을 찬양하는 분위기가 아니라 혁명의 환멸과 절망의 분위기에서 씌어졌다."[68] 프랑스 혁명에 열광적으로

---

65) Carl Woodring, *Politics in English Romantic Poetry* (Cambridge/Mass.: Harvard UP, 1970), 47쪽.
66) Ren Sedillot, *Le Coût de la Révolution française* (Paris: Libraire Académique Perrin, 1987), 28쪽.
67) Jean-François Fayard, *La Justice révolutionaire: chronique de la Terreur* (Paris: Robert Laffont, 1987), 12~13쪽, 259~270쪽. 이 책에 부친 「서문」에서 Pierre Chaunu는 혁명 전쟁기 동안의 숫자를 포함하여 프랑스 혁명에 의한 희생자의 수는 제1차 세계대전 당시의 프랑스인 희생자 수를 능가한다고 주장한다. 같은 책, 14쪽.
68) M.H. Abrams, 앞의 글, "English Romanticism: The Spirit of the Age", 53쪽을 볼 것.

동조했던 워즈워스·콜리지·사우디 등은 환멸의 경험 앞에서 반혁명적인 입장으로 돌아섰다. 블레이크, 영국의 제2세대 낭만주의 시인들이라고 일컬어지는 셸리와 바이런, 리 헌트 등은 계속 젊은 세대의 급진주의를 대표하고 있었지만, 이 제2세대의 시인들에게도 "프랑스 혁명은 배반당한 기억밖에 아무것도 아니었다."[69]

프랑스는 인간의 희망을 키우는 것이 아니라 오히려 오염시킨다고 노래한 워즈워스는, 프랑스 혁명의 이상의 급속한 타락에서 오는 환멸로 인해 "민중 속에 나의 믿음이 있었다"는 종래의 이상주의에서 벗어나 '다수'를 커다란 짐승과 동일시하고 "철학, 즉 지혜의 사랑은 다수에게 불가능하다"[70]는 플라톤의 입장에 동조하여 "나는 '인간의 본성'은 찬미하지만 '인간'은 좋아하지 않는다"[71]는 키츠의 입장과 비슷한, 즉 소수의 엘리트에게 절대적인 신뢰를 두는 보수주의적인 입장을 취하게 되었다.

그의 환멸과 반동은 자신이 가졌던 인간에 대한 이상이 배반당했다는 판단에서, 궁극적으로 그 이상은 실현될 수 없다는 결론에서부터 초래된 것이다.[72] 셸리가 자신의 「워즈워스에게」라는 시에서 '그 빛나던 외로운 별'로 상상했던, 혁명적이던 선배 시인을 마침내 젊은 날의 혁명의 대의를 저버린 배신자, 왕조주의자의 '노예'라고 몰아세웠듯이, 워즈워스는 어떤 의미에서는 늘 상상 속의 공화주의자로 남아 있었다.

워즈워스와 마찬가지로 프랑스 혁명에 환멸을 느꼈던 콜리지는 「쿠불라 칸」이라는 시를 통해 나폴레옹파의 제국주의와 프랑스 혁명을 하나로

---

69) Jerome McGann, *The Romantic Ideology: A Critical Investigation* (Chicago: U of Chicago Press, 1983), 111쪽.
70) 『국가』 493c, 494a.
71) Hyder Edward Rollins 엮음, *The Letters of John Keats, 1814~1821* (Cambridge/M.A.: Harvard UP, 1958), 1: 415쪽.
72) Thomas McFarland, *Romanticism and the Forms of Ruin* (Princeton: Princeton UP, 1981), 178쪽, 184~185쪽을 볼 것.

묶어 저주했으며, 귀족지주계급에 속하는 엘리트의 입장을 두둔할 뿐 아니라 젠트리와 강력한 연대를 가졌던 지적인 엘리트를 옹호하고 있는[73] 그의 글 「평신도의 설교」(1817)가 보여주듯, 그 또한 급진적인 사회혁명의 가능성을 두려워하고 또한 증오했으며, 워즈워스와 마찬가지로 소수의 엘리트에게만 신뢰를 두었다.

프랑스 혁명의 진행과정에 극심한 두려움과 환멸을 경험했던 대부분의 유럽 낭만주의 시인들에게 공통적인 자세가 있었다면, 그것은 일부 역사가들이 낭만주의를 가리켜 '유럽 귀족계급의 백조의 노래'라고 일컬었을 만큼 1830년 이전의 유럽의 낭만주의운동에 아주 뚜렷한 라이트모티프로 등장했던 반평등주의다. 이 반평등주의 자세는 영국의 시인들에게만 국한되는 것은 아니었다. 독일의 횔덜린·셸링 등도 매한가지였으며, 이는 프랑스 시인들의 경우에도 적용되어 샤토브리앙·라마르틴·위고·비니·스탕달도 엘리트주의적인 태도에서는 영국의 시인들과 매한가지였다. 그들의 대부분은 언젠가는 대중에 의해 지식계급이 압도당할지도 모른다는 두려움에 사로잡혀 대중과의 일정한 거리를 계속 유지하려 했다.

프랑스 낭만주의 예술가들 사이에서 낭만주의의 아버지로 떠받들어지던 샤토브리앙은 루소와 18세기 계몽주의 철학가들의 제자였고 또 일생에 걸쳐 사회개혁을 부르짖던 열성가였으나, 다른 한편 프랑스 혁명에는 적대적이었으며 '인민에 의한 정부'를 수립하려는 어떠한 혁명에도 끝끝내 반대했다. 인류사회에서의 자유의 필요성을 외치면서도 다른 한편으로는 프랑스의 식민지 확장을 적극 지지했으며, 낮은 계층의 가난한 사람들뿐만 아니라 속물적인 부르주아지에 대해서도 한결같은 귀족적인 경멸

---

[73] William Stafford, *Socialism, Radicalism and Nostalgia: Social Criticism in Britain, 1775~1830* (Cambridge: Cambridge UP, 1987), 177~180쪽.

을 표시했다.

시대의 흐름에 따라 위고도 스스로 자신을 '사회주의자'라고 일컬었지만, 그는 재산의 평등한 배분에 대해 분명히 반대의사를 표명했던 강력한 엘리트주의자였다. 또한 비니와 라마르틴은 예술가의 위치를 예언자-지도자로 정의했는데, 이 또한 엘리트적인 발상이라 하지 않을 수 없다.

낭만주의 문학가들의 이러한 고답적인, 아니 반동적인 자세는 나폴레옹에 의한 프랑스 혁명의 변질과 혁명의 정치적·경제적인 한계성에서 비롯된 것인 동시에 그들이 가졌던 자기모순에서 나온 것이기도 하다. 원래 프랑스 혁명은 주권은 본디 인민에게 있으며 인민은 일반 의지를 통하여 그 주권을 행사한다는 루소의 정치철학을 실현시키는 장이었다.

그러나 오스트리아-프로이센에 대항하는 방위전쟁을 치르는 가운데 프랑스의 실권은 로베스피에르가 주도하는 공화독재로 넘어갔고, 이어 왕당파와 벌인 전쟁에서 주권은 나폴레옹에게로 넘어갔다. 프랑스 혁명의 이상과 한계, 낭만주의의 역설은 아마도 나폴레옹이라는 특수한 인물에게서 구체적으로 표상되는 것인지도 모른다.[74]

나폴레옹은 권력의 이기심을 혁명의 이데올로기와 교묘하게 결합시켰다. 그는 이른바 보나파르트주의 속에 보수주의 세력과 자유주의 세력, 혁명과 반혁명을 동시에 편입시키려고 했다. 또한 혁명의 살아 움직이는 힘을 이용하여 유럽 정복에 나서 자유·평등·박애라는 슬로건을 내걸고

---

[74] 역사상 아주 독특한 인물로 문학가들마다 평가가 다양한 나폴레옹이 메시아적 인물, 또는 반대로 그리스도의 적, 악마의 화신으로 어떻게 역사적으로 부각되고 있는가를 이해하기 위해서는 우선 Frank Paul Bowman, "Napoleon as a Christ Figure", *French Romanticism: Intertextual and Interdisciplinary Readings* (Baltimore: Johns Hopkins UP, 1990), 34~60쪽을 볼 것. 그리고 유럽 낭만주의 문학가에게 나폴레옹이 어떤 의미로 다양하게 등장했는가를 알기 위해서는 Paul Michael Lützeler, "The Image of Napoleon in Europe Romanticism", Gerhart Hoffmeister 엮음, *European Romanticism: Literary Cross-Currents, Modes and Models* (Detroit: Wayne State UP, 1990), 211~228쪽을 볼 것.

혁명을 수출하여 유럽의 봉건적인 구조를 뒤흔들고 군주제의 기초조차 파괴했다. 그러나 사실은 그의 대권주의야말로 자유·평등·박애의 이상과는 가장 거리가 먼 것이었다.[75] 낭만주의적인 자기중심성은 이처럼 교묘히 혁명의 이상과 결합하고 있었던 것이다.

근본적으로 부르주아-민주주의 혁명이었던 프랑스 혁명 과정에서, 자코뱅파의 개혁에 의해 정치적인 평등은 어느 정도 이루어졌으나 경제적인 평등은 전혀 이루어지지 못했다. 자코뱅파 가운데 가장 급진적이고 공산주의자에 가까웠던 바뵈프는 이에 불만을 품고, 경제적인 평등이야말로 디드로와 루소에 의해 묵시된 것이라고 생각하여 '폭동'이라는 수단으로 이를 성취하려 했다. 그는 소수의 사치와 권력독점을 위해 다수가 빈곤과 불경등과 억압에 고통받아야 하는 당시 사회가 얼마나 비인간적으로 원시적 공동체의 사회에서 동떨어져 있는가를 공격하고, 사유재산으로 인한 사회적·경제적 불평등을 극복하기 위해 생산과 분배는 국가가 주도해야 한다는 입장을 강력하게 주장했다.[76]

이는 "공적인 무대에 공산주의의 최초의 등장"[77]이라는 획을 긋는 행동일 뿐 아니라, 그의 일파가 발표한 「평등파의 선언」이 담고 있는 "프랑스 혁명은, 최종으로 좀더 크고 엄숙한 또 다른 혁명의 선구자에 불과하다"[78]는 천명 또한 프랑스 혁명의 한계를 지적하는 것이 아닐 수 없다. "워즈워스의 환멸은…… 이러한 탁월한 지식인(바뵈프)의 지지를 끝까지 보존하지 못할 수밖에 없었던 프랑스 혁명 자체의 어떤 한계를 시사하는 것이기도 하다. 프랑스 혁명이 자유·평등·우애를 표방했으나 결국 부

---

75) J. 보르노프스키, 『서양의 지적 전통』, 차하순 옮김 (서울: 홍성사, 1980), 505~506쪽.
76) James Harkins, "The Socialism of Gracchus Babeuf on the Eve of the French Revolution", *Science and Sociely*, 54: 4 (1990~91), 427~441쪽을 볼 것.
77) François Furet, "Babeuf", François Furet, Mona Ozouf 공편, 앞의 책, 184쪽.
78) 같은 글, 184쪽에서 재인용.

8 낭만주의와 유토피아 *345*

르주아지 지배 아래의 새로운 계급사회로 귀결되었고, 프랑스 국민의 특수한 이익을 앞세운 프랑스의 민족주의 내지 대국주의로 발전했음은 널리 알려진 사실이다"[79]라는 논평은 프랑스 혁명의 한계를 지적한 우리의 관점과 일치하고 있는데, 이에 덧붙여 우리가 보다 주목하고자 하는 것은 혁명을 받아들인 세대, 좀더 구체적으로 말하자면 낭만주의 세대의 모순적인 자기인식이다.

낭만주의 시인들이 당대의 현실에 깊은 관심을 표명했다는 것은 주지의 사실이지만, 우리가 앞서 주목했듯이 동시에 또한 그들은 스스로가 엘리트라는 자기중심적인 세계 밖으로 벗어난 적이 없었다. 미는 현실에서 발견되는 것이 아니라 독자적인 상상의 세계, 예술가의 주관성 속에 그 원천을 가지는 것이라 재정의한 다음 현실세계의 아픔까지도 완벽한 아름다움으로 비추는 미의 세계에 몰입했던 키츠는 말할 나위도 없겠지만,[80] 혁명의 이념을 끝까지 포기하지 않았던 영국 낭만주의 제2세대의 시인들인 바이런이나 셸리도 정도의 차이가 있을 뿐 예외는 아니었다.

바이런은 최초의 의회연설에서 당당히 노동계층을 옹호했고 노팅엄 방직공장 근로자들의 기계파괴운동과 자유주의운동까지도 극력 지지했지만, 결코 스스로 귀족의 신분임을 잊은 적도 또 그에서 벗어난 적도 없었

---

79) 백낙청, 『민족문학과 세계문학 I』 (서울: 창작과비평사, 1978), 216쪽.
80) 키츠에게 이상세계는 현실세계와 어쩔 수 없이 대립상태에 있는 것이었다. 물론 짧은 생애를 통해서나마 그는 『엔디미온』이나 『하이페리온』 같은 장시를 통해 현실의 악과 고통이 인간의 영혼을 형성하는 필수과정에서 원동력으로 작용한다는 것을 이야기했으며, 그리하여 세상의 고통을 자신의 고통으로 받아들이지 못하는 자들이 아니라면 높은 시의 세계에 도달할 길은 없다고 제시했지만, 그는 자신이 세상의 고통에 향유를 바르는 '시인'이 아니라 그것을 뒤흔들어 고통을 가중시키는 '몽상가'에 지나지 않을까 하는 회의를 떨치지 못했다. 이러한 회의에도 불구하고 키츠가 궁극적으로 시의 위대한 목표로서 추구한 것은 현실의 고통을 치유하는 것이었던 것 같다. 하지만 그가 다루고자 하는 현실의 고통이라는 것은 구체적인 역사적 조건이라기보다는 보편적인 존재의 고통이라는 의미가 더 크기 때문에 그

다. 한 비평가가 파헤친 바에 따르면[81] 그의 시 「이단자」는 문화적 제국주의의 이데올로기를 대변하는 전형적인 작품으로, 귀족주의적인 서방의 세계관에서 탈피할 수 없었던 그의 한계를 여실히 보여주고 있다.

바이런이 항상 외국을 여행하고 과거의 문명과 영광을 그리워했으며 실제로도 영국이 아닌 그리스에서 자유를 위해 싸웠다는 사실은 자못 의미심장하다. 이른바 '바이런적 영웅'의 전형적인 모습은 공작 해럴드·맨프레드에서 잘 드러나듯이 고독하지만 비타협적이고 끝없이 방황하면서 끊임없이 한계에 도전하는, 마음속에는 치명적인 상처를 숨긴 채 자만심에 가득 차 군중을 경멸하는 모습이다.

프랑스 혁명의 실패와 나폴레옹 전쟁의 공포를 비판하면서도 나폴레옹의 패배에 이르러서는 「나폴레옹에게 바치는 송가」를 통해 나폴레옹이 다시 프로메테우스와 같은 인물로 등장하기를 상상함으로써 스스로 위로하는 것을 볼 때, 결국 바이런적인 영웅은 세상과 현실에서 아무런 위안도 찾지 못하는 반현실주의자다. 그럼에도 그에게서는 자유와 혁명의 이상이 불타오른다는 것, 이는 서로 화해하기 힘든 사실인데도 바이런 속에서는 모순적으로 결합하고 있는 것이다.

블레이크와 함께 가장 혁명적인 낭만주의 시인 가운데 하나였던 셸리는 "현재 있는 그대로의 사회제도는 그 근본 전제와 형식의 모든 상부구조와 더불어 그 토대부터 타도되지 않으면 안 된다"[82]고 주장할 만큼 자코뱅파의 전통을 열렬히 지지했다. 어쩌면 셸리는 하이네와 나란히 자코뱅파 전통의 극단적인 표상일 수도 있다. "셸리, 예언자 셸리와…… 바이런은 프롤레타리아트에서 그들의 독자들을 발견한다"[83]고 주장했던 엥겔스를 비

에게 현실이라는 말의 의미는 재고의 여지가 있다.
81) Eric Meyer, "I Know Thee not, I loathe thy Race: Romantic Orientalism in the Eye of the Other", *ELH* 58: 3 (1991), 657~699쪽을 볼 것.
82) Frederick L. Jones 엮음, *The Letters of Percy Byssche Shelley*, 2: 191쪽.

롯, 일부에서는 셸리를 사회주의자로,[84] 특히 마르크스의 딸과 사위는 「셸리의 사회주의」라는 논문에서 그를 사회주의자로 못박으면서 본질적으로 부르주아적인 바이런의 급진주의와 프롤레타리아트의 이름으로 표명되는 셸리의 급진주의 사이에는 근본적인 차이가 있다고 주장했다.

그러나 바이런과 셸리 사이의 차이가 분명하다 할지라도 셸리의 입장이 사회주의자의 입장과 동일시될 수 없다. 왜냐하면 그의 몇 편의 시, 특히 「무정부상태의 가면」에서 그는 자신을 저항적인 노동자들의 옹호자로 내세우고 노동자계급의 조건을 일종의 노예상태로 단정하고는 있지만 결코 사유재산 제도를 의문시할 정도로까지 나아가지는 못하고 있기 때문이다.[85] 셸리의 계급의식은 모순적이었기 때문에 그는 죄의식에 시달렸다. 그의 계급의식은 그 자신을 특권계급의 한 사람, 부당한 제도에서 혜택을 받는 '억압자'와 동일시하고 있었다. 셸리는 자신의 계급과 그 입장에서 벗어나려고 노력했지만, 그의 친구들에 따르면, 그는 늘 타고난 신사의 태도와 귀족의 사회적·정치적인 본능을 지니고 있었다.[86]

급진주의 귀족 셸리는 결국 그의 시(詩) 독자들을 상류계급에 한정시켰다. 이와 같은 한계 때문인지 급진적이고 진보적인 시인으로 평가받던 셸리도 초기 시에서 후기 시로 갈수록 상상적·묵시적인 비전을 펼치면서,

---

83) Friedrich Engels, *The Condition of the Working class in England: From Personal Observations and Authentic Sources* (1845) (Chicago: Academy, 1984), 265쪽.
84) 마르크스와 엥겔스가 셸리를 칭찬했다는 것은 Eleanor Marx, E. Aveling, *Shelley's Socialism* (London: Journeyman Press, 1975)에서 나타나지만, 사실인지는 명확하지 않다.
85) Robert Sayre, Michael Löwy, "Figures of Romantic Anti-Capitalism", 79쪽을 볼 것.
86) 셸리의 계급의식에 관해서는 P.M.S. Dawson, "Shelley and Class", G. Kim Blank 엮음, *The New Shelley: Later Twentieth-Century Views* (New York: St. Matins's Press, 1991), 36쪽 이하를 볼 것.

혁명적인 직접 행동보다는 인간의 도덕적 개심과 미덕이 이 세계를 변화시킬 수 있으리라 주장하게 되었다. 최근까지 그가 신플라톤주의적 관념론자라는 공격을 받아온 것도 우연한 일은 아니다. 단순한 인간의 도덕적인 변화가 이 사회에 변혁을 가져오리라 믿는 것은 순박하고 유치한 관념론일 수도 있는 것이다. 어쩌면 그가 문화 생산을 '공인되지 않은 입법'으로 이상화시켰던 사실 자체도, 적의에 찬 대중으로부터 무엇인가를 강요당하는 사회에서 벗어나려는 그의 고답적인 자세를 위장한 것뿐일는지도 모른다.

이처럼 낭만주의는 계몽주의적 이성에 반대하여 보다 우월한 감성과 상상력의 기치를 높이 들었지만, 이는 자기중심성과 자아의 확대라는 주관주의로 흐르기 쉬운 결함을 지니고 있었다. 낭만주의가 행동주의에서 숙명주의로, 사회적인 혁명에서 정신적인 혁명으로 재빨리 돌아서고 만 것은 낭만주의 시인들 자신의 모순적인 태도와 관계가 없지 않다. 제롬 맥간이 그의 영향력 있는 저서에서 이른바 '낭만주의적 이데올로기'를 마르크스와 엥겔스가 날카롭게 비판했던 '독일 이데올로기'와 동일시하고 있는 것도 이와 같은 태도와 연관되는 것이다. "시 또는 심지어 의식이 역사와 문화의 파멸로부터 인간을 해방시킬 수 있다는 (이러한) 관념은 모든 낭만주의 시인들이 가졌던 엄청난 환상",[87] 즉 허위의식이다. 왜냐하면 마르크스가 인식했듯이, "해방은 역사적 행위이지 정신적 행위가 아니기 때문이다."[88] 사실 의식·상상력·예술 등에 대한 낭만주의 시인들의 과도한 집착은 그들이 본래 관심을 가졌던 '현실적', 즉 사회·정치 문제들을 다루는 데 자신들의 실패나 거부를 은폐하기 위한 커다란 자기

---

87) Jerome McGann, *The Romantic Ideology A Critical Investigation* (Chicago: U of Chicago Press, 1983), 137쪽.
88) Karl Marx, 'The German Ideology', Karl Marx · Friedrich Engels, *Collected Works* (New York: International Publishers, 1975), 5: 38쪽.

기만이다. "상상력과 시를 통해서 누구든 이러한 세계(역사적 현실)로부터 도피할 수 있다"는 것은 엄청난 허위의식이기 때문이다.[89]

낭만주의적 반자본주의

프랑스 혁명 그 후의 향방에서 환멸을 느낀 낭만주의 시인들은 현실의 중압감 앞에서 그 탈출구를 모색했다. 그러므로 다음과 같이 낭만주의 시의 기초를 논하는 하우저의 말, 즉 "고대의 신화가 현실에 대한 공감과 현실과의 유대에서 생겨났다면, 낭만주의의 신화는 현실의 폐허로부터 생겨났고 어느 정도 현실의 대용물"[90]이라는 평도 부정하기가 어려워진다. 다시 말하면 개인의 내면적인 삶과 예술이 외부의 집단 현실을 대체하는 현상이 일어나게 된 것이다. 루카치는 이러한 사조를 '환멸의 낭만주의'로 분류한다.

그에 따르면 환멸의 낭만주의는 현실과의 갈등 속에서 현실을 외면하려는 문학가들이 자신의 내면적인 충실성 속으로 도피하는 경향이다. 말하자면 외부 세계에서 자신의 이상을 실현하는 것이 불가능하다고 판단하고, 선험적으로 보아 절망적인 패배로 끝날 수밖에 없으며 그런 까닭에 단지 굴욕으로밖에 보이지 않는 '낯선 외부 현실'과의 갈등과 싸움을 피해 내면 세계로 향하는 경향이다. 낭만주의 예술의 진정한 내용을 '절대적 내면성'으로 규정짓고, 그에 상응하는 형식을 자율성과 자유를 포착하는 '영적 주관성'이라 특징 지었던 헤겔의 생각[91] 또한 이를 뒷받침하고

---

89) Jerome McGann, 앞의 책, 101쪽, 131쪽. 맥건의 입장에 대한 강한 항의 형식의 글로는 David Perkins, "The Construction of 'The Romantic Movement' as a Literary Classification", *Nineteenth-Century Literature*, 45: 2 (1990), 129~143쪽을 볼 것.
90) A. 하우저, 앞의 책, 『문학과 예술의 사회사』(근세편 하), 243쪽.
91) G.W.F. Hegel, "The Romantic Form of Art", *Aesthetics: Lectures on Fine Art*,

있다. 이 경우 낭만주의자들은 "자기자신을 단 하나의 진정한 현실, 즉 세계의 본질"[92]이라 간주하며, 그러므로 그들에게 세계와 현실은 주관성의 무대에 비치는 그림자에 지나지 않는다.

헤겔은 현실 세계로부터 도피함으로써 개인적인 전체성을 성취하려는 낭만주의자들의 시도를 조소하고, 그들의 이러한 마음가짐을 가리켜 괴테의 용어를 빌려 '아름다운 영혼'이라고 비꼬면서, '공기 속에 용해되는 형체 없는 안개 같은' 것으로 특징 지었지만(여기서 우리는 한 세기 뒤에 카뮈와의 그 유명한 논쟁에서 거론되었던 '깨끗한 손'에 대한 사르트르의 '더러운 손'의 옹호를 예기할 수 있다), 낭만주의자들이 현실 속에서 이룩하려던 유토피아는 상상과 예술의 유토피아로 탈바꿈하게 되었으며, 혁명을 통한 구원의 비전 또한 상상력이나 인지(認知)에 의한 구원의 신념으로 변화하게 되었다. 그들이 모색했던 탈출구는 두 갈래 길이었다. 하나는 여러 가지 형태를 통한 과거 황금시대로의 도피였으며, 다른 하나는 개인적인 상상력에 의한 묵시적인 비전 속으로의 도피였다. 이것은 천년왕국적 이상의 폭발적인 실행력이 일단 좌절당했을 때 독일 경건주의의 운동이 은둔주의로 급변한 것과 비슷한 현상이다.

그러나 주관성과 예술 그 자체로도 만족할 수 있게 되었다 하더라도, 낭만주의가 그 같은 도피의 유토피아에 안주한다는 것은 불가능했다. 후기에 이르면 주관과 자아라는 낭만주의의 내적 도피처마저 외부 세계와 마찬가지의 파괴를 드러내는데, 이러한 파괴적인 낭만성은 19세기 말의 데카당적 현상과 직접적으로 이어지는 일종의 병적 증후로 나타나는 것이다. 마르크스가 간파했듯이, '순수하게 내적인 정신적 행동' 그 자체만으로는 결코 완전한 자유를 확보할 수 없기 때문이다. 이 점에서, 마르크

T.M. Knox 옮김 (Oxford: Clarendon, 1975), 1: 519쪽. 그리고 서문 전체(517~529쪽)를 볼 것.
92) 게오르그 루카치, 『소설의 이론』, 반성완 옮김 (서울: 심설당, 1985), 146쪽.

스가 그의 『강요』(綱要)를 통해 낭만주의란 부르주아적 시각과 평화공존하는 "합법적 반명제"[93)]에 불과하다고 비난했던 것은 적절한 지적이다.

그렇다면 낭만주의는 대부분의 마르크스주의 비평가들이 주장하듯, 진정 소외된 자아의 유아론(唯我論)에 불과하며 본질적으로 반동적 · 보수적인 문학운동인가? 아니면 그것은 부르주아지 중심의 자본주의사회에 대한 비판 속에 혁명적인 잠재력을 내포하고 있는가? '낭만적'인 것과 반동적인 것은 같은 뜻으로 사용되어왔고 낭만주의가 계몽주의를 거부했으므로 이는 사회적인 진보를 마다하는 운동으로 낙인찍혔던 것이 사실이다. 낭만주의의 '정치적'인 면을 검토하는 대부분의 글이 그 운동의 반혁명적이며 반동적인 측면만 배타적으로 강조하고 있다는 점도 사실이다.

가령 가장 극단적인 형식으로서 낭만주의적인 정치가들은 불행히도 나치즘의 선구자로 비쳐지고, 칼라일의 글들은 '나치즘과 히틀러의 서곡'에 지나지 않으며 절대주의 파시스트적인 교리는 결국 "루소가 진술한 사상의 확대"[94)]에 불과하다고 매도당하고 있는 것이다. 철학가 러셀은 그의 『서양철학사』에서 "오늘날 히틀러는 루소에서 비롯된 결과"[95)]라고 주장했으며, 카뮈는 루소를 레닌주의와 스탈린주의의 선구자로 부각시켰다.[96)]

그러나 마르크스주의자들 가운데도 피셔나 바스케즈 같은 비평가들은 낭만주의를 마르크스가 비판했던 사회적인 상황, 즉 예술과 삶을 물화(物

---

93) David McLellan, *The Thought of Karl Marx* (New York: Harper and Row, 1971), 72쪽에서 재인용.
94) William McGovern, *From Luther to Hitler* (Cambridge: Riverside Press, 1941), 200쪽, 582쪽.
95) Bertrand Russell, *A History of Western Philosophy* (New York: Simon and Schuster, 1945), 685쪽.
96) Albert Camus, "Les régicides", *L'homme Révolté: Essais*, R. Quilliot와 L. Faucon 공편 (Paris: Pléiade, 1965), 524~526쪽.

化)시키는 부르주아지의 지배 아래에 있는 자본주의사회에 대한 항의운동으로 높이 평가했다.[97] 루카치의 용어를 빌리자면 낭만주의는 '물화'[98]의 거부였다. 물론 이러한 관점은 낭만주의의 세계관을 어떤 사회계급, 단적으로 말해 부르주아지에 연관시킴으로써 본질적으로 그 계급의 현상에 주목하려는 견해와 대립되는 것이다. 뢰벤탈에게 낭만주의는 부르주아 계급의식의 한 형태나 다름없으며, 따라서 봉건적인 절대주의의 이해(利害)와는 독립된 부르주아지의 이해를 표상하는 운동이다.[99] 하우저에게도 낭만주의는 그 귀족적인 연원에도 불구하고 '본질적으로 중산계급의 운동'이었다. 낭만주의자들은 그 계급을 멸시하고 있었음이 분명하지만, 또한 분명 그 계급을 상대로 문학활동을 펼쳤으므로 그 점에서 부르주아적 성격을 보여주고 있는 것이다.[100]

그러나 낭만주의를 단순히 부르주아지의 이데올로기로 환원시키는 것은 이 운동의 본질을 충분히 인식하지 못한 결과다. 낭만주의자들과 그 지지파의 대다수가 부르주아지에 속하는 것은 사실이다. 그러나 프랑스 낭만주의의 근원을 부르주아지에 의해 소유권을 박탈당한 귀족이나 기본 재산이 전혀 없는 부르주아지의 젊은 세대 등 '자본'에 의해 주변화된 여러 상이한 집단의 열망과 이해(利害)의 역사적인 결합으로 보는 관점에

---

97) Ernst Fischer, *The Necessity of Art*, Anna Bostock 옮김 (Baltimore: Penguin 1963), 52쪽; Adolfo Sanchez Vasquez, *Art and Society*, Maro Riofrancos 옮김 (New York: Monthly Review Press, 1973), 165~167쪽. 또 Georg Lukács, *Goethe and His Age*, Robert Anchor 옮김 (New York: Grosset and Dunlap, 1969)을 볼 것.
98) 이 용어에 관해서는 이 책에 수록되어 있는 졸고 「루카치와 황금시대」, 223~231쪽을 참조할 것.
99) Leo Löwenthal, 제8장 "Romanticism: Revolution Repressed", *Literature and the Image of Man: Communication in Society* II (New Brunswick: Transaction Books, 1986), 221~233쪽을 볼 것. 주로 독일 낭만주의자들과 연관해서 다루고 있다.
100) A. 하우저, 앞의 책, 『문학과 예술의 사회사』(근세편 하), 208쪽.

따른다면,[101] 한 특정계급에 한정하여 낭만주의를 연관시키는 것 또한 무리일 수밖에 없다. 한편 부르주아지의 젊은 세대가 보여준 낭만적인 반항을 주로 경제적으로 좌절된 야망과 불충분한 실업 기회 등에 대한 반항으로 보는 것도 복합적인 현상의 하나인 낭만주의운동을 오직 경제적인 측면에만 국한시켜 강조하는 위험 부담을 안은 것일 수 있다.

낭만주의운동의 뚜렷한 사회현상 가운데 가장 본질적인 것은, 각 나라마다 정도의 차이는 있지만, 프랑스 혁명 이후 영국에서 시작된 산업화가 구미 각국에 확산되면서 전대미문의 급격한 산업화를 겪은 산업자본의 사회에서, 여러 형태의 '소외'를 경험한 지식인들이 부르주아지의 산업문명에 보여준 적의에 찬 반응과, 자본주의 이전의 과거 사회로 되돌아가고자 하는 동경(憧憬), 즉 낭만주의적 반자본주의 세계관이다. 이는 레위 등이 루카치의 '낭만주의적 반자본주의'라는 용어를 빌려 논의했던 핵심적인 주제 가운데 하나이기는 하지만,[102] 그러므로 낭만주의는 부르주아지와 그것이 지배하는 사회에 대한 뿌리 깊은 반항을 표상한다는 점에서 부르주아지의 이데올로기로 부각될 수 있다는 유추는 금물이다.

루카치가 그의 『소설의 이론』, 1962년판 「서문」에서 '낭만주의적 반자본주의'라는 용어를 처음 사용했을 때, 이는 제1차 세계대전 당시 중앙유럽의 지식인들 사이에 만연했던 태도를 지칭하는 것이었다. 그 용어는 근대 산업자본주의가 초래한, 영혼을 상실한 세계에 대한 통렬한 분노뿐만 아니라, 공동체적인 삶의 형식이 때묻지 않은 채 남아 있었던 지난 시대에 대한 동경을 함축하고 있는 말이었다. 루카치 자신이 낭만주의적 반자본주의를 좌파와 혁명으로 향하는 경향이기보다는 주로 반동적인, 즉

---

101) Pierre Barbéris, *Romantisme et Politique, 1815~1851* (Paris: A. Colin, 1969), 165쪽, 171쪽.
102) 특히 Robert Sayre와 Michael Löwy, 앞의 글 "Figures of Romantic Anti-Capitalism", 전체 논문(42~108쪽)을 볼 것.

우파와 파시즘으로 향하는 경향을 가진 것으로 고려했던 마르크스주의자들 가운데 하나이기는 하지만, 그의 부르주아지 사회에 대한 비판은 자본주의 이전의 과거 사회에 대한 그리움에 의해 고취되었음을 상기하면서 이를 표상하는 사상 전체를 두루 지칭하고자 이 개념을 공식화했던 것이다.

낭만주의적 반자본주의는 이중적인 성격, 즉 때로는 과거로, 때로는 미래로 향하는 유토피아적인 비전을 가지고 있음에도 불구하고 대부분의 낭만주의 시인들을 묶어줄 수 있는 공통된 특징은, 프랑스 혁명에 영향을 받아 '지금 여기서' 새로운 황금시대가 펼쳐지리라는 미래지향적인 묵시적 비전을 가진 시인들, 특히 블레이크와 영국 제1세대 낭만주의 시인들의 순간적인 희망을 제외한다면, 그들의 유토피아는 과거지향적인 도피의 유토피아였다는 사실이다. 역사가는 "과거 쪽으로 얼굴을 향하는 예언자"[103]라고 슐레겔이 주장했을 때, 이는 또 다른 각도에서 낭만주의 시인들의 과거 지향적인 도피성을 함축하고 있는 것이었다.

자본주의 이전에 존재했으나, 지금 와서는 잃어버리고 만 과거에 대한 동경이라고 했을 때, 그 잃어버린 과거란 과연 무엇인가 하는 의문이 제기될 수밖에 없다. 달리 말한다면 낭만주의적 반자본주의의 '긍정적' 가치들이 존재했던 과거의 실체란 무엇인가 하는 문제다. 어떤 본질적인 인간의 가치가 현실에서 사라지고 말았다는 쓰디쓴 확신으로 낭만주의적인 비전이 특징 지어진다면, 그 과거란 자본주의사회에서 인간이 경험하게 되는 물화나 소외 현상이 존재하지 않았던 사회를 뜻하는 것이리라. 그 사회는 에덴 · 황금시대 · 잃어버린 아틀란티스처럼 완전히 전설적이고 신화적인 것일 수도 있지만, 대부분의 경우 그것은 실제로 존재했던, 그러나 이상화된 과거였다.

일차적으로 그 과거란 중세를 가리키는 것일 수 있다. 사실 낭만적, 즉

---

103) Friedrich Schlegel, 앞의 책, 2: 176쪽.

'로맨틱'이라는 말은 어원적으로 중세 로만스어 문학과 관련된 채 지칭하는 것이기 때문이다. 여러 유형의 낭만주의적 반자본주의 집합체 내에서 가장 두드러진 특징이 과거 지향적인 성격이었다면, 낭만주의 시인들 대부분(대체로 독일 낭만주의 시인들)이 찾던 과거는 바로 중세였다. 슐레겔은 이렇게 노래했다.

중세는 얼마나 아름답게 별이 빛나는 밤이었던가? 오늘날 우리는 마치 혼돈스럽고 침침한 중간상태의 여명 속에 사는 것 같다. 중세의 밤을 밝혔던 별들은 이제 희미해지고 대부분 사라졌지만 날은 아직 밝아오지 않았다. 우주적인 이해와 축복의 새로운 태양 곧 떠오르리라 여러 번 예고되었지만 현실은 그 성급한 약속을 결코 확증해주지 않았다. 그 약속이 곧 실현되리라는 희망에 근거가 있다면 그것은 단지 일출 전의 새벽 공기 속에 감지할 만한 차가움이 감도는 것일 뿐.[104]

그의 초기 미학과 정치에 관련된 글을 통해 근대사회에서 공동체의 상실을 깊이 슬퍼했던 슐레겔은 그 원인을 날로 더해가는 시민사회의 이기주의와 물질주의에서 찾았다. 독일의 낭만주의적 정치사상에서 좀더 중요하고 흥미로운 측면 가운데 하나는 시민사회와 신흥 산업경제에 대한 비판이었다. 가령 슐레겔은 「프랑스 여행」에서 경제적 '이윤'의 추구야말로 근대사회에서 삶을 지배하는 기본원칙이자 모든 도덕적·영적 부패의 원천이라 보았다. 슐라이어마허와 노발리스도 그와 동일한 입장이었는데, 시민사회에 대한 그들의 주된 비판은 노동의 분업과 기계의 사용이 초래한 비인간화와 소외에 관한 것이었다. 노동의 분업과 기계의 사용은 인간들을 해방시키는 대신 오히려 노예로 전락시켰다. 이러한 현상을 슐

---

104) Ernst Fischer, *The Necessity of Art*, 59쪽에서 재인용.

레겔은 "부르주아지 인간은······ 기계로 변한다"[105]는 말로 간결하게 표현했다. 초기 낭만주의자들의 시민사회에 대한 비판을 자본주의에 대한 비판과 동일시하는 것은 잘못이지만, 그것은 헤겔과 마르크스의 전조가 된다는 점에서 특히 주목할 만하다.

시민사회에 대한 독일 낭만주의자들의 또 다른 불만은 물질주의였다. 노발리스·슐레겔·슐라이어마허는 한결같이 근대문화의 공리주의, 즉 사물을 오로지 육체적인 행복을 위한 수단으로만 평가하는 경향을 개탄했다. 더불어 낭만주의자들은 시민사회의 물질주의 못지않게 이기주의에 반대했다. 시민사회는 이기주의와 자기이익의 추구를 그 으뜸 원리로 정했다. 따라서 낭만주의자들에게 근대사회의 이기적인 윤리의 노예가 된 자들은 그들의 진정한 자아로부터 소외된 자들이었다.[106]

노발리스가 "공동체적인 정신으로부터의 도피는 죽음이다"[107]라고 말한 바 있기도 하지만, 낭만주의적 예술의 목적은 근대 인간 속에 진정한 공동체 의식을 부활시키는 것이었다. 슐레겔은 원래 고대 아테네의 공화제에서 그의 공동체 이상을 발견했다. 그러나 1790년대에 이르러 그의 이상이 이 현실에서는 실현될 수 없음을 간파하고 점차 비관적으로 되어 갔다. 그리하여 슐레겔은 날로 거듭되는 이기주의와 물질주의, 당시대 삶의 아노미를 비판하기 시작했다. 그에게 오늘날의 삶의 형태는 공동체의 이상으로부터 더욱더 멀어져가는 것처럼만 보였다.

노발리스의 영향 아래서 슐레겔은 중세를 바라보기 시작했다. 그는 중세 로만스를 낭만주의 예술의 시작이자 기본적인 패러다임으로 보았고, 중세야말로 진정한 국가의 시작이며 패러다임이라 보기 시작했다. 1791년

---

105) Friedrich Schlegel, 앞의 책, 8: 49~50쪽.
106) Frederick C. Beiser, 앞의 책, 232~235쪽.
107) Novalis, 'Blütenstaub 82', *Schriften*, Richard Samuel와 Paul Kluckhohn 공편 (Stuttgart, 1960~88) 2: 451쪽; Frederick C. Beiser, 앞의 책, 235쪽에서 재인용.

의 한 노트에서 그는 중세를 떠난 "그 어느 곳에서도 자유·평등·박애는 결코 존재하지 않았다"[108]고 토로했다.

고대 그리스가 실러·헤르더·청년 슐레겔의 이상이었다면, 중세는 그 누구보다도 노발리스에게는 선험적인 고향이었다. 이상적인 정부는 군주제와 공화제의 종합이라고 주장했던 노발리스가 중세에 이끌렸던 것은, 중세야말로 그가 혐오했던 신흥 부르주아지 사회의 안티테제이며 사실상 대안이라 보았기 때문이다. 현대 부르주아지 사회의 병폐들, 즉 이기주의·물질주의·아노미는 중세에는 존재하지 않았다. 이기주의가 아니라 사랑과 의무의 윤리가 있었다.

이처럼 독일 낭만주의자들은 중세적 공동체에 대한 이미지 속에서 모든 것이 이윤 추구로만 작용하는 자본주의의 부르주아적 사회보다 훨씬 인간적으로 우월한 가치가 지배하는 사회형태를 보았던 것이다. 어쩌면 로마 제국이라는 고전적인 국가 이상과 신성(神聖)이라는 중세 신국의 이상이 결합된 형태인 신성로마 제국이 지난 시대의 찬란한 이념을 '지금 여기서' 부활시키려는 독일 민족의 염원으로 남아 있었기 때문에 독일시인들에게 중세는 더욱 황금시대로 남아 있었는지도 모른다. 이상화된 중세시대의 비전은 이후 독일에서는 클라이스트·바그너, 영국에서는 워즈워스·콜리지, 다음 세대의 스콧·칼라일, 프랑스에서는 비니 등에 의해 문학적으로 표현되었다.

영국의 낭만주의는 그 어느 나라에서보다도 "근본적으로 산업혁명에 대한 자유주의 분자들의 반동"[109]으로 생겨난 것이라고 표현될 정도로 블레이크·워즈워스·콜리지·사우디를 비롯하여 제2세대인 바이런·셸리 등이 공장과 기계 생산에 토대를 둔 자본주의의 억압과 착취에 반항

---

108) Friedrich Schlegel, 앞의 책, 18: 299쪽.
109) A.하우저, 『문학과 예술의 사회사』(근세편 하), 240쪽.

의 필봉을 들었던 것은 널리 알려진 사실이다. 마르크스의 자본주의 고발 내용의 하나인 그 제도가 인간을 하나의 물품으로 변형시킨다는 주장을 일찍이 사우디와 콜리지가 분명히 예고했듯이, 영국 낭만주의 시인들은 초기 산업화의 공장제 노동이 인간에게 미치는 육체적·정신적인 고통과 유기적인 생활공동체의 파괴, 전반적인 도덕적인 삶의 타락에 주목했다.[110]

셸리가 「무정부상태의 가면」에서 자본주의사회에서의 착취와 소위 등 비참한 상태의 해결은 조직화되고 각성된 노동자에 의한 사회혁명을 통해서만 가능함을 지적한 바 있지만,[111] 산업혁명 기간에 가장 황량한 그림자를 던졌던 것은 가난도 질병도 아닌 노동 그 자체였다. 기계공업의 급속한 발전은 자연히 기업주와 노동자의 대립을 악화시켰고, 독점·공황·실업이라는 특수한 사회·경제현상이 발생, 확산되어 마침내 1811년 노팅엄에서 대규모 러다이트 폭동이라는 사건으로 발전되었다.

또한 빈민의 도시 집중현상과 저임금 실태는 사회불안을 야기시켰고, 그에 따라 노동자들의 결사를 탄압하는 금지법이 여러 개 생겨나기도 했다. 1819년 맨체스터에서 있었던 의회제도 개선을 주장하는 집회에서 경찰에 의해 수백 명이 학살된 것은 이러한 사회 현상을 단적으로 보여주는 예다.

바이런이 노팅엄 사건을 지지했던 사실과 셸리가 「무정부상태의 가면」이라는 장시를 통해 맨체스터 학살을 통렬히 비난했던 사실은 낭만주의 시인들이 당대의 정치·경제적 현실의 움직임과 그 문제점에 얼마나 민

---

110) 영국 낭만주의 시인들의 산업혁명에 대한 다각적인 반응에 관해서는 Tim Cloudsley, "Romanticism and the Industrial Revolution in Britain", *History of European Ideas*, 12: 5 (1990), 611~635쪽을 볼 것.

111) Thomas Hutchinson 엮음, *Poetical Works of Percy Bysshe Shelley* (Oxford: Oxford UP, 1970), 342~343쪽을 볼 것.

감했던가를 밝혀주고 있을 뿐만 아니라 바로 '산업화'의 초기단계에 영국 낭만주의 시인들은 자본주의가 가져온 병폐에 맞서 가장 반자본주의적인 태도를 취했던 전형적인 예술가였음을 보여주는 것이다.

일찍이 워즈워스도 영국 교회의 주교 왓슨이 행한 혁명 반대 설교에 대응하여 자신의 팸플릿 「랜더프의 주교에게 보내는 서한」(1793) 속에서 왓슨 주교와 버크를 향해 영국 노동자계급에게 가해지는 일상적인 테러, 즉 '노동·추위·굶주림의 고통'을 찬찬히 되새겨보도록 촉구한 적이 있었다.[112] 낭만주의자들의 진보적인 입장은 이처럼 산업화가 가중되던 당시 사회의 경제적인 억압구조를 철저하지는 않았지만 비판적으로 조명하는 시각을 엄중히 제공했다고 볼 수 있다.

E.P. 톰슨이 지적했듯이, 노동과 그들의 고용주에 대한 노동자들의 적대감, 일체의 공동체적인 결속의 상실[113]이야말로 산업혁명이 초래한 가장 부정적인 결과였다. 일찍이 블레이크에 의해서도 노동의 소외 문제가 간파되었지만, 낭만주의자들은 "인간의 노동이 단순한 상품으로 전화된다는 것이 무엇을 뜻하는지 정확히 알고"[114]있었으며, 전통적인 사회질서를 파괴하는 산업자본의 사회적인 지배에 대해 영국 낭만주의 문학가들은 한결같이 강력한 적개심을 품었다.

레이먼드 윌리엄스의 『문화와 사회』(1958)는 사회주의 관점에서 버크와 코베트에서 칼라일에 이르기까지, 블레이크와 셸리에서 디킨스에 이르기까지, 러스킨과 윌리엄 모리스에서 T.S. 엘리엇에 이르기까지 영국 낭만주의적 반자본주의의 전체 전통을 바라보았던 최초의 비평적인 평가

---

112) Harold Bloom, 'Prometheus Rising: The Backgrounds of Romantic Poetry Prologue', *Visionary Company: A Reading of English Romantic Poetry* (Ithaca: Cornell UP, 1971), xx쪽을 볼 것.
113) E.P. Thompson, 앞의 책, 447쪽.
114) A. 하우저, 앞의 책, 『문학과 예술의 사회사』(근세편 하), 241쪽.

라고 할 수 있다.[115] 이 책에서 윌리엄스는 예술을 "좀더 높은 현실"이라 긍정적으로 바라보았던 낭만주의 문학가들의 자세는 "산업주의에 대한 중요한 비판을 위한 직접적인 기초를 제공했다"[116]고 말한 바 있다.

그는 인간다운 가치를 구현하는 예술과 문화가 산업화의 격변 속에서 파괴의 위협에 놓인 상황, 말하자면 예술적인 가치의 상품화가 불가피한 상황 속에서도 예술과 문화를 '좀더 높은 현실'의 가치로 인식하고 이를 사수하려고 몸부림치던 낭만주의자들의 태도를 적극적으로 옹호했다. 이후의 저서 『마르크스주의와 문학』에서도 윌리엄스는 동일한 입장을 피력했다.[117] "지성과 도덕적 열정"을 가지고 공리주의에 맞서 싸운 낭만주의자들을 노동자계급과 더불어 최상의 인간들로 규정한 E.P. 톰슨의 입장도 이와 마찬가지다.[118]

낭만주의적 반자본주의와 유토피아적 비전

이상화된 과거이기는 하지만, 낭만주의적인 반자본주의 개념이 하나의 동경 또는 향수로서 함축하고 있는 자본주의 이전의 과거 사회는, 비단 중세사회에만 국한되지는 않는다. 낭만주의의 위대한 선구자인 루소에게, 봉건주의는 그 어떤 공감도 불러일으킬 수 없었다. 실러·횔덜린·셸링·헤겔·셸리·바이런, 그밖의 많은 이의 경우에 이상화된 과거, 동경의 대상은 고대 그리스 또는 '폴리스'였고,[119] 청년기의 루카치에게 그

---

115) Raymond Williams, *Culture and Society, 1780~1950* (New York: Columbia UP, 1983) 53쪽, 56쪽, 153쪽.
116) 같은 책, 43쪽.
117) Raymond Williams, *Marxism and Literature* (Oxford: Oxford UP, 1977), 160쪽 이하를 볼 것.
118) E.P. Thompson, 앞의 책, 832쪽.
119) Bernard Yack, 앞의 책, 121~122쪽. 그리고 Martin Bernal, *Black Athena: The*

것은 호메로스의 유기적인 공동체였으며, 하이네에게는 고대 예루살렘, 또 다른 이들에게는 과거의 전통적인 공동체, 즉 유기적인 원시공동체였다.

이상화된 과거가 그 무엇이든 간에, 낭만주의 시인들은 지금의 현실이 지난날의 어떤 본질적인 가치를 결핍하고 있다고 느끼기에 현재로부터 첨예한 소외의식을 느낄 수밖에 없는데, 그들에게 이 소외 의식은 때때로 진정한 고향에서 떠나 있는 듯한 추방의식으로 다가온다. 이 '추방'의식은 '현재'가 늘 품고 있는 잃어버린 과거에 대한 동경을 동반한다. 하우저에 따르면 실향성과 고립의 감정이야말로 초기 19세기 낭만주의자들의 근본적인 경험이었다.[120] 실러는 자기 나름대로 낭만주의자를 가리켜 "고향에 가고 싶어 노심초사하는 국외 추방자"[121]라 불렀다. 떠나온 고향, 이상화된 고향으로 낭만주의 시인들은 돌아가고자 하며, 이 열망이 바로 낭만주의적 반자본주의 비전의 중심을 이루는, 잃어버린 것에 대한 동경이다.

잃어버린 것에 대한 동경은 흔히 잃어버린 것의 추구로 이어진다. 그 추구는 여러 가지 방법으로 시도될 수 있지만, 한편에서는 현실적인 미래 속에서 이상적인 세계를 다시 구축하고자 하는 방향으로 나아가는 경향이 있다. 말하자면 낭만주의적·반자본주의적인 비전이 자본주의 이전 사회의 가치 속에 여전히 존재했던 과거의 한 순간을 포착하여, 그것을 유토피아로 변형시켜 낭만주의의 열망을 구현하는 경우가 그것이다.

이 경우 과거지향적인 낭만주의적 동경은, 마치 유대교의 메시아 사상이 "상호 밀접하게 연관되는 동시에 서로 모순을 이루는 두 경향, 즉 잃

Afroasiatic Roots of Classical Civilization (New Brunswick: Rutgers UP, 1987), 1: 289~296쪽을 볼 것.
120) A. 하우저, 앞의 책, 『문학과 예술의 사회사』(근세편 하), 204쪽.
121) 같은 책, 205쪽에서 재인용.

어버린 황금시대, 파괴되기 이전의 에덴에서의 이상적인 상태의 회복을 지향하는 복귀적인 경향과, 결코 존재하지 않는, 아직은 결코 실현될 수도 없는, 미래를 향한 유토피아적인 경향을 동시에 포함하고"[122] 있는 것과 마찬가지로 미래지향적인 유토피아적 비전과 맥을 같이하고 있다. 왜냐하면 산업화가 낳은 자본주의의 여러 병폐를 지양하고 다시 '유기적' 공동체를 꿈꾸는 이미지는, 역설적으로 자본주의 이전의 지난 사회에 대한 동경 그 자체 속에 이미 각인되어져 있기 때문이다.

이 경향은 자본주의 이전의 사회로 돌아간다는 것이 불가능함을 파악하고, 그 결함과 문화적인 쇠퇴에도 불구하고 산업화는 돌이킬 수 없는 현상이라 여김으로써 자본주의사회를 마지못해 받아들이는 '환멸적' 또는 '좌절적'인 낭만주의와는 다르다. 이는 낭만주의적 반자본주의 유형의 하나로서 퇴니에스를 비롯한 19세기 말 독일 사회학자들의 주된 입장이지만, 루카치가 '비판적 리얼리즘'이라 불렀던 움직임에 속하는 작가들, 가령 디킨스·플로베르·토마스 만 등도 이 흐름에 속한다고 말할 수 있다. 개혁을 위해서는 자본주의 산업문명에 대한 사회비평이 한층 더 중요한 것이라고 주장하는 개혁주의적인 경향에도 불구하고, 자본주의 이전의 사회가 가졌던 문화적인 가치의 소멸을 불가피한 것으로 부각시키고 있기 때문에, 이 유형의 낭만주의적 반자본주의는 이른바 '문화의 비극'이라는, 그 지멜적인 비극적인 세계관에서 벗어나지 못하고 있다.

그러나 이와는 반대로 미래지향적인 유토피아적 비전을 가진 낭만주의적 반자본주의의 흐름은 현재와의 화해를 거부한 채 미래에서 해결을 찾는다. 이 경우 과거에 대한 기억은 미래를 위한 투쟁에서 하나의 무기로서 아주 중요한 역할을 한다.[123] 혁명적인 유토피아로 특징 지을 수 있는

---

122) 이 책에 수록되어 있는 졸고 「역사의 천사—발터 벤야민과 그의 묵시록적 역사관」, 385쪽을 참조할 것.

이러한 낭만주의적 반자본주의는 불행히도 19세기 낭만주의 문학가들의 본질적인 특징이 되지는 못하고 있다. 이러한 형식의 낭만주의는 그 전형적인 시인으로 미래의 영국에서 새로운 예루살렘을 창조하려 했던 블레이크를 비롯한 극소수 문학가들을 제외하고는, 간극을 뛰어넘어 프랑스의 푸리에·카베·생–시몽, 영국의 오웬, 그 후의 모리스, 독일의 헤스, 그 후의 에른스트 블로흐 등 '낭만주의적' 사회주의자들의 열망이 되었던 것이다.

우리가 과거지향적인 낭만주의를 가리켜 단순히 반동적·보수적이라고 매도할 수 없는 것은, 그 과거에 대한 기억이 기억 그 자체로 그치는 것이 아니라, 잃어버린 과거의 본질적인 가치를 기억함으로써 현재를 비판하고 그 모순을 지양하여 미래에 구현할 이상사회의 실체를 마련하기 위한 '규제적인 원리'로 작용하기 때문이다. 굳이 에른스트 블로흐나 프레드릭 제임슨의 입장을 따르지 않는다 하더라도, 어떤 의미에서 '필연'의 왕국에서 '자유'의 왕국으로의 거대한 사회적 진전을 위한 '혁명행위의 일차적인 에너지가 전사적(前史的) 행복의 기억으로부터 비롯되는 한', 그것은 초기의 본질적인 가치를 회복하는 것이자 복귀다.

철저한 현실의 비판 위에서 미래지향적인 유토피아의 비전을 부각시켜주는 낭만주의적 반자본주의는, 이른바 '비판적인 리얼리즘'보다도 어쩌면 더 건강한 문학 장르를 낳을 수 있는 세계관이 될 수 있다. 사실 그의 인식에 한계가 있기는 하지만 피셔도 지적했듯이, 19세기의 근대 리얼리즘 소설은 낭만주의에서 비롯된 산물이다. 리얼리즘 소설의 대표 격인 발자크에게서, 특히 그의 젊은 날의 글 속에서 "프로메테우스적"이고 "좌파적인 낭만주의"[124]를 발견할 수 있는 것은 결코 우연한 일이 아니다.

---

123) 같은 글, 380~383쪽을 참조할 것.
124) Pierre Barbéris, 앞의 책, 177쪽.

피셔는 "낭만주의와 리얼리즘은 결코 상호배타적인 대립물이 아니다. 낭만주의는 오히려 비판적인 리얼리즘의 초기 양상이다. 근본적인 태도가 변모한 것이 아니라 오직 방법만이 달라져, 좀더 차갑고 객관적이고 냉랭해졌다"[125)]고 주장하는데, 말하자면 새로운 산업자본주의와 지배계급 부르주아지에 대한 반항에서 그 구조는 변했지만 반항의 근본적인 자세는 변함없이 남아 있다는 것이다.

나는 이 글을 마무리지으면서 나의 졸고 「우리시대의 리얼리즘」을 평가한 백낙청 교수의 "리얼리즘은 사실주의적이면서도 동시에 이상주의적이라는 단서가 붙기도 하는데, 리얼리즘의 기본 특징의 하나가 관념주의의 극복이라고 보는 입장에서 말한다면 이런 단서는 사실상 치명적인 후퇴가 되고 만다"[126)]는 글에 관심을 두고자 한다.

졸고에서 나는 나름대로 리얼리즘에 관련된 여러 난삽한 문제를 거론한 뒤 "리얼리즘은 낭만주의와 달리 세계를 일원론적으로 인식하기 때문에, 현실만을 경험적인 인식의 대상으로 인정한다. 현실의 본질이 모순이라는 것이 리얼리즘의 명제라면, 이 모순의 극복이 리얼리즘의 기본 정신이다. 리얼리즘 문학에 있어서 현실의 충실한 묘사 자체가 목적이 아니라 그 묘사는 단지 작가가 독자로 하여금 행동할 의지를 불러일으키게 해주는 수단에 지나지 않는다. 현실의 본질을 구체화시키는 이미지에다 작가는 현실이 어떻게 되어야 하는가의 상상적인 비전을 가해주는 것"[127)]이라고 정의한 바 있다.

내가 리얼리즘은 사실주의적이면서 동시에 이상주의적이라고 말했을

---

125) Ernst Fischer, 앞의 책, 103쪽.
126) 백낙청, 『민족문학과 세계문학 II』(서울: 창작과비평사, 1985), 372~373쪽을 볼 것.
127) 임철규, 『우리시대의 리얼리즘』(서울: 한길사, 1983), 167쪽. 이 글은 본래 『창작과 비평』(1980, 여름호)에 게재된 바 있다.

때, 그 '이상주의적'이란 것의 의미는 결코 관념론적인 이상주의가 아니라는 것을 독자는 간파할 수 있을 것이다. 마치 에른스트 블로흐, 그의 영향을 많이 받은 프레드릭 제임슨이 말하고 있는 '유토피아'와 '유토피아적'이라는 용어들이 관념론적인 뜻으로 사용되고 있지 않는 것과 마찬가지다. 블로흐의 경우, '현실과 유토피아는 서로 대립적인 것이 아니며 '지금'이야말로 유토피아의 유일한 관심사'[128]라 했으며, 유토피아적 비전을 그 비전에 사회적·경제적인 현실성을 부여할 수 있는 공산주의의 대의와 연결하고 있다.[129]

그에게 공산주의란 바로 '구체적 유토피아의 실천'[130]으로 이해되고 있다. 또한 제임슨에게는 '현실적인' 집단적 결속체, 그 어디에나 유토피아적인 측면이 있으며, 그것은 계급 없는 사회에서 이루어질 궁극적인 집단적 삶에 대한 알레고리가 되기 때문이다.[131] 내가 이상주의적이라고 한 것은 현실에서 실현 가능한 유토피아적인 세계를 함축한 이상주의이지 현실을 도외시한 관념론적인 측면에서의 이상주의는 아니다. 유토피아적인 낭만주의적 반자본주의의 개념이 내가 뜻하는 리얼리즘의 근본정신과 부합된다는 것도 이러한 맥락에서 받아들여졌으면 하는 것이 나의 심정이다.

---

128) Ernst Bloch, *Philosophische Aufsätze zur objektiven Phantasie* (Frankfurt am Main: Suhrkamp, 1969), 621쪽.
129) Wayne Hudson, *The Marxist Philosophy of Ernst Bloch* (New York: St. Martin's Press, 1982), 41~42쪽.
130) Ernst Bloch, *The Principle of Hope*, N. Plaice · S. Plaice · P. Knight 공역 (Oxford: Basil Blackwell, 1986), 17쪽.
131) Fredric Jameson, *The Political Unconscious: Narrative as a Socially Symbolic Act* (Ithaca: Cornell UP, 1981), 291쪽.

9
역사의 천사
― 발터 벤야민과 그의 묵시록적 역사관

역사의 천사

우리시대 "최후의 지식인"[1]이라고 일컬어지는 발터 벤야민(Walter Benjamin, 1892~1940)은, 1940년 9월 26일 에스파냐에 있는 한 국경 마을의 어느 조그만 호텔 방에서 자살로 그의 생을 마감하기 몇 달 전 「역사철학테제」라는 마지막 글을 남겼다. 난해하기가 이를 데 없는 이 신비스러운 글은 생전에 작가 자신도 그 글 속에 담긴 여러 생각을 가리켜 "이는 내가 20년 동안 보호해온 것들로서, 나는 심지어 나 자신으로부터도 이 생각들을 보호해왔다"[2]고 토로했을 만큼 이 지식인이 남긴 지적 유산의 전부라 해도 지나치지 않을 만한 글이다. 그러므로 벤야민의 생애를 추적한 한 비평가의 논평 그대로 「역사철학테제」는 "그의 사고 체계의 초점으로서, 그의 유언"처럼 "읽히는 것이 마땅한"[3] 글일지도 모른다. 이 글에

---

[1] Susan Sontag, "The Last Intellectual", *New York Review of Books* (1978년 10월 12일), 75~76쪽.
[2] Walter Benjamin, *Gesammelte Schriften*, Rolf Tiedemann과 Herman Schweppenhäuser 공편 (Frankfurt am Main: Suhrkamp Verlag, 1972~89), 1: 1226쪽. 이후 *GS*로 줄여 씀.

담겨 있는 여러 테제 가운데 그의 사상의 핵심을 이룬다고 할 수 있는 아홉 번째 테제에서 벤야민은 이렇게 말하고 있다.

클레가 그린 「새로운 천사」라고 불리는 그림이 하나 있다. 이 그림 속의 천사는 마치 자신이 응시하고 있는 어떤 것으로부터 금방이라도 멀어지려 하는 것처럼 보이도록 묘사되어 있다. 그 천사는 눈을 크게 뜨고 있고 입은 열려 있으며 그의 날개는 펼쳐져 있다. 역사의 천사 또한 바로 이렇게 보일 것임이 틀림없다. 그의 얼굴은 과거를 향하고 있다. '우리들' 눈앞에, 일련의 사건들이 속속 그 모습을 드러낸 바로 그곳에서, '그는' 쉼 없이 잔해 위에 또 잔해를 쌓이게 하고 또 그 잔해를 그의 발 앞에 내팽개치는 단 하나의 파국을 바라보고 있다.

천사는 머물러 있고 싶어하며, 죽은 자들을 불러 일깨우고 또 산산이 부서진 것을 모아서 이를 다시 결합시키고 싶어한다. 그러나 낙원으로부터는 폭풍이 불어오고 있고, 그 폭풍은 그의 날개를 꼼짝달싹 못하게 할 정도로 세차기 때문에 천사는 그의 날개를 더 이상 접을 수도 없다. 이 폭풍은 그가 등을 돌리고 있는 미래 쪽으로 향하여 그를 간단없이 떠밀고 있으며, 반면 그의 앞에 쌓여가는 잔해의 더미는 하늘까지 치솟아 오르고 있다. 우리가 진보라고 일컫는 것은 바로 '이러한' 폭풍을 두고 하는 말이다.[4]

---

3) Werner Fuld, *Walter Benjamin: Zwischen den Stühlen* (München Wien: Hanser Verlag, 1979), 288쪽. Werner Fuld는 1992년에 이 책을 다시 보충해서 *Walter Benjamin: Eine Biographie* (Reinbeck bei Hamburg: Rowohlt Taschenbuch Verlag, 1990)를 내놓았지만 결정적으로 커다란 차이점은 없으므로 앞으로의 인용문은 1979년판을 따를 것이다.
4) 발터 벤야민, 『발터 벤야민의 문예이론』, 반성완 편역 (서울: 민음사, 1983), 348쪽. 「역사철학테제」에서 인용되는 모든 번역은 반 교수의 번역에 따른다. 그러나 그 편역에서 빠져 있는 그밖의 벤야민 글의 인용문은 주2)에서 언급한 그의 독일 저서 원전(약칭 GS)에 따른다. 「역사철학테제」의 번역 인용문에 관한 한, 앞의 쪽수는 독일

파울 클레의 그림인 「새로운 천사」는 벤야민이 1921년에 구입한 수채화다. 그의 지적 발전을 처음부터 끝까지 지켜본 지적 동반자이자 시온주의자들 가운데 유일한 그의 친구였던,[5] 유대교 신비주의와 메시아 사상 연구에서 최고의 석학인 숄렘(1891~1982)에 따르면, 벤야민은 오랫동안 이 그림을 가장 중요한 '명상'의 대상으로 삼았다고 한다.[6] 미국으로 망명하기 위해 당시 나치의 지배 아래 있던 프랑스를 탈출, 피레네 산맥을 넘어 에스파냐 국경 마을에 다다르기까지 벤야민이 마지막 순간까지도 가장 아꼈던 이 그림의 천사는 「역사철학테제」에서 최종적으로 '역사의 천사'로 변모되고 있다.

벤야민의 「역사철학테제」를 이끌어나가는 주제 가운데 하나는, 계몽주의의 유산의 하나인 '진보주의적' 역사관과 '속류' 마르크스주의자들의 역사인식에 대한 비판이다. 모든 역사적인 사건은 진보를 향해 앞으로 움직인다는 낙관적인 사상에 벤야민은 도무지 동의할 수가 없었다. '진보'에 대한 그의 통렬한 공격은 벤야민이 지금까지의 인류의 역사를 참화의 연속, "잔해 위에 잔해를 쉼없이 쌓이게 하는…… 단 하나의 파국"으로 규정하는 데서 잘 드러나고 있다. 잔해의 더미가 "하늘까지 치솟아 오르고 있는" 광경을 목격함으로써 마침내 '역사의 천사'는 역사의 비인간성

원전, 괄호 속의 쪽수는 그 편역서의 쪽수를 말한다. 아홉 번째 테제에서 반 교수가 놓친 번역 부분, "그의 얼굴은 과거를 향하고 있다"는 구절을 인용문에 첨가했고, '천국'이라는 번역을 '낙원'으로, '우리들'의 발 앞에를 '그의' 발 앞으로 바꾸었다. 그리고 그밖의 문장들을 조금씩 다듬은 부분도 있다.

5) Werner Fuld, 앞의 책, 41쪽.
6) Gershom Scholem, *Jews and Judaism in Crisis: Selected Essays*, Werner J. Dannhauser 옮김 (New York: Schocken Books, 1976), 219쪽. 이 그림은 벤야민의 유언에 의해 숄렘에게 주어졌으며, 예루살렘에 있는 숄렘 저택의 거실에 걸려 있다가 1989년 이스라엘 박물관에 미망인에 의해 기증되었다. Robert Alter, *Necessary Angels: Tradition and Modernity in Kafka, Benjamin, and Scholem* (Cambridge/M.A.: Harvard UP, 1991), 113쪽을 볼 것.

에 처절한 절망을 쏟아내는 것처럼 보인다.

역사에 대한 벤야민의 이러한 인식은 학생시절부터 말년에 이르기까지—브레히트의 영향 아래서 기계적인 진보사상을 바탕으로 혁명적인 정치를 추구했던 1933년과 1935년 사이의 짧은 기간을 제외하고는—그의 모든 글을 통해서 한결같았다. 말하자면 역사를 그칠 줄 모르는 타락과 파멸의 과정으로 간주했던 그의 통찰은, 1921년의 「신학-정치적 단상」과 1928년의 『독일 비애극의 원천』에서 처음 나타난 이후[7], 그의 정치사상의 초석으로 남아 1940년에 마르크스주의적 관점에서 쓴 「역사철학테제」에 이르기까지 한치의 흔들림도 없이 유지되고 있다. 그러나 그가 '진보'사상에 대해 철저한 불신에 사로잡히게 된 결정적인 계기는 히틀러와 스탈린 사이에서 체결되었던 불가침조약이었다. 숄렘에 따르면 「역사철학테제」는 바로 그 조약이 던진 충격으로부터 탄생한 것이기 때문이다.[8]

제1차 세계대전의 경험에서도 그러했지만, 제2차 세계대전의 발발로 인한 벤야민의 전쟁에 대한 공포—이번에는 그 전쟁이 '모든 문명의 종말'을 가져오고 말 것이라는 확신[9]에 의해 강화된—는 그를 돌이킬 수 없는 절망으로 몰아넣었다. 그의 동생을 비롯한 수많은 유대인에게 자행되었던 나치의 만행, 스탈린 치하의 대숙청, 무엇보다도 암울한 정치적 미래의 위협에 맞서는 유일한 희망으로 남아 있던 볼셰비키 국가, 소련이

---

7) Walter Benjamin, *The Origin of German Tragic Drama*, John Osborne 옮김 (London: New Left Books, 1977), 166쪽을 볼 것.
8) Gershom Scholem, *Walter Benjamin: Die Geschichte einer Freundschaft* (Frankfurt am Main: Suhrkamp Verlag, 1975), 274쪽 이하. 같은 저자, *Walter Benjamin: The Story of a Friendship*, Harry Zohn 옮김 (Philadelphia: The Jewish Publication Society of America, 1981), 221쪽 이하.
9) Gershom Scholem, 같은 책, *Walter Benjamin: Die Geschichte einer Freundschaft*, 279쪽. 그리고 같은 저자, 같은 책, *Walter Benjamin: The Story of a Friendship*, 224쪽을 참조할 것.

그 대의를 저버린 채 1939년 8월 23일 나치 독일과 불가침조약을 맺었다. 그로부터 일주일 후에는 히틀러로 하여금 폴란드를 침공하게까지 허용했던 그 역사적인 배신은 벤야민으로 하여금 역사의 진보에 대한 회의적인 입장을 취하게 할 수밖에 없었다.

그 역사적인 배신으로 인해 벤야민은 볼셰비즘에 대한 신뢰를 도무지 유지할 수가 없게 되었다. 사실 벤야민과 공산주의의 관계에서 결정적인 전환점은 불가침조약에 훨씬 앞서 그에게 다가와 있었다. 벤야민에게도 스탈린 치하의 대숙청은 형용할 수 없는 충격과 좌절을 안겨주었으므로 1936년 8월에 그는 "어찌할 바를 몰랐다"[10]고 토로했고, "러시아의 파괴적인 영향은…… 필연적으로 보다 광범위한 영향을 미칠 것"을 예측하면서 그로 인한 최악의 사태는 "지식인들의 침묵을 가져오는 것"[11]이라고 한탄했다. 이 말은 그가 자신의 희망과 인식론의 기초로 삼았던 혁명의 이념이 배신당한 데 대한 절망적인 무력감을 암시하는 것이다.

그 이전까지만 해도 벤야민을 비롯한 파시즘의 반대파들은 소비에트 공화국의 정치지도자들, 그리고 그들과 동맹을 맺은 프랑스 공산당, 프랑스로 망명지를 정한 독일 공산주의자들, 독일 사회민주주의자들에게서 그들의 논리적인 희망을 확인할 수 있었다. 그러나 그 대숙청에 의해, 그 세계대전 출발에서부터 파시즘 국가들의 승리에 의해, 스탈린의 동맹자라는 이유로 히틀러를 환영함으로써 반파시스트 전략의 실패를 자초했을 뿐만 아니라 벤야민이 열 번째 테제에서 분명히 밝히고 있듯, "파시즘 앞에서 무릎을 꿇고 자신들이 내걸었던 스스로의 대의를 저버림으로써 그들 자신의 패배를 확인시키고 있는"[12] 사회민주주의자들을 포함한 당시

---

10) Walter Benjamin, *Briefe*, Theodor W. Adorno와 Gershom Scholem 공편 (Frankfurt am Main: Suhrkamp Verlag, 1966), 722쪽.
11) 같은 책, 733쪽.
12) *GS* I, 698(350)쪽.

스탈린주의 정치가들, 즉 프랑스 공산당과 독일 공산주의자들의 혁명 이념의 배신 등에 의해, 그들의 희망은 산산이 부서지고 말았다.

이와 같은 절망적인 역사의 경험을 통해 벤야민은 역사를 바라보는 비전의 중심에 '파국'(破局)이라는 개념을 두게끔 되었던 것이다. '잔해 위에 또 잔해'라는 이미지에도 분명히 나타나고 있듯이, 그에게 진보란 파국의 영원한 반복에 불과했다. 「역사철학테제」를 내놓기 위해 준비했던 노트 가운데 하나에서도 그는 "파국은 진보다. 진보는 파국이다. 파국은 역사의 연속성이다"[13]라고 주장하고 있다. 아홉 번째 테제에서 벤야민은 "역사의 천사가 등을 돌리고 있는 미래 쪽을 향하여 그(천사)를 간단없이······ 떠밀고 있는" 세찬 폭풍이야말로 "우리가 진보라고 일컫는 것"이라고 말함으로써 폭풍이라는 이미지를 빌려 진보의 파국성을 표현한다. 동시에 그는 어떠한 진보사상도 결국은 실패할 수밖에 없음을 암시하고 있는 것이다. 왜냐하면 '역사의 천사' 앞에 쌓이는 "잔해 더미는 하늘까지" 계속 "치솟아오르고" 있기 때문이다.

진보의 개념을 "역사의 연속성으로서의 파국"[14]으로 대체하면서 벤야민은 열세 번째 테제에서 "인류의 역사적 진보라는 개념은 동질적이고 공허한 시간을 관통하는 역사의 발전과정이라는 개념과 분리해서 생각할 수 없는 것이다. 그러므로 진보라는 개념에 대한 비판의 바탕은 우선 이러한 역사의 발전과정이라는 개념에 대한 비판이 되지 않으면 안 된다"[15]고 말한다. 그리하여 진보와 파국의 동일화는 무엇보다도 '역사적인 의의'를 가지게 된다. 피억압자들의 관점에서 본다면 과거는 끝없는 일련의 파국적인 패배에 지나지 않기 때문이다. 벤야민은 일곱 번째 테제에서 "그때마다 새로운 지배자는 그들 이전에 승리를 거두었던 모든 이들

---

13) 같은 책, 1244쪽.
14) 같은 책, 1244쪽.
15) 같은 책, 701(352~353)쪽.

의 상속자다"[16]라고 주장하고 있다. 이점에서 벤야민은 "지금까지 모든 역사는 승리의 관점에서 씌어져왔다"고 파악한 니체의 인식을 따르고 있다.[17]

역사의 연속성으로서 파국의 개념에 벤야민은 역사의 비연속성을 대립시키며, 이와 같은 방법을 그는 "정지상태로 이르는 변증법"[18]이라고 일컫는다. 혁명이란 쉼없는 진보의 종국적인 순간이 아니라, 역사의 연속성을 폭파함으로써 역사를 정지시키고 현실의 급진적인 변혁을 유도하는, 보다 높고 깊은 삶의 형식의 갑작스러운 출현이다. 파국으로 점철된 진보에 불과한 역사의 연속성을 과감히 폭파시키는 이 돌연한 역사의 정지상태, '정지상태로 이르는 변증법'을 벤야민은 역사의 비연속성의 개념으로 설명한다. 이 개념을 통해 그는 계몽주의의 유산인 19세기의 역사주의와, 제2차 인터내셔널 기간에 부각되었던 '속류' 마르크스주의적 입장, 즉 '인류 자체의 진보' '아직도 완결되지 않는 진보' '끊임없이 발전하는 진보'로서의 진보주의적 역사관, 다시 말하자면 "동질적이고 공허한 시간"[19]만이 끊임없이 진행되는, 진보주의 역사관과 결정적인 분리를 이루는 것을 동시에 꾀하고 있다. 이와 더불어 "모든 것이 그대로 계속된다는 사실이 바로 파국이다"[20]라고 표명함으로써 마침내 벤야민은 진보주의 역사관에 대한 그의 감출 수 없는 혐오를 드러내고 있다.

열 번째 테제에서 벤야민은 진보에 대한 믿음을 여전히 신봉하고 있는 동시대의 '정치현세주의자들', 그들의 타협주의로 인해 "독일의 노동자 계급을 타락시킨"[21] 사회민주주의자들이 쳐놓은 '진보'라는 함정을 제거

---

16) 같은 책, 696(347)쪽.
17) Friedrich Nietzsche, *Unzeitgemässe Betrachtungen* (München: Goldmann 1964), 429쪽.
18) *GS* V, 587쪽.
19) *GS* I, 700쪽, 702(352, 354)쪽.
20) 같은 책, 583쪽.

하는 것이야말로 자신의 역사 개념의 목적이라고 밝힌다. 여덟 번째 테제는 이의 구체적인 정치적 의미를 밝히면서 이러한 사상을 표명하고 있다.

억눌린 자들의 전통이 우리에게 가르치고 있는 교훈은, 오늘날 우리들이 살고 있는 '비상사태'라는 것이 사실은 예외가 아니라 상례라는 점이다. 우리는 이러한 인식에 상응하는 역사의 개념에 도달하지 않으면 안 된다. 그렇게만 된다면 진정한 비상사태를 도래시키는 것이야말로 우리의 임무라는 사실이 명약관화해질 것이고, 이를 통해 우리가 파시즘에 대한 투쟁에서 갖는 입장도 개선될 것이다. 파시즘이 승산을 갖는 이유 가운데 하나는, 그 반대파들이 진보라는 이름을 하나의 역사적인 규범으로 삼음으로써 파시즘에 대항하고 있다는 사실이다.[22]

벤야민에게 역사의 연속성이란 "억압하는 자들의 연속성"[23]이므로 "마르크스에 의해 훈련을 받은"[24] 역사적인 유물론자라면 일곱 번째 테제에 등장하는 그 유명한 구절처럼 "결에 거슬러 역사를 손질하는 것"[25]을 배우지 않으면 안 된다. 왜냐하면 진보는 파국의 연속적인 '잔해'를 축적시킬 뿐이지만, 그와 달리 혁명은 "시대의 물결을 타고 나아가는 것"[26]이 아니라 역사의 맹목적인 힘에 맞서는 격렬한 투쟁이며, 그 목적과 결과를 미리 가늠할 수 없는 어렵고도 장구한 투쟁이기 때문이다.

간단히 말하면 역사에 '비상사태'를 불러일으키는, 즉 역사에 돌연한 '구원의 정지'를 가져오는 벤야민의 역사의 비연속성의 개념은 피지배계

---

21) 같은 책, 698(350)쪽.
22) 같은 책, 697(347)쪽.
23) 같은 책, 1236쪽.
24) 같은 책, 694(345)쪽.
25) 같은 책, 697(347)쪽
26) 같은 책, 698(350)쪽.

급의 고통으로 점철되어온 역사에 이제는 종지부를 찍자는 주장이며, 따라서 그의 개념은 피지배계급의 혁명적인 도약을 방해하는 모든 것에 반대하므로 '결에 거슬러 역사를 손질하는 것'을 역사적 유물론자의 과제로 삼는다. 일찍이 벤야민은 「에두아르트 푹스―수집가와 역사가」(1939)라는 글에서도 역사적 유물론자(유물론적 역사가)의 과업은 역사주의의 "과거의 영원한 이미지를 파괴하고" "역사의 연속성을 폭파시키는 현재의식"[27]을 명확히 하는 것이라고 주장한 바 있었다.

우리는 보통 역사적 유물론을 이야기하면서 이를 어떤 목적에 의해 규정된 합리적·변증법적인 과정으로 역사를 바라본다는 관점과 연관시키지만, 벤야민의 「역사철학테제」에는 이러한 헤겔식의 개념은 전혀 존재하지 않는다. 여기서 벤야민이 배척하고 있는 역사주의는 보드리야르가 배척하고 있는 역사적 유물론과 비슷한 것으로서, 그는 유토피아란 결코 미래 그 자체에 대한 것이 아니라 연속적·직선적인 역사의 시간을 중지하는 노력에 대한 것이라고 파악하는 보드리야르의 시각과 유사한, 그러므로 통념과는 전혀 다른 개념의 역사적인 유물론을 설정하고 있다.[28] 어떤 의미에서 역사주의에 대한 벤야민의 비판은 데리다의 이른바 '역사의 형이상학적 개념'에 대한 비판과 거의 맥을 같이하고 있다.[29] 헤겔의 논리와는 달리 그에게는 오직 '정지상태로 이르는 변증법'이 있을 뿐이다.[30]

---

27) *GS* II, 468쪽.
28) 이에 관해서는 Poptcolonial McGee, *Telling the Other: The Question of Value in Modern and Postcolonial Writing* (Ithaca: Cornell UP, 1992), 22~24쪽을 볼 것.
29) Jacques Derrida, *Of Grammatology*, Gayatri Charkravorty Spivak 옮김 (Baltimore: Johns Hopkins UP, 1974), 85쪽을 볼 것. 역사에 관한 이러한 입장에서 데리다와 벤야민의 유사성에 대해서는 Tejaswini Niranjana, *Siting Translation: History, Poststructuralism, and the Colonial Context* (Berkeley: U of California Press, 1992), 141~162쪽을 참조할 것.
30) 역사철학의 보다 넓은 전통 안에서 벤야민의 역사서술 원칙들을 논하는 책으로는 Ralf Konersmann, *Erstarrte Unruhe: Walter Benjamins Begriff der Geschichte*

벤야민은 '정지상태로 이르는 변증법', 말하자면 역사의 비연속성의 개념을 구체적인 이미지로 돋보이게 하기 위해 열다섯 번째 테제에서 "역사의 연속성을 폭파시키고자 하는 의식은, 행동을 개시하려는 순간의 혁명 계급에 고유한 것이다…… 이러한 역사의식이 아직도 생생하게 살아 있었던 것은 1848년 7월혁명 동안 일어났던 하나의 돌발적인 사건에서였다."[31)]고 지적하면서, 혁명의 첫째 날 파리의 여러 다른 지점에 위치한 시계탑들이 동시에 총격을 입었던 특별한 사건을 회상하고 있다. 벤야민은 시계탑 아래 모여들었던 분노한 시민들이 시계탑에 총격을 가함으로써 시간을 정지시키려 했던 장면을 증언하는, 당시 익명의 시인이 한 말을 다음과 같이 인용하고 있다.

새로운 여호수아가 시간이 못마땅하기라도 하듯 시계탑에 총을 쏴서 시간을 정지시켰다고 한다.[32)]

벤야민에게 진정한 혁명의 순간은 역사의 연속성, 즉 '시간성'[33)]이 이와 같이 정지되는 순간이다. 이 점에서 벤야민은 마르크스와 다르다. 후기에 속하는 한 단편적인 글에서 그는 "마르크스는 혁명을 세계사의 기관차라고 말한다. 그러나 그렇지 않을 수도 있다. 아마도 혁명은 그 기관차를 타고 있는 인간이 비상 브레이크를 움켜잡는 것"[34)]이라고 규정하고

(Frankfurt am Main: Fischer Taschenbuch Verlag, 1991)를 볼 것. 특히 기존의 비평가들의 견해와 달리 랑케와 벤야민의 역사인식의 유사성에 관한 논의에 대해서는 같은 저자, 같은 책, 95~101쪽을 볼 것.

31) *GS* I, 701~702(353)쪽.
32) *GS* I, 702(304)쪽.
33) 이에 관해서는 Timothy Bahti, *Allegories of History Literary Historiography after Hegel* (Baltimore: Johns Hopkins UP, 1992), 193쪽을 볼 것.
34) *GS* I, 1232쪽.

있다. 비단 '속류' 마르크스주의자들뿐만이 아니라, 이따금 통속적인 색채를 띠곤 하던 마르크스까지도, 진보의 대서사적 플롯[35]에 대한 벤야민의 냉혹한 비판에서는 벗어나지 못하고 있는 것이다.

'과거를 향해 내딛는 호랑이의 도약'

벤야민의 아홉 번째 테제에서 우리는 '역사의 천사'가 과거 쪽을 바라보고 있다는 사실에 주목한 바 있다. 왜 천사의 얼굴은 과거를 향하고 있는 것일까? 벤야민은 두 번째 테제에서 이렇게 말하고 있다.

> 행복의 이미지 속에는 구원의 이미지가 그와 불가분의 관계를 맺고 함께 꿈틀거리고 있다. 역사가 주로 관심을 두는 과거의 이미지도 이와 동일한 양상을 취하고 있다. 과거는 구원을 기다리고 있는 어떤 은밀한 목록을 함께 간직하고 있다.[36]

열두 번째 테제에서 그는 또 이렇게 말하고 있다.

> 역사적 인식의 주체는 투쟁하는 피지배계급 자신이다. 마르크스에게 이 계급은 패배한 세대의 이름으로 해방의 과업을 마지막까지 수행하는, 억압받고 또 복수하는 최후의 계급으로 등장한다. 스파르타쿠스단(團)에서도 다시 한 번 잠깐 나타났던 이러한 의식을 사회민주주의자들은 언제나 혐오했다. 30여 년이 지나는 동안 그들은 지난 세기를 규합하고 또 뒤흔들어놓았던 블랑키와 같은 목소리와 이름을 말살

---

35) 필자는 이 용어를 프랑스의 포스트모더니스트인 F. 리요타르가 사용하는 의미와 거의 동일한 의미로 사용한다.
36) *GS* I, 693(344)쪽.

하는 데 성공했다. 사회민주주의는 노동자계급에게 앞으로 다가올 '미래' 세대의 구원자로서의 역할을 부여함으로써 이에 자족했고, 이를 통해 노동자계급으로부터 그들이 지닌 가장 큰 힘의 원천인 심줄을 잘라버렸던 것이다. 노동자계급은 이러한 훈련 과정에서 곧 증오와 희생정신을 망각해버렸다. 왜냐하면 증오와 희생정신은 해방된 손자들의 이미지가 아니라 짓밟히고 억눌린 선조들의 이미지에 의해 자라고 북돋워지기 때문이다.[37]

벤야민의 「역사철학테제」의 중심 주제 가운데 또 하나는, 역사적 유물론자의 과업은 미래의 창조가 아니라 과거의 구원이라는 점이다. 초기의 몇 년을 제외한다면, 마르크스 또한 프롤레타리아트는 과연 죽은 자들을 위해 혁명을 일으켜야 할 것인가 아니면 미래의 후손을 위해 혁명을 일으켜야 할 것인가 하는 생각을 결코 저버린 적이 없었다. 그러나 『루이 보나파르트의 브뤼메르 18일』에서 마르크스는 "모든 죽은 세대들의 전통이 살아 있는 자들의 머리 위를 악몽처럼 내리누른다"고 지적하면서, 그러나 "19세기의 사회혁명은 과거가 아니라 오직 미래에서 그 혁명의 시(詩)를 끌어낼 수 있다…… 19세기의 혁명은 죽은 자들로 하여금 스스로를 매장케 하지 않으면 안 된다"[38]고 주장했다.

만일 부르주아지 혁명이 이전 시대의 의상(衣裳)을 걸친다면, 바로 그런 의미에서 죽은 세대의 전통이 '살아 있는 자들의 머리 위를 악몽처럼 내리누른다면', 새로운 혁명의 과업은 과거와는 근본적으로 다른 모습을 취하지 않으면 안 될 것이며, 그러므로 '죽은 자들로 하여금 스스로를 매

---

37) 같은 책, 700(351~352)쪽.
38) Karl Marx, 'The Eighteenth Brumaire of Louis Bonaparte'(1869), Karl Marx · Friedrich Engels, *Selected Works in One Volume* (London: Lawrence and Wishart, 1970), 97쪽, 99쪽.

장케 하지 않으면 안 된다'고 마르크스는 강조했던 것이다.

그러나 벤야민은 그와는 반대로 말하고 있다. 마르크스와는 달리 과거 쪽을 되돌아봄으로써 그는 구원의 세속적인 형식이라 할 해방만을 강조했던 마르크스를 지양하고 있다. 죽은 자들로 하여금 스스로를 매장케 하지 않으면 안 된다고 말하는 것은, 바로 그 죽은 자들로 하여금 혁명의 계기가 되기를 포기하도록 하는 것으로 해석될 수 있다.

그러나 동시대의 프롤레타리아트는 사실상 과거의 억압과 착취의 대상이었던 다수의 노예와 노동자들, 말하자면 피억압 계급의 후예에 다름아님을 강력하게 환기시킴으로써 벤야민은 마르크스보다 한층 더 기억을 통한 연대(連帶)의 본질을 부각시켜주고 있다. 만일 19세기 혁명 또는 프롤레타리아트 혁명의 표어가 진정 죽은 자들의 '망각'이라면, 과연 마르크스는 과거와의 단절을 역사의 '시작'이라 생각하는 것인가? 그렇지는 않다. "오랫동안 세계가 소유하고자 꿈꿔왔던 것"[39]을 보다 훌륭한 미래가 요구하고 있다는 걸 마르크스 또한 벤야민 못지않게 절감하고 있었기 때문이다.

벤야민에 따르면, 증오와 희생정신에 불타는 프롤레타리아트의 혁명의식은 미래 후손들의 해방이라는 이상에 의해서가 아니라 '짓밟히고 억눌린' 선조들에 대한 기억에 의해서 자라나는 것이다. 왜냐하면 '피억압계급의 전통'은 혁명적인 행동을 위한 자극과 계기를 제공해주기 때문이다. 동시대 프롤레타리아트의 건망증이 죽은 자들의 짓밟힌 영혼을 무시한다면, 그 혁명적인 계급은 심장이 없는 노동자계급에 불과하며, 혁명은 단지 기계적인 변화만 추구하는 시도로 전락할 위험에 처하게 된다.

기억이라는 차원이 없다면 어떠한 휴머니즘도 결국 사이비 해방의 또

---

[39] 루게에게 보낸 편지, Karl Mark · Friedrich Engels, *Collected Works* (New York: International Publishers, 1975), 3: 144쪽.

하나의 이데올로기에 불과할 뿐이다.[40] 하버마스가 주장하듯이, 벤야민에게 기억이 해방적인 힘으로 작용할 수 있는 것은, 그것이 과거를 망각하고 있는 현재의 죄를 말끔히 씻는 데 도움을 주기 때문이다.[41] 이름 없는 병사의 묘비는 보는 이로 하여금 그 병사의 운명을 매일 떠올리게 하며, 그러므로 그 죽음에도 불구하고 병사는 계속 살아남아 있는 것이라고 브레히트가 부르짖었던 것도[42] 과거와 맺는 현재의 연대가 얼마나 혁명적인 성격을 내포하는가를 말해주고 있다.

바로 그렇기 때문에 벤야민의 '역사의 천사'는 그 얼굴을 과거로 향하고 있는 것이다. 혁명적인 동기부여도 뒤를 돌아봄으로써 창조된다. 역사가는 "과거 쪽으로 얼굴을 향하는 예언자"[43]라는 슐레겔의 말을 좋아했던 벤야민은, "혁명적 기회의 신호" 또한 "억압된 과거를 위한 투쟁"[44]에서 나타나는 것으로 파악하고 있다. "최후의 심판은 과거 쪽으로 얼굴을 돌리는 현재"[45]라는 그의 주장도 이러한 각도에서 이해될 수 있는 것이다. 「역사철학테제」에서 주장했던바, 역사적 유물론자의 임무는 죽은 자들을 망각으로부터 구원해내기 위한 역사의 기록이다. 따라서 한때 벤야민은 "역사가는 죽은 자들을 식탁에 초대하는 사자(使者)"[46]라고 불렀으

---

40) 이에 관해서는 Christian Lenhardt, "Anamnestic Solidarity: The Proletariat and its Manes", *Telos* 25 (1975, 가을호), 133~154쪽을 참조할 것.
41) Jürgen Habermas, *The Philosophical Discourse of Modernity Twelve Lectures*, Frederick G. Lawrence 옮김 (Cambridge/M.A.: MIT, 1991), 15쪽을 볼 것.
42) Bertolt Brecht, *Gesammelte Werke* (Frankfurt am Main: Suhrkamp Verlag, 1976) IX, 428쪽을 볼 것.
43) Friedrich Schlegel, "Athenäums-Fragment", Kritische Ausgabe, Ernst Behler 편 (Munich: Schöningh, 1958~87), 2: 176쪽. 이 말은 벤야민의 *GS* I, 1237쪽에서도 인용되고 있다.
44) *GS* I, 703(354~355)쪽.
45) 같은 책, 1232쪽.
46) Ron ald Beiner, "Walter Benjamin's Philosophy of History", *Political Theory*, 12: 3 (1984), 431쪽에서 재인용.

며, 과거로부터 그 죽은 자들을 구원해내는 것은 곧 혁명이기 때문에 그는 열네 번째 테제에서 혁명을 진보와 구별하여 "과거를 향해 내딛는 호랑이의 도약"[47]이라고 일컬었던 것이다. 그러나 호르크하이머도 벤야민에게 단언했듯이, 사실 "과거의 불의·테러·고통은 돌이킬 수 없는 것"[48]이기는 하다. 그렇다면 1928년에 쓴 벤야민의 한 책에 붙여진 제명 그대로, 역사는 뒤집어질 수 없는 '일방통행로'이기에 죽은 자들은 여전히 죽은 자들에 불과하고, 또 전자의 주장처럼 역사는 늘 완결적이기에 '역사의 천사'는 자신 앞에 계속 쌓여가는 잔해 더미밖에 볼 수 없다는 것인가? 그리하여 이글턴이 유감스럽게 단언했듯이, "죽은 자들은 오직 혁명적인 상상력 속에서만 다시 살아날 수 있다"[49]는 말인가.

그러나 아홉 번째 테제에서 벤야민은 '죽은 자들을 불러 일깨우고' 싶어하는 천사의 열망을 보여줌으로써 호르크하이머의 주장에 대응하고 있다. 그와 같은 천사의 열망은 물론 우리의 열망과 희망을 대신하는 것이지만, 벤야민의 논의 뒤에 숨은 목소리는 만일 이러한 희망을 마음속 깊이 간직함이 없다면 우리는 결국 죽은 자들을 한 번 더 죽이고 마는 결과를 낳으리라 말하고 있다. 기억을 통한 연대의 본질을 극명하게 표출해주는 것이 바로 이 희망인 것이다.

근원

'과거를 향해 내딛는 호랑이의 도약'이라는 이미지로 벤야민이 풀이했던 혁명, 말하자면 "역사의 연속성에 갑작스러운 '구원의 정지'"[50]를 가

---

47) *GS* I, 701(353)쪽.
48) *GS* II, 1232쪽.
49) Terry Eagleton, *The Ideology of the Aesthetic* (Oxford: Basil Blackwell, 1990), 158쪽.

저울 '진정한 비상사태'란 과연 무엇인가? 벤야민에게 그것은 계급투쟁의 종언일 뿐만 아니라 역사 그 자체의 종언을 뜻한다. 이 문제와 관련한 '근원'의 개념은 아마도 벤야민의 사상을 이해하는 데 가장 핵심적인 개념 가운데 하나일 것이다. 역사적인 범주로서의 근원은 발전적인 의미에서의 '시작'과 전혀 동일하지 않다. 역사를 진리의 동질적인 전개로 보는 헤겔적인 이념과 진보의 개념에 맞서서, 벤야민은 우리가 이미 논의했던 역사의 비연속성과 근원을 동일시한다. '역사의 연속성'을 '억압하는 자들의 연속성'으로 파악할 정도로 역사의 과정은 궁극적으로는 지배의 연속성이라 규정했던 그에게 근원의 개념은 그 자신의 정치적 급진주의와 메시아 사상에 입각했을 때 이해될 수 있는 것이다. "근원은 목표다"라는 카를 크라우스의 말이 벤야민의 「역사철학테제」 가운데 네 번째 테제의 표어로 등장하고 있음에서 이는 확연해진다.

'목표로서의 근원'에 대한 카발라의 신비주의적 신화들이 그 중심적인 배경을 이루고 있는데, 요컨대 선과 악의 구별을 비롯하여 오늘날 존재하는 온갖 종류의 소외나 고립이 미처 나타나지 않았던 아담의 타락 이전, 태고의 '생명의 나무'에 의해 표상되는 우주적인 조화 상태가 바로 '근원'이다. 그러므로 카발라의 신비주의 철학이 보여주는 구원의 사상에서도 '근원'이 그 목표가 되고 있는 것이다. 즉 메시아의 도래로부터 기대되는 낙원으로의 복귀 또는 다윗 왕국의 회복이 그 목표가 되는 것이다.

이 사상은 순전히 회복적인 의미로서의 구원의 형식을 취하고 있을 뿐만 아니라 급진적·유토피아적인 요소까지도 함께 포함시키는 경향을 띠고 있다. 숄렘이 말하고 있듯이, 메시아 사상은 "과거의 이상적인 내용"을 회복시키며 "동시에 미래의 이미지를 위한 기초를 제공한다."[51]

---

50) Michael Löwy, *Rédemption et utopie: Le judaism libertaire en Europe centrale* (Paris: Presses Universitaires de France, 1988)' 155쪽.
51) Gershom Scholem, *The Messianic Idea in Judaism, and other Essays in Jewish*

말하자면 유대교의 메시아 사상은 상호 밀접하게 연관되는 동시에 서로 모순을 이루는 두 가지 경향, 즉 잃어버린 황금시대, 파괴되기 이전의 에덴에서의 이상적인 상태의 회복을 지향하는 복귀적인 경향과 "결코 존재하지 않는, 아직은 결코 실현될 수도 없는" 미래를 향한 유토피아적 경향을 동시에 포함하고 있다.[52]

1936년의 논문 「19세기의 수도, 파리」에서 벤야민은 집단적인 무의식 속에 깊이 자리하고 있는 '전사(前史)의 계급 없는 사회의 경험들'은, 새로운 것과 서로 연관을 맺음으로써 "유토피아를 낳는다"[53]고 말하기도 했지만, 과거의 황금시대, 그 잃어버린 유토피아의 요소는 곧 인류의 유토피아적인 미래를 위한 물적 토대가 되고 있다. 벤야민에게 "낙원은 인간의 원형적인 근원이자 원초적인 과거이며, 동시에 그것은 인간 구원의 미래를 위한 유토피아적 이미지"[54]로 부각된다. 따라서 '근원은 목표다'라는 크라우스의 경구야말로 메시아 사상의 본질을 가장 명확하고 간결하게 밝혀주는 말인 것이다.

숄렘은 프롤레타리아트의 회복적·유토피아적 요소와 유대교의 메시아 사상 사이에 부인할 수 없는 유사성이 있음을 이렇게 주장하고 있다.

회복적인 힘까지도 유토피아적 요소를 가지며, 유토피아니즘 속에 회복적인 요소가 꿈틀거린다. 완전히 새로운 질서는 낡은 질서의 요소를 포함하며, 이 낡은 질서조차 실제의 과거로 구성되어 있지는 않는

Spirituality (New York: Shocken Books, 1971), 4쪽.
52) 같은 책, 71쪽. 또 Richard Wolin, *Walter Benjamin: An Aesthetic of Redemption* (New York: Columbia UP, 1982), 38쪽. 그리고 Michael Löwy, 앞의 책, Rédemption et utopie, 24~25쪽을 참조할 것.
53) Walter Benjamin, *Charles Baudelaire* (London: Verso, 1983), 159쪽.
54) Gershom Scholem, *On Jews and Judaism in Crisis: Selected Essays*, Wernes J. Dann Hauser 엮음 (New York: Schocken Books, 1976), 232쪽.

다. 오히려 그것은 유토피아니즘의 빛에 의해 빛나는 꿈으로 변화된, 변형된 과거다.[55]

그리하여 구원의 역사와 계급투쟁의 역사 사이에는 친숙한 연관, 보들레르식의 '교감'이 존재한다. 가령 우리는 잃어버린 낙원과, 계급이 존재하지 않았던 전사적(前史的) 과거, 공산주의사회 사이에서 친숙한 연관을 찾을 수 있다. '근원은 목표다'와 잃어버린 낙원의 회복은 이러한 특수한 '혁명의 신학'[56]의 핵심적인 부분이다.

「역사철학테제」를 내놓기 위해 준비했던 노트 가운데 하나에서도 벤야민은 "마르크스는 메시아적인 시대의 개념을 계급 없는 사회의 개념 속에 세속화했다. 정확하게 그렇게 했다." 그러나 "계급 없는 사회가 역사에서 진보의 최종적인 목표는 아니다. 계급 없는 사회는 분명 이따금씩 좌절당하지만, 그러나 그것만이 마침내 성공을 거두게 하는 정지인 것이다." 그러므로 "우리는 계급 없는 사회의 개념 속에 그 진정한 메시아적 모습을 회복시키지 않으면 안 된다. 그것도 프롤레타리아트의 혁명적인 정치의 바로 그 이해(利害) 속에서 회복시키지 않으면 안 된다"[57]고 주장했다.

벤야민은 황금시대를 전사적인 과거와 마르크스의 계급 없는 공산주의사회 그리고 온갖 종류의 소외가 극복된 원시적 공산주의사회와 밀접하게 연관시켰다. 그러므로 그에게 진정한 혁명은 "잃어버린 낙원, 인간과 자연 사이뿐만 아니라 인간과 인간 사이에서도 에덴의 조화가 이루어졌

---

55) Gershom Scholem, 앞의 책, *The Messianic Idea in Judaism and the Other Essays in Jewish Spintualily*, 4쪽.
56) Michael Löwy, "Revolution Against 'Progress': Walter Benjamin's Romantic Anarchism", *New Left Review* 152 (1985, 7/8월호), 59쪽을 볼 것. 같은 저자, 앞의 책, *Rédemption et utopie*, 158쪽도 볼 것.
57) *GS* I, 1231~1232쪽.

던 아르카이크적인 황금시대"[58]의 추구와 그 실현인 것이다. 이렇게 볼 때, 유대적 전통에서 '종말론'이란, 메시아 사상의 연구에 뛰어난 업적을 남긴 한 역사가의 인식에 따르면, "근원적인 시대의 신화를 재해석한 것"[59]으로 이해할 수 있다. 그렇다면 벤야민은 이 잃어버린 황금시대를 누가 실현시킬 것으로 보고 있는가?

메시아

두 번째 테제에서 벤야민은 "앞서간 모든 세대와 마찬가지로 우리들에게도" 역사의 연속성을 폭파시키도록 요구하는 "희미한 메시아적 힘이 주어져 있다"[60]고 말하고 있다. 이미 인용된 열두 번째 테제에 나오는 구절, 즉 "역사적 인식의 주체는 투쟁하는 피지배계급 자신이다"라는 구절이 시사하듯이, 우리는 프롤레타리아트가 역사의 주체인 동시에 역사인식의 주체로 부각되고 있음을 알 수 있다. 그러나 과연 그들에게 역사의 연속성을 폭파시킴으로써 과거를 구원할 메시아적인 힘이 주어져 있는가.

이 계급의 혁명적 실천 행위는 그의 마지막 글에 속하는 「역사철학테제」에서 분명 비관적으로 비춰지고 있다. 여섯 번째 테제에서 벤야민은 프롤타리아트의 적들은 여전히 계속 "승리를 거듭하고 있다"[61]고 주저 없이 규정하고 있기 때문이다. 그에게 1940년의 유럽 상황은 독일 노동운동의 붕괴와 파시즘의 총체적인 위협 그 자체였다. 같은 테제에서 벤야

---

58) Michael Löwy, 앞의 글, "Revolution Against 'Progress': Walter Benjamin's Romantic Anarchism", 55쪽. 같은 저자, 앞의 책, *Rédemption et utopie*, 154쪽을 볼 것.
59) Sigmund Mowinckel, *He that Cometh* (Oxford: Basil Blackwell, 1956), 143쪽.
60) *GS* I, 694(344)쪽.
61) 같은 책, 695(346)쪽.

민은 "메시아는 구원자로서만 오는 것이 아니다. 그는 그리스도의 적(敵)의 극복자로서도 오는 것이다"[62]라고 말한다. 「역사철학테제」의 그 어느 곳에서도 벤야민이 이보다 더 직접적으로 신학적인 용어를 사용한 적은 없으며, 또 그 어느 곳에서도 이보다 더 유물론적인 의미로 이 말을 사용한 적은 없다. 그리스도의 적에 대한 신학적인 개념에 따르면 '적'은 결국 극복하게 되어 있다(「요한 계시록」 12: 11). 그러나 벤야민의 「역사철학테제」에서 승리는 불확실한 채 남아 있다. "이들 적은 승리를 거듭하고 있다." 혁명의 고유한 계급으로서 역사의 연속성을 폭파시켜 유토피아를 실현하려는 세속적인 메시아 프롤레타리아트가 승리하는 것이 아니라 그들의 적, '그리스도'의 적이 승리를 거듭하고 있다.

이 '그리스도'의 적이 가진 세속적이고 현대적인 얼굴은 어떤 것인가. 「역사철학테제」는 이에 대해 아무것도 말해주지 않는다. 그러나 1938년 벤야민은 나치즘의 대두를 논한 어느 여류학자의 저서를 평하는 글에서 이 이미지에 관련하여 어렴풋이 암시한 적이 있다. 서평에서 그는 "나치 지옥의 번쩍이는 심연"으로 일컬어지던 히틀러 치하의 나치 독일은, 마치 그리스도의 적이 메시아의 약속을 모방하듯 사회주의를 모방하고 있다고 지적했던 것이다.[63]

벤야민이 「역사철학테제」를 쓰던 당시, 각종 보도매체들은 파시스트의 승리에 대한 기록으로 가득 차 있었다. 그들의 거듭되는 승리 때문에 프롤레타리아트의 혁명적인 사명은 사실상 무력화되고 있었다. 그 때문에 좌절과 절망의 나날을 보내던 벤야민은 그가 구원의 상징으로 기대했던 혁명의 고유한 계급, 역사적인 인식의 주체인 프롤레타리아트를 버리고

---

62) 같은 책, 695(346)쪽.
63) *GS* III, 535쪽, 537쪽. Michael Löwy, "Religion, Utopia and Counter-Modernity: The Allegory of the Angel of History in Walter Benjamin", *Social Compass*, 36: 1 (1988), 101쪽을 볼 것.

종국적으로 유대교 신학의 메시아에게 모든 것을 걸고 있었던 듯 보인다. 「역사철학테제」 가운데 그 마지막 테제의 마지막 글은 역사의 구원이 초월적인 메시아에게 유보되고 있음을 보여주기 때문이다. "유대인들에겐…… 미래가 동질적이고 공허한 시간으로 비치지 않았다. 왜냐하면 그들에게 미래의 한 순간 한 순간은 곧 언제라도 메시아가 들어올 수 있는 조그마한 문을 의미하기 때문이다."[64]

루카치와는 달리 벤야민은 프롤레타리아트의 승리를 역사적인 필연으로 생각하지 않았다. 1920년과 1921년의 「신학-정치적 단상」에서 이미 그는 역사란 어떤 구원을 향해 나아가는 진보로 인식해서는 안 되는 것이며, 역사는 그 자체 내에 어떤 목적도 가지고 있지 않은 것으로, 역사의 구원은 오직 메시아에 달려 있을 뿐이라고 주장한 바 있었다. 벤야민은 이 메시아가 정치적으로 변모된 결과 루카치에게서 프롤레타리아트로 나타나고 있음을 발견했으나,[65] 루카치와는 달리 일찍이 그는 역사를 파괴할 힘을 '신적'인 것으로 특징 짓고 있었다.

마르크스주의와의 만남을 통해 벤야민의 사상은 사회주의적인 색채를 띠게 되었지만, 그때까지도 그의 사상에서는 종말론적인 요소가 떠나지 않고 있었다. 바로 이것이 벤야민이 가졌던 혁명의 개념과 마르크스와 루카치의 그것 사이에 결정적인 차이점을 제공한다. 즉 하버마스가 "유대인의 정신을 말해주는 가장 감동적인 증언의 하나"[66]라고 일컬었던 「역사철학테제」에서 비상 브레이크를 움켜잡는 것은 결코 프롤레타리아트가 아니며, 마침내 '구원자'로서 다가오는 것은 '메시아'라는 사실이 그

---

64) *GS* I, 704(355)쪽.
65) Werner Fuld, 앞의 책, 159~160쪽.
66) Jürgen Habermas, "The German Idealism of the Jewish Philosophers", *Philosophical-Political Profiles*, Frederick G. Lawrence 옮김 (Cambridge/M.A.: MIT Press, 1983), 34쪽.

마지막 테제에서 분명히 드러나고 있는 것이다.

벤야민의 메시아는 비평가에 따라서 "피지배계급의 의지와 행동"을 인격화한 것으로,[67] 또 때로는 프롤레타리아트에 다름 아닌 것으로[68] 파악되기도 하지만, '비상 브레이크'를 움켜잡는 것, 또는 벤야민의 또 다른 이미지를 빌려 표현하자면 '타는 퓨즈를 절단하는 것'은 프롤레타리아트가 아니라 유대교적 메시아다. 왜냐하면 벤야민이 강조했듯이 "오직 메시아만이 홀로 그 자신이 구원하고 완성시키고 메시아적인 것과의 관계를 창조한다는 의미에서 모든 역사를 완결시키기 때문이다."[69] 이 메시아만이 '잔해 위에 또 잔해'를 거듭 쌓아올릴 뿐인 위장된 '진보'를 정지시키고, 잔해 더미에 깔려 짓눌린 희생자들의 아픈 상처를 치료할 수 있으며, '죽은 자들을 불러 일깨우고 또 산산이 부서진 것을 모아서 이를 다시 결합시킬 수가 있다.' 이 메시아에 의해 이루어지는 혁명이 바로 '묵시로서의 혁명', 이른바 "사건의 메시아적 정지"[70]다.

숄렘에 따르면, 메시아의 도래는 인류의 점진적인 진보의 결과로서가 아니라 "'추방'을 가져온 모든 것들"의 반전으로 인식되었다.[71] '타락'과 더불어 시작된 인간의 고통의 역사가 비로소 종결되는 이 순간에 과거의

---

[67] Herbert Marcuse, "Revolution und Kritik der Bewalt", Peter Bulthaup 엮음, *Materialien zu Benjamins Thesen 'Uber den Begriff der Geschichte'* (Frankfurt am Main: Suhrkamp Verlag, 1975), 260쪽.

[68] Rolf Tiedemann, "Historicher Materialismus oder Politischer Messianismus", Peter Bulthaup 엮음, 같은 책, 93쪽. 또는 같은 저자, "Historical Materialism or Political Messianism? An Interpretation of the Theses 'On the Concept of History'", David J. Ward 옮김, Gary Smith 엮음, Benjamin: Philosophy, Aesthetics, History (Chicago: U of Chicago Press, 1989), 187쪽.

[69] Walter Benjamin, *Reflections: Aphorisms, Essays and Autobiographical Writings*, Peter Demetz 엮음, E. Jephcott 옮김 (New York: Harcourt Brace Jovanovitch, 1978), 312쪽.

[70] *GS* I, 703(354)쪽.

[71] Gershom Scholem, *The Messianic Idea in Judaism and the Other Essays*, 37쪽.

모든 요소에는 저마다 구원과 회복의 여지가 주어지며, 잃어버린 그 모든 것은 다시 그 완전한 원초적인 낙원의 상태로 되돌아간다. 말하자면 "메시아적 구원은 유대 민족의 '추방'만이 아니라 전 세계, 전 인류의 '추방'도 끝맺도록 해준다."[72] 이리하여 벤야민은 세 번째 테제에서 "다시 살아나는 과거의 한순간은 그날, 즉 최후의 심판이 이루어지는 날의 일정표의 인용문이 될 것이다"[73]라고 말하고 있다.

벤야민은 그의 입장을 확고히 하기 위해 역사적인 유물론과 신학 사이의 연대를 제안했던 첫 번째 테제에서, 역사를 장기놀이에 비유하여 '역사적 유물론'이라고 불리는 인형은 '신학'이라는 난장이를 명령하는 위치에 서 있기는 하지만, 실상은 오히려 신학의 보이지 않는 손에 의해 조종당하고 있음을 말하고 있다.

하지만 벤야민의 「역사철학테제」는 냉혹한 역사적 과정 속에서 역사의 어떤 예언적인 설계가 펼쳐질 것임을 전망할 수 있게 해주는 그 어떤 신적인 힘도 보여주지 않는 것 같다. 그러나 그럼에도 역사적인 '진보'를 가장하는, '잔해 위에 또 잔해'가 끝없이 쌓이는 그 일련의 파국과 메시아적 영역 사이에는 어떤 신비스러운 관계가 존재하고 있다.

우리는 그가 사용하는 이미지 속에서 진보라는 '폭풍'은 낙원으로부터 불어오고 있음에 주목할 필요가 있다. '역사의 천사'가 진보를 향해 절망적으로 멀리 떠밀려 가면 갈수록 잔해 더미는 한층 높이 쌓여가고, 천사는 폭풍의 원천인 낙원으로부터 점점 더 멀어져만 가는 것처럼 보인다. '잔해 위에 또 잔해'의 이미지는 메시아의 시대가 도래하기에 앞서는, '역사의 종언'에 대한 카발라적인 해석을 강력히 불러일으키게 한다. 「역사철학테제」를 내놓기 훨씬 이전에 벤야민은 17세기 독일 바로크 비

---

72) Susan Buck-Morss, *The Dialectics of Seeing: Walter Benjamin and the Arcades Project* (Cambridge/M.A.: MIT Press, 1989), 234쪽.
73) *GS* I, 694(344)쪽.

극을 분석한 『독일 비애극의 원천』을 준비하는 동안 이따금 역사에 대한 단편적인 생각을 피력한 적이 있는데, 이때도 그는 17세기에 '비극'이라는 단어는 드라마에서나 역사적인 사건에서나 동일하게 적용되었다고 밝히면서, 전반적인 세계사를 예로 들어 이를 종국에 가서는 최후의 심판이 필연적으로 도래하게 되는 하나의 거대한 '비극'이라 간파한 바 있었다.[74]

카발라의 메시아적인 문학에서 두드러지는 모티프는 메시아의 시대에서 '산고'(産苦)의 모티프다. 많은 『탈무드』 원전에는 오직 종교적·도덕적 가치가 완전히 타락한 시대에 이르러서야 메시아는 우리에게 올 것이라는 사상이 자주 등장하고 있는데, 숄렘은 이를 가리켜 유대교의 메시아적인 사상에는 파국과 구원이 서로 얽혀 있다고 지적했다. 『탈무드』에 나오는 한 유명한 전설은 성전(聖殿)이 파괴된 날——이날은 유대교 역사상 가장 비극적일 뿐 아니라 오랜 기간의 추방을 초래했다는 점에서 파국적인 날이다——에 메시아는 태어났다고 가르친다. 구원의 힘은 이처럼 초월적인 매개로부터뿐만 아니라 파국 그 자체의 심연과 파멸로부터 오는 것이다.[75]

'잔해 위에 또 잔해'의 이미지는 역사의 시대로부터 메시아의 시대로의 변형을 예고하는 일련의 예기된 자연적인 참화와 파국을 가리키며, 역사적 삶으로부터 메시아적인 구원의 삶으로 파국 없는 전위는 가능할 수 없음을 강조한다. "기존 질서의 총체적인 파괴와 더불어 혁명적인 파국만이 메시아적인 구원에 이르는 길을 열어준다."[76] 그러므로 한 단계에서 다른 단계로의 직접적인 유기적 움직임은 불가능하다. 바꾸어 말하자면

---

74) Werner Fuld, 앞의 책, 167쪽을 볼 것.
75) Gershom Scholem, 앞의 책, *Jews and Judaism in Crisis*, 245쪽.
76) Michael Löwy, 앞의 책, *Rédemption et utopie*, 27쪽.

사건의 파국적인 성격 속에는 최후의 심판과 부활이 서로 밀접하게 자리하고 있으며, 이 긴장이야말로 파국적인 격변을 구원의 시녀로 보게 하는 묵시록적인 비전의 본질을 이루고 있다.

숄렘에 따르면, 구원을 바라보는 데 전적으로 판이한 개념이 유대교적인 메시아 사상과 기독교적인 메시아 사상 사이의 차이를 규정한다. 유대교적인 메시아 사상은 구원을 "역사의 무대 위, 공동체 내에 공개적으로 일어나는 사건", 즉 외적인 역사적 사건으로 보는 반면, 기독교적인 메시아 사상은 구원을 "영적인, 눈에 보이지 않는 영역에서 일어나는 사건, 즉 영혼이나 각 개인의 사적인 삶에 반영될 뿐, 외부의 그 어떤 것과도 부합될 필요가 없는 내적 변화를 초래하는 사건"[77]으로 간주한다.

다시 말하자면 유대교적 메시아 사상의 입장에서는 메시아적 사건의 국가적·사회적·우주적인 측면을 완전히 무시한 채 개인의 영혼의 구원만을 강조하는 기독교적 태도를 받아들이지 않는다. 그러므로 유대인의 종교 전통에서 메시아의 역사적 무대로의 도래는 공개적이고 파국적인 돌입의 성격을 띤다. "유대교적 메시아 사상은 그 근원과 성격에서 …… 파국의 이론이다. 이 이론은 역사적 현재로부터 메시아적 미래로 이행하는 혁명적·격변적인 요소를 강조한다."[78] 말하자면 오직 혁명적인 파국, 현존질서의 파괴적인 파국만이 메시아적 구원에 이르는 길을 열어준다.[79]

벤야민도 「역사철학테제」를 내놓기 위해 준비했던 노트 가운데 하나에서 "메시아는 역사를 가로막는다. 메시아는 결코 발전의 끝에 나타나지

---

77) Gershom Scholem, 앞의 책, *The Messianic Idea in Judaism, and Other Essays in Jweish Spirituality*, 1쪽.
78) 같은 책, 7쪽.
79) Michael Löwy, "Jewish Messianism and Libertarian Utopia in Central Europe (1900~1933)", *New German Critique* 20 (1980, 봄/여름호), 106~107쪽을 참조할 것.

않는다"⁸⁰⁾라고 언급함으로써 이와 유사한 주장을 내세운 적이 있지만, 유대교적 메시아 사상에서 구원이란 결국 외적·초월적인 힘이 역사 속으로 돌입하여 그 역사를 종결시키는 것으로 규정될 수 있다.⁸¹⁾ 이리하여 숄렘은 유대교의 메시아 사상을 본질적으로 '아나키즘적'인 것으로 지칭한다.⁸²⁾ 사실 묵시록적·파괴적·유토피아적·비관주의적 메시아 사상은 제1차 세계대전 이전에 이미 유대 지식인들의 세대를 사로잡았으며, "우리세기의 혁명적 메시아 사상에서 가장 중요한 이념가들"⁸³⁾인 벤야민과 블로흐는 바로 이러한 사상의 순수한 타입을 대표하는 전형적인 이념가들이다.⁸⁴⁾

좌절의 천사

'잔해 위에 또 잔해'를 끊임없이 쌓아올리는 위장된 '진보'를 정지시킴으로써 마침내 '파국'의 역사를 구원할 최종적인 몫을 유대적 메시아에게 유보시켰던 벤야민은 끝내 자살로 그의 생을 마감했다. 마지막으로 초월적 메시아에게 의탁했던 그 구원마저도 차마 기대할 수 없는 상황이었기에 결국 그렇게 자신의 삶을 마무리하고 만 것인가? 파시스트들이 몰고

---

80) *GS* I, 1243쪽.
81) Gershom Scholem, *The Messianic Idea in Judaism, and Other Essays in Jewish Spirituality*, 10쪽. 그리고 Joseph Dan, "Scholem's View of Jewish Messianism", *Modern Judaism* 12: 2 (1902), 123쪽을 볼 것.
82) 이에 관해서는 Michael Löwy, *Rédemption et utopie*, 22~37쪽을 볼 것. 그리고 벤야민의 역사인식에 나타나는 아나키즘 요소에 관해서는 특히 132~157쪽을 볼 것.
83) Gershom Scholem, 앞의 책, *On Jews and Judaism in Crisis*, 285~287쪽.
84) 이에 관해서는 Anson Rabinbach, "Between Enlightenment and Apocalypse: Jewish Messianism", *New German Critique* 34 (1985, 겨울호), 78~124쪽을 볼 것.

온 그 엄청난 잔혹과 파괴, 그 파국을 메시아를 도래시키기 위한 피할 수 없는 '산고'로서만 받아들일 수 없었고, 또 그 '산고'마저 결국은 위장된 신화에 불과한 것으로 인식했기 때문에 그렇게 절망했던 것인가? 벤야민이 자살하기 직전까지의 그 절박한 상황을, 그의 일생을 기록한 전기작가들은 다음과 같이 전하고 있다.

베를린 상류 중산계층에 속하는 부유한 유대인 상인의 장남으로 태어나 주위와의 고립 가운데서도 유복한 유년기를 보낼 수 있었던 벤야민은, 청년기에는 주로 베를린과 스위스 베른에서 학업과 연구를 거듭하다 이윽고 나치가 집권하던 해인 1933년 봄에 이르러서는 1913년 이래 여러 차례 방문하여 머물렀던 파리로 망명했다. 그 어떤 지식인보다도 철저하게 도시적이었던 벤야민에게 파리와 베를린은 그의 정신적인 고향이었다. 망명의 순간부터 그가 죽음을 맞을 때까지 파리는 그의 학문적인 연구와 발표를 중심으로 한 지적인 삶은 물론 일상적인 삶까지도 지탱해주는 터전이 되었다.

1939년 8월 21일, 히틀러와 스탈린이 맺은 불가침조약 체결은 자유를 찾아 프랑스로 도피했던 정치 망명객들을 절망적인 상태로 몰아넣었다. 이 불가침조약 체결로 인해 정치 망명객들은 프랑스 정부의 눈에 잠정적인 히틀러의 동맹자들로 보일 수밖에 없게 되었다. 그리하여 그들은 프랑스 제3공화국에서 감금되고 마는 처지에 이르렀다. 파리에서 멀리 외따로 떨어진 임시 독일 수용소에서 석 달의 감금생활을 마친 벤야민이 파리로 돌아왔을 때, 파리는 무척이나 변모되어 있었다. 그는 필생의 작업인 19세기 프랑스 문학의 일부, '보들레르'에 대한 연구를 통해서 '자신의 실존에 대한 지속성을 회복코자 했지만, 이는 좀처럼 실현되지 않았다.' 그가 돌아와 맞이한 첫날밤에는 공습경보가 울렸고, 도시적인 취향을 가졌던 그가 즐겨 보내곤 하던 카페에서의 밤생활도 중단되었다. "고독과

불안만이 그의 유일한 동반자였다."⁸⁵⁾

수년 이래 벤야민을 괴롭혔던 심장병의 병세는 수용소 생활 이후 점차 심각해졌다. 보행을 할 때면 3분마다 한 번씩 쉬어야 했던 까닭에 더 이상 집 밖으로 나설 수도 없게 되자, 벤야민은 서서히 미국으로 이주할 계획을 추진했다. 사실 벤야민은 미국으로의 이주를 싫어했다. 그가 때때로 토로했듯이 그곳에서 그가 할 수 있는 일이라곤 " '최후의 유럽인'으로 전시되기 위해 마차에 실려 미국의 각 주를 돌아다니는 것밖에는 할 일이 없을 것 같았기 때문이었다."⁸⁶⁾ 그가 미국 영사에서 받아온 통례적인 질문서의 제14항은 미국의 대학이나 세미나에서의 강의와 관계된 것이었다. 이 강의계획에만 찬동한다면 문서를 기다리지 않고도 비자를 받을 수 있게 되어 있었다. 그리하여 벤야민은 당시 미국에서 활동하던 호르크하이머에게 자신을 위한 보증 진술서를 부탁했지만, 그 서류를 미처 제출하기도 전에 나치 군대의 침공은 시작되고 말았다.

1940년 5월에 서부 전선에서의 전쟁은 끝이 났다. 히틀러의 군대는 파죽지세로 네덜란드 · 벨기에 · 프랑스로 진군했다. 독일군대가 파리를 점령하기 직전인 6월 중순경에 벤야민은 누이와 함께 남쪽으로 피신했다. 그의 원고를 비롯한 다른 소유물은 파리에 남겨두었다. 그는 「아케이드 프로젝트」의 자료와 초고를 조르주 바타유에게 맡겼고, 바타유는 그것을 파리 국립도서관에 숨겼다. 독일군이 바로 파리 앞까지 진군해 온 6월 9일과 13일 사이에 2백만 명에 이르는 피난민들이 절망과 불안에 휩싸인 채 남쪽을 향해 도피했으며, 결국 독일군은 온 나라를 무력으로 점령해버렸다. 6월 중순에서 8월 중순까지 벤야민은 남쪽 루르드에 머물렀으며, 그곳에 머물던 내내 그는 검은 빛깔의 큰 손가방 속에 든 자신의 원고를

---

85) Werner Fuld, 앞의 책, 282쪽.
86) 같은 책, 171쪽을 볼 것.

무사히 지킬 수 있을지, 또 그가 미국에 들어갈 수 있도록 비자를 얻는 데 호르크하이머와 아도르노가 성공적으로 도와줄 수 있을지에 대한 '불확실성' 때문에 초조와 불안의 생활을 보냈다.[87]

8월 하순으로 접어들 무렵, 벤야민은 계속해서 마르세유를 향해 남쪽으로 나아갔다. 그동안 파리에서는 비시로 피난한 페탱 정부가 독일과의 휴전협정을 체결했으며, 그 협정은 모든 망명객을 독일로 넘겨준다는 조건을 포함하고 있었다. 따라서 프랑스 정부는 그 누구에게도 출국 허가를 내주기를 거절했다. 그러나 벤야민은 예외적으로 그들의 허가 없이 에스파냐로 통과할 수 있는 비자를 발급받을 수 있었다. 호르크하이머의 보증 진술서 덕분에 발급된 이 비자는 아주 드문 경우에 해당하는 것이었고, 결국 벤야민은 "좌절한 자의 행운"[88]을 붙잡았던 것이다.

출국 비자 없이도 불법으로 프랑스를 떠날 수 있는 가능성은 있었다. 바로 도보로 피레네 산맥을 넘어 국경 역인 포르부까지 가는 방법이었다. 많은 사람이 이 방법을 택했으며, 프랑스 경찰도 이 길까지 봉쇄하지는 않았다. 이 행진에 합류하기 전에 벤야민은 우연히 『한낮의 어둠』의 저자인 아더 쾨슬러를 만났는데, 벤야민은 그에게서 말 한 마리를 죽이기에 충분한 50개의 모르핀 알약을 나누어 받았다.[89]

이윽고 1940년 9월 25일 이른 아침 작은 등반대는 포르부를 향해 출발했다. 오르는 길은 편암이 깔려 미끄러웠으며, 그 길을 오르기는 너무나 힘겨웠다. 더구나 벤야민처럼 심장병을 앓고 있는 이에게는 말할 필요조차 없었다. 그런데도 그는 불굴의 인내와 끈질긴 투혼으로 자신의 최후의 원고를 간직한 그 검은색 손가방을 놓치지 않고 그 가파른 길을 오르고 있었다. 그 길을 오르면서 벤야민은 자신과 동행하는 한 쌍의 부부에게

---

87) Walter Benjamin, 앞의 책, *Briefe*, 861쪽.
88) Werner Fuld, 앞의 책, 90쪽.
89) 같은 책, 290쪽.

"이 원고는 어떤 희생을 치르더라도 안전하게 지켜져야 하오. 이것은 나 자신보다 더 중요하오"[90]라는 말을 잊지 않았다. 가장 가파른 비탈길에 왔을 때 벤야민의 기력은 소진되었고, 그리하여 그 한 쌍의 부부에게 완전히 몸을 맡긴 채 산 위까지 끌려 올라갔다.

12시간이 지난 뒤 저녁 무렵, 일행은 에스파냐 국경 마을 포르부에 도착했다. 그리고 바로 그날부로 에스파냐 국경은 봉쇄되었으며, 비자는 더 이상 인정을 받을 수 없다는 사실을 알게 되었다. 세관원들은 다음날 그들을 프랑스의 강제수용소로 되돌려보내려 했고, 일행에게는 그날 밤만은 마을의 조그만 호텔에서 보낼 수 있도록 허가가 내려졌다.

바로 9월 25일 그날 밤 벤야민은 호텔 방에서 모르핀 알약을 삼켰으며, 다음날 아침 10시쯤에는 싸늘한 시체로 발견되었다. 도피하는 와중에도 그가 무엇보다도 소중히 간직하려 했던 가방은 그때 이래로 사라지고 말았다.[91] 우리시대의 '마지막 지식인'이라고 일컬어졌던 벤야민은 그렇게 비극적인 자살로 일생을 마쳤다.

'오직 희망이 없는 자들을 위해 우리에게 희망이 주어진다'

구원의 상징으로 희망을 걸었던 '혁명의 고유한 계급'도 자신에게는 메시아가 될 수 없었던 까닭에 결국 역사의 구원을 초월적인 메시아의 몫으로 유보시켰던 벤야민이지만, 그가 자살로 생을 마감했다는 사실은 궁극적으로는 그 어느 쪽에 의해서도 구원은 가능할 수 없다는 절망을 적나라하게 암시하는 것은 아닌가? 뢰벤탈은 말년에 이른 호르크하이머가 신의 이름은 입으로도, 글로써도 말해질 수 없다는 유대교의 교리는 굳게 지켜

---

90) Bernd Witte, *Walter Benjamin: An Intellectual Biography*, James Rolleston 옮김 (Detroit: Wayne State UP, 1991), 205쪽.
91) 같은 책, 205쪽.

져야 한다고 자주 토로했음을 전해주면서 그는 벤야민을 회상하는 글에서 "아직까지 성취되지 않고 있는 신의 이름은 아마도 결코 성취되지 않으리라. 그것이 우리 다음에 오는 자들에게는 성취될 수 있을 것인지 어떨지, 또 언제, 어떻게 성취될 것인지를 결정하는 것은 우리가 아니다. 아마도 달성하기 어렵고 명명하기 어려운 그 무엇, 그럼에도 성취에 대한 메시아적인 희망을 간직하고 있는 그 무엇에 대한 생각, 나는 이 생각이 대단히 유대적인 것이라고 생각한다"고 말한 다음, 벤야민이 「괴테의 친화력」(1922)이라는 글에서 표현했던 그 불가사의한 말, 즉 "오직 희망이 없는 자들을 위해 우리에게 희망이 주어진다"[92]는 그 말—아도르노는 이 말을 이해하고 고개를 끄덕였다고 하지만—을 자신이 말하는 유대적인 것과 연관시키면서 소개하고 있다.[93]

벤야민이 자살한 뒤 사라져버린 그 검은색 가방 속에 들어 있던 원고가 과연 어떤 내용을 담고 있었는지를 우리가 가늠할 수는 없다. 그러나 자기 자신보다도 더 중요하다고 누차 다짐했을 정도로 마지막까지 지키려 했던 그 가방 속 원고의 주인공은 비록 우리 곁을 떠났지만, "자신의 부르주아지 계급은 배반했으나 그 계급을 바꾸지는 못했던"[94] 좌절의 천사인 그 원고의 주인공을 위해, 그리고 그가 역사적인 인식의 주체로 늘 고려했던 혁명 계급을 위해 우리는 그 원고에 담을 수 있는 내용을 우리 스스로 찾아나서지 않을 수 없다.

역사적인 인식의 주체인 피지배계급에게 역사의 '옥외'(屋外)란 없다. 구원의 과업은 바로 '그들'의 과업이다. 벤야민이 그렇게도 존경했던 마

---

92) *GS* I, 201쪽.
93) Leo Löwenthal, "The Integrity of the Intellectual: In Memory of Walter Benjamin", Gary Smith 엮음, 앞의 책, *Walter Benjamin: Philosophy, Aesthetics, History*, 257~258쪽을 볼 것.
94) Werner Fuld, 앞의 책, 112쪽.

르크스도 "인간은 스스로 그들 자신의 역사를 창조한다"[95]고 역설하지 않았던가? 구원의 메시아란 다름 아닌 그들 한 사람 한 사람일 수 있는 것이다. 우리는 벤야민이 우리 시대의 '최후의 지식인'으로 일컬어졌던 이유를 바로 그가 "세계를 '다시 마법화'(魔法化)하고, '게마인샤프트'의 정신을 다시 찾고, 인간과 자연 사이에 깨진 조화를 다시 수립하고, '문화'를 질적 가치의 세계로 다시 복원하려"[96] 했던 최후의 '낭만주의자'였다라는 사실에서 찾을 수 있다. 구원의 메시아는 바로 벤야민과 같이 세계를 다시 구원하려는 '낭만주의자들'이요, 또한 역사적인 인식의 주체인 피지배계급일진대, 역사란 바로 그들 한 사람 한 사람의 힘이 발전하는 역사다.

'역사의 천사'를 미래 쪽으로 떠밀고 있는 것이 폭풍이라면, 우리로 하여금 앞으로 나아가도록 떠밀고 있는 것은 무엇인가? 그것은 일종의 '추방'의 형식을 띠고 있는 '현재'[97]가 언제나 가슴속에 품고 있는 잃어버린 낙원에 대한 동경이다. 이 낙원에 대한 동경, 아직도 꺼지지 않고 있는 충동인 이 유토피아적 힘은 "하나의 충동으로서, 그것이 약속한 바를 물신화하지 않는 하나의 약속"[98]으로서 계속 우리의 가슴속에 살아 있을 것이다. 지금 이 시각에도 '적은 승리를 거듭하고 있다.' 역사의 배반은 고통의 원천이지만, 역사의 본질은 변화이기에 이는 바로 희망의 원천이다. 바로 이러한 까닭에, 오직 희망이 없는 자들을 위해 우리에게 희망이 주어지는지도 모른다.

---

95) Karl Marx, 'Eighteenth Brumaire of Louis Bonaparte'(1869), 앞의 책, *Selected Works in One Volume*, 35쪽.
96) Michael Löwy, 앞의 책, *Rédemption et utopie*, 254쪽.
97) Timothy Bahti, 앞의 책, 190쪽.
98) Rolf Tiedemann, 앞의 글, "Historical Materialism or Political Messianism?", 179쪽.

10
민중의 나라
— 황석영의 『장길산』

조선 숙종시대

"분단 이후 남한에서 창작된 역사소설 가운데 가장 뛰어난 작품으로 평가받고 있는"[1] 황석영의 『장길산』(張吉山)은 4부작, 총 10권의 대작이다. 17세기 말 조선 숙종시대를 배경으로 설정하고 있는 『장길산』은, 만

---

1) 강영주, 『한국 역사소설의 재인식』 (서울: 창작과비평사, 1991), 175쪽. 강영주가 검토하고 있듯이, 작품 『장길산』은 "현대 민중운동의 전사(前史)로서, 봉건왕조를 타도하고 근대적인 시민사회와 민족국가의 수립을 위해 분투한 조선 후기 민중의 동향을 소설화한 야심작"(같은 책, 189쪽)임이 분명하다. 하지만 그럼에도 '사실주의 역사소설'이 지닌 한계도 여실히 보여주고 있다. 예를 들면 작가는 봉건적인 신분질서의 해체, 금속화폐의 통용, 사주전 문제 등 여러 사회적인 과제를 시대적으로 몇십 년 앞당겨 더욱 광범위하게 이루어지고 있는 것으로 묘사한다. 그럼으로써 말하자면, 숙종 당대를 그 시대 현실의 실상보다 훨씬 근대적으로 파악하고, 그 시대의 상인계층을 중시해 그들의 활약을 호의적으로 부각시키는 동시에 그들이 담당했던 역할을 지나치게 긍정적으로 바라본 나머지, 반봉건투쟁의 실질적인 주체였던 농민의 존재를 가볍게 보고 있다. 그럼으로써 그의 인식이 역사적인 진실과 얼마나 모순되고 있는가에 대해서, 한편 조선시대의 민중운동이 거의 예외 없이 실패로 끝났다는 점에 주목할 때 작가가 주인공 장길산을 비롯한 주요 등장인물들을 "시대적 한계를 초월한 진보적 의식의 소유자" "패배를 모르는 불굴의 소유자"로, 특히 장길산을 비판적인 지식인일 뿐만 아니라 영웅적인 인간으로 부각시킴으로써 그의 인식이 역사적인 진실과 얼마나 거리가 있는가에 대해서, 그리고 그밖의 여러 쟁점에 대해서

삭의 몸으로 도주하다 그를 낳고 바로 숨을 거둔 한 도망 여노비에게서 태어나 평안도 재인 마을에서 광대 장충의 보살핌 아래 어엿한 장수요 검술의 고수로 자라난 장길산이 계급의식에 눈을 뜨면서부터 전국의 의적들을 규합해 '대동세상'(大同世上)을 이루기 위한 봉건질서 및 계급타파 운동에 나서기까지 그 혁명가로서의 일생을 담은 조선시대 후엽의 "민중 대하소설"[2]이다.

조선 숙종시대 광대 출신의 하나로 성장해 "신분적 질곡이 없는 평등한 사회의 실현을 위하여"[3] 의적으로 활동하다 함경도에서 생을 마친 장길산에 대해 알려진 것은 사실 거의 없다. 다만 정석종 교수의 「숙종 연간 승려세력의 거사계획과 장길산」이라는 글 속에 그 인물에 대한 실마리가 조금씩 드러나 있을 뿐이다.

장길산과 그의 부대는 약 숙종 13년경부터 활빈도를 자처하고 의적활동을 시작한 것으로 보이는데, 숙종 23년의 실록(實錄)은 "장길산은 여러 도를 왕래하는데 그 종적을 헤아릴 수 없고 도당이 이같이 번성하여 1년, 2년 이미 10년이 지났으나 아직 잡지 못하고 있다"[4]고 기록하고 있다. 그의 부대는 마상(馬商)이 주축을 이루었으며 주로 인삼 등을 가지고 대규모의 상업활동을 행했던 것으로 여겨진다. 숙종 23년, 이른바 승려세력의 거사계획에 연루되어 심문을 받았던 이영창(李榮昌)의 진술에 따르면, 장길산은 마상을 가장한 군대 5천 명과 보병 천여 명을 거느리고 있었으며,[5] 처음에 구월산에 근거를 두고 활동하다가 나중에는 황해도 · 함경도

는 같은 책, 190~218쪽, 그리고 여러 군데를 볼 것. 필자는 비판적인 시각을 전적으로 배제하고 다만 이 책의 주제와 연관해 『장길산』을 다룬다.
2) 김병익, 「역사와 민중적 상상력-황석영의 『장길산』」, 『예술과 비평』 2 (1984, 여름호), 44쪽.
3) 정석종, 『조선후기사회변동연구』, (서울: 일조각, 1983), 167쪽.
4) 『숙종실록』, 권31, 숙종 23년 1월 임술(壬戌).
5) 『이영창등추안』, 숙종 23년 1월 13일; 정석종, 앞의 책, 147쪽에서 재인용.

뿐만 아니라 강원도·평안도 등 도처로 그 활동영역을 넓혀나가면서 당시 사회변혁을 희망하던 여환·황회 중심의 산골 승려세력과 손을 잡고 큰 세력으로 성장했을 뿐 아니라[6] 수차례에 걸친 관군의 토포(討捕)에도 불구하고 장길산은 끝내 잡히지 않았던 것으로 알려져 있다.

작품 『장길산』이 배경으로 삼고 있는 시대는 숙종 연간의 조선, 말하자면 숙종 5년(1679)부터 숙종 25년(1699)까지의 조선이다. 작가가 현실의 '전사'(前史)로서 재현하고 있는 이 시대의 실제 상황은 과연 어떠했던가?

정석종 교수의 연구에 따르면, 17세기 초·중엽에 걸쳐 그 시대의 사회모순을 극명하게 드러내는 가장 특징적인 문제가 있었다면, 그것은 바로 노비 문제였으며, 기층민의 운동 가운데서도 노비반란은 사회반발사건에서 그 주류를 이루었다. 숙종 초인 17세기 말, 기층민의 사회적 반발을 상징하는 운동으로, 도시에서는 양반타도와 체제개혁을 위해 결집된 천민들의 비밀결사인 검계, 살주계의 활동이 노비들을 주축으로 비밀리에 전개되었으며, 다른 한편 농촌에서는 불교적인 '메시아 사상'이라 할 수 있는 미륵신앙과 같은 민간신앙에 의해 사회변혁이 이루어지리라 믿었던 사람들의 비밀활동이 있었다. 어느 것 할 것 없이 이러한 활동의 주축은 천민이었으며, 그들은 무력으로 사회를 변혁하려 했다. 장길산을 중심으로 한 의적활동도 바로 그러한 것이며, 그들의 "운동의 중심을 관류하는 기본적 정신은 사회적 평등의 문제와 관련되는 것"[7]이었다.

17세기 말에는 이러한 천민들의 활동뿐만 아니라 이미 커다란 세력으로 성장해 있던 상공인, 또한 비단 기층민뿐만 아니라 산간의 승려세력,

---

6) 정석종, 같은 책, 165~167쪽.
7) 같은 책, 4쪽.

서울 내 양반의 서자 출신들과도 손잡음으로써 사회변혁을 통해 왕권의 절대권력을 극복하고자 하는 정치지향적인 움직임을 보여주었다. 더욱이 17세기 말부터 18세기 초·중엽에는 중인층의 세력이 신장하여 그들의 정치적인 향배에 따라 사회 변동의 범위가 결정되는 것같이 보였으며, 양반층의 대거 몰락으로 인해 다수 지식인[士]들이 전국으로 유랑의 길에 오르게 됨에 따라 그들 가운데 일부 진보 지식인들의 역할에 의해 기층민의 '계급의식에 대한 눈'은 열리기 시작했다.[8] 그러나 봉건해체기에 처해 있던 그 시대의 모든 사회적인 배경 가운데 작품 『장길산』에서 핵심적인 모티프로 떠오르는 것은 "당대의 진보적 이념"[9]으로 당시 기층민의 사회반발 사건과 연관되어 파급되었던, 일종의 동양의 천년왕국적인 사상인 '미륵신앙'이었다.

작품 『장길산』에서도 자세히 묘사되고 있지만, 숙종 14년(1688) 3월 미륵신앙사건이 발생했던 시기의 사회적인 상황은 천년왕국운동의 발전에서 언제나 기폭제로 작용하는 사회적인 '파국'[10]이었다. 숙종 연간에는 기근과 질병이 전국적으로, 그것도 매우 자주 닥쳐옴으로써 그 피해와 희생은 엄청났다. 가령 숙종 12년에 기근과 질병으로 사망한 농민은 전국을 통틀어 그 수가 100만 명에 이르렀으며, 임진왜란의 전화가 불러일으킨 희생도 이보다 더하지는 않았을 것이라고 당시의 기록은 말해주고 있다.[11] "동서 교외 10리 안은 시체로 산을 이루었으며……"[12] 이러한 상

---

8) 같은 책, 1~20쪽을 볼 것.
9) 황석영, 「임꺽정, 장길산, 우리식의 리얼리즘」(대담), 『사회평론』 10월호 (1991), 146쪽.
10) Michael Barkun, *Disaster and the Millennium* (New Haven: Yale UP, 1974), 51쪽.
11) 『현종개수실록』 권25, 현종 12년 신해(辛亥) 12월 임오(壬午) 헌납윤경교상소(獻納尹敬敎上疏).
12) 같은 책, 권24, 현종 12년 신해(辛亥) 5월 병오조(庚午條).

황 속에서 곳곳에는 도적이 들끓고 있었다.

숙종 21년부터 25년까지는 전에 없던 큰 흉년이 매년 찾아들었으며, "고금에 듣지 못하던 재앙"[13]이 닥쳐 가을에는 50전이었던 쌀 한 말 값이 다음해 봄에는 4곱으로 뛰어올랐다. 굶어 죽는 사람들이 속출했으며 나라에서는 배고픔을 면할 수 있는 유일한 방책으로 백성들에게 솔잎을 권장할 따름이었다.[14] 숙종 23년 3월에 이르러서는 전염병까지 유행해 무수한 생명을 앗아갔으며, 굶주림에 못 이긴 백성들은 급기야 인육까지 탐식하는,[15] 그리하여 형제가 형제를 잡아먹는 지경까지 이르렀다.

기록에 따르면, 숙종 19년부터 25년에 이르는 6년 동안 기아와 질병으로 인해 140여 만 명의 인구가 감소했으며,[16] 전체 인구의 4분의 1에 달하는 백성들이 굶주림과 질병으로 목숨을 잃었던 참혹한 재해기간 동안 농민들은 다양한 유민(流民)으로 전락했고, 그 가운데 살아남기 위해서는 도적이 되지 않을 수 없었다. "도적의 만연을 막을 길은 없었던 것이다…… 육지와 바다를 막론하고 도적이 없는 곳은 이제 없었다. 흉년이 계속되고 유민이 항존하는 숙종 연간의 상황은 이 같은 상태에 있는 것이었다. 전무후무한 흉년의 계속과 도적의 만연 속에서도 당색간(黨色間)의 암투는 계속되었다. 오히려 더욱 격화되고 있었다."[17]

각성

작품 『장길산』은 숙종 연간의 바로 이같이 처절한 상황을 시대배경으

---

13) 『숙종실록』, 권29, 숙종 21년 을해(乙亥) 7월 신유조(辛酉條): 정석종, 앞의 책, 133쪽.
14) 같은 책 권30, 숙종 22년 정월 무오(戊午).
15) 같은 책 권31, 숙종 23년 4월 무인(戊寅).
16) 같은 책 권33, 숙종 25년 12월 계사(癸巳).
17) 정석종, 앞의 책, 142쪽.

로 설정하고 있다. 광대 장충의 슬하에서 무동(舞童) 노릇을 하며 "매처럼 날래었고 차돌같이 단단한 장정"[18]으로 성장, 의협심에 불타는 한낱 협객에 불과했던 장길산이 그로부터 비판적인 지식인[士]과 신흥상인, 광대·무당·노비 등의 천인, 그 위에 승려·중인 등의 세력까지도 하나로 규합하여 백성이 주인이 되는 '대동세상'의 이상국가를 수립하고자 깃발을 높이 든 하나의 혁명가로 우뚝 서기까지, 그의 '각성'의 발걸음마다 몇 가지 결정적인 계기가 있었다. 그 첫 번째 깨달음은 관리들의 비호 아래 "폭리로써…… 가난한 자들을 더욱 가난하게 만들고…… 관에는 야비한 아첨으로 뇌물을 바쳐 국세를 좀먹고 관리를 타락시키는"[19] 악덕상인 신복동 패를 힘으로 '징치'(懲治)하는 사건을 앞두고 한 양반 가문의 서자출신 송도 신흥상인 박대근과 맺게 된 두터운 교분을 통해서였다.

투철한 역사의식과 민족의식의 소유자로서 "재물이란 소리(小利)를 모아 대리(大利)를 이루는 것이니, 장사치는 민생의 근본이 되는 생산을 돕는 일임을 스스로 잊지 말아야 할 것이다"[20]라고 가르쳤던, 이후에는 장길산의 역모에 정신적·물질적으로 커다란 영향을 미쳤던 바 있는 이상적인 상인 박대근을 통해 장길산은 그 시대 사회 전반의 구조적인 모순에 눈을 돌리게 된다.

그를 통해, 그리고 자신이 만났던 녹림당 동지들의 아픈 과거를 통해, 장길산은 "노비제도의 비인간적 구조, 과거제도의 부패, 관리들의 가렴주구, 관리들과 결탁하여 온갖 부정한 수단으로 재산을 모으는 악질 부호들의 비행, 광부들을 노예처럼 부리는 잠채꾼의 악랄한 치부 등"[21]을 간

---

18) 황석영, 『장길산』 (서울: 현암사, 1976) 제1권, 65쪽.
19) 같은 책, 같은 권, 324쪽.
20) 같은 책, 같은 권, 323쪽.
21) 황광수, 「삶과 역사적 진실성-장길산론」, 『한국문학의 현단계』 (서울: 창작과비평사, 1982), 126쪽.

파할 수 있게 된다. 그리하여 마침내 그는 자신의 처지 때문만이 아니라 부당하게 빼앗기고 부림당하는 전체 천민을 위해서, 투쟁해야 할 대상은 그 사회 전반의 구조적인 모순이라는 것을 인식하게 된다.

이런 인식은 신복동 패를 힘으로 '징치'하고자 했던 그 싸움에서 장길산 자신이 살인죄로 체포되어 사형언도를 받아 옥살이를 하던 가운데 더욱 강화되어 마침내 그의 두 번째 깨달음으로 이어진다. 사회의 구조적인 모순과 비인간적인 삶의 조건 때문에 어쩔 수 없이 법을 어기고 억울하게 죽어갈 운명에 처한 숱한 사람들을 감옥에서 직접 목격함으로써 장길산은 "설움 받는 백성의 삶을 스스로 깨우치게 되었다."[22]

그리하여 그는 박대근의 빈틈없는 계책으로 무사히 탈옥할 수 있었던 순간에 이르러 "나는 무거운 짐을 짊어졌구나"라고 스스로 속삭이면서 "온 세상의 옥을 모두 깨치리라. 아니면 나가지 않으니만 못하다"[23]는 맹세를 울분의 눈물과 함께 자신의 가슴속에 묻게 된다. 장길산에게 이 세상은 '감옥'에 지나지 않았다. 천출(賤出)의 천민이라는 이유만으로 "세상의 귀천과 빈부를 숙명으로 받아들였던"[24] 자신을 비롯한 모든 '설움 받는 백성'에게 이 세상은 한낱 '감옥'에 지나지 않았던 것이다. 그리하여 장길산은 사회 전반에 걸친 겹겹의 모순적인 제도와 체제 아래서 신음하고 있는 백성을 이 '감옥'의 세상에서 해방시키는 것이야말로 자신의 할 일이라고 다짐한다.

그의 세 번째 깨달음은 좀더 '높은 공부'를 하기 위해 금강산의 운부(雲浮) 대사를 찾아가 수도하는 가운데 그로부터 얻은 가르침을 통해서였다. 장길산은 운부 대사로부터 앞으로 "천대받는 백성의 울분이 화한 마음이요, 그 손발이요, 그 발"이 되어줄 것과, 일체의 교만을 잘라버리고 그들

---

22) 『장길산』 제2권, 51쪽.
23) 같은 책, 같은 권, 260쪽.
24) 같은 책, 같은 권, 51쪽.

의 진정한 "무기"²⁵⁾가 되어줄 것을 당부받는다. 이윽고 3년간의 육체적·정신적 수련을 닦은 뒤 고향 구월산으로 되돌아올 때 그는 "아, 나는 이제부터 수도자가 아니며, 혼자가 아니며, 광대도 아니다. 나는 지금부터 칼을 들고 일어선 도적이며, 아이를 가진 아버지며, 숱한 힘 없는 자들과 함께 있는 것이다"²⁶⁾라고 부르짖는다. 이리하여 장길산은 자비령, 구월산의 도적들을 규합하여 활빈도를 결성하고 검계, 살주계, 미륵도와 승려들을 하나의 집결된 힘으로 묶어 '새 세상'을 이루는 혁명을 준비하게 된다. 세 차례에 걸친 깨달음의 경험을 통해 점차 녹림당의 지도자다운 자질을 키워가던 장길산은 마침내 "팔도 천민들의 중심"²⁷⁾으로 우뚝선 한 사람의 혁명가로 변모하게 된다.

그렇다면 '팔도천민'의 '무기'로 변모한 이 혁명가가 지향했던 세계는 과연 어떤 세계인가? 궁극적으로 그것은 "다른 또 하나의 민중의 유토피아"²⁸⁾인 "대동세상"이다. "재물과 신분의 구별이 없는"²⁹⁾, 곧 "만백성이 계급 없이 평등한 나라"³⁰⁾는 장길산이 그렇게 혁명가의 길로 들어서던 순간부터 열망했던 이상세계였으므로, 그는 이러한 세계야말로 바로 "우리가 힘을 합쳐 세워야 할 백성의 나라"³¹⁾라고 단언한다. 관군에 의해 무참히 죽음을 당한 장충의 무덤가에서 "나는 이 무덤가로 다시는 돌아오지 않을 것입니다. 내게는 여러 갈래의 길이 아니라 오직 하나의 길이 보이기 때문입니다. 나는 그 길을 걸을 겁니다"³²⁾라고 마음속으로 깊이 다

---

25) 『장길산』 제5권 (1978), 69쪽.
26) 같은 책, 같은 권, 150쪽.
27) 같은 책, 같은 권, 69쪽.
28) 장양수, 『한국의적소설사』 (서울: 문예출판사, 1991), 320쪽.
29) 『장길산』 제10권 (1984), 429쪽.
30) 같은 책, 제9권 (1984), 67쪽.
31) 같은 책, 같은 권, 67쪽.
32) 같은 책, 같은 권, 55쪽.

짐했듯이, 그 앞에는 '대동세상'을 수립하려는 '오직 하나의 길'이 놓여 있을 따름이었다. 뜨거워진 눈시울을 부릅뜬 채 허공을 향해 "백성들의 나라가 오기 전까지 죽지 않도록 해주소서"[33]라고 그렇게 부르짖었던 것도, 그가 걸어야 할 길이 그에게는 뿌리칠 수 없는 숙명임을 그 자신 알고 있었기 때문이었다. 바로 그 때문에 작가는, 후손들을 해방시키려는 이상을 내팽개칠 수 없었기 때문이라기보다는 오히려 "종년이 낳은 자식은 언제나 종이 되고 또 그 자식도 종이 아닙니까. 하물며 사람의 혈육지정까지 끊게 만드는 이따위 세상을 어찌 살게 한단 말입니까"[34]라고 울부짖던 장길산의 생모처럼 부당하게 착취당하고 짓밟혔던 선조들에 대한 기억을 지울 수가 없기 때문에, 장길산을 비롯하여 억울하게 부림을 당하던 모든 천민들의 "가슴속에는 태어나기 전부터 물려 내려오던 불덩어리가 이글이글 타오르고 있는 것이었다"[35]라고 토로했던 것인가?

미륵신앙

장길산이 꿈꾸는 '대동세상'에 대한 이미지는 그가 혁명가의 길에 들어서기 전부터 이미 어렴풋하게나마 도솔천과 연관되어 그의 마음속에 각인된 바 있었다. 그것은 운부 대사의 제자 풍열 스님의 "우리가 하려는 일은 반정이 아니라 입국(立國)이오······ 도솔타천 용화세계를 이루어보자는 데 있소이다"[36]라는 주장에서도 나타나듯이, 이는 도솔천에 상생(上生)하는 석가의 제자 미륵이 석가를 이어 지상에 하생(下生)하여 펼치는 용화세계(龍華世界)의 이미지로서 일찍이 이 작품 제1권에서 장길산

---

33) 같은 책, 같은 권, 53쪽.
34) 같은 책, 제1권, 43쪽.
35) 같은 책, 제7권, 5쪽.
36) 같은 책, 제9권, 126쪽.

이 창기(昌妓) 묘옥의 파도치는 가슴에 실려 사랑의 황홀경을 경험했던 순간의 묘사, "무당인 양어머니가 언젠가 일러준 도솔천이라는 세상인 것 같았다"[37)]는 구절에서 암시되고 있다.

작가가 「미륵하생경」(彌勒下生經)을 토대로 요약하고 있듯이,[38)] '용화세계', 즉 '미륵의 불국'은 문자 그대로 '장엄한 국토'다. 땅은 평탄하여 거울과 같고, 자연은 맑은 대지 그대로 온갖 아름다운 꽃들의 미소와 새들의 노래로 가득하며, 갖가지 곡물과 향기로운 과일을 풍부히 제공함으로써 생산의 자급자족을 가능하게 하여 인간의 노동이 필요치 않게 한다. 기후는 화창하며 사계절이 순조로울 뿐 아니라 기근도 없다. 사회는 평안하여 그 어떤 적이나 도적도 없으며, 전쟁과 재난, 질병의 고통이 없다. 이러한 곳에서 사람들은 티끌만큼의 탐하는 마음, 성내는 마음, 어리석은 마음도 없이 항상 자비로운 마음으로 서로를 공경하고 물질적인 차별 없이 서로를 모두 한 가족처럼 아낀다.

간단히 요약하자면 이곳은 자연재해라고는 없는 국토일 뿐 아니라, 그 무엇보다도 계급과 성의 차별, 재산 소유가 철폐되는 세계다. 바로 이와 같은 세계가 미륵의 나라인 지상의 정토(淨土)다.[39)] 이미 다른 글에서 수차에 걸쳐 다룬 바 있듯이, 서방의 황금시대가 갖추고 있는 본질적인 가치들은 '용화세계'에서도 어김없이 거의 다 갖추어져 있다.[40)]

서로에게 지극한 사랑을 다하는 장길산과 창기 묘옥이 아낌없이 몸과 마음을 주고받는 격정의 파도에 휩쓸려 있을 때, 그 순간 장길산이 경험

---

37) 같은 책, 제1권, 220쪽.
38) 같은 책, 같은 권, 220쪽을 볼 것.
39) 미이시 젠키치, 『중국의 천년왕국』, 최진규 옮김 (서울: 고려원, 1993), 117~118쪽; 김상룡, 『미륵불』 (서울: 대원사, 1991), 30~33쪽. 그리고 김삼룡, 『한국 미륵신앙의 연구』 (서울: 동화출판공사, 1983), 37쪽을 참조할 것.
40) 이 책에 수록되어 있는 졸고 「황금시대와 로마 제국의 이데올로기」, 241~242쪽을 볼 것.

하는 사랑의 황홀경은 "번뇌 없는 사랑을 행하며, 평등한 사랑을 행하며, 다툼이 없는 사랑을 행하며, 차별이 없는〔內外不二〕사랑을 행하며……" 말하자면 "보살의 사랑"을 행하며, 오직 "모든 마음 전체"에[41] 실어 사랑을 실현시킬 때에만 가능한 그런 황홀경과도 같은 것이다. 그렇기 때문에 장길산은 묘옥의 가슴에 실려 "한번도 가보지 못한 고장", 바로 '용화세계'인 미륵정토를 "그리고 있었던 것이다."[42] 미륵의 정토인 '용화세계'는 바로 그와 같은 '보살의 사랑'이 이루어지는 곳이기 때문이다. 사실 미륵이란 '사랑의 사람'이라는 범어(梵語)의 뜻을 가지고 있기도 하다.

그러나 장길산이 용화세계에 대해 가지는 이미지는 비록 그것이 황홀경의 극치를 보여주고 있다 하더라도 분명 엄연한 '환각의 일종'이다. 환각의 포로로 남아 있는 한, 그 누구도 진정한 혁명가가 될 수는 없다. 환각의 그물에 사로잡혀 있는 한, 인간은 비록 '위로'는 받을 수 있겠으나, 결코 '고양'될 수는 없기 때문이다.[43] 죽어 다시 태어난 미륵이 '말법(末法)'시대에 이르러 비로소 지상에 하생함으로써 이룩해 내는 '미륵의 나라'가 '용화세계'라면, 그것은 타력적인 구원에 의해 주어지는 '비역사적 구원'의 결과에 지나지 않는다. 그것은 진정한 '백성의 나라'가 아니다.

제2권에 와서 장길산은 그로 하여금 환각의 철책에서 뛰쳐나와 구체적인 역사의 현장에 뛰어들 수 있게 하는, 작품 『장길산』의 핵심적인 모티프로 작용하는 미륵신앙의 혁명적인 본질을 풍열 스님에게서 배우게 된다.

"천한 백성? 네 중생이 무엇인지를 아느냐?"
"……"

---

41) 『장길산』 제2권, 326~327쪽.
42) 같은 책, 제1권, 220쪽.
43) 김윤식, 「장길산—황홀경의 사상(하)」, 『소설문학』 8 (1985), 308쪽.

"전에도 말했듯이 중생은 곧 불신(佛身)이다. 네가 스스로 가장 아껴 하듯 중생은 곧 네 자신이니라. 정토(淨土)가 어느 하늘에 따로 있는 것이 아니라, 사랑으로 온 세상이 밝아지는 때에 이르러 마침내 현세는 극락이 되는 것이다."

"그때에 오는 부처가 미륵님입니까?"

"그렇다. 미륵은 제 혼자서 오는 것이 아니라 수많은 보살들의 실행과 더불어 오게 된다. 보살은 누구냐. 중생 중에서 그들에의 사랑을 깨달은 자들을 보살이라고 한다. 구세불은 저 혼자 오시는 게 아니니라. 마치 가을바람에 익어 떨어지는 실과 같다. 새 세상을 맞이하는 것은 보살들의 실행에 달렸다."[44]

풍열 스님의 이같이 단정적인 규정에 따르면, '용화세계'라는 것은 꿈속에, 아니 황홀경 속에 현현하는 추상적인 이미지가 아니다. 미륵의 세계는 오직 '중생 중에서 사랑을 깨달은 보살들'의 실행에 의해서만 이루어진다는 풍열의 단언 속에는 '민중'을 역사의 주체로 파악하는 작가의 혁명적인 역사관이 자리 잡고 있다.

잘 알려져 있듯이 미륵사상을 담고 있는 경전으로는 『미륵삼부경』(彌勒三部經)이 있다. 미륵이 부처가 되는 과정과 미륵의 모습을 기록하고 있는 「미륵대승불경」이 그 첫 번째이고, 미륵이 언제 도솔천에서 이 지상으로 하생하며, 또 하생했을 때 이 국토의 상태는 어떠한가를 기록한 「미륵하생경」이 그 두 번째이며, 미륵이 이 세상에서 죽어 도솔천으로 상생했을 때 천상의 상태나 설법 등을 기록한 「미륵상생경」이 그 세 번째다.

그 가운데 특히 「미륵하생경」은 책으로 10페이지 남짓한 짧은 분량에 불과하지만 해석 여하에 따라 혁명적인 내용을 드러내주는 요소를 갖고

---

44) 『장길산』 제2권, 324~325쪽.

있음에 주목된다. 아미타 부처님이 존재하는 극락세계를 염원하며 착한 일을 실행한다면 사후에는 극락세계, 말하자면 도솔천이라는 서방정토에 왕생할 수 있음을 가르침으로써 마치 기독교의 '신국신앙'처럼 현실의 모순과 고통에서 눈길을 거두고 현존의 불평등한 사회구조와 그 지배체제를 용인시키고자 하는 지배자의 지배이데올로기로 전락해버렸던, 그리하여 지배자 중심의 역사로부터 소외된 '타자'(他者), 즉 '천민'에게는 아무런 희망도 주지 못했던 미타신앙과는 달리, 「미륵하생경」에 나타나 있는 미륵신앙은 '중생의 국토가 정토의 근본'이라는 대전제 아래 마치 기독교의 '천년왕국신앙'처럼, 바로 이 지상에서, 말하자면 '지금, 이곳'에서 말하는 정토를 보장하는 매우 현세적인 신앙이기 때문이다.

그러나 혁명적인 신앙의 본원을 드러내주는 것으로 해석되어온 「미륵하생경」에는, 엄격히 말해서 이것이 '역사적', 또는 '변증법적'이라고 여기게 할 만한 요소가 거의 아무것도 없다. 이따금 미륵사상이 조로아스터교의 이란적인 종말론의 영향을 받은 것으로 오해되고 있기는 하지만, 사실 미륵경전에는 이란적인 종말론의 그 어떠한 편린도 보이지 않는다. "미륵경전에서 말하는 구제 구조는 이것(이란적 종말론)과 전혀 다르다. 그것은 정의와 악의 준엄한 대립구조를 전제로 하여 악이 만연하고 최후의 심판과 격렬한 전투를 거쳐 악이 절멸하여 정의가 지배하는 세계가 된다는 그런 구조를 가지지 않는다."[45] 미륵경전에서 말하는 악이란 주로 교단 내부의 부패, 인간의 내적 타락 그 자체이며, 사회적인 구조의 모순으로서의 악은 전혀 거론되지 않으므로 혁명적인 폭력성은 자연히 배제된다. 따라서 "미륵하생신앙이라는 계기만으로는 사회변혁을 초래하는 '혁명적'인 천년왕국사상의 필요조건을 만족시킬 수 없다."[46]

---

45) 미이시 젠키치, 앞의 책, 135~136쪽.
46) 같은 책, 136쪽.

'파국'이 천년왕국운동 발전의 기폭제로 작용한다고 이미 지적한 바 있지만, 또 한편 「미륵하생경」에는 파국과 관련된 그 어떠한 구원의 개념도 존재하지 않는다. "미륵님이 오실 적에는 이 세상의 모든 고통이 끝나게 되어 있습니다"[47]라고 작품 속의 여환스님은 주장하고 있지만, 이 세상이 혼란과 고통으로 가득 찬 파국으로 점철되어 있을 때 미륵이 온다는 말은 경전에 기록되어 있지 않다. 사실 "구원에 대한 천년왕국적 시각은…… '혁명적' 그리고 '파국적'이다. 현재로부터 궁극적인 미래로의 변천은…… 점차적인 진행이 아니다. 그것은 총체적으로 완전히 다른 존재의 차원으로의 갑작스러운 그리고 혁명적인 도약이다. 보통 그 변천은 구원의 산고인 무서운 시련을 동반하기 마련이다. 새로운 시대(통치)는 그 선례를 찾아볼 수 없는 대격변, 비참한 동란, 피투성이의 재난으로부터 초래된다…… 천년왕국신앙은 오직 궁극적인 구원에 의해 해소될 수밖에 없는 그런 깊은 위기감에 의해 지배된다."[48]

그러나 「미륵하생경」에 따르면, 이 세상은 미륵이 이 세상에 출현하기 전에 이미 '장엄한 국토'로 변해 있다. 인간 사회의 여타 차별뿐만 아니라 사회의 구조적인 모순조차 사라진 상태의 평등한 세상에 미륵이 하생하여 중생을 구제한다는, '장엄한 국토'가 출현한 후에야 미륵은 하생하여 중생을 구제한다는 미륵신앙은, 파국과 구원이 서로 필연적으로 얽혀 있는 이란적·유대적 종말론[49]과는 근본적으로 다른 전형적인 불교적 천년왕국신앙이다. 그렇기 때문에 이는 비역사적이고 비변증법적이다. 선악이라는 이원론적인 대립이 존재하는 가운데 궁극적으로 악에 대한 선의

---

47) 『장길산』 제9권, 199쪽.
48) Yonina Talmon, "Millenarian Movements", *Archives Europeennes de Sociologie*, 7: 2 (1966), 167쪽.
49) 이에 관해서는 이 책에 수록되어 있는 졸고 「역사의 천사―발터 벤야민과 그의 묵시록적 역사관」, 393~394쪽을 볼 것.

승리가 '피의 바다'(장 세르비에의 말을 빌리면)에서 이루어지는 세계관에서만 역사적·변증법적인 계기는 주어지는 것이다.

미륵신앙은 그 자체로는 정치적·혁명적 이데올로기로 변모될 그 어떠한 요소도 내재하지 못하고 있다. '민중'이 역사의 주체가 될 수 있는 그 어떠한 계기도 제공하지 못하고 있는 것이다. 자각한 중생인 보살이 자신이야말로 역사의 주체, '백성의 나라'의 주인임을 깨달아 이상세계, '새 세상'을 지향하기 위한 실천적인 보살행위를 하고, 그리하여 그 실천적 행위를 통해 이 세상이 이상적인 사회로 변모되어 갈 때, 그때에야 비로소 미륵이 중생을 구제하기 위해 이 지상에 하생한다면, 아니 미륵이 출현했을 때 이미 이 세상은 풍열 스님의 말대로 '사랑으로 온 세상이 밝아지는' 극락으로 변모한 '지상정토'라면, '타자'인 중생에게 미륵의 하생이 그 무슨 커다란 의미가 있겠는가? '미륵신앙은 진정한 의미에서 피동적인 형태를 버린 역사의 주체로 민중을 지도하지는 못했다.'[50]

언제나 그들에게 '아픈 상처'[51]만을 남겼던 역사는 그야말로 파국의 연속이었다. 역사의 종언이라 할 수 있는 '미륵의 나라'는 그들에게 너무나 아득하게 보였다. 중생의 피맺힌 잠재적인 갈망에 의해 미륵신앙은 '지상정토'의 시대가 아닌 "악과 고통이 세상에 가득 차는" "말법"의 때에[52] 미륵은 지상에 하생하여 중생을 구제하리라는 신앙으로 굴절되고, 그리하여 그들이 경험하는 숱한 현실의 고통에서 그들을 해방시킬 동경의 대상으로 미륵이 부각될 때마다 미륵신앙은 이른바 '민중'의 정치적·혁명적인 이데올로기의 무기로 탈바꿈할 수 있었다.

가난·굶주림·기근·역질 등 파국과 참화에 대한 반복적인 역사의 경

---

50) 고은, 「미륵과 민중─그 역사적 추구를 위하여」, 황선명 외, 『한국근대민중종교사상』 (서울: 학민사, 1983), 267쪽.
51) Fredric Jameson, *The Political Unconscious* (Ithaca: Cornell UP, 1981), 102쪽.
52) 『장길산』 제9권, 200쪽.

힘은 "실제의 역사뿐만 아니라 역사 자체에 대한 거부를 유도하며, 총체적 구원에 대한 환상적 희망은 깊은 절망으로부터 태어난다."[53] 여기에 천년왕국의 신봉자들처럼 '민중'은 파국의 역사에 종지부를 찍고자 역사의 한가운데로 그들 자신을 내던지게 되는 것이다. 미륵만의 힘으로도 '용화세계'의 도래는 넉넉히 이루어지리라는 믿음보다는, '백성의 나라'를 맞고자 혁명적인 보살행위를 하는 중생의 강고한 각오와 결행이 역사의 한복판에서 '익어갈 때', 비로소 용화세계는 '마치 가을바람에 익어 떨어지는' 열매처럼 모두 함께 어우러져 이룩되리라는 좀더 혁명적인 자각이야말로, 아니 한 걸음 더 나아가 작품 『장길산』 속 검계단의 일원인 산지니로 하여금 형장에서 처형당하기 전에 누이에게 "미륵이 꼭 오십니다. 늦게 오시든 아니면 아예 오시지 않든 간에 우리가 미륵의 세계를 기필코 이루어 내고야 말 것입니다"[54]라고 단언할 수 있게 하던 그 강렬한 확신이야말로 "미륵불교에 의한 민중의 형성과정이며, 민중의 역사의식을 낳아 온 것이다."[55]

이 경우 미륵이 하생하면 그가 이 지상의 정토에서 악한 자들까지도 구제하리라는 미륵신앙의 전통적인 '여성적' 구원관은 역사의 한복판에서 처절하게 몸부림치는 '민중'의 구체적이고 현실적인 아픔을 완전히 무시한 어처구니없는 배리(背理)에 머물게 된다. "가엾은 자들의 적은 바로 부처가 멸하고자 하는 것이요…… 부처가 원하지 않는 세상은 보살행위로써 바꾸어야만 한다"[56]는 풍열 스님의 말씀은 미륵신앙의 그 전통적인 구원관을 송두리째 흔들어놓고 있을 뿐 아니라, 미륵신앙을 원래의 것에서부터 한층 끌어올려 혁명적인 민중의식을 표상하는 하나의 정치적 이

---

53) Yonina Talmon, 앞의 글, "Millenarian Movements", 181~182쪽.
54) 『장길산』 제7권, 229쪽.
55) 고은, 같은 글, 267쪽.
56) 『장길산』 제2권, 327쪽.

데올로기로 변모시키고 있는 것이다. 이는 또한 작품 『장길산』을 다른 작품들과 구별시켜주는 결정적인 요소이기도 하다.

'역사적 메시아'

미륵신앙이 혁명적인 민중의식의 핵심으로 탈바꿈하고, 이에 미륵이 배경에 남는 대신 '민중'이 전면으로 나서게 됨에 따라, 장길산이 수립하고자 하는 이상세계는 '용화세계'가 아닌 '대동세상'으로 한층 더 부각된다. 달리 말하자면 관념적인 초월의 세계가 아닌 역사적인 현실세계 속의 유토피아라는 의미로 그 성격이 강조되고 있는 것이다. 중국의 좌파 사상가들도 표명하고 있듯이, 그 표현 형식이야 어떻든 간에 대동사상의 본질은 사유제가 가져온 인간사회의 불평등을 지양하고, 착취·억압·전쟁을 종식시키며, 이에 만인이 평등하고 만인이 노동하는 사회를 건설하고자 하는 요구였다. "그것은 계급대립이라는 사회적 조건 아래서 정도의 차이는 있어도 시종 피착취 피압박자들의 동경과 희망을 대변하여 그 투지를 고무했고, 사회의 진보를 추구케 한 거대한 작용을 했다."[57]

작가가 그의 작품에서 강조하는 '대동세상'도 바로 이와 같은 중국 고대의 대동사상의 본질적인 요구를 구현하고 있으며, 또한 이와 같은 요구는 피억압자들인 '천민'의 동경과 희망을 실어 그들을 역사의 광장으로 뛰어들게 하고 있다. 그리하여 역사라는 바다의 거친 파도를 헤쳐나가기 위해 선봉에 선 장길산은 마치 모세가 애굽의 노예생활에서 이끌어낸 그의 핍박받던 백성을 영적 구원의 고향 '에덴'이 아닌 역사적인 구원의 고향 '가나안'으로 인도했듯이, 그의 '백성'을 이끌어 영적 구원의 고향 '도

---

57) 진정염·임기담 공저, 『중국대동사상연구』, 이성규 옮김 (서울: 지식산업사, 1990), 48~49쪽.

솔천 타천 용화세계'가 아닌 '참 용화세계',[58] 역사적인 구원의 고향 '대동세상'으로 인도하려는 것이다.

바로 그렇기 때문에 '재물과 신분의 구별이 없는' '만백성이 계급 없는 평등한 나라'인 '대동세상'은 미륵과 같은 초월적인 비역사적 메시아를 요구하지 않는 것이다. 또한 '대동세상'은 고려의 충신 정포은의 환생이라 할 그의 후손 정진인(鄭眞人)을 찾아 조선의 왕으로 삼고, 그 후 중원으로 쳐들어가 고구려의 고토를 회복하여 고려의 장군 최영의 환생인 그 후손 최진인을 옛 고구려의 왕으로 옹립시키기 위해 운부를 비롯한 풍열·여환·옥여 등의 승려가 미륵도와 더불어 역모를 도모했을 때 그들이 애써 찾으려 했던 그 진인과 같은 환상적인 비역사적 인물도 요구하지 않는다.

"'대동세상'은 민중이 그들의 피를 흘려 싸워 이룩해야 할 세상"이라는 점에서 그것이 "신서(神書)의 예언과 진인의 현현에 의해 올 수 있다고 본 여환, 운부가 꿈꾼 비현실적인 세계와 다르다. 또 설혹 그들이 뜻한 세계가 이루어진다 하더라도 그것은 한갓 역성혁명(易姓革命)에 불과할 뿐 그전의 모순을 그대로 물려받아 압정을 되풀이하게 될 수밖에 없는 봉건왕조로 '대동세상'은 근본적으로 그것과 같을 수가 없는 것이다."[59]

피억압자들의 해방이 신 또는 메시아나 역사의 산물이라 믿는 헤겔의 추종자들과 달리, 해방은 오로지 피억압자들의 작업이라 믿는 자들에게서만 '대동세상'은 그 존재이유를 가진다. 장길산이 옥여 스님에게 "재물과 신분의 구별이 없는 대동세상은 가장 천한 것에서 찾지 않으면 안 됩니다. 진인은 따로 있는 게 아니라 역병에 쓰러져가는 팔도의 백성들"[60]이라고 항변하는 이유도 바로 그 때문이다.

---

58) 『장길산』 제10권, 429쪽.
59) 장양수, 앞의 책, 316쪽, 318쪽.
60) 『장길산』 제10권, 429쪽.

진정한 미륵이나 진인은 결코 꿈속에나 현현하여 '중생'을 현혹케 하는 환각적인 인물이 아니다. 진정한 메시아는 가난한 자들, 피억압자들의 편에 서서 그들을 억압과 가난에서 해방시키기 위해 하나님의 나라를 선포하고 그 나라의 실현을 위해 실천적 행동을 하던 예수처럼,[61] 분명 "사람으로 현신"[62]한 가장 낮고도 천한 존재 속에서 발견될 수 있는 것이다.

근대사회를 통해 가장 소외된 계급으로 인식되었던 프롤레타리아트가, 마르크스에 의해 그들 스스로를 해방시킴으로써 마침내 모든 사회계급을 해방시킬 수 있는 새로운 '보편적 계급'으로 규정되고, 나아가 이에 메시아적인 사명을 다할 것이라 예언되었듯이, 『장길산』의 작가는 가장 천한 존재인 '민중' 속에서 진정한 메시아를 찾고 있으며, 민중에 의해 실현되는 그 '대동세상'이야말로 진정한 이상사회라 보고 있다.

그러므로 양반으로서 가진 자의 세계에 속했지만 자신이 어느 편을 들어야 할 것인가를 똑똑히 알아 양반이었던 자신의 양반계급을 향해 증오의 칼을 갈며 "다시 태어난"[63] 김기 같은 진보적인 지식인(士)들은, '민중'과 더불어 싸우는 저항적인 동행자는 될 수 있다 하더라도 결코 이상사회의 주역으로 떠오를 수는 없다. 병자역란이 이에 가담했던 선비들의 배신으로 인해 실패했듯이, 지식인들이란 장길산이 우려하던 대로 "어제는 동편에 붙어 환국을 도모하고 날이 새면 다시 서편에 붙어 어제의 동류를 저버"리는, "정병(政柄)을 다투는 자들"이며 그들이 "노리는 것이란 정병을 장악하는 일"[64]뿐이기 때문이다.

그 같은 배반의 소지 때문만이 아니라도, 관념의 나팔만을 불어대는 창백한 지식인들이란 더구나 장길산이 동경하는 이상세계에서는 배척당할

---

61) 이 책에 수록되어 있는 글 「해방신학에 대하여」, 130~133쪽을 볼 것.
62) 『장길산』 제9권, 202쪽.
63) 같은 책, 제5권, 192쪽.
64) 같은 책, 제10권, 429쪽.

수밖에 없다. 진보적인 종교인들 또한 지식인 이상으로, 민중의 저항적인 동행자는 될 수 있다 하더라도 이상사회의 주역으로 남을 수는 없다. 진인의 현현에 의해 이상사회가 도래되리라 보았던 운부를 비롯한 승려들은 결국 역사인식의 주체로서 그 민중의 역할을 무시했던 너무나도 비현실적인 자들에 불과하기 때문이다. 또한 그들의 이른바 혁명이란 것은 여전히 지배와 피지배의 구조를 유지하는 사회체제를 전제로 하고 있었기 때문이다. 그러므로 '민중의 아들' 장길산이 '역사적인 메시아'로 등장하는 의의가 바로 여기에 있는 것이다.

'민중'이라는 말을 자주 강조함으로써 1980년대 활발히 논의되던 '민중'의 개념을 다시 들춰내 여기서 갑론을박할 의도는 없다. 이 작품에서는 광대・백정・무당 등의 '천민'을 비롯해 노비신분의 농민까지 포괄하는 피억압자들이 구체적인 민중의 실체로 떠오르고 있기 때문이다. 이 소설의 연재를 끝낸 뒤 작가 자신 이 작품을 쓰게 된 동기가 '민중이라는 개념의 실체'를 찾기에 있었음을 밝히고 있듯이,[65] 사실 '민중'이란 누구인가? 민중(民衆)이라는 말의 본래 뜻은 무엇인가? 중(衆)은 원래 날 일(日)(후에 혈(血) 자(字)로 변모된다) 자(字) 밑에 세 사람(人)이 노동하는 모습을 담은 글자다. 말하자면 중(衆)은 뜨거운 태양빛 아래서 땀흘리며 일하는 노예들을 가리킨다. 한편 민(民)은 노동하는 노예들의 도주를 막기 위해 그들의 눈을 찌르는 형상을 나타내고 있다.[66]

뜨거운 태양 아래 온갖 수모와 고통을 당하면서 노동하는 노예와 같은 존재들, 즉 가난하고 힘 없이 천대받는 하층민이 바로 '민중'이라는 뜻이다. 그러나 이 '민중'은 분명 가장 천한 존재이지만, 『구약』과 『신약』의 '가난한 자'들처럼,[67] 아니 마르크스가 새로운 '보편적 계급'으로 인식했

---

65) 황석영, 「장길산과의 10년」, 『한국일보』 1984년 7월 6일자.
66) 藤堂明保, 『漢字の過去と未來』(東京: 岩波新書, 1982), 19쪽, 62쪽을 참조할 것.
67) 이 책에 수록되어 있는 졸고 「해방신학에 대하여」, 114~124쪽을 볼 것.

던 프롤레타리아트처럼, 하나의 '변증법적 집단'이다. 그들은 희망과 구원을 담당하는 자들이기 때문이다. 장길산은 이 민중이 낳은 '역사적인 메시아'다.

지상으로의 이상세계 도래가 임박했다고 예언하는 종교적 교리들은 흔히 '천년왕국적'이라 일컬어지고, 그 이상세계가 '신의 아들', 신의 사자(使者), 또는 신화적 인물들에 의해 이루어질 때 이는 '메시아적'이라 일컬어진다. 히브리어로 '기름부음을 받은 자'라는 뜻을 지닌 메시아는 원래 기름붓는 의식에 의해 그의 통치가 신성화되는 자인 왕을 뜻했으며 이 왕은 신으로부터 특별한 사명을 부여받은 자였다. 『구약』에서 메시아는 사울·다윗·솔로몬 같은 이스라엘의 실제 왕들, 또는 일반의 왕들을 지칭하기 위해 사용되었지만, 일정한 기간을 거치면서 점차 왕들뿐만 아니라 신으로부터 특별한 사명을 부여받은 자들, 가령 높은 지위의 사제들·예언자들·족장들 또한 이따금 메시아로 일컬어지게 되었다.

그러나 특히 유대인들의 바빌론 추방과 그 후의 기간에 「이사야서」에 나타나고 있듯이, 우리는 '고통받는 종'이라는 모티프를 대면하게 되는데, 이 경우 왕이 아니라 가난하고 멸시를 당하며 박해를 받는 '타자'가 이스라엘의 왕국을 회복시켜 모든 악으로부터 백성을 구하는 메시아로 부각되는 것이다. 『신약』에 이르러서는 심판자로서의 메시아보다 자신의 수난과 희생을 통해 인간을 구원하는 '고통받는 종'으로서의 메시아의 모티프가 한층 더 강화된다. 유대교 묵시문학과 「요한 계시록」에 기초를 둔 천년왕국적 전통에 따르면, 메시아로서 앞으로 지상에 올 예수는 무사(武士)의 모습으로 재림하여 악마를 정복하고 천년왕국을 수립할 것이라 전해지고 있다. 중세 유대 철학자 가운데 한 사람인 마이모니데스 또한 앞으로 올 메시아는 모세와 다윗과 마찬가지로 하나의 인간에 지나지 않는 역사적 인물일 것이라 주장했듯이,[68] 진정한 메시아나 미륵은 황홀경 속에 현현하는 그런 환각적인 인물이 아니라 첨예한 모순과 갈등으로 얼룩진 구체적인 역사적 현실 속에 뛰어드는 바로 '사람의 아들'인 것이다.

'천대받은 백성들의 울분이 화한 마음'인 장길산은 '백성의 아들'이며, 그렇기 때문에 무엇보다도 '사람의 아들'이다. 마르크스가 '고통받는 종'의 전형으로서 치욕적인 억압 아래 시달리다가도 마침내는 모든 역사의 종말론적인 목적을 성취해내는 세계사적인 도구로 떠오르는 프롤레타리아트에게 메시아의 역할을 부여했듯이, 『장길산』의 작가 또한 주인공에게 그러한 역할을 부여하고 있다. 모세의 백성에게 유일한 복귀점은 에덴이 아니라 가나안이었듯이, 장길산에게 부여된 메시아적인 역할 또한 모세적인 구원의 반복이나 다름없는, 억압과 예속으로부터 그 '천대받은 백성들'을 구원하는 것이다.

그러나 장길산은 그와 같은 '역사적인 메시아'의 역할을 자기 자신에게만 국한시키지 않는다. 주인공 장길산을 영웅적으로 미화하려는 작가의 무의식적 성향을 비판하는 가운데 『장길산』을 본격적으로 다루었던 어떤 비평가는, 이 작품 전체를 이해할 때 중요한 상징적인 에피소드로 등장하는 작품 서두의 '장산곶매 이야기'를 빌려 작가의 영웅주의적인 징후를 다음과 같이 꼬집은 바 있다.

장수곶의 장수매가 외부에서 침입한 수리와 싸워 이기지만 마을 사람들이 표지삼아 매어 놓은 실매듭이 나뭇가지에 걸려 구렁이와의 싸움에서 결국 죽게 된다는 이 전설은, 그 자체로서는 풍부한 상징성을 지니고 있으며 매우 감동적이라 할 수 있다. 그러나 마을을 수호하는 존재이자 민중의 염원을 구현하는 한 마리의 장수매란, 민중의 일원이

---

68) Maimonides, *The Code of Maimonides Books Fourteen: The Books of Judges*, Abraham M. Hershman 옮김 (New Haven: Yale UP, 1949), 294쪽.

라기보다는 민중을 위해 싸우는 고독한 영웅의 표상에 가깝다고 하겠다. 진정으로 민중 속에서 자라난 민중운동의 지도자로서 장길산을 상징하려면, 고독하게 비상하여 홀로 싸우는 새가 아니라 무리를 지어 날아다니며 더불어 투쟁하는 새가 더욱 적절했으리라 본다.[69]

그러나 분명 장길산은 '고독하게 비상하여 홀로 싸우는' 새가 아니라 '수많은 무리' 가운데 그 또한 한 마리 새가 되어 함께 '무리를 지어 날아다니며 더불어 투쟁하는 새'로 남고자 하고 있다. '병자역란'이라는 역성혁명에 가담하기 직전, 자신이 어린 무동시절부터 지니고 다니던 단검을 옥여스님에게 건네주면서 그의 이 같은 상징적인 행위를 "이제 장길산이라는 이름을 버리고 팔도 활빈도라는 수많은 무리만 남기려는 뜻"[70]으로 받아들이기를 요구함으로써, 장길산은 '역사적 메시아'의 역할을 "수많은 무리", 아니 "장차 수없이 생겨날 장길산과 활빈도"[71]의 한 사람 한 사람에게 고루 부여하고 있는 것이다.

말하자면 '역사적인 메시아'로 우뚝 섰던 그가 이제 '하강'하여 '천대받은 백성들' 하나하나에게 자신이 담당했던 '역사적인 메시아'로서의 역할을 넘겨주고 있는 것이다. 사실, 진리를 찾는 자가 바로 진리이듯이, 부처를 찾는 중생이 바로 부처이듯이, 메시아를 찾는 민중은 그들 자신이 바로 메시아다. 그렇기 때문에 여환 스님 또한 묘옥을 향해 "백성은 곧 미륵입니다"라고 말했던 것인가? "언제나 백성들과 함께 있고, 교만하고 잘난 자들과 같은 느낌이 들면 차라리 자진하든지 토멸을 받아 마땅하다던 운부 대사의 말씀"[72]을, 장길산은 마지막 순간까지도 배반하지 않았

---

69) 강영주, 앞의 책, 263~264쪽.
70) 『장길산』 제10권, 430쪽.
71) 같은 책, 같은 권, 423쪽.
72) 같은 책, 제5권, 78~79쪽.

다. '역사적인 구원'의 고향 '대동세상'이란 결코 어느 특정한 인물에 의해 실현되어질 수는 없는 것이다. "인간들은 스스로 자신의 역사를 창조한다"[73]면, 구원의 메시아란 결국 어느 특정한 인물이 아닌 그들 한 사람 한 사람일 수밖에 없다. 그런 까닭에 장길산이 가담했던 역성혁명은 바로 그것이 실패로 끝났는데도 결국 실패라고 일컬어질 수 없는 것은 "조선 팔도 방방곡곡의 백성들이 역병과 굶주림에 죽고 싸우며 이룬 이름"[74]에 지나지 않는 장길산이 '장차 수없이 생겨날' 것이기 때문이다. 작가가 역성혁명의 실패 후에도 장길산이 끝내 잡히지 않았다고 강조하는 것은, 아니 "활빈도의 깃발은 여전히 사라지지 않았다"[75]고 강조하는 것은 바로 이와 같은 까닭이다.

---

73) 'Eighteenth Brumaire of Louis Bonaparte'(1869), Karl Marx · Friedrich Engels, *Selected Works in One Volume* (London: Lawrence and Wishart, 1970), 35쪽.
74) 『장길산』 제10권, 423쪽.
75) 같은 책, 같은 권, 432쪽.

찾아보기

| ㄱ |

가온 128
강영주 403, 425
고은 417, 418
괴테 147, 183~185, 207, 218, 317, 319, 351
구티에레즈 108~112, 115, 124, 126, 129, 131, 134~139, 144, 145
그람시 65, 67, 103, 229
그린블래트 284, 287, 291
기든스 51, 65
김병익 404
김영한 274
김윤식 194, 413

| ㄴ |

나폴레옹 323, 326, 328, 342, 344, 347
노르다우 157, 158
노발리스 158, 319, 356~358
니체 58, 175, 191, 309, 315, 375

| ㄷ |

다렌도르프 68
단테 162, 171, 190

데리다 377
도스토옙스키 165, 166, 170, 171, 188~197, 207, 210
들뢰즈 203

| ㄹ |

라마르틴 325, 343, 344
라클라우 70, 71
러브조이 313
러셀 219, 352
레닌 67, 77, 80, 198, 211~213, 215, 233, 352
레비−스트로스 31, 315
레위 161, 179, 193, 195, 197, 233, 354, 384, 386~388, 392, 393, 400
로랭 194
로베스피에르 97, 328, 338, 340, 341, 344
뢰벤탈 353, 398, 399
뢰비트 58
루소 27, 58, 337, 338, 340, 343~345, 352, 361
루카치 46, 151~235, 350, 351, 353, 354, 363, 389

찾아보기 *427*

| ㅁ |

마르크스 27, 30, 34, 37~72, 87, 91, 92, 94, 99, 137, 175, 179, 193, 215, 219, 220, 223, 225, 227, 230, 233, 240, 273, 279, 280, 308, 319, 323, 324, 348, 349, 351, 352, 357, 371, 372, 376, 378~381, 386, 389, 399, 421, 422, 424

마이모니데스 128, 423, 424
만 167, 210, 363
만하임 18, 22, 32, 202, 203, 209, 336
맥거번 111, 114, 136, 139, 145
맥건 316, 350
모세 125, 128, 131, 148, 243, 252, 271, 419, 424
모어 17, 27~29, 38, 273~309
모턴 277, 307, 308

| ㅂ |

바뵈프 345
바스케즈 352
바이런 316, 328, 329, 346~348, 359, 361
바타유 265, 396
바티모 24, 25, 28
박노해 75~104
박영신 69, 167, 222
반성완 231
발리바르 69
발자크 364
백낙청 346, 365
버낼 265, 361
버크 329, 360
베르길리우스 239~269
베르쟈예프 59~61, 66

베버 32, 54, 159, 161, 162, 167, 168, 192, 210, 222
벤야민 92~94, 179, 235, 268, 369~391, 393~400
보니노 124, 130, 134, 137
보부아르 264
보프 형제 110, 115, 138, 148
볼테르 336~338
뷔히너 97, 323, 341
브라운 33
브레히트 101~103, 372, 382
블랑키 329
블레이크 30, 317, 327~329, 342, 347, 355, 358, 360, 364
블로흐 31~34, 47, 60, 86, 87, 99, 125, 126, 132, 159~162, 166, 210, 307, 308, 364, 366
비니 325, 343, 344, 358

| ㅅ |

사빈코프 198~200
사우디 342, 358
사이드 265, 266
생-시몽 27, 37, 38, 87, 244, 364
샤토브리앙 325, 343
서남동 115, 131, 141, 143, 144
세군도 131, 137~139, 143, 145
세르반테스 180, 181
셸러 168
셸리 156, 324, 328, 329, 342, 347, 348, 359, 360
셸링 161, 320, 322, 343, 361
소브리노 130~133, 144
숄렘 128, 129, 371, 372, 384~386, 390, 392~394

슐레겔 318, 322, 355~358, 382
스타로뱅스키 317, 318, 338
스탈린 217, 218, 352, 372, 395
스탕달 343
스피박 267
실러 47, 48, 58, 86, 239, 315, 319, 322, 358, 361, 362

| ㅇ |

아도르노 235, 399
아리스토텔레스 101, 102, 161, 292, 293, 302, 307, 308
아우구스투스 240, 243, 245~263, 266~268
알튀세르 18
에라스무스 273, 277, 280, 281, 294, 296, 297
에이브럼스 47, 315, 317, 327~329, 341
엘리아데 20, 57, 62, 239, 240
엘스터 46, 49, 55
엥겔스 37, 39, 40, 219, 347, 381
예수 115, 119, 122, 123, 125, 127, 130~135, 140, 144, 147, 243, 421
오비디우스 241, 269
오티스 254
워즈워스 328, 329, 342, 343, 358, 360
웰렉 314, 316
위고 32, 325, 326, 343, 344
윌리엄스 280, 360, 361
이글턴 228, 229, 231, 309, 383
이종숙 308
임철규 67, 200, 365
입센 156~158, 202, 207

| ㅈ |

잔커 261, 262
장양수 410, 420
정석종 404, 405, 407
제임슨 22, 30, 31, 33, 34, 182, 195, 364, 366, 417
젠키치 412, 415
지멜 158~162, 167, 168, 192, 363

| ㅊ |

챔버스 280, 283, 305
최원식 93

| ㅋ |

카뮈 199, 200, 351, 352
카시러 338
카우츠키 29, 273, 282, 300, 307
칸트 27, 48, 161, 165, 168, 175, 178, 319, 322
칼리아예프 198~200
캄파넬라 24, 27, 38
콕스 141
콘 21
콜라코브스키 61, 63, 65, 66, 206, 215, 229, 234
콜리지 328, 329, 342, 358
콩도르세 340
크라우스 384
클레 370
키츠 156, 328, 342, 346

| ㅌ |

탈몬 21, 23, 416, 418
토레스 112, 148
톨스토이 158, 179, 188, 189, 191~

193, 207, 210
톰슨 330, 360, 361
퇴니에스 168, 363
트로츠키 94
트루이요 135, 142
티드만 390, 400

| ㅍ |

파농 109
페인 329, 334, 335
포지올리 87, 88, 244
포퍼 30
푸리에 27, 37, 38, 52, 364
푸코 109, 268
퓌레 345
프라이 26, 127, 328
프라이스 329, 332, 333
프로이트 30, 168, 240, 306
프리스틀리 329, 332~335
플라톤 26, 28, 274~276, 278, 282, 286, 287, 292, 293, 297, 302, 302, 305~308, 337, 342
플로베르 156, 179, 182, 363
피셔 352, 353, 365
피히테 48, 161, 171, 317~319, 324
핀리 19, 176

| ㅎ |

하버마스 58, 222, 382, 389
하우저 202, 326, 339, 350, 353, 360, 362
하이네 323, 324, 341, 362
해즐릿 327, 329, 333
헤겔 30, 42, 44, 58, 61, 69, 129, 161, 168, 173, 178, 179, 185, 217, 218, 227, 230, 231, 319~322, 350, 351, 357, 361, 377
헤시오도스 241, 243
헥스터 280, 286, 294, 295
호라티우스 244, 247
호르크하이머 235, 397, 398
호메로스 151, 171~177, 183, 188~190, 194, 195, 234, 249, 362
홉스봄 21, 22, 48, 49
황광수 408
황석영 403~426
횔덜린 319, 320, 322~324, 329, 338, 341, 343, 361
후쿠야마 68
흄 337
히틀러 352, 373, 395
힐 86, 239

지은이 **임철규**는 연세대학교 영문학과를 졸업한 후 미국 인디애나 대학에서
고전(그리스·로마)문학으로 석사학위를, 비교문학으로 박사학위를 받았다.
연세대학교 영문학과와 같은 대학 대학원의 비교문학과 교수를 거쳐,
지금은 연세대학교 명예교수로 있다. 대표적인 저서와 역서로 한길사에서 펴낸
『우리시대의 리얼리즘』 『왜 유토피아인가』 『눈의 역사 눈의 미학』 『그리스 비극』
『귀환』과 『비평의 해부』(노스럽 프라이)가 있다. 그밖의 역서로는 『역사심리학』
(제베데이 바르부), 『문학과 미술의 대화』(마리오 프라즈), 『인간의 본질에 관한
일곱 가지 이론』(레즐리 스티븐스), 『중국에서의 개인과 국가』(비탈리 루빈) 등이
있다. 편역서로 『카프카와 마르크스주의자들』이 있다.